El Acantilado, 62
DIARIOS
(1847-1894)

Paseo de entrada de Yásnaia Poliana. Fotografía de M. A. Stajóvich.

LEV TOLSTÓI

DIARIOS
(1847-1894)

EDICIÓN Y TRADUCCIÓN DEL RUSO
DE SELMA ANCIRA

BARCELONA 2002   ACANTILADO

Publicado por
ACANTILADO
Quaderns Crema, S. A.

Muntaner, 462 - 08006 Barcelona
Tel. 934 144 906
correo@acantilado.es
www.acantilado.es

© de la edición y la traducción, 2002
by Selma Ancira Berny
© de esta edición, 2002 by Quaderns Crema S. A.

Derechos exclusivos de edición
para todo el mundo con excepción de México:
Quaderns Crema, S. A.

Para la investigación y la selección de los textos, la autora recibió el apoyo económico del Fondo Nacional para la Cultura y las Artes de México, a través del programa de Fomento a Proyectos y Coinversiones Culturales

En cubierta, fotografía de Tolstói (1878/1879),
de M. M. Pánov

ISBN: 978-84-95359-91-9
DEPÓSITO LEGAL: B. 14552-2011

AIGUADEVIDRE *Gráfica*
QUADERNS CREMA *Composición*
ROMANYÀ-VALLS *Impresión y encuadernación*

CUARTA REIMPRESIÓN *febrero de 2024*
PRIMERA EDICIÓN *septiembre de 2002*

Bajo las sanciones establecidas por las leyes, quedan rigurosamente prohibidas, sin la autorización por escrito de los titulares del copyright, la reproducción total o parcial de esta obra por cualquier medio o procedimiento mecánico o electrónico, actual o futuro—incluyendo las fotocopias y la difusión a través de Internet—, y la distribución de ejemplares de esta edición mediante alquiler o préstamo públicos.

TABLA

Sobre la presente edición, *7*

1847, *13*
1850, *28* — **1851**, *36* — **1852**, *64*
1853, *99* — **1854**, *122*
1855, *138* — **1856**, *147* — **1857**, *160* — **1858**, *178*
1859, *186* — **1860**, *189* — **1861**, *194*
1862, *199* — **1863**, *210* — **1864**, *220* — **1865**, *222*
1870, *230* — **1871**, *233* — **1873**, *234*
1874, *236* — **1878**, *237* — **1881**, *240* — **1882**, *245*
1883, *246* — **1884**, *247*
1885, *274* — **1886**, *276* — **1887**, *278*
1888, *279* — **1889**, *287*
1890, *338* — **1891**, *374* — **1892**, *399*
1893, *408* — **1894**, *419*

Notas, *443*
Cronología, por Ricardo San Vicente, *487*

SOBRE LA PRESENTE EDICIÓN

La idea de acercarme a los diarios de Lev Tolstói se remonta a mis años de estudiante en la facultad de filología de la Universidad Estatal de Moscú. Las clases de literatura eran fascinantes. *Los gitanos* de Pushkin o su *Eugenio Onieguin*, la historia de Bela y Pechorin de Lérmontov, las aventuras de Chíchikov y los relatos fantásticos de Gógol iban abriendo el camino que conducía hasta la literatura rusa mejor conocida y más celebrada en el mundo entero.

Para mí todo era descubrimiento. Las obras de teatro de Ostrovski, la poesía de Tiútchev, los artículos críticos de Belinski. Se trataba de un universo que se iba revelando poco a poco a través de la lectura, de los seminarios y las conferencias.

El profesor que impartía el curso era partidario declarado del *tolstoísmo*, y el autor de *Anna Karénina*, en clases, no sólo era un gran pensador y el creador de dos de las novelas más prodigiosas de la literatura universal, sino un personaje, él mismo, apasionante. Tolstói y sus complejas relaciones con Turguéniev, Tolstói defensor de los campesinos, Tolstói lector del primer Dostoievski, Tolstói padre de trece hijos, Tolstói peregrino o editor de una revista eran algunas de las facetas del escritor que se nos mostraban durante los seminarios.

El conde Lev Nikoláievich Tolstói era del todo impredecible. Un día se encontraba en medio de una batalla en Crimea y al siguiente aparecía segando el heno con los campesinos. Otro día nos enterábamos de que estaba aprendiendo el oficio de zapatero y días más tarde de que estaba estudiando griego clásico para leer a Homero. Había momentos en los que nos sorprendía con el minucioso examen de conciencia al que se sometía, mientras en otros lo veíamos perder su finca por deudas de juego. Era una personalidad llena de contradicciones, desmesurada y seductora, cuya vida había quedado registrada en un diario.

A lo largo de estos casi veinticinco años he vuelto con frecuencia a esos diarios. A mediados de los ochenta hice un viaje a Moscú durante el que pasé varios días intercambiando opiniones con el profesor Alexandr Bokuchava a propósito de una hipotética edición del material. Los diarios y los cuadernos de notas de Tolstói ocupan trece de los noventa volúmenes de la edición soviética de las *Obras completas*, y resultaba difícil pensar que algún día pudieran traducirse y publicarse íntegramente. De ahí la idea, entonces vaga, de hacer una selección.

Aprovechando el buen clima de ese otoño tardío y gracias a la ayuda inapreciable de Yuri Greiding, funcionario de la Unión de Escritores, dentro de mi viaje hice una visita a Yásnaia Poliana, el lugar donde nació y vivió Tolstói la mayor parte de su vida.

Yásnaia Poliana ha sido, desde hace más de un siglo, un lugar de peregrinación. Rainer Maria Rilke estuvo ahí en vida de Lev Nikoláievich. Leonid Pasternak lo visitó con frecuencia. Existen fotografías de Andréiev en el jardín de la casa. Discípulos y seguidores, admiradores, gente del pueblo, intelectuales, artistas, religiosos, jóvenes poderosamente atraídos por el *tolstoísmo* han visitado Yásnaia Poliana.

Releer algunas páginas de los diarios en la mítica edición de las *Obras completas*, tener acceso a las notas que Tolstói hizo en los márgenes de los libros que leía, penetrar en el mundo de esa personalidad descomunal bastó para que de vuelta a Moscú la decisión estuviera tomada: haría una selección del material y presentaría al lector en lengua castellana al autor de *Resurrección* a través de sus minuciosas anotaciones cotidianas.

Los diarios y los cuadernos de notas del conde Lev Tolstói son una fuente valiosísima de información y una parte fundamental de su herencia literaria. En ellos han quedado registradas sus reflexiones, sus inquietudes, su deseo de perfeccionamiento, la historia de su matrimonio y la búsqueda de un estilo literario. Las páginas del diario dan testimonio, además, de sus lecturas, de sus viajes y de las relaciones con quienes lo rodeaban. Pero más allá de todas las noticias que puedan ofrecernos las páginas del diario, es significativo el hecho mismo de su existencia. El diario de Tolstói refleja una búsqueda constante de la conciencia, en él se aprecia lo que Serena Vitale ha llamado «el ejercicio de la verdad».

La primera entrada de ese diario, que Tolstói llevó durante toda su vida, data de marzo de 1847, cuando era un joven de 18 años. La última es de 1910, cuando ya había cumplido 82 años y era un escritor conocido y respetado en el mundo entero. Existen, sin embargo, algunos intervalos que coinciden con los períodos de mayor intensidad en su trabajo literario, es decir, los años durante los que escribió *Guerra y paz* y *Anna Karénina* (1865-1878), además de algunos otros momentos en los que su atención estuvo sobre todo dirigida a exponer su credo religioso-moral.

Los manuscritos de los diarios del autor de *Los cosacos* se encuentran en Moscú, parte en la Biblioteca Lenin y parte en la «habitación de acero» del museo Tolstói.

Las primeras publicaciones, más o menos fragmentarias, fueron hechas en ruso por los discípulos del escritor. El primero, Vladímir Chertkov, en Londres en 1901, publicó en su editorial La palabra rusa una selección a la que llamó *Del sentido de la vida*. Más tarde, en 1916, él mismo publicó en Moscú el volumen *Diario de L. N. Tolstói*, que comprendía las entradas del 28 de octubre de 1895 al 20 de diciembre de 1899. En adelante Pável Biriukov, amigo y discípulo de Tolstói, dio a conocer numerosos fragmentos del diario en su biografía del escritor publicada a partir de 1906 en las ediciones de El mediador.

La primera publicación integral de los diarios es la de la Edición del Jubileo, publicada entre 1928 y 1958 bajo la supervisión de la Academia de ciencias de la URSS. Posteriormente, en diversas ediciones soviéticas de las *Obras escogidas* de Tolstói se ha publicado una selección de los *Diarios*.

Mi trabajo comenzó por una atenta lectura del material. Más adelante comparé la selección que yo había hecho con la minuciosa y cuidada edición realizada por N. N. Akópova y otros estudiosos de la obra de Tolstói publicada en 1965, así como con la selección de M. B. Jrápchenko et alii, publicada en 1985.

En la selección que presento al lector en lengua española he conservado la mayor parte de los pasajes relacionados con el Tolstói escritor, sus puntos de vista sobre las propias obras y sobre las obras de otros escritores; también los pasajes relacionados con su pensamiento, sus opiniones a propósito del mundo que lo rodeaba, su visión de los problemas sociales, rurales y políticos, su punto de vista sobre la industrialización, la educación y la religión. He conservado asimismo una parte importante de los pasajes relacionados estrictamente con su biografía, sus relaciones con la familia y los amigos.

Al hacer la traducción he procurado mantenerme lo más cerca posible del original. He respetado el estilo poco pulido del diario, las repeticiones constantes de temas recurrentes y algunas inexactitudes de vocabulario. Sin embargo, en más de una ocasión me vi obligada a adoptar los signos de puntuación de la gramática española. Las palabras o pasajes en cursiva son los que en el original manuscrito están subrayados; no obstante, me pareció correcto poner también en cursiva los títulos de las obras. Los nombres propios rusos para los que la grafía de Tolstói muchas veces es fonética, aparecen aquí con su grafía correcta. Los tres puntos suspensivos indican las omisiones. Por el contrario, los días que han sido omitidos del todo no están indicados.

Los editores rusos de los diarios escogidos han censurado palabras, frases y con frecuencia incluso pasajes enteros considerados no aptos para ser impresos debido a que tratan el aspecto sexual de la vida del escritor. A pesar de que las selecciones hechas por Akópova y Jrápchenko son escrupulosas y equilibradas y de que fueron una guía inestimable en mi propio trabajo, consideré necesario dar a conocer también esos pasajes de la vida de Tolstói.

Las notas que acompañan al texto han sido tomadas, en su gran mayoría, de las ediciones soviéticas.

Al final del libro he incluido una detallada cronología que realizó Ricardo San Vicente, profesor de literatura rusa en la Universidad de Barcelona.

El presente volumen cubre el período que va de 1847 a 1894. El volumen II cubrirá los años de 1895 a 1910.

SELMA ANCIRA

1847

17 DE MARZO. KAZÁN.[1] Hace seis días que ingresé en la clínica, y durante estos seis días casi me he sentido satisfecho de mí mismo. *Les petites causes produisent de grands effets.* Pesqué una gonorrea por el motivo, ya se entiende, por el que se pesca; y esta circunstancia trivial me dio el impulso para subir el escalón en el que había puesto un pie hace mucho tiempo, pero adonde no había llevado todo mi cuerpo (probablemente porque puse de forma equivocada el pie izquierdo en vez del derecho). Aquí estoy absolutamente solo, nadie me molesta, no tengo sirvientes, nadie me ayuda y, por lo tanto, nada ajeno ejerce ninguna influencia sobre mi razón o mi memoria, y mi trabajo debe necesariamente avanzar. Pero la mayor ventaja es que he podido darme cuenta con toda claridad de que la vida desordenada, que la mayor parte de la gente interpreta como una consecuencia de la juventud, no es otra cosa que la consecuencia de una precoz corrupción del alma.

La soledad es tan buena para un hombre que vive en sociedad como la vida social lo es para uno que no vive en ella. Si un hombre se aparta de la sociedad, si se retrae en sí mismo, su razón no tardará en quitarle los lentes que le hacían ver las cosas de una manera deformada, y su visión se aclarará hasta tal punto que le resultará difícil entender cómo no había visto todo eso antes. Deja que la razón actúe, ella te mostrará tu destino y te dará las reglas con las que puedes entrar sin temor en la sociedad.

1847

Lo que está en concordancia con la facultad primordial del hombre—la razón—estará en concordancia con todo lo existente; la razón de un ser humano aislado es una parte de todo lo que existe, y la parte no puede perturbar el orden del todo. Pero el todo puede destruir la parte. Por eso educa tu razón de manera que esté en concordancia con el todo, con la fuente del todo, y no sólo con una parte, con la sociedad humana; entonces tu razón se fundirá en la unidad de este todo, y por lo tanto la sociedad, como parte, no tendrá ninguna influencia en ti.

Es más fácil escribir diez volúmenes de filosofía que llevar a la práctica una sola regla, no importa cuál.

18 DE MARZO. He estado leyendo las *Instrucciones* de Catalina[2] y he decidido que cada vez que lea un trabajo serio meditaré sobre él y anotaré las ideas más brillantes. ...

19 DE MARZO. Comienza a despertarse en mí la pasión por las ciencias; pero a pesar de que de todas las pasiones del hombre esta es la más noble, no me abandonaré a ella de forma unilateral, es decir, destruyendo el sentimiento, desinteresándome de las aplicaciones y tendiendo únicamente a la formación del espíritu y al enriquecimiento de la memoria. La unilateralidad es la causa principal de la infelicidad humana. ...

24 DE MARZO. He cambiado mucho; sin embargo, todavía no he alcanzado el nivel de perfección (en mis ocupaciones) que me gustaría alcanzar. No hago lo que me prescribo; lo que hago, no lo hago bien, no ejercito la memoria. Por lo tanto anoto aquí algunas reglas que, creo, me ayudarán mucho si las sigo. 1) Lo que hayas decidido hacer, hazlo cueste lo que cueste. 2) Lo que hagas, hazlo bien. 3) Nunca busques en un libro si has olvidado algo, intenta recordarlo por ti mismo. 4) Obliga constantemente a tu inteligencia a trabajar con todo el vigor posible. 5) Lee y piensa siempre en voz alta. 6) No te avergüences de decirle a la gente que te está molestando; primero haz que lo sientan, pero si no entienden, discúlpate y díselo. ...

25 DE MARZO. No basta con apartar a la gente del mal, es necesario estimularla hacia el bien.

... Hablando a grandes rasgos sobre las *Instrucciones* de la emperatriz Catalina se puede decir lo siguiente. En ellas ... encontramos constantemente dos principios opuestos: el espíritu revolucionario, bajo cuya influencia se encontraba entonces toda Europa, y el espíritu del despotismo, al que su vanidad le impidió renunciar. A pesar de que ella era consciente de la superioridad del primero, es el último el que predomina en las *Instrucciones*. Utilizó las ideas republicanas, que tomó prestadas en su mayoría de Montesquieu (como Meyer señala con toda razón), como un medio para justificar el despotismo, pero la mayor parte de las veces lo hizo sin éxito. Por eso en sus *Instrucciones* encontramos con frecuencia algunas ideas que necesitarían demostraciones y no las tienen, algunas ideas republicanas al lado de las más despóticas y, finalmente, con frecuencia, deducciones completamente opuestas a la lógica.

A primera vista nos percatamos de que estas *Instrucciones* son el fruto de la inteligencia de una mujer que, a pesar de su gran intelecto, de sus sentimientos elevados, de su amor por la verdad, no pudo reprimir la mezquina vanidad que oscurece sus extraordinarios méritos. En general, en esta obra encontramos más mezquindad que solidez, más ingenio que inteligencia, más vanidad que amor por la verdad y, finalmente, más amor propio que amor por el pueblo. Para concluir, diré que estas *Instrucciones* le trajeron mayor gloria a Catalina que provecho a Rusia.

[7] DE ABRIL. 8 DE LA MAÑANA. Nunca había llevado un diario porque no veía ninguna utilidad en ello. Pero ahora que me intereso por el desarrollo de mis facultades, el diario me permitirá juzgar el progreso de ese desarrollo. En el diario deberá haber una tabla de reglas, y también deberán estar definidas mis actividades futuras. ...

8 DE ABRIL. 6 DE LA MAÑANA. La esperanza es un mal para el *hombre feliz* y un bien para el *infeliz*.
A pesar de que he obtenido muchos logros desde que comencé a estudiarme a mí mismo, todavía estoy muy descontento con mi persona. Cuanto más avanza uno en la perfección de sí mismo más defectos se encuentra, y Sócrates estaba en lo cierto al decir que el grado de perfección humana más alto es saber que no se sabe nada.

9 DE ABRIL. 6 DE LA MAÑANA. Me siento muy satisfecho de mí mismo por el día de ayer. Comienzo a adquirir voluntad física; pero mi voluntad mental es todavía muy débil. Paciencia y aplicación, y estoy seguro de que podré conseguir todo lo que quiero.

17 DE ABRIL. Durante todo este tiempo no me he comportado como hubiera querido. La causa ha sido, en primer lugar, mi vuelta a casa después de la clínica; en segundo lugar, la gente con la que he estado relacionándome. De esto concluyo que cada cambio de situación debería hacerme pensar con toda seriedad en las circunstancias exteriores que ejercerán influencia en mi nueva situación, y en los medios para eliminar esta influencia. Si mi regreso a casa después de la clínica ha podido influir de una manera tan grande en mí, ¿cómo influirá la transición de la vida de estudiante a la vida de terrateniente?[3]

Tiene que haber un cambio en mi manera de vivir. Pero es necesario que este cambio no sea obra de las cir-

1847

cunstancias exteriores, sino del alma. Aquí me hago una pregunta: ¿cuál es el objetivo de la vida humana? Cualquiera que sea la culminación de mis reflexiones, cualquiera que sea el punto de partida, siempre llego a la misma conclusión: el objetivo de la vida humana es contribuir de todas las maneras posibles al desarrollo armónico de lo existente. Si reflexiono con los ojos puestos en la naturaleza veo que todo en ella está desarrollándose constantemente, y que cada una de las partes que la componen favorece de forma involuntaria el desarrollo de las otras partes; el hombre, puesto que también él es una parte de la naturaleza, aunque dotada de conciencia, debe asimismo, como las otras partes, pero utilizando de forma consciente sus capacidades mentales, tender al desarrollo de todo lo existente. Si reflexiono con los ojos puestos en la historia, veo que el género humano, en su totalidad, ha tendido siempre a alcanzar este objetivo. Si reflexiono racionalmente, es decir, si sólo considero las facultades psíquicas de un hombre, encuentro en el alma de cada ser humano esta tendencia inconsciente que constituye una necesidad ineludible de su alma. Si reflexiono con los ojos puestos en la historia de la filosofía, encuentro que en todos lados y en todas las épocas la gente ha llegado a la conclusión de que el objetivo de la vida del hombre es el desarrollo armónico de la humanidad. Si reflexiono con los ojos puestos en la teología, encuentro que casi todos los pueblos aceptan a un ser perfecto, y que intentar alcanzarlo es lo que se reconoce como la finalidad de todos los hombres. Y de ese modo creo que puedo, sin temor a equivocarme, considerar que el objetivo de mi vida es la aspiración consciente a un desarrollo armónico de todo lo que existe.

Sería el hombre más desdichado del mundo si no le encontrara un objetivo a mi vida, un objetivo general y útil, útil porque el alma inmortal, una vez que se haya desarrollado, naturalmente pasará a un estado más elevado y más apropiado para ella. De ahora en adelante mi vida será un esfuerzo activo y constante para conseguir este único objetivo.

Ahora pregunto. ¿Cuál será el objetivo de mi vida en la aldea durante dos años? 1) Estudiar todo el curso de ciencias jurídicas, necesario para el examen final en la universidad. 2) Estudiar la medicina práctica y parte de la teórica. 3) Estudiar idiomas: francés, ruso, alemán, inglés, italiano y latín. 4) Estudiar economía rural, teórica y práctica. 5) Estudiar historia, geografía y estadística. 6) Estudiar matemáticas, el curso del colegio. 7) Escribir una tesis. 8) Alcanzar un grado medio de perfección en música y en pintura. 9) Redactar las reglas. 10) Adquirir algún conocimiento en ciencias naturales. 11) Escribir trabajos sobre todas las materias que voy a estudiar.

18 DE ABRIL. De pronto escribí muchas reglas y quise seguirlas todas; pero mis fuerzas resultaron demasiado débiles para ello. Ahora quiero imponerme una sola regla y añadir otra únicamente cuando me haya acostumbrado a seguir aquella. La primera regla que me fijo es la siguiente: 1) *Lleva a cabo todo lo que hayas decidido llevar a cabo.* No llevé a cabo las reglas.

19 DE ABRIL. Me levanté extremadamente tarde y apenas a las 2 de la tarde determiné qué iba a hacer durante el día.

14 DE JUNIO. YÁSNAIA POLIANA. Después de casi dos meses vuelvo a tomar la pluma para continuar mi diario. Ah, qué difícil le resulta a un hombre desarrollar en él lo bueno bajo la sola influencia de lo malo. Si no hubiera una influencia buena pero tampoco mala, el espíritu tendría en cada persona ascendiente sobre la materia, pero el espíritu se desarrolla de manera diferente. O su desarrollo en cada persona por separado es una parte del desarrollo general, o su caída en seres aislados refuerza su desarrollo en el conjunto general.

16 DE JUNIO. ¿Llegaré algún día a no depender de ninguna circunstancia exterior? En mi opinión eso es alcanzar un nivel alto de perfección, puesto que, en el hombre que no depende de ninguna influencia ajena, el espíritu, por sus propias exigencias, aventaja forzosamente a la materia y sólo entonces el hombre alcanza su designio. Comienzo a acostumbrarme a la primera regla que me impuse y ahora me impongo otra, la siguiente: considera la sociedad femenina como un disgusto inevitable de la vida en sociedad y, en la medida de lo posible, mantente alejado de las mujeres. Porque, en realidad, ¿de dónde nos vienen la lujuria, la voluptuosidad, la frivolidad en todo y otros muchos vicios si no de las mujeres? ¿Quién tiene la culpa de que nos privemos de los sentimientos que nos son innatos: la valentía, la firmeza, la sensatez, la justicia, etcétera, si no las mujeres? La mujer es más sensible que el hombre, por eso a lo largo de las épocas de virtud las mujeres han sido mejores que nosotros, pero en nuestra época depravada y corrupta son peores que nosotros.

REGLAS (Marzo-mayo de 1847)
Las reglas interiores o relacionadas con uno mismo se dividen en reglas de educación moral y reglas de educación física. La finalidad de las primeras es desarrollar la voluntad y las capacidades del espíritu (capacidad de reflexionar y capacidad de actuar). La voluntad existe en distintos grados del desarrollo, según la parte de la persona en la que predomine. Los tres campos principales de su imperio son: el predominio sobre el cuerpo, el predominio sobre los sentimientos y el predominio sobre la razón. En cada campo en

1847

el que predomina se funde en un todo con la parte de la persona sobre la que predomina, de modo que esa parte deja de existir de manera independiente y sólo existe la voluntad, dotada de las capacidades de esa parte de la persona.

Si la voluntad predomina sobre el cuerpo, lo que constituye el escalón más bajo de su desarrollo, el cuerpo deja de existir de forma independiente y sólo existe la voluntad física. Si predomina sobre los sentimientos, entonces el cuerpo y los sentimientos dejan de existir de forma independiente y sólo existe la voluntad física y afectiva; si la voluntad predomina sobre la razón, entonces la razón deja de existir de forma independiente y sólo existe la voluntad física, afectiva y racional. Cuando la voluntad predomina sobre cualquiera de estas partes del hombre puede renunciar a las exigencias de cada una de estas partes del hombre. Y si puede renunciar, también puede elegir; y si elige, entonces determina las acciones de cada una de estas partes del hombre; y si determina todas las acciones del hombre quiere decir que ni el cuerpo ni los sentimientos ni la razón pueden actuar de forma independiente y sólo la voluntad puede obligarlos a hacer una cosa o la otra.

El predominio más bajo de la voluntad es el predominio que tiene sobre el cuerpo. Este grado de evolución de la voluntad lo encontramos en casi toda la gente, es una condición inherente a la existencia del hombre, aunque hay algunas excepciones: la infancia, la decrepitud y las enfermedades, tanto físicas como espirituales (apatía, anemia). La voluntad corporal, aunque es independiente, no deja de estar sometida a la influencia del sentimiento y de la razón. El segundo grado de predominio de la voluntad es su predominio sobre los sentimientos, o voluntad afectiva, y se encuentra con menos frecuencia. A pesar de que la voluntad afectiva es superior a la voluntad corporal, también está sometida a la influencia de la capacidad superior del espíritu: la razón.

1847

El grado más alto de predominio de la voluntad es su predominio sobre la razón. Cuando la voluntad predomina sobre la razón, el cuerpo y los sentimientos dejan de existir de forma independiente, y sólo existe la voluntad racional. Este grado de predominio es el grado más elevado de desarrollo del espíritu humano; en esta situación el espíritu se separa completamente del cuerpo, deja de estar unido a él. Este grado de desarrollo de la voluntad lo encontramos en rarísimas ocasiones. En este estado la voluntad manda a la razón que piense, y que piense sólo en lo que es razonable. En esta situación del alma, el cuerpo, los sentimientos y la razón dejan de existir de forma independiente, sólo existe la voluntad, dotada de las capacidades físicas, afectivas y racionales del hombre; en esta situación el espíritu del hombre asciende hasta el grado más alto de su desarrollo y se aísla de todo lo material y lo emocional; en esta situación del alma la razón piensa únicamente porque la voluntad quiere que piense, y piensa en una cosa y no en otra precisamente porque la voluntad eligió este objeto de razonamiento. En ese grado de la voluntad nada ejerce influencia sobre uno.

Para desarrollar la voluntad y alcanzar el grado superlativo de su desarrollo es indispensable pasar por los grados inferiores. En conformidad con esta división de la voluntad, divido las reglas morales que tienen por objeto el desarrollo de la voluntad en tres apartados: 1) Reglas para el desarrollo de la voluntad corporal; 2) Reglas para el desarrollo de la voluntad afectiva; 3) Reglas para el desarrollo de la voluntad racional.

REGLAS PARA EL DESARROLLO DE LA VOLUNTAD CORPORAL
Regla general. Cualquier acción debe ser decisión de la voluntad, y no el cumplimiento inconsciente de las necesidades corporales. Como ya dijimos que en la voluntad corporal influyen los sentimientos y la razón, estas dos fa-

cultades deben determinar las reglas mediante las cuales la voluntad corporal pueda operar para su propio desarrollo. Los sentimientos le dan la dirección y le indican la finalidad, la razón le proporciona los medios con los cuales puede alcanzar esta finalidad.

Regla 1) Planea cada mañana lo que debes hacer a lo largo del día, y cumple todo lo planeado, aun en el caso de que hacerlo conlleve algún daño. Aparte de desarrollar la voluntad, esta regla también desarrollará el espíritu, que determinará las acciones de la voluntad de una manera más juiciosa. Regla 2) Duerme lo menos posible (el sueño, en mi opinión, es un estado en el que la voluntad está definitivamente ausente). Regla 3) Soporta todas las contrariedades corporales sin dejarlas aflorar. 4) Sé fiel a tu palabra. 5) Si has comenzado algo, lo que sea, no lo abandones sin haberlo terminado. 6) Ten siempre un cuadro en el que estén especificadas hasta las circunstancias más triviales de tu vida, incluso el número de pipas que te fumarás por día. 7) Si estás haciendo alguna cosa pon todas tus facultades corporales en lo que haces. Si tu manera de vivir cambia, cambia también estas reglas.

REGLAS PARA EL DESARROLLO DE LA VOLUNTAD AFECTIVA (Los sentimientos determinan su propia finalidad.) La fuente de todos los sentimientos es el amor en general, que se divide en dos tipos: el amor por uno mismo o amor propio, y el amor por todo lo que nos rodea. (No menciono el amor a Dios, porque no se le puede dar el mismo nombre al sentimiento que tenemos por seres semejantes o inferiores a nosotros que al sentimiento por un Ser superior, que no está limitado ni por el espacio ni por el tiempo ni por la fuerza, y que es inconcebible.) Estos dos sentimientos básicos actúan mutuamente el uno en el otro. Regla general: ningún acto afectivo debe ser el cumplimiento inconsciente de las necesidades emocionales, sino una decisión de la voluntad. Todos los sentimientos que tienen como fuente el amor por todo el mundo son buenos; los sentimientos que tienen como fuente el amor por uno mismo son malos. Veamos cada categoría de sentimientos por separado. ¿Qué sentimientos proceden del amor propio? 1) la ambición; 2) la codicia; 3) y el amor (entre un hombre y una mujer).

Ahora veamos cuáles deben ser las reglas para el predominio de la voluntad sobre cada uno de estos sentimientos.

Reglas para someter a la voluntad los sentimientos de amor propio
Regla 8) No te preocupes por la aprobación de la gente que no conoces o desprecias. Regla 9) Preocúpate más de ti mismo que de la opinión de los demás. 10) Sé bueno e intenta que nadie sepa que eres bueno. (El amor propio a veces puede ser bueno para los otros, pero no para uno mismo.) 11) Busca siempre en las otras personas el lado bueno y no el malo. Di siempre la verdad. Si cuando actúas para ti mismo tus actitudes te parecen extrañas, no las justifiques frente a nadie. A las reglas para someter los sentimientos a la voluntad hay que agregar esta otra. 12) Nunca expreses tus sentimientos exteriormente.

Reglas para someter a la voluntad los sentimientos de codicia
Regla 13) Vive siempre peor de lo que podrías vivir. 14) No cambies tu forma de vida aun si te has hecho diez veces más rico. 15) Si hay un aumento en tus bienes, no lo utilices para ti sino para la sociedad.

Reglas para someter a la voluntad el sentimiento de amor
Regla 1) Aléjate de las mujeres. 2) Mortifica tus deseos con trabajos rudos.

Los sentimientos que proceden del amor son: 1) amor

por todo lo que existe; 2) amor por la patria; 3) amor por determinadas personas.

Reglas para someter a la voluntad el sentimiento de amor universal
Regla 16) Sacrifica todos los otros sentimientos de amor al amor universal; entonces tu voluntad exigirá sólo el cumplimiento de las exigencias del amor universal y predominará sobre él. 17) Sacrifica la décima parte de todo aquello de lo que puedas disponer para el bien de los otros.

Quiérete igual que quieres a los demás y ayuda sobre todo a los que son menos afortunados que tú, y a los que te sea más cómodo ayudar.

Reglas para someter a la voluntad los sentimientos de amor por la patria y de amor por determinadas personas
18) Estos sentimientos se someten uno a otro en el mismo orden en el que están aquí.

REGLAS PARA EL DESARROLLO DE LA VOLUNTAD RACIONAL
Regla 19) Decide al comenzar el día todas tus ocupaciones intelectuales. 20) Cuando estudies, trata de dirigir todas tus facultades intelectuales a lo que estás estudiando. 21) Que nada exterior, físico o emocional, influya en la dirección de tu pensamiento, sino que sea tu pensamiento el que determine su propia dirección. 22) Que ningún dolor, ni físico ni afectivo, influya en tu intelecto.

No importa la ocupación intelectual que comiences, no la abandones hasta haberla terminado. Como esta regla puede llevar a grandes abusos, es necesario limitarla con la siguiente regla: ten un objetivo para toda la vida, un objetivo para una época determinada de la vida, un objetivo para un tiempo determinado, un objetivo para un año, para un mes, para una semana, para un día, para una hora y para un minuto, sacrificando los objetivos menos importantes a los más importantes.

1847

REGLAS PARA EL DESARROLLO DE LA MEMORIA
Regla 23) Haz un resumen de todo lo que estás estudiando y apréndetelo de memoria. 24) Aprende cada día algunos versos en un idioma que no sepas bien. 25) Repasa por la noche todo lo que hayas aprendido durante el día. Cada semana, cada mes y cada año ponte un examen de todo lo que hayas estudiado, y si te das cuenta de que has olvidado algo, comienza otra vez desde el principio.

REGLAS PARA EL DESARROLLO DE LA ACTIVIDAD
La actividad puede ser de tres tipos. Actividad física, afectiva y racional. De acuerdo con esto, las reglas para el desarrollo de la actividad se dividen en reglas para el desarrollo de la actividad física, afectiva y racional.

Reglas para el desarrollo de la actividad física
Regla 26) Inventa la mayor cantidad posible de ocupaciones. 27) No tengas sirvientes. 28) No pidas ayudantes para algo que puedas concluir solo.

Reglas para el desarrollo de la actividad afectiva
Como ya dijimos que todos los sentimientos procedentes del amor propio son malos, aquí sólo nos queda fijar las reglas que puedan ayudar a desarrollar la actividad de los sentimientos procedentes del amor universal. Regla 29) Sentimientos relacionados con el amor universal. Que cada día tu amor por el género humano se exprese de alguna manera. Regla 30) Sentimientos relacionados con el amor a la patria. En la medida de tus posibilidades, sé útil a la patria. 31) Sentimientos relacionados con el amor a personas determinadas. Intenta encontrar el mayor número de personas a las que puedas amar más que a tus seres cercanos. 32) Sentimientos relacionados con el amor a los parientes.

Reglas para el desarrollo de la actividad intelectual
Regla 32)[4] No hagas *châteaux en Espagne*. 33) Intenta darle a tu intelecto todo el alimento posible.

1847

REGLAS PARA EL DESARROLLO DE LAS FACULTADES INTELECTUALES

Nuestras principales facultades intelectuales son cinco. La facultad de la imaginación, la facultad de la memoria, la facultad de la comparación, la facultad de extraer conclusiones de estas comparaciones y, finalmente, la facultad de poner estas conclusiones en orden.

Reglas para el desarrollo de la facultad de la imaginación

34) Todos los juegos que exigen reflexión son muy buenos para el desarrollo de esta facultad.

Sobre las reglas para el desarrollo de la facultad de la memoria ya he hablado.

Reglas para el desarrollo de la facultad de la comparación

35) Estudia con cuidado los objetos que estás comparando. 36) Compara cada nueva idea que tengas con las ideas que conoces. Justifica con ejemplos todas las ideas abstractas.

Reglas para el desarrollo de la facultad de deducción

36) Estudia matemáticas. 37) Estudia filosofía. 38) Cada vez que leas un escrito filosófico haz anotaciones críticas.

Reglas para el desarrollo de la facultad de ordenar las conclusiones

39) Estudia el sistema de tu ser. 40) De toda la información que tengas sobre alguna rama del conocimiento extrae una sola conclusión general. 41) Compara todas las conclusiones entre sí, para que ninguna conclusión contradiga a otra. 42) No escribas textos triviales, sino eruditos.

REGLAS PARA EL DESARROLLO DE LOS SENTIMIENTOS ELEVADOS Y LA DESTRUCCIÓN DE LOS SENTIMIENTOS BAJOS, O, EN OTRAS PALABRAS: REGLAS PARA EL DESARROLLO DEL

1847

SENTIMIENTO DE AMOR Y EL ANIQUILAMIENTO DEL SENTIMIENTO DE AMOR PROPIO

Regla general: mientras más satisfagas alguna de tus necesidades más se incrementará, y mientras menos la satisfagas menos activa estará. 42) Ama a toda la gente por igual, sin excluirte de ese amor. 43) Ama a cada uno de tus prójimos como a ti mismo, pero ama a dos prójimos más que a ti mismo.

REGLAS PARA EL DESARROLLO DE LA REFLEXIÓN

Examina cada objeto desde todos sus ángulos. Examina cada acción desde el ángulo de su nocividad y de su utilidad. Para cada acción considera de cuántas maneras puede ser realizada y cuál de estas maneras es la mejor. Considera las causas de cualquier fenómeno y sus posibles consecuencias.

1850

14 DE JUNIO, YÁSNAIA POLIANA. Una vez más retomo el diario y una vez más con un nuevo fervor y un nuevo objetivo. ¿Cuántas veces lo habré hecho? No me acuerdo. Da lo mismo, quizá vuelva a abandonarlo; pero es una ocupación agradable y será agradable releerlo, como ha sido agradable releer los antiguos cuadernos. En la mente abundan los pensamientos y hay algunos que parecen extraordinarios, pero cuando se miran bien resultan insustanciales; otros son, en efecto, sensatos y para eso es indispensable llevar un diario. Un diario te permite juzgarte cómodamente a ti mismo.

Además, como me parece necesario determinar todas mis ocupaciones por adelantado, también necesito un diario. Me gustaría acostumbrarme a determinar mi manera de vivir por adelantado, pero no sólo para un día, sino para un año, para varios años, incluso para toda la vida; pero es demasiado difícil, casi imposible. Sin embargo lo intentaré primero con un día, después con dos; por los días en que pueda ser fiel a mis decisiones, por esos días determinaré mi vida por adelantado. Por decisiones entiendo no las reglas morales, que no dependen del tiempo ni del lugar, reglas que no cambian nunca y que yo elaboro de manera especial, sino justamente las decisiones de tiempo y de espacio: dónde residir y cuánto tiempo, cuándo y a qué dedicarme.

Imagino casos en los que estas decisiones puedan ser modificadas; pero si llega el momento, permitiré ese tipo de derogaciones sólo cuando estén determinadas por las *reglas*; por eso en caso de derogación *explicaré los motivos en el diario.*

... Los últimos tres años, que he vivido de una manera muy desordenada, a veces me parecen muy interesantes, poéticos y en parte útiles; intentaré recordarlos y escribirlos lo más franca y explícitamente posible. He aquí un tercer propósito para mi diario.

17 DE JUNIO. Me levanté a las 8 de la mañana, hasta las 10 no hice nada, de 10 a 12 leí y escribí mi diario, de 12 a 6 el almuerzo, descanso, algunos pensamientos sobre música y la comida, de 6 a 8 música, de 8 a 10 la hacienda.

He estado ocioso por segundo día consecutivo, y no he ejecutado mi programa. ¿Por qué? No lo entiendo. Sin embargo, no desespero; me esforzaré. Ayer, además de no hacer lo que me había prometido, rompí mi propia regla. Pero ahora no volveré a romper la regla de *no tener una mujer* en la aldea, salvo en algunas ocasiones que yo no buscaré, pero que tampoco dejaré pasar.

Me he dado cuenta de que cuando me encuentro en una disposición de ánimo apática, cualquier obra filosófica me incita a la actividad: ahora estoy leyendo a Montesquieu. Creo que sucumbí a la pereza porque empecé demasiadas cosas, por eso de ahora en adelante no emprenderé una ocupación nueva mientras no haya cumplido lo señalado. Para que no pueda poner como excusa que no he tenido tiempo de crear un sistema, anotaré en mi diario las reglas generales y las reglas relativas a la música y a la hacienda.

De las reglas generales. Lo que te has propuesto hacer no lo dejes para después poniendo como pretexto la distracción o la diversión; empieza de inmediato, aunque sea superficialmente. Ya llegarán las ideas. Por ejemplo, si te has propuesto escribir algunas reglas, saca el cuaderno, siéntate al escri-

1850

torio y no te levantes hasta que hayas empezado y terminado.

Reglas relativas a la música. *Toca todos los días: 1) las 24 escalas; 2) todos los acordes, el arpegio en dos octavas; 3) todas las inversiones; 4) la escala cromática.* Aprende una sola pieza y no sigas adelante mientras haya un pasaje en el que debas detenerte. Traslada todas las cadenza *que te encuentres a todos los tonos y apréndetelas.* Cada día toca por lo menos cuatro páginas de música y no te levantes hasta que hayas encontrado el doigté correcto.

Relativas a la hacienda. *Pensar todas las órdenes que han de darse desde el punto de vista de su utilidad y de su nocividad. Supervisar personalmente todos los días cada una de las partes de la hacienda.* No precipitarse a dar órdenes, a regañar o a castigar, recordar que en materia de la hacienda lo que más se necesita es paciencia. *No cancelar ninguna orden que hayas dado, aun si resultó nociva, salvo que a ti te parezca que ha de ser derogada y en caso de necesidad extrema.*

Notas. Es el tercer invierno que he vivido en Moscú, y he vivido de manera muy desordenada, sin trabajo, sin ocupaciones, sin una finalidad; y he vivido así no porque en Moscú todo el mundo viva así, como dicen y escriben muchos, sino simplemente porque me gustaba esa forma de vida. En parte, la situación de un hombre joven en la sociedad moscovita es la que predispone al ocio. Digo hombre joven y me refiero a alguien que reúna ciertas condiciones; a saber: educación, buen nombre y unos diez o veinte mil rublos de renta. La vida de un hombre joven que reúna estas condiciones es mucho más agradable y está totalmente desprovista de preocupaciones si no tiene un empleo (es decir, algo serio), sino que simplemente aparenta que trabaja y le gusta estar ocioso. Todos los salones están abiertos para él, tiene derecho a pretender a cualquiera de las jóvenes en edad de casarse; no hay un solo galán que esté por encima de él en la opinión general de la sociedad. Pero si este joven va a Petersburgo se atormentará pensando en por qué S. y G. Gorchakov estuvieron en la corte y él no; en cómo hacerse invitar a las veladas de la baronesa Z., a la recepción de la condesa A., y etcétera, y no será admitido si no cuenta con la ayuda de alguna condesa para entrar en los salones, a menos que haya crecido allá, que sepa soportar humillaciones o sea capaz de aprovechar cualquier oportunidad para insinuarse aparatosamente y sin honor.

19 DE JUNIO. El día de ayer transcurrió bastante bien, llevé a cabo casi todo; sólo una cosa me tiene descontento: no logro dominar la lujuria, más aún porque esta pasión, en mí, se ha convertido en costumbre. Ahora que he cumplido con lo de dos días, hago un programa para dos días más: *19 de junio.* 5-8 la hacienda e ideas sobre música, 8-10 lectura, 10-12 anotar las ideas sobre música, 12-6 descanso, 6-8 música, 8-10 la hacienda. *20 de junio.* 5-10 la hacienda y el diario, 10-12 música, 12-6 descanso, 6-10 la hacienda.

De las reglas generales. Sucede que uno recuerda algo desagradable y sin detenerse a meditar en lo desagradable se pone de mal humor por mucho tiempo.

Examinar cualquier pensamiento desagradable: en primer lugar, plantearse si puede tener consecuencias; si puede tenerlas, cómo precaverlas. Si no se pueden precaver, y la circunstancia ya pasó, entonces, tras pensar bien las cosas, intentar olvidarlo o bien acostumbrarse a ello.

1850. 8 DE DICIEMBRE. MOSCÚ.[1] Llevé mi diario durante cinco días y lo abandoné durante cinco meses. Voy a intentar recordar qué hice en todo ese tiempo y por qué aparentemente me retrasé tanto en mis ocupaciones. Durante este tiempo se ha operado en mí un gran cambio; la vida tranquila del campo, mis tonterías anteriores y la necesidad de ocuparme de mis asuntos dieron su fruto. Dejé de hacer castillos en el aire y planes que están más allá de las posibilidades humanas. Lo más importante y lo más favorable en este cambio de convicciones es que he dejado de confiar en que sólo con la razón puedo alcanzar algo, y ya no desprecio las formas aceptadas por toda la gente. Antes todo lo ordinario me parecía indigno de mí; ahora, por el contrario, no reconozco como buena y justa casi ninguna convicción hasta que no la haya visto aplicada y llevada a la práctica y ejecutada por mucha gente. Es curioso cómo pude despreciar aquello que constituye el privilegio principal del ser humano: la capacidad de comprender las convicciones de los otros y ver en los otros la aplicación en los hechos. ¿Cómo pude darle paso a mi juicio sin ninguna comprobación ni ninguna aplicación práctica? En una palabra, y la más simple, senté cabeza y maduré.

Mi amor propio contribuyó mucho a este cambio. Tras dejarme llevar por la vida disoluta, me di cuenta de que la gente que era inferior a mí en todo, en esta esfera era muy superior; me dolió y me convencí de que no estaba destinado a llevar esa vida. Quizá también contribuyeron dos sacudidas. La primera, haber perdido en el juego contra Ogariov,[2] lo que arrastró mis asuntos a una confusión tan grande que incluso parecía que no había ninguna esperanza de volver a ponerlos en orden; y después de esto el incendio,[3] que me obligó, aun sin quererlo, a actuar. La revancha en el juego dio un color más alegre a estas acciones. Tengo la impresión de que me he vuelto demasiado frío. Sólo de vez en cuando, sobre todo cuando me acuesto a dormir, hay momentos en que los sentimientos piden salir; lo mismo me sucede en momentos de embriaguez; pero me he prometido *no emborracharme.* Ahora no voy a continuar con mis notas porque estoy ocupado con los asuntos de Moscú; en cuanto tenga tiempo libre escribiré un relato sobre la vida de los gitanos.[4]

He notado en mí otro cambio importante: me he vuel-

Lev Tolstói. San Petersburgo. Daguerrotipo de V. Shenfeldt. 1849

to más seguro de mí mismo, es decir, que ya no me siento confundido; creo que es porque tengo un objetivo en mente (un interés), y en el intento de conseguirlo he podido evaluarme a mí mismo y he adquirido la conciencia de mi dignidad, lo que facilita mucho las relaciones con la gente. ...

Reglas para la sociedad. Elegir situaciones difíciles, tratar siempre de controlar la conversación, hablar en voz alta, con tranquilidad y con claridad, intentar ser uno quien empieza y termina la conversación. Buscar relacionarse con la gente que esté socialmente por encima de uno. Antes de ver a personas así, prepararse para el tipo de relaciones que se ha de entablar con ellas. No sentirse confundido cuando se hable frente a extraños. No cambiar continuamente la conversación del francés al ruso ni del ruso al francés. Recordar que es necesario ejercer cierta presión sobre uno mismo, sobre todo al principio, cuando uno se encuentra con gente con la que se siente incómodo. En los bailes, invitar a bailar a las damas más importantes. Si uno se siente confundido, no ponerse nervioso, y perseverar. Ser lo más frío posible y no manifestar ninguna impresión.

Ocupaciones para el día de hoy, 11. Quedarme en casa, *leer*; por la noche escribir las reglas para la sociedad y el resumen del relato. *Ocupaciones para el 12 de diciembre.* Por la mañana leer, luego, hasta la hora de la comida, el diario y el programa para los asuntos y las visitas del domingo. Después de la comida leer y tomar un baño de vapor; por la noche, si no estoy muy cansado, el relato. Por la mañana, inmediatamente después del café, cartas a la oficina, a la tía[5] y a Perfíliev.[6]

13 DE DICIEMBRE. El 12 de diciembre, a pesar de que no escribí mi diario, lo pasé bien, es decir, no estuve ocioso. Fui a visitar a las autoridades y fui a los clubes, y como resultado me convencí de lo siguiente: primero, que tendré éxito en sociedad siguiendo las tendencias actuales; y segundo que, creo, dejaré de jugar. Me parece que ya no tengo la pasión por el juego, pero no puedo poner las manos en el fuego, primero tengo que comprobarlo. No buscaré la ocasión, pero si se presenta no la dejaré pasar. ...

15 DE DICIEMBRE. Estoy muy descontento con el día de

ayer. Primero porque no hice nada sobre el Consejo de tutela;[7] segundo porque no escribí nada, y tercero, porque he comenzado a flaquear en mis convicciones y a ceder a la influencia de la gente.

Levantarme muy temprano, por la mañana leer un poco, después dedicarme al diario, a la escritura y a la correspondencia. ...

Reglas para la sociedad. No cambiar la manera de dirigirse a las personas, llamarlas siempre de la misma forma.

No permitir de nadie la más mínima palabra desagradable o mordaz sin devolvérsela por duplicado.

17 DE DICIEMBRE. ... *Reglas generales.* Acostarme a dormir, cuando nada urgente me retenga, a las 12 de la noche y levantarme a las 8; todos los días estudiar seriamente cuatro horas de música.

21 DE DICIEMBRE. ... *No leer novelas.*

24 DE DICIEMBRE. ... *Reglas.* Jugar a las cartas sólo en caso de emergencia. Hablar de uno mismo lo menos posible. Hablar en voz alta y con claridad.

Reglas. Dar un paseo cada día. De acuerdo con las leyes de la religión, no tener mujeres.

29 DE DICIEMBRE. Vivo de una manera absolutamente ruin; aunque no sea una vida del todo disoluta, he abandonado casi todas mis ocupaciones y me he sentido muy desmoralizado. ...

1851

1.º DE ENERO. YÁSNAIA POLIANA. El 1 de enero de 1851 estuve en Pokróvskoie y vi a Nikólenka,¹ no ha cambiado nada. Yo sí y podría ejercer una fuerte influencia sobre él si no fuera un ser tan extraño; o no se da cuenta de nada o no me quiere, o trata de fingir que no se da cuenta y no me quiere.

13 DE ENERO. ... *Regla: hacer copia de todas las cartas y tenerlas en orden.*

18 DE ENERO. No me porté ni bien ni mal. Poca flexibilidad. ... Escribir la historia de mi día.²

25 DE ENERO. Me enamoré o creí haberme enamorado; fui a una reunión y perdí la cabeza. Compré un caballo que no me hacía ninguna falta. *Regla: No ofrecer ningún precio por algo que no se necesita. Al llegar a un baile sacar a bailar inmediatamente a alguien y pedirle un vals y una polka.* Esta noche pensar en la forma de mejorar mi situación. Estar en casa.

28 DE FEBRERO. He dejado que pasara mucho tiempo. Primero me dejé seducir por los placeres mundanos, y después de nuevo sentí un vacío en el alma; también me retrasé en el trabajo; me refiero al trabajo que tiene como objeto mi propia personalidad. Mucho tiempo me atormentó el no tener un pensamiento o sentimiento íntimo que determinara la orientación de mi vida: todo sucede *al azar*; ahora, creo, he encontrado una idea íntima y una meta constante: el desarrollo de la voluntad; es una meta a la que tiendo desde hace tiempo, pero que hasta ahora hice consciente no sólo como idea, sino como una idea que se ha hecho una sola cosa con mi alma.

Programa para el día de mañana. ... No fumar. Recordar que en el cumplimiento de lo que me he propuesto radica la felicidad de mi vida y viceversa.

1.º DE MARZO. *Regla. Actuar en los casos difíciles siempre según la primera impresión. ...*

2 DE MARZO. Me he relajado un poco, sobre todo porque de pronto me pareció que no importa cuán arduamente trabaje sobre mí mismo, de todas formas nunca conseguiré nada de mi persona. Este pensamiento me vino a la cabeza debido a que sólo me dedicaba a tensar mi voluntad, sin preocuparme de la forma en que esta se manifestaba. Trataré de enmendar este error. Ahora quiero prepararme para el examen de maestría; por consiguiente, ahí está la forma en que deberá manifestarse la voluntad, pero no basta con tomar el cuaderno y leer, es necesario prepararse, es necesario estudiar sistemáticamente; es necesario hacerse preguntas sobre todos los temas, y con esas preguntas redactar después un resumen. Es necesario encontrar a algún estudiante que me pueda dar indicaciones y explicaciones. ... *Regla. Recordar en cualquier empresa que se realice que la primera y la única condición de la que depende el éxito es la paciencia y que aquello que echa a perder cualquier cosa y que a mí me ha perjudicado mucho es la precipitación.*

7 DE MARZO. Encuentro que el diario, además de servir para determinar las acciones futuras, puede tener un fin productivo. En él puede hacerse todos los días un informe desde el punto de vista de las debilidades que uno quiere corregir.

Hoy. Por la mañana tardé mucho en levantarme, estuve haciendo el remolón, de alguna manera me estuve engañando. Leí novelas cuando tenía algo distinto que hacer. Me decía a mí mismo: debo tomarme un café, como si uno no pudiera dedicarse a otra cosa mientras bebe su café. ... En casa iba del piano al libro y del libro a la pipa y a la comida. No pensé en los campesinos. No recuerdo si mentí. Seguramente sí. ... Todas las faltas cometidas este día pueden deberse a las siguientes propensiones: 1) *Indecisión*, falta de energía. 2) *Autoengaño*, es decir, que a pesar de intuir algo desagradable en alguna cosa no te detienes a reflexionar. 3) *Precipitación.* 4) *Fausse honte*, es decir, miedo a hacer algo inconveniente que provenga de una visión unilateral de las cosas. 5) *Mal humor*, que proviene generalmente a) de la precipitación, b) de una visión superficial de las cosas. 6) *Incoherencia*, es decir, la tendencia a olvidar los fines próximos y útiles para aparentar algo. 7) *Imitación.* 8) *Inconstancia.* 9) *Irreflexión.* ...

8 DE MARZO. De nuevo tardé mucho en despertarme, pero lo superé. Escribí una carta a Nikólenka (*de modo irreflexivo y precipitado*). Otra a la oficina, con el mismo estúpido estilo que he adoptado (autoengaño). Hice gimnasia con poca seriedad, es decir, tomando demasiado poco en cuenta mis fuerzas; a esta debilidad la llamaré *arrogancia*, desvío de la realidad.

Me miré en el espejo con frecuencia. Es una estúpida complacencia física hacia mí mismo que sólo puede acarrear algo malo y ridículo. ... *Distracción*. En la gimnasia estuve haciendo alarde de mí mismo (autoalabanza). Quise que Kobylin tuviera una opinión verdadera de mí (vanidad mezquina). Comí demasiado durante el almuerzo (glotonería). Fui a ver a Volkonski sin haber terminado lo que estaba haciendo (falta de perseverancia). Comí postre en exceso e hice el remolón. Mentí.

Ocupaciones para el 9. ... Llevar un cuaderno de debilidades (el cuaderno de Franklin).³

9 DE MARZO. Tardé mucho en levantarme (falta de energía). Carta a Islavin (falta de atención). Salí con unos guantes asquerosos y sin abrigo (irreflexión y precipitación). A Panin le hablé de mis proyectos de construcción (deseo de ostentar). Estuve con Olivier y Beer (indecisión y cobardía). Con los Gorchakov vergüenza mal entendida y deseo de ostentar.

10 DE MARZO. Me levanté muy tarde. Le hablé en mal tono a Ózerov y traté de venderle un caballo. *Bajeza.* ... Le mentí a Beguichev al decirle que conocía a los Gorchakov de Siberia.⁴ En la gimnasia *vanidad.* Con Lvov *presunción y afectación.* No hice la copia, *pereza.* Escribo mi cuaderno con prisa y poca precisión.

Ocupaciones para el 11 de marzo. ... El cuaderno de Franklin y escribir hasta las 10. De 10 a 11 gimnasia, de 11 a 12 música. El paseo y la comida hasta las 6. De las 6 en adelante leer y tomar notas.

12 DE MARZO. Mal, mal, muy mal he pasado el día. Lo explicaré mañana. ... Cuándo llegará el día en que tenga conciencia de mis fuerzas, es decir, que sepa con antelación lo que puedo y lo que no puedo soportar. Regla. *Cuando desee algo, tanto física como moralmente, preguntarme si su realización presenta más dificultades que ventajas; si no, puedo pasar a la acción.* ...

Una facultad muy importante en la vida es la facultad de trasladar rápidamente la atención de un objeto a otro; he notado que esto sucede sobre todo después de una fuerte sensación de alegría o tristeza.

Regla. En cuanto el asunto que mantenía ocupada tu atención deje de exigir que participes, intenta dirigir toda tu atención hacia un objeto u ocupación diferente. ...

20 DE MARZO. ... Las dos pasiones principales que he advertido en mí mismo son la pasión por el juego y la vanidad, que es tanto más peligrosa cuanto que asume un número infinito de formas distintas: el deseo de ostentar, la irreflexión, la dispersión, etcétera. Esta noche debo releer mi diario a partir del día en que llegué a Moscú, hacer algunas observaciones generales y revisar mis gastos y deudas en Moscú.

Llegué a Moscú con tres objetivos: 1) jugar; 2) casarme; 3) obtener un puesto. El primero es ruin y bajo, y yo, gracias a Dios, después de reconsiderar la situación de mis asuntos y de renunciar a los prejuicios, decidí arreglar mis asuntos y ponerlos en orden mediante la venta de una parte de mi propiedad. El segundo, gracias a los sabios consejos de mi hermano Nikólenka, lo he dejado de lado en tanto no me vea forzado a hacerlo o por el amor o por la razón, o incluso por el destino, al que no se puede oponer resistencia. El último es imposible hasta después de dos años de servicio en la provincia, y aunque en realidad sí me gustaría, también me gustarían muchas otras cosas que son incompatibles con aquella; por eso voy a esperar a que el destino mismo me ponga en esa situación.

He tenido demasiadas debilidades durante este período. Lo principal es que he prestado poca atención a las reglas morales, distrayéndome con las reglas necesarias para el éxito. Además, he tenido una visión demasiado estrecha de las cosas; por ejemplo, me he impuesto demasiadas reglas que podrían reducirse a una sola: no ser vanidoso. He olvidado que una condición indispensable para el éxito es la confianza en uno mismo y el desprecio por las cosas triviales, que únicamente es posible como resultado de una superioridad moral.

[**21 DE MARZO.**] **20.** Dediqué la mañana a leer y a escribir. Escribí poco, no estaba de humor y temía corregir. *Regla. Es mejor probar y echar a perder (alguna cosa que pueda hacerse de nuevo) que no hacer nada.* ...

[**22 DE MARZO.**] **21.** Trabajé bastante bien, excepto por la falta de firmeza y el deseo de ostentar. ... La gimnasia es necesaria para el desarrollo de todas las capacidades. Gimnasia para la memoria. *Cada día aprender algo de memoria. Inglés.*

23 DE MARZO. Me levanté a las 8:30. Leí y escribí, no revisé lo escrito. *Autoengaño. Pereza* para hacer la gimnasia. *Cobardía* en casa de Koloshin, expresé mis opiniones con demasiada obviedad en casa de Beer. Hablé de mi forma de vida, *deseo de ostentar.* Comí con Volkonski y hablé demasiado de mí mismo, *deseo de ostentar.* Por la noche leí sin sistema, *irreflexión.* En el concierto no me acerqué a Zakrévskaia, *cobardía.* Hice una reverencia a Ujtomski, *cobardía.* No pude hacer una reverencia a Lvova, *cobardía.* En casa me quedé con Kóstenka hasta después de las 12, *falta de firmeza.*
Regla. Tratar de crear un estilo propio 1) en la conversación, 2) en la escritura. ...

24 DE MARZO. Me levanté un poco tarde y leí, pero no me dio tiempo de escribir. ... Koloshin (Serguéi) vino a beber vodka, no lo eché (*cobardía*). En casa de Ózerov discutí a propósito de una tontería (*hábito de discutir*) y no hablé de lo que hacía falta, *cobardía.* ... En casa de Gorchakov mentí, *mentira.* ... En mi casa no estudié inglés (*falta de firmeza*). En casa de los Volkonski fui poco natural y estuve distraído y me quedé hasta la una *(distracción, deseo de ostentar y falta de carácter)*.

Ocupaciones para el 25. De las 10 a las 11, el diario de la víspera y leer. De las 11 a las 12, gimnasia. De las 12 a la 1, inglés. *Beklemishev y Beer* de la 1 a las 2. De las 2 a las 4, equitación. De las 4 a las 6, la comida. De las 6 a las 8, leer. De las 8 a las 10, escribir. Traducir alguna cosa de una lengua extranjera al ruso para desarrollar la memoria y el estilo. Escribir una relación del día de hoy con todas las impresiones y pensamientos que origine.[5]

31 DE MARZO. ... Me comporté mal. *Cobardía, vanidad, irreflexión, debilidad, pereza.*

5 DE ABRIL. PIROGOVO.[6] Por la mañana trabajé bien, fui de cacería y a Pirogovo, *falta de firmeza*. Con Seriozha *mentí, fui vanidoso y cobarde.*

Ocupaciones para el 6. De 5 a 10, escribir. De 10 a 11, misa. De 12 a 4, comida. De 4 a 6, leer. De 6 a 10, escribir.

6 DE ABRIL. No cumplí nada. *Mentí y fui muy vanidoso, ayuné a la ligera y sin intencionalidad.* ... Quiero escribir algunos sermones.

7 DE ABRIL. *Pereza y debilidad.* Seriózhenka está viviendo con Masha.[7] Mañana es domingo de Pascua.

17 DE ABRIL. No escribí nada, ¡¡me venció la pereza!! Hoy quiero comenzar la historia de un día de caza.[8] Tuve una larga conversación con mi tía. Es muy buena y tiene un alma muy noble, pero es muy limitada. Siente y piensa de una forma determinada y no va más allá. La lascivia me atormenta. No tanto la lascivia como la fuerza de la costumbre. Estoy seguro de que en ningún otro lado me habría girado a ver a la mujer que ahora, sólo porque ya la tuve, me obliga a luchar violentamente contra mi pasión y a sucumbir cada vez más a menudo.

No hay mejor manera de saber si ha habido progresos en algo que probarse a uno mismo en la forma antigua de hacer las cosas. Para saber si has crecido o no, necesitas medirte con la medida antigua. Después de cuatro meses de ausencia[9] estoy de nuevo en el mismo marco. En cuanto a la pereza soy casi el mismo. En cuanto a la lascivia también. En lo que se refiere al trato con los subordinados soy un poco mejor. Pero en lo que sí realmente he avanzado es en lo tocante a mi estado de ánimo.

19 DE ABRIL. Llegaron Nikólenka, Valerián[10] y Masha.[11] Mañana iré a Tula, decidiré lo relativo al servicio,[12] y venderé Vorótinka[13] por 16.000 rublos en billetes. En la aldea me he vuelto todavía más religioso.

20 DE MAYO. EN EL CAMINO DE SARÁTOV A ASTRACÁN.[14] Desde el 20 de abril y hasta el 20 de mayo no he llevado mi diario. Recordaré este mes, sin embargo, día a día. Ha sido muy interesante.

El último período pasado en Moscú fue sobre todo interesante por el desprecio que sentía hacia la sociedad y también por mi incesante lucha interior. ...

MARZO-MAYO DE 1851.[15] ... Hay gente que todo lo comprende racionalmente con rapidez, que simpatiza vivamente con todo lo bello y siente todo lo bueno, pero que en la vida, en la práctica, no es gente inteligente ni bella ni buena. ¿Por qué? O porque tiene dos capacidades, la de concebir y la de reproducir, o porque le falta esa capacidad que llamamos genio o talento o, finalmente, porque las naturalezas demasiado puras son siempre débiles y apáticas, y por consiguiente sus capacidades no se han desarrollado.

...Que las naturalezas ricas son perezosas y se desarrollan poco, es algo que vemos en primer lugar en la realidad; en segundo lugar es claro que las naturalezas imperfectas tienden a desvelar la oscuridad que les oculta muchas cuestiones, y alcanzan el perfeccionamiento y adquieren el hábito del trabajo. Después: los trabajos a los que una naturaleza rica se enfrenta para avanzar son muchos más y no proporcionales con los trabajos de una naturaleza imperfecta en su desarrollo ulterior.

Lamartine dice que los escritores pierden de vista la literatura popular, que el número de lectores es mayor en el medio popular, que todos los que escriben lo hacen para el círculo en el que viven, y que el pueblo, entre el que hay personas ávidas de instrucción, no tiene literatura, y no la tendrá hasta que se comience a escribir para el pueblo.

No voy a hablar de esos libros que se escriben con el propósito de tener muchos lectores, no son obras literarias, son producto del oficio del autor; ni de los libros académicos o de texto, que no entran en el ámbito de la poesía.

(Dónde está la frontera entre la prosa y la poesía es algo que jamás comprenderé; aunque sea una cuestión de la que se hable en los manuales de *filología*, la respuesta es incomprensible. La poesía son los versos. La prosa, los no-versos; o es poesía todo, con excepción de los documentos formales y los libros de texto.) Todas las obras, para ser buenas, deben, como dijo Gógol de su relato de despedida[16] («me brotó del alma»), brotar del alma del autor. Pero, ¿existe algo accesible para el pueblo que pueda brotar del alma de los autores que, en su mayoría, se encuentran en un nivel superior de evolución? El pueblo no lo comprenderá. Aun si el autor se esfuerza por descender hasta el nivel del pueblo, el pueblo no lo interpretará correctamente. Igual que un niño de dieciséis años que lee la escena donde violan a la heroína de la novela y no experimenta senti-

1851

mientos de indignación, ni se pone en el lugar de la desdichada, sino que, involuntariamente, se imagina en el papel del seductor y se deleita con un sentimiento de lubricidad, así el pueblo comprenderá algo totalmente diferente de lo que ustedes hayan querido decirle. ¿Acaso el pueblo puede comprender *Antón Goremyka*[17] o *Geneviève*?[18] Las palabras son accesibles como expresión del pensamiento, pero los pensamientos son inaccesibles. El pueblo tiene su propia literatura, hermosa e inimitable; pero no es una falsificación, brota del corazón mismo del pueblo. No tiene necesidad de una literatura superior y por eso no la hay. Traten de ponerse exactamente en el mismo nivel que el pueblo y este comenzará a despreciarlos.

Que la clase alta se adelante y el pueblo no se quedará atrás; no se fusionará con la clase alta, pero también avanzará. *Pourquoi dire des subtilités, quand il y a encore tant de grosses vérités à dire.* Buscaban la piedra filosofal y encontraron diversas combinaciones químicas. Ahora buscan la virtud desde el punto de vista del socialismo, es decir, la ausencia de vicios, y encontrarán muchas verdades morales útiles.

... ¡Cómo cambia la manera de ver la vida cuando no vives para ti mismo sino para los demás! La vida deja de ser un fin y se convierte en un medio. La desgracia hace al hombre virtuoso; la virtud lo hace dichoso; la dicha lo hace vicioso.

Hay dos tipos de felicidad: la felicidad de los hombres virtuosos y la felicidad de los hombres vanidosos. La primera tiene su origen en la virtud, la segunda en el destino. Es necesario que la virtud tenga raíces profundas para que la última no tenga una influencia nociva sobre la primera. La felicidad que se basa en la vanidad es destruida por esta: la gloria por la maledicencia, la riqueza por la estafa. La felicidad que se basa en la virtud no es destruida por nada.

1851

... No se debe decir que la vida es sufrimiento, o que la muerte es una bendición que nos aparta de todas las penas. Esto no es un consuelo cuando se pierde a los seres queridos, ni una lección de moral. Estar de acuerdo con esto es imposible si no se está en la desesperación, y la desesperación es la debilidad de la fe y de la esperanza en Dios. Como lección de moral este pensamiento es demasiado doloroso para el alma joven, y puede hacer vacilar la fe en la virtud. Cuando un hombre pierde al ser que más amaba puede amar a otro; si no, es porque su orgullo es demasiado grande. El principio del mal está en el alma de cada uno.

... Las tías ancianas y los tíos ancianos se creen en la obligación de pagar con sermones el derecho a tener sobrinos, no importa lo inútiles que los sermones sean. Para ellos resulta incluso desagradable que sus sobrinos les hagan notar, con su comportamiento, que sus consejos están fuera de lugar; les parece que se ven privados de su deber.

No hay nada más doloroso que ver los sacrificios que por ti hace la gente con quien te relacionas y debes vivir; sobre todo los sacrificios que tú no exiges y que vienen de la gente que no amas. La peor forma de egoísmo es la abnegación.

... Todo el mundo describe las debilidades humanas y el lado ridículo de los hombres transfiriéndolos a personalidades ficticias, algunas veces con éxito, según el talento del escritor, pero la mayor parte del tiempo de forma artificial. ¿Por qué? Porque nosotros conocemos las debilidades humanas a través de las propias y, para mostrarlas correctamente, hay que mostrar las de uno mismo, porque una cierta debilidad no le va sino a una cierta personalidad. Pocos tienen la fuerza suficiente para hacer esto. Tratan de desfigurar todo lo posible la personalidad a la que transfieren las debilidades propias para no reconocerse a sí mismos. Sería mejor decir francamente: «Así soy yo. Si a ustedes no les gusta, lo siento mucho, pero así me hizo Dios.» Nadie quiere dar el primer paso para que no digan, por ejemplo: «Usted piensa que si usted es malo y ridículo nosotros también lo somos.» Por eso todo el mundo guarda silencio. Es como ir a un baile de provincia: todos temen ser los primeros en llegar, por eso todos llegan tarde. Si cada uno se mostrara tal y como es, lo que antes era ridículo y débil en él dejaría de serlo. Sería una bendición enorme librarse, aunque fuera en parte, de ese terrible yugo: el miedo al ridículo. ¿Cuántos, cuántos verdaderos placeres nos perdemos por ese estúpido miedo?

2 DE JUNIO. Ah, Dios mío, Dios mío, ¡qué días tan tristes y tan difíciles! ¿Por qué estoy tan triste? No, no es tanta la tristeza como dolorosa la conciencia de estar triste y no saber la causa de la tristeza. Antes pensaba que se debía a la inactividad, a la ociosidad. No, no se debe a la ociosidad, sino a que en la situación en la que me encuentro no puedo hacer nada. El punto más importante es que en ningún lado puedo encontrar nada parecido a la tristeza que yo siento: ni en los libros ni en mi imaginación. Imagino que es posible entristecerse por alguna pérdida, por una separación, por una ilusión equívoca. Comprendo que sea posible sentirse desencantado: que todo sea motivo de hartazgo y que uno se vea tan frecuentemente desilusionado en sus expectativas que ya no espere nada. Comprendo que si el alma se deshace de amor por todo lo bello, por el hombre, por la naturaleza, y uno está dispuesto a expresarlo, a pedir compasión, y alrededor sólo encuentra frialdad y burlas, surja un rencor secreto contra la gente, y de ahí la tristeza. Comprendo la tristeza del hombre cuando su situación es difícil y un sentimiento doloroso, venenoso, un sentimiento de envidia lo oprime. Todo esto lo comprendo y en cada uno de esos tipos de tristeza encuentro finalmente un lado bueno.

1851

Pero la tristeza que yo siento es algo que no comprendo y no logro definir. No tengo nada que lamentar, tampoco tengo casi nada que desear y no tengo por qué estar resentido con el destino. Entiendo lo bien que podría vivir de mi imaginación; pero no. La imaginación no dibuja nada para mí, carezco de sueños. También hay un triste goce en despreciar a los hombres, pero tampoco soy capaz de eso, no pienso en ellos. A veces te parece que alguien tiene un alma buena, sencilla; a veces te parece que es mejor no buscar, ¡para qué equivocarse! Tampoco me siento desilusionado, todo me atrae; pero el problema radica en que me dediqué demasiado temprano a las cosas serias de la vida, me dediqué a ellas cuando aún no había madurado lo suficiente pero sí podía sentir y entender; y de ese modo mi fe en la amistad, en el amor y en la belleza no es fuerte y me siento desilusionado de las cosas importantes de la vida; sin embargo, en las cosas pequeñas sigo siendo un niño.

En este momento me digo, al recordar todos los minutos desagradables de mi vida—que son los que acuden a la mente en horas de abatimiento—, que hay muy pocos placeres y demasiados deseos, que el hombre es demasiado hábil para imaginarse la felicidad y que con demasiada frecuencia el destino lo golpea sin motivo alguno, dolorosamente, y dolorosamente le toca las cuerdas más sensibles para que ame la vida; además, hay algo especialmente dulce y majestuoso en la indiferencia por la vida y yo me regodeo en este sentimiento. Qué fuerte parezco frente a todas las cosas, convencido de que aquí no se puede esperar nada más que la muerte. Y, sin embargo, inmediatamente soy capaz de pensar con gusto en que encargué una silla que montaré con mi abrigo circasiano y perseguiré a las mujeres cosacas y caeré en la desesperación porque mi bigote izquierdo no está tan bien como el derecho y pasaré horas frente el espejo arreglándolo. ...

1851

Et puis cette horrible nécessité de traduire par des mots et aligner en pattes de mouches des pensées ardentes, vives, mobiles, comme des rayons de soleil teignant les nuages de l'air. Où fuir le métier, Grand Dieu! [19]

8 DE JUNIO. (STARY YURT[20]**)** El amor y la religión son dos sentimientos puros y sublimes. No sé a qué llaman los hombres amor. Si el amor es lo que he leído y he oído decir que es, entonces no lo he sentido jamás. Acabo de ver a Zinaída,[21] una joven estudiante que me gustaba, pero a quien conocía poco. (¡Uf! ¡Qué cosa tan burda es la palabra! ¡Qué estúpidos y vulgares parecen los sentimientos una vez expresados!) Viví en Kazán una semana. Si me hubieran preguntado por qué vivía en Kazán, por qué me sentía tan bien, por qué era tan feliz, no habría contestado que era porque estaba enamorado. No me había dado cuenta. Me parece que este no darse cuenta es el rasgo principal del amor y en ello radica todo su encanto. ¡Cuán moralmente ligero me sentía en aquel entonces! No tenía la carga de las pasiones mezquinas que arruina los placeres de la vida. No le he dicho ni una palabra de amor, pero estoy convencido de que conoce mis sentimientos y si me ama es únicamente porque me ha entendido. Todos los impulsos del alma son puros y sublimes en un comienzo. La realidad destruye su inocencia y su encanto. Mis relaciones con Zinaída se quedaron en esa fase de atracción pura entre dos almas que se buscan. Pero quizá tú dudes de que te amo, Zinaída, perdóname si es así, la culpa es mía, con una sola palabra habría podido convencerte.

¿Será posible que no vuelva a verla? ¿Será posible que algún día me entere de que se ha casado con algún Beketov? O, peor aún, ¿será posible que la vea con su gorrito comportándose alegremente con sus mismos ojos inteligentes, abiertos, vivos y enamorados? Yo no abandonaré mis planes para venir a casarme con ella, no estoy lo suficientemente convencido de que ella pueda ser mi felicidad, pero de cualquier manera estoy enamorado. Si no, ¿qué significan estos gratos recuerdos que me alegran? ¿qué esta mirada que evoco siempre que veo o siento algo maravilloso? ¿Debería escribirle una carta? Ignoro su patronímico y esa, quizá, sea la causa que me prive de la felicidad. Es ridículo. Olvidé traer una camisa plisada y por eso no estoy haciendo el servicio militar. Si hubiéramos olvidado traer la gorra de visera ni siquiera habría pensado en presentarme ante Vorontsov[22] y conseguir un puesto en Tiflis. ¡Imposible hacerlo con la gorra de piel! Ahora sólo Dios sabe lo que me espera. Me entrego a Su voluntad. Yo mismo no sé qué necesito para ser feliz, ni qué es la felicidad. ¿Te acuerdas, Zinaída, del caminito lateral en el jardín del Arzobispo? En la punta de la lengua tuve mi declaración de amor, y tú también. Yo debí haber comenzado, pero, ¿sabes por qué creo que no dije nada? En ese momento era tan feliz que no deseaba nada y tuve miedo de echar a perder mi... no, no la mía, nuestra felicidad. Esta época maravillosa me dejará para toda la vida los más bellos recuerdos. ¡Qué criatura tan vacía y tan vanidosa es el hombre! Cuando me preguntan sobre el tiempo que viví en Kazán respondo en tono negligente: «Sí, para ser una ciudad de provincia, tiene una sociedad bastante respetable y yo pasé algunos días muy contento ahí.» ¡Canalla! La gente todo lo ridiculiza. Se ríen si uno dice que con el ser querido hasta una choza puede ser un paraíso y responden que no es cierto. Por supuesto que es cierto. Y no sólo una choza, sino Krapivna, Stary Yurt, cualquier parte. Con el ser querido hasta en una choza puede encontrarse el paraíso, y eso es cierto, es cierto, es cien veces cierto.

11 DE JUNIO. EL CÁUCASO. STARY YURT, EN EL CAMPO. ES DE NOCHE. Hace ya alrededor de cinco días que estoy viviendo aquí y me veo dominado por la pereza, olvidada hace ya mucho tiempo. He abandonado mi diario. La naturaleza, en la que había puesto todas mis esperanzas cuando pensaba en venir al Cáucaso, no se ha manifestado hasta ahora de modo que me resulte atractiva. Y la valentía que yo pensé que aparecería en mí aquí, tampoco ha aparecido todavía.

La noche es clara, un vientecito fresco sopla a través de la tienda y hace vacilar la luz de la gastada vela. Se escucha el ladrar distante de los perros en el *aúl*[23] y cómo pasan lista a los centinelas. Huele a las ramas secas de roble y de plátano con las que está construida la barraca. Yo estoy sentado sobre un tambor en la barraca, que a ambos lados se junta con otras tiendas, una cubierta, donde duerme Knoring[24] (un desagradable oficial), y la otra descubierta y absolutamente oscura con excepción de una franja de luz que cae a los pies de la cama de mi hermano. Frente a mí está la parte más brillantemente iluminada de la barraca, de la que cuelgan una pistola, un sable, una daga y algunos calzoncillos. Todo está en silencio. Se oye el soplo del viento, un bichito que revolotea alrededor del fuego y un soldado que en las proximidades solloza y se lamenta.

No tengo sueño, y ya no tengo tinta para seguir escribiendo. Hasta mañana. A medida que se vayan sucediendo las impresiones del día iré escribiendo y redactando cartas. (Ocupaciones para el 12.) De 5 a 8, escribir. De 8 a 10, bañarme y dibujar. De 10 a 12, leer. De 12 a 4, descansar. De 4 a 8, traducir del inglés.[25] A partir de las 8 de la noche, escribir. Continuar con la gimnasia. El libro de cuentos y el cuaderno de Franklin.

12 DE JUNIO. Me levanté tarde. Nikólenka me despertó cuando volvió de la cacería. Sigo buscando no sé qué estado de ánimo, un punto de vista sobre las cosas, un modo de vida que no puedo ni encontrar ni definir. Me gustaría tener mayor orden en mi actividad intelectual, más de esa actividad y, al mismo tiempo, más libertad y desenvoltura. Ayer casi no dormí durante toda la noche. Cuando terminé de escribir mi diario me puse a rezar a Dios. Es imposible transmitir la dulzura del sentimiento que experimenté durante la plegaria. Recité las oraciones que normalmente digo: el Padre nuestro, el Ave María, la Trinidad, la Puerta de la Misericordia, una invocación a mi ángel guardián, y después seguí rezando todavía. Si definimos la plegaria como una petición o una acción de gracias, entonces no recé. Yo deseaba algo sublime y bueno; aunque no lo sé expresar, tenía muy claro lo que quería. Quería fundirme con el Ser que todo lo abarca. Le pedí que perdonara mis pecados; pero no, no le pedí eso, porque sentía que si Él me había brindado ese momento de bienestar era porque me había perdonado. Le pedía y al mismo tiempo sentía que no tenía nada que pedir y que no puedo y no sé pedir. Di gracias, sí, pero no con palabras ni con pensamientos. En un sentimiento lo reuní todo: el ruego y la acción de gracias. El sentimiento de miedo desapareció por completo. No podría separar del sentimiento global ni uno solo de los sentimientos de fe, esperanza y amor. Sí, el sentimiento que experimenté ayer era de amor a Dios. Un amor sublime que reúne todo lo bueno y rechaza todo lo malo.

¡Qué terrible fue para mí ver el lado mezquino y vicioso de la vida! Me era imposible concebir que alguna vez eso me hubiera atraído. Con todo el corazón le pedí a Dios que me recibiera en su seno. No sentía la carne, era únicamente espíritu. Pero no, la carne, el lado mezquino de la vida volvió a predominar y antes de que hubiera transcurrido siquiera una hora escuché casi conscientemente la voz del vicio, de la vanidad, del lado frívolo de la vida; sabía de dónde venía esa voz, sabía que destruiría mi bienestar, luché contra ella y sucumbí. Me quedé dormido soñando con la gloria y las mujeres; pero no fue culpa mía, no pude hacer nada.

El bienestar eterno *aquí* es imposible. El sufrimiento es indispensable. ¿Para qué? No lo sé. Y, sin embargo, cómo me atrevo a decir: no lo sé. ¿Cómo pude atreverme a pensar que es factible conocer los caminos de la Providencia? La Providencia es la fuente de la razón y la razón se pierde en las profundidades de la sabiduría y el sentimiento teme ofenderla. Le doy gracias por el minuto de bienestar absoluto que me reveló mi insignificancia y mi grandeza. Quiero orar, pero no sé como hacerlo; quiero comprender, pero no me atrevo: me entrego a Tu voluntad. ¿Para qué escribí todo esto? De qué modo tan trivial, débil e incluso estúpido se manifiestan mis sentimientos, ¡¡y eran tan elevados!!

... Durante la tarde estuve admirando las nubes. Maravillosas las nubes al atardecer. El occidente ya se había teñido de rojo, pero el sol todavía se encontraba a cierta distancia del horizonte. Enormes nubes de color amapola grisáceo se ensortijaban sobre él. Se unían entre ellas un poco torpemente. Cambié algunas palabras con alguien y miré de nuevo: una franja carmesí-grisácea se extendía a lo largo del horizonte y terminaba con varias figuras de una diversidad infinita, algunas convergentes y otras divergentes con ribetes de un rojo brillante.

El hombre fue creado para la soledad, soledad no en un sentido literal, sino en el sentido moral. Hay algunos sentimientos que no pueden ser confiados a nadie. Aunque sean sentimientos hermosos, sublimes, uno pierde en la opinión de la persona a quien se los confía, incluso si sólo se le da la oportunidad de que los adivine. Cuando uno los confía no los hace verdaderamente conscientes, sólo expresa sus aspiraciones. Lo desconocido es lo que produce mayor atracción. Mi hermano y yo vivimos ahora entre un tipo tal de gente que nos es imposible no reconocer nuestra superioridad; pero hablamos poco entre nosotros, como si temiéramos que al decir algo la gente pudiera adivinar lo que queremos mantener oculto a todos. Nos conocemos demasiado bien el uno al otro. ...

13 DE JUNIO. Sigo siendo perezoso, aunque estoy satisfecho conmigo mismo, con excepción de la lascivia. En varias ocasiones, cuando delante de mí los oficiales hablaban de cartas, sentí ganas de que supieran cuánto me gusta jugar. Pero me he dominado. Incluso si me invitan, espero poder rehusar.

3 DE JULIO. Eso fue lo que escribí el 13 de junio, y he desaprovechado todo este tiempo porque ese mismo día me venció la tentación y perdí 200 rublos míos, 150 de Nikólenka y quedé a deber 500. En total 850. Ahora me domino y vivo de manera más consciente. Fui hasta Chervliónnaia,[26] me emborraché y dormí con una mujer; todo esto es muy malo y me aflige mucho. Todavía no he logrado pasar más de dos meses de buen comportamiento, de manera que pueda sentirme satisfecho de mí mismo. Ayer de nuevo deseé a una mujer. Afortunadamente ella rehusó. ¡Qué ignominia! Pero lo escribo para castigarme.

Estuve en una correría.[27] ... Mañana escribiré la novela.[28] ... Acabo de estar un rato recostado detrás del campo. ¡Qué noche tan maravillosa! La luna surgió poco a poco de una colina e iluminó dos nubecitas pequeñas, finas y bajas; detrás de mí un grillo chirriaba su melancólica e incesante canción; a lo lejos se oía una rana y de las proximidades del *aúl* llegaban los gritos de los tártaros y los ladridos de los perros; de pronto todo volvió al silencio y una vez más se oyó el chirriar del grillo y se vio una nubecita que pasaba transparente entre las estrellas más próximas y las más lejanas.

Pensé: voy a describir lo que veo. Pero, ¿cómo puedo

escribirlo? Tengo que ir y sentarme a una mesa manchada de tinta, tomar un papel grisáceo y tinta; ensuciarme los dedos y trazar letras sobre el papel. Las letras formarán palabras y las palabras frases; pero, ¿acaso se puede transmitir lo que uno siente? ¿Acaso se puede transmitir a otra persona la manera que uno tiene de percibir la naturaleza? La descripción es insuficiente. ¿Qué hace que la poesía esté tan íntimamente ligada a la prosa? ¿La felicidad a la infelicidad? ¿Cómo se debe vivir? ¿Debemos tratar de reunir la poesía con la prosa o bien disfrutar de la una y luego abandonarnos y vivir a merced de la otra?

El sueño tiene un aspecto mejor que la realidad; la realidad tiene un aspecto mejor que el sueño. La felicidad absoluta sería la combinación de ambos.

4 DE JULIO. Estoy casi satisfecho conmigo mismo, excepto por el hecho de que últimamente he estado como un poco vacío. No tengo ideas y si llego a tenerlas me parecen tan insignificantes que no siento ganas de escribirlas. No sé a qué se debe esto. O bien he progresado en cuestión de crítica, o bien he retrocedido en cuestión de creación artística. ... Decididamente no puedo escribir nada, aunque hay personalidades que valen la pena.

¡De qué manera tan poco significativa transcurren los días! Hoy, por ejemplo, ni un recuerdo, ni una impresión fuerte. Me levanté tarde, con esa desagradable sensación que siempre me asalta al despertar: hice mal, me quedé dormido. Yo, cuando despierto, siento lo mismo que siente un perro cobarde cuando es culpable de algo y se encuentra en presencia de su amo. Después pensé en lo frescas que son las fuerzas morales de un hombre cuando acaba de despertar y en por qué yo no puedo conservarlas siempre así. Siempre diré que la conciencia es el mayor mal moral que puede acaecer al hombre. Hace mucho daño, es muy doloroso saber por adelantado que dentro de una hora, aunque yo siga siendo el mismo y tenga las mismas imágenes en mi mente, mi visión de las cosas habrá cambiado independientemente de mí y al mismo tiempo de manera consciente. Estuve leyendo *Horace*.[29] Mi hermano estaba en lo cierto cuando dijo que ese personaje se parece a mí. Sus rasgos principales: nobleza de carácter, ideas sublimes, amor a la gloria y una total incapacidad para cualquier trabajo. Esta incapacidad se origina en la falta de costumbre, y la falta de costumbre en la falta de educación y en la vanidad. ...

Como es habitual comimos los tres: mi hermano, Knoring y yo. Voy a tratar de hacer el retrato de Knoring. Yo creo que *describir* a un hombre es algo imposible, pero sí es posible describir el efecto que produce en uno. Decir que un hombre es original, bueno, inteligente, tonto, perseverante y etcétera, son palabras que no dan ninguna idea acerca del hombre y tienen la pretensión de describirlo cuando en realidad, frecuentemente, sólo crean confusión. ...

10 DE AGOSTO. STAROGLADKÓVSKAIA. Anteayer la noche era muy bella y estuve sentado al lado de la ventana de mi cabaña en Starogladkóvskaia disfrutando de la naturaleza con todos mis sentidos, excepto el tacto. La luna no había salido todavía, pero en el sureste ya habían comenzado a tornarse rojas las nubecillas nocturnas y una ligera brisa traía consigo un aroma a frescura. Las ranas y los grillos se fundían en un monótono e indefinido rumor nocturno. El horizonte estaba claro y sembrado de estrellas. Por la noche me gusta contemplar el cielo cubierto de estrellas; es posible distinguir detrás de los astros grandes y claros las pequeñas estrellas fundiéndose en manchas blancas. Las miras, las contemplas y de pronto todo se esconde de nuevo: las estrellas parecen estar más cerca. Me gusta esta ilusión óptica.

1851

No sé como sueñan otras personas, pero por todo lo que he leído y escuchado no sueñan como yo. Dicen que cuando miras una naturaleza bella te llegan pensamientos a propósito de la grandeza de Dios y de la insignificancia del hombre; los enamorados ven en el agua la imagen de la amada. Hay quien dice que *las montañas parecen decir esto y las hojas esto otro y los árboles algo más.* ¿Cómo puede surgir tal pensamiento? Verdaderamente hay que esforzarse para meterse ese absurdo en la cabeza. Mientras más vivo más tolero diversas formas de *affectation* en la vida, en la conversación, etcétera; pero a esta afectación, a pesar de todos mis esfuerzos, no consigo acostumbrarme. Cuando estoy dedicado a eso que llaman soñar no logro encontrar en mi cabeza una sola idea sensata; al contrario, todos los pensamientos que revolotean en mi imaginación son siempre los más triviales, aquellos en los que la atención no se detiene. Y cuando caigo en un pensamiento que atrae hacia sí otra serie de pensamientos, la situación de pereza moral que constituye mi ensueño desaparece y comienzo a pensar.

No sé de qué manera han acudido a mi errante imaginación los recuerdos de las noches gitanas. Las canciones de Katia, sus ojos, su sonrisa, sus pechos y sus tiernas palabras aún están frescas en mi memoria, ¿para qué evocarlas? Lo que quiero contar no es eso. Me doy cuenta de que tengo el mal hábito de la digresión; y precisamente es este mal hábito y no la abundancia de ideas, como pensaba antes, lo que frecuentemente me impide escribir y me obliga a levantarme del escritorio y pensar en algo que no tiene nada que ver con lo que había estado escribiendo. Es un hábito pernicioso. No obstante el enorme talento que para relatar y hablar con inteligencia tiene mi querido escritor Sterne, las digresiones son pesadas aun en él. Quien ha tratado con gitanos no puede escapar a la costumbre de canturrear canciones gitanas, y poco importa que lo haga bien o mal, es algo que le produce placer, porque aviva los recuerdos. Un solo rasgo característico recrea en nosotros muchos recuerdos relacionados con él. En el cantar gitano es difícil definir este rasgo; se encuentra en el modo de pronunciar las palabras, en los adornos (florituras) y en la manera de acentuar.

Estuve canturreando en mi ventana una de esas canciones, «Para qué, dímelo».[30] No es una de mis favoritas, pero es la que Katia cantó sentada sobre mis rodillas aquella noche en que me dijo que me amaba y que se mostraba amable con otros únicamente porque así lo requería el coro gitano, pero que a nadie, excepto a mí, permitiría esas libertades que el velo del pudor debe cubrir. Esa noche creí ingenuamente toda la artificiosa labia gitana, estaba de buen humor y ningún *huésped* logró importunarme. Por eso amo esa noche y esa canción. Cantaba con honda inspiración, no había timidez que contuviera mi voz o perturbara sus modulaciones, y yo me escuchaba a mí mismo con inmenso placer. La vanidad, como siempre, penetró en mi alma y pensé: «A mí me resulta muy placentero escucharme, pero para los demás el placer debe de ser aún mayor»; llegué incluso a envidiarlos por el placer que debían sentir, y del que yo me veía privado, cuando de pronto, al hacer una pausa para respirar y quedarme escuchando los sonidos de la noche antes de cantar la siguiente estrofa con mayor sentimiento todavía, oí un ruido bajo mi ventana. «¿Quién está ahí?» «Soy yo, señor», me respondió una voz que no reconocí, a pesar de que la voz estaba convencida de que su respuesta era satisfactoria. «¿Quién es yo?», pregunté irritado porque mi canto y mi ensueño habían sido perturbados por un profano. «Iba camino a casa, mi señor, y me detuve a escuchar.» «¡Ah!, ¿eres Marka?»[31] «Exactamente, señor. ¿Era usted, su alteza, quien cantaba canciones calmucas?» «¿Canciones calmucas?» «Sí—continuó sin reparar en mi disgusto y en mi resentimiento—, yo oí que la voz tenía un dejo de los gorgoritos calmucos.» «Sí, tienes razón, eran canciones calmucas.» Tenía que venir este cojo de Marka a estropearme el placer con sus estúpidos comentarios; todo acabó en que, por supuesto, ya no pude continuar soñando ni cantando. Después se me ocurrió que canto muy mal, que la risa que oí en el patio vecino la había provocado mi canto. Volví en mí con una sensación desagradable. No podía trabajar, ni tenía ganas de dormir; además Marka, al parecer, estaba de muy buen humor y había sido el instrumento más inocente de mi desengaño. Le dije que me asombraba que aún no durmiera y él, con palabras enormemente rebuscadas e ininteligibles, me dio a entender que padecía insomnio. Entablamos una conversación. Cuando supo que yo no quería dormir pidió permiso para entrar en mi habitación, a lo que accedí y Marka se acomodó con sus muletas frente a mi cama.

La personalidad de Marka, quien en realidad se llama Luká, es tan interesante y tan típicamente cosaca que vale la pena ocuparse de ella.[32] Mi casero, Yepishka,[33] un anciano de la época de Yermólov,[34] un cosaco sinvergüenza y bromista, lo llamó Marka en virtud de que, como él dice, son tres los apóstoles: Lucas, Marcos y Nikita mártir, y da igual uno que otro: todos son lo mismo. Por eso a Lukashka lo llamó Marka y todo el poblado cosaco adoptó ese nombre para él. …

22 DE AGOSTO. El 28 será mi cumpleaños, cumpliré veintitrés años. A partir de ese día me gustaría vivir de acuerdo con el objetivo que me he impuesto. Mañana pensaré cuidadosamente en él; ahora retomaré el diario, haciendo una lista de ocupaciones futuras y una resumida tablita a lo Franklin. Llegué a suponer que era la pedantería lo que me hacía daño, pero el error no radica ahí, y no hay ninguna tabla que pueda detener los amplios movimientos del alma. Si una tabla semejante puede afectarme, sólo puede afectarme positivamente, fortaleciendo mi carácter y acostumbrándome a la actividad; por eso persisto.

Desde el amanecer, dedicarme a ordenar mis papeles, cuentas, libros y ocupaciones; después poner en orden mis ideas y comenzar a copiar el primer capítulo de la novela.[35] Después de la comida (comer poco), tártaro, dibujo, tiro, ejercicio y lectura.

4 DE SEPTIEMBRE. Mi hermano y Balta[36] llegaron el día 27. El 28 cumplí veintitrés años. Esperaba mucho de esa edad, pero desgraciadamente sigo siendo el mismo: unos cuantos días me han bastado para hacer todas las cosas que repruebo. Los cambios repentinos son imposibles. Tuve mujeres y fui débil en muchos momentos, en las relaciones ordinarias con la gente, en el peligro, en el juego de cartas, y me sigue dominando la vergüenza mal entendida. He mentido mucho. Fui a Gróznoie,[37] sabe Dios a qué; no me atreví a ver a Bariatinski.[38] Perdí más de lo que tenía en el bolsillo y cuando ya estuve de regreso dejé pasar todo el día sin pedirle dinero a Alexéiev, aunque me había propuesto hacerlo. He sido muy perezoso; y en este momento no puedo *reunir mis pensamientos y escribo aunque no tengo ganas de escribir.*

29 DE NOVIEMBRE. TIFLIS. Nunca he estado enamorado de las mujeres. El único sentimiento fuerte parecido al amor que he experimentado fue cuando tenía trece o catorce años; pero no quiero creer que eso fue amor; porque el objeto era una sirvienta gorda (con una cara bonita, es cierto), además de que la época más difícil para un niño (la adolescencia) es la que va de los trece a los quince años: uno no sabe adónde ir y la sensualidad en esta edad actúa con una fuerza extraordinaria.

Con mucha frecuencia me he enamorado de hombres.

1851

... Para mí, el signo principal del amor es el miedo de ofender o no agradar al objeto amado; sencillamente miedo. Me enamoré de hombres antes de tener siquiera idea de la posibilidad de una relación *pederasta*; pero incluso cuando me enteré de eso nunca se me ocurrió la posibilidad del comercio carnal. Un extraño caso de simpatía inexplicable fue Gautier. A pesar de que no tenía ninguna relación con él, salvo la compra de libros, solía ser presa de la fiebre cuando él entraba en la habitación. Mi amor por Islavin me arruinó los ocho meses que viví en Petersburgo. Aunque no era consciente de ello, jamás tuve otra preocupación que no fuera complacerlo. Todas las personas a las que amaba lo sintieron y yo notaba que les era muy difícil mirarme. Con frecuencia, cuando no he encontrado los requisitos morales que la razón exige en el objeto amado, o después de algún momento desagradable con él, he sentido animadversión hacia ellas, pero esta animadversión ha estado fundada en el amor. Hacia mis hermanos nunca he sentido esa clase de amor. Con mucha frecuencia he sentido celos de las mujeres. Para mí el ideal del amor es el sacrificio total de uno mismo en aras del ser amado. Eso es precisamente lo que yo he experimentado. Siempre he amado a la gente que ha sido indiferente hacia mí y se ha limitado a estimarme. A medida que crezco experimento cada vez más raramente ese sentimiento. ...

... Hoy pesqué a mi imaginación en pleno trabajo. Estaba haciéndose un cuadro en el que yo tenía mucho dinero y lo estaba dilapidando y perdiendo en el juego, y esto me producía un placer enorme. No me gusta lo que se puede adquirir a cambio de dinero, pero me gusta tenerlo y luego no tenerlo: el proceso de dilapidarlo. Seré más prudente en el futuro; esta tendencia ya me ha hecho mucho daño. ...

La pintura actúa sobre la facultad de imaginar la naturaleza y su dominio es el espacio. La música actúa sobre la facultad de imaginar los sentimientos y su dominio es la armonía y el tiempo. La poesía actúa sobre la facultad de imaginar lo uno y lo otro, es decir, la realidad o las relaciones de nuestros sentimientos hacia la naturaleza. La etapa de transición de la pintura a la música es la danza. De la música a la poesía, la canción. ¿Por qué los antiguos llamaban imitativa a la música? ¿Por qué no incorporar en cada modulación algún sentimiento? ¿Por qué la música actúa en nosotros como el recuerdo? ¿Por qué, dependiendo de la edad y de la educación, los gustos difieren en música? La razón por la que la pintura es la imitación de la naturaleza está clara (aunque no sea del todo así); pero la razón por la que la música es la imitación de nuestros sentimientos y cuál es la afinidad que existe entre un cambio de sonido y un sentimiento determinado es imposible de decir. La naturaleza es materia para nuestros cinco sentidos, pero sentimientos tales como la desesperación, el amor, el entusiasmo, etcétera, y sus matices, no solamente no son materia para nuestros cinco sentidos, sino que ni siquiera dependen de la razón. La música, frente a la poesía, tiene incluso la ventaja de que la imitación de los sentimientos que hace la música es más completa que la imitación que hace la poesía, pero no tiene la claridad que es atributo de la poesía.

La libertad consiste en la ausencia de coacción para hacer el mal; si la libertad se concibe de ese modo es comprensible que tenga esta cualidad. No existe la libertad absoluta, pero en mayor o menor medida la libertad proviene de un mayor o menor poder y tentación, en proporción inversa.

Admito el poder del destino únicamente si se acepta que este no tiene ninguna relación con el bien y el mal (interior). Ninguna situación en la que el hombre se encuentre puede obligarlo a ser bueno o malo.

Con el poder del destino me refiero a que lo que tenga que ser será y «hágase Tu voluntad».

Todos los átomos tienen forma esférica y giran alrededor de su eje. La ley de la gravedad es la ley de la fuerza centrípeta y centrífuga. El sentido del tacto tiene su origen en la fricción de los átomos que giran. El tacto existiría incluso si no hubiera presión. A menor presión mayor claridad en la sensación del tacto.

22 DE DICIEMBRE. Tuve un sueño terrible acerca de Mítienka.[39] El 21 de diciembre de este año, a las 12 de la noche, tuve algo parecido a una revelación. Se me revelaron claramente la existencia del alma, su inmortalidad (eternidad), el carácter dual de nuestra existencia y la esencia del libre albedrío. La libertad es relativa: en relación con la materia el hombre es libre; en relación con Dios no lo es.

Hoy, 22 de diciembre, me despertó un sueño terrible: el cadáver de Mítienka. Fue uno de esos sueños que no se olvidan. ¿Será posible que tenga algún significado? Lloré mucho después. Los sentimientos son más reales cuando sueñas que cuando estás despierto. Una falsa reflexión da origen a un sentimiento poético.

1852

2 DE ENERO. Mientras busqué la felicidad incurrí en vicios; cuando comprendí que en esta vida basta únicamente con no ser infeliz encontré muchas menos tentaciones viciosas en mi camino, y estoy convencido de que es posible ser virtuoso sin ser infeliz.

Mientras busqué el placer, este me evitaba y yo caía en un doloroso estado de aburrimiento: un estado del que es posible pasar a otro, bueno o malo, más a menudo a este último. Ahora, cuando únicamente trato de evitar el aburrimiento, encuentro placer en todo.

Para ser feliz hay que evitar la infelicidad; para estar alegre hay que evitar el aburrimiento.

Tout vient à point à celui qui sait attendre.

Platón dice que la virtud se compone de tres cualidades: la justicia, la mesura y el valor. La justicia es, creo, mesura moral. Por consiguiente, en el mundo físico la regla «nada en exceso» será mesura; en el moral, justicia. La tercera cualidad de Platón es únicamente el instrumento para ajustarse a la regla «nada en exceso», es decir, *la Fuerza*.

Toda la gente joven pasa por una etapa en la que no tiene ideas firmes acerca de las cosas, no tiene reglas, y está creándolas, a las unas y a las otras. En esta etapa los jóvenes generalmente huyen de los intereses prácticos y viven en el mundo moral. A este período de transición yo lo llamo juventud. En algunas personas la juventud se prolonga más que en otras. Incluso hay personas que

1852

siempre permanecen jóvenes y otras que nunca lo fueron. ¿De qué depende la duración de este período? Podría parecer, como ya dije, que como en esta etapa los jóvenes se dedican a elaborar conceptos firmes a propósito de las cosas y de las reglas, mientras más inteligente sea el joven más rápido dejará atrás esta etapa: elaborará sus reglas y comenzará a vivir de acuerdo con ellas. Pero en la realidad sucede exactamente lo contrario. Conforme nos adentramos en el lado práctico de la vida, este nos exige cada vez más atención; sin embargo, mientras más inclinado a la reflexión se sienta el hombre (y por ese motivo encuentre en ella un placer moral), más grandes serán sus esfuerzos por alejar de sí esta etapa de transición; y para elaborar conceptos correctos acerca de las cosas y reglas correctas para vivir no basta todo un siglo de reflexión; aunque avance en este camino, la necesidad exige que deje de elaborar reglas y comience a actuar de acuerdo con las que ya han sido elaboradas. Por eso todos nosotros, cuando entramos en la vida práctica, comenzamos a actuar basándonos en esas reglas y conceptos imperfectos e incompletos en los que nos sorprendió la necesidad.

La duración de este período es una prueba de la inteligencia, pero no contribuye al éxito en la vida práctica. Es más fácil actuar basándose en reglas simples, sin complicaciones, aun si son incorrectas pero compatibles entre sí y que uno ha aceptado sin hacer un análisis detallado, que basándose en las reglas que quizá sean correctas pero no han sido suficientemente explicadas y unificadas. Por esa razón, los tontos tienen más éxito que la gente inteligente.

Dos observaciones para el escritor de belles-lettres. Es muy raro ver una sombra posándose en el agua; y cuando se ve no provoca ninguna admiración.

Todo escritor tiene en mente para su obra una categoría especial de lectores ideales. Es necesario definir con precisión para uno mismo las exigencias de estos lectores ideales y aunque sólo existan dos lectores así en el mundo, escribir *únicamente para ellos*. Cuando se describen caracteres o paisajes inusuales para la mayoría de los lectores, no se han de perder de vista jamás los caracteres y los paisajes usuales, es preciso tomarlos como base y describirlos comparándolos con los inusuales.

5 DE FEBRERO. (Nikoláievka,[1] viajo con el destacamento). La vida, que me ha procurado demasiado poca felicidad como para quererla, me es indiferente; por eso no temo a la muerte. Tampoco temo al sufrimiento, pero sí tengo miedo de ser incapaz de soportar correctamente el sufrimiento y la muerte. No estoy del todo tranquilo, y me doy cuenta porque paso de un estado de ánimo y de un punto de vista sobre diversas cosas a otro. Es extraño que la visión de la guerra que tenía cuando era un niño (gesto heroico) sea la más consoladora para mí. En muchos casos vuelvo a la visión infantil de las cosas.

28 DE FEBRERO. Con el destacamento. (Cerca de Teplikich.[2]) En realidad nunca he justificado ante mí mismo las expectativas de mi imaginación.

He deseado que el destino me colocara en situaciones difíciles para las que la fuerza de voluntad y la virtud fueran indispensables. A mi imaginación le gustaba presentarme estas situaciones, y un sentimiento interno me decía que tendría suficiente fuerza de voluntad y virtud para hacerles frente. Mi amor propio y la confianza en mi fuerza de voluntad crecían sin encontrar oposición. Justificaba las ocasiones en las que podía haber demostrado mi confianza y no lo había hecho pensando que todo se debía a que se me presentaban demasiado pocas dificultades y yo no utilizaba toda mi fuerza de voluntad.

Era orgulloso, pero mi orgullo no se basaba en hechos

reales, sino en la firme esperanza de ser capaz de todo. Debido a esto mi orgullo aparente carecía de seguridad, firmeza y constancia, y yo pasaba de la extrema arrogancia a la excesiva modestia.

Mi estado en los momentos de peligro me abrió los ojos. Me gustaba imaginarme perfectamente sereno y tranquilo en medio del peligro. Pero en las acciones de los días 17 y 18[3] no estuve así. No tenía la excusa que generalmente me daba: que el peligro no era tan grande como yo había imaginado. Fue la única oportunidad que tuve de demostrar la fuerza de mi alma. Y fui débil y por eso estoy descontento de mí.

Hace muy poco comprendí que la confianza en las acciones futuras es engañosa, que uno puede contar con uno mismo únicamente en el caso de algo que ya ha experimentado. Que esta seguridad destruye la fuerza y que ninguna ocasión nos debe parecer indigna para aplicar a ella todas nuestras fuerzas.

En una palabra, no dejes para mañana lo que puedas hacer hoy.

A pesar de lo simple que es esta regla y de que la he oído constantemente, sólo ahora la he comprendido y se ha hecho consciente en mí.

Hay un único camino conocido por el que el pensamiento puede convertirse en convicción.

20 DE MARZO. STAROGLADKÓVSKAIA. Acabo de releer mi diario desde julio de 1851 y algo de lo escrito en esta libreta. El placer que me proporcionó la lectura me obliga a seguir escribiendo un diario para procurarme un placer semejante en el futuro. Algunos pensamientos escritos en esta libreta me sorprendieron. Unos por su originalidad, otros por su precisión. Creo que he perdido la habilidad de escribir y de pensar con tanta vivacidad y tanta audacia; esta audacia, es cierto, frecuentemente va unida a la paradoja, pero en cambio, tiene una seguridad mayor.*

Debo reconocer que una de las principales aspiraciones de mi vida era crearme una convicción firme e irrevocable. ¿Será posible que con los años surjan las dudas? En el diario encontré muchos recuerdos agradables, agradables sólo porque son recuerdos. Durante todo el tiempo que he llevado el diario he sido malo, el rumbo que había tomado era equivocado; por eso, de todo este tiempo no hay un solo minuto que yo quiera revivir tal y como fue; y todos los cambios que me gustaría hacer me gustaría hacerlos en mí mismo.

Mis mejores recuerdos están relacionados con la bella Volkónskaia.[4]

A lo largo del diario se ve una idea principal y un deseo: librarme de la vanidad que me asfixiaba y que arruinaba todos los placeres, y buscar los medios para librarme de ella.

Hace casi siete meses que dejé de escribir mi diario. ...

Aunque durante todo este tiempo he pensado muy poco en mí mismo, la idea de que ahora soy mucho mejor que antes se ha infiltrado de alguna manera en mi alma e incluso ha llegado a convertirse en una convicción. ¿Soy mejor ahora en realidad? ¿O de nuevo se trata de la misma arrogante certeza de que me enmendaría, esa certeza que solía tener cada vez que planeaba por adelantado mi futura forma de vida?

Por lo que he podido estudiarme, tengo la impresión de que predominan en mí tres pasiones insanas: el juego, la lujuria y la vanidad. Hace mucho tiempo que me con-

---

* Ahora tengo pereza de pensar y de convencerme de algo. Sin embargo, ni creo ni dudo menos que antes. En todo hay equilibrio. Tengo pereza de convencerme a mí mismo de algo, pero estoy igualmente cansado para cambiar de opinión y conservo cuidadosamente las creencias que mi agitada mente ha dejado en paz, además temo verme desilusionado de ellas e incluso pensar en ellas. *(Nota de L. N. Tolstói.)*

vencí de que la virtud, incluso en su más alto grado, es la ausencia de pasiones insanas; por eso, si en realidad he eliminado de mí aunque sea un poco estas pasiones predominantes, puedo decir, sin temor, que ahora soy mejor.

Voy a examinar cada una de estas tres pasiones. La pasión por el juego se deriva de la pasión por el dinero, pero la mayoría de las personas (sobre todo aquellas que pierden más de lo que ganan) en cuanto comienzan a jugar por no tener nada mejor que hacer, o por imitar a otras personas, o por deseos de ganar, pierden la pasión por lo que ganan y adquieren una nueva pasión: por el juego, por las sensaciones. Por lo tanto, la fuente de esta pasión es el hábito en sí; y el modo de eliminar la pasión es eliminar el hábito. Así lo hice yo. La última vez que jugué fue a finales de agosto, hace por lo tanto más de seis meses, y ahora no siento la necesidad del juego. En Tiflis comencé a jugar en una partida con un tanteador y perdí algo así como mil partidas; en ese momento podía haberlo perdido todo. Por consiguiente, una vez adquirido el hábito, este puede restablecerse fácilmente, y por eso, a pesar de no sentir el deseo de jugar, debo evitar cualquier ocasión de hacerlo, cosa que hago sin sentir que me estoy privando de algo.

La lujuria tiene un fundamento completamente opuesto: mientras más te abstienes, más fuerte es el deseo. Son dos las causas de esta pasión: el cuerpo y la imaginación. Al cuerpo es fácil oponer resistencia, pero a la imaginación, que actúa sobre el cuerpo, es muy difícil. Los remedios contra ambas causas son el trabajo y las ocupaciones, tanto físicas (la gimnasia), como morales (las redacciones literarias). Pero no. Ya que se trata de una inclinación natural a la que encuentro mal satisfacer únicamente a causa de la situación no-natural en la que me encuentro (soltero a los veintitrés años), no hay nada que pueda ayudarme a librar la tentación, salvo la fuerza de voluntad y las plegarias a Dios. Tuve una mujer a finales de septiembre, y otra vez en Tiflis hace cuatro meses.

La vanidad es una pasión incomprensible, uno de esos males parecido a las epidemias (el hambre, las langostas, la guerra) con los que la providencia castiga a los hombres. Es imposible descubrir las fuentes de esta pasión, pero las causas que la alimentan son: la inactividad, el lujo y la ausencia de preocupaciones y de privaciones.

Es una especie de enfermedad moral, como la lepra—no destruye una parte pero lo desfigura todo—que poco a poco y de modo imperceptible se infiltra y después se extiende por todo el organismo; no hay un solo aspecto de la vida que no se contagie—es como una enfermedad venérea: si la sacas de un lugar, aparece en otro con mayor fuerza—. Un hombre vanidoso no conoce ni la verdadera felicidad, ni la tristeza, ni el amor, ni el miedo, ni la desesperación, ni el odio: nada en él es natural, todo es forzado. La vanidad es una especie de amor inmaduro por la gloria, una especie de amor propio transferido a las opiniones de otros; un hombre vanidoso se ama a sí mismo no como es, sino como se muestra a los demás. Esta pasión se ha desarrollado mucho en nuestra época y la gente se ríe de ella, aunque no la condena porque no es dañina para los demás. Pero, por otro lado, para el hombre que está poseído por ella, esta pasión es peor que todas las otras porque envenena su existencia. El rasgo exclusivo de esta pasión, común también a la lepra, es el de ser extremadamente contagiosa. Me parece, sin embargo, que mientras reflexionaba sobre esto descubrí la fuente de esta pasión: el amor a la gloria.

Yo he sufrido mucho por causa de esta pasión; ella me arruinó los mejores años de mi vida y se llevó para siempre la frescura, el valor, la alegría y el espíritu emprendedor de la juventud.

No sé cómo, pero la reprimí e incluso caí en el extremo opuesto: me cuido de cualquier manifestación suya, y pienso cuidadosamente por adelantado por miedo a caer de nuevo en mi vieja falta. No sé si es por azar o gracias a la Providencia, pero esta pasión ha sido satisfecha tan pocas veces que de ella he experimentado únicamente los sufrimientos que conlleva. Lo que me obligó a mirar mi situación con seriedad fue, quizá, la influencia de mi hermano, que casi no comprende lo que es la vanidad; o haberme encontrado lejos de un círculo y de una forma de vida donde reinaba esta pasión. Sin embargo, sólo logré aniquilarla durante mi enfermedad en Tiflis. No puedo decir que la haya destruido definitivamente, porque con frecuencia extraño los placeres que me procuraba, pero por lo menos ahora comprendo la vida sin ella y he adquirido el hábito de mantenerla a distancia. Apenas hace unos días sentí, por primera vez desde la infancia, los deleites puros de la oración y del amor. En mi diario del invierno pasado ya se ve que yo deseaba aniquilar esta pasión, pero únicamente atacaba las manifestaciones que me eran desagradables, sin comprender que, para librarse de ella, es necesario arrancarla de raíz. Creo que ahora sí lo he hecho, pero aún siento algún gusto por ella y por eso debo cuidarme de un nuevo contagio.

20 DE MARZO. Me levanté después de las 8. Tuve un fuerte dolor de muelas antes del amanecer. En parte por pereza y en parte por el malestar no fui a la instrucción.

... Hace mucho tiempo que no me sentía tan contento como hoy, y es porque estuve trabajando. Cuántas ventajas parece haber en el trabajo; en la pereza ni ventajas ni placer; y sin embargo, la mayor parte de las veces predomina. ... ¡Maldita pereza! ¡Qué maravillosa persona sería yo si ella no me lo impidiera! ...

21 DE MARZO. Me levanté antes de las 8 y leí un capítulo de Thiers[5] a la hora del té. Después salí con Dmitri y los perros a dar una vuelta. Lo que fue bastante estúpido de mi parte, porque habría sido mejor ir a la instrucción, y todavía mejor habría sido no salir a ningún lado, porque volví a coger frío en los dientes. ... Después de la comida copié la primera parte[6] y trabajé sin ninguna coacción. Ojalá siempre pudiera ser así. ...

Llegó mi hermano y le conté lo desagradable que me había resultado no decir la verdad en la atestación,[7] esperando que él me tranquilizara al respecto diciéndome que no tenía importancia; por el contrario, él encuentra que actué mal. Es extraño que él, con sus principios caballerescos de honor, a los que siempre ha sido fiel, pueda llevarse bien e incluso encontrarse a gusto con los oficiales de aquí. ¿Por qué me siento incómodo con él desde que volví de Tiflis? ¿No se deberá a que nos queríamos demasiado y nos idealizamos mientras estuvimos separados? ¿Será que esperábamos demasiado el uno del otro?

El orden que he adoptado para mis ocupaciones, es decir, traducir por la mañana, corregir después de la comida y escribir el relato por la noche es un orden espléndido. Lo único que no sé es cuándo hacer gimnasia; es definitivamente indispensable hacer ejercicio todos los días. Ahora son más de las 10, voy a cenar y luego me acostaré a dormir.

Cuando estás ocupado, el tiempo pasa tan rápido que te gustaría detenerlo. En el ocio pasa tan lento que te gustaría apremiarlo. ¿Qué es más agradable? Es difícil decirlo. Lo que sí sé es que, en el recuerdo, un día ocupado es igual a tres días de ocio. Según este cálculo, el tiempo debería pasar más rápido en días de ocio, pero es al contrario.

22 DE MARZO. Me levanté después de las 9 porque tuve dolor de dientes toda la noche. Un dolor tan fuerte que entre sueños me quejaba y gritaba. Me tomé dos tazas de café para contrarrestar el alcanfor que he bebido en demasía a causa del dolor de dientes, y después de eso sudé toda la mañana. ... No seguí con el relato en parte por falta de tiempo y en parte porque comienzo a dudar seriamente del valor de la primera parte. Me parece que es demasiado detallada, extensa y falta de vida. Voy a pensar en ello. ...

24 DE MARZO. ... Una plegaria: «Padre Nuestro, Ave María, acordaos de mis familiares, vivos o difuntos», después: «Líbrame, Señor, de la vanidad, de la indecisión, de la pereza, de la lujuria, de la enfermedad y del desasosiego mental; concédeme, Señor, vivir sin pecado y sin sufrimiento, y morir sin desesperación y sin miedo; con fe, esperanza y amor me entrego a Tu voluntad.»

«Madre de Dios y Ángel de la Guarda, pedid al Señor por mí.»

27 DE MARZO, 12 DE LA NOCHE. Aunque no me he sentido completamente bien, corregí hasta las 11 de la noche, pero las correcciones no fueron del todo limpias y cuidadosas; comí, leí y continué el mismo trabajo; vino mi hermano y le leí lo que había escrito en Tiflis.[8] En su opinión no es tan bueno como lo anterior; en la mía, no sirve para nada. Quise simplificarme el trabajo, pero los copistas no pueden pasarlo en limpio, por lo tanto debo trabajar solo.

A propósito de un artículo de A. Dumas sobre la música[9] recordé el enorme placer del que me veo privado aquí. La realidad destruye en mi imaginación casi todos los sueños de felicidad, con excepción de la felicidad del artista. Yo la experimenté en la aldea, en 1850, aunque de forma más bien imperfecta.

Mañana pasaré un poco en limpio, escribiré una carta a Seriozha y pensaré sobre el 2.º día:[10] ¿puedo corregirlo o debo abandonarlo por completo?

Debo suprimir sin compasión todos los pasajes que

son confusos, extensos, o que están fuera de lugar; en una palabra, los que no son convincentes aunque sean buenos en sí mismos.

La perseverancia y la firmeza son las dos cualidades que garantizan el éxito en cualquier tarea. Me voy a dormir, son las 12:30.

29 DE MARZO. ... De un tiempo a esta parte ha comenzado a atormentarme de manera vehemente el arrepentimiento por haber desperdiciado los mejores años de la vida. Esto comenzó cuando sentí que podría hacer algo bueno. Sería interesante describir el curso de mi desarrollo moral; pero no sólo las palabras, hasta los pensamientos son insuficientes para eso.

No hay límites para los grandes pensamientos, pero ya hace tiempo que los escritores alcanzaron la frontera inquebrantable de su expresión. Jugué a las damas, cené, ahora voy a dormir. Me atormenta la mezquindad de mi vida; siento que se debe a que yo mismo soy mezquino y, sin embargo, aún me queda fuerza para despreciarme y despreciar mi vida. Hay en mí algo que me obliga a creer que no nací para ser igual al resto de la gente. Pero, ¿dónde se origina eso? ¿Hay discordancia o falta de armonía en mis habilidades, o es que efectivamente soy superior en algún aspecto a la gente común y corriente? Soy viejo, el tiempo del desarrollo ya pasó o está pasando; sin embargo a mí me sigue atormentando la sed... no de gloria, no quiero la gloria, la desprecio, sino de ejercer una gran influencia para la felicidad y el bienestar de los hombres.

¿Será posible que yo muera con este deseo desesperanzado? Hay pensamientos que no me confieso ni a mí mismo; me son tan queridos que sin ellos no habría nada para mí. Escribí el relato con entusiasmo, sin embargo ahora desprecio el trabajo en sí, a mí mismo y a quienes lo van a leer; si no abandono este trabajo es únicamente por la esperanza de apartar el aburrimiento, de adquirir el hábito del trabajo y de dar un gusto a Tatiana Alexándrovna. Si acaso hubiera un toque de pensamiento vanidoso sería tan inocente que me lo perdonaría, porque además tiene una ventaja: la actividad.

Siempre he temido a la vanidad y la desprecio hasta tal punto que no espero que satisfacerla me procure ningún placer. Pero hay que tener esperanza porque, si no, ¿qué razón quedaría para seguir adelante? ¡El amor, la amistad! Estos dos sentimientos también me parecen un capricho, un espejismo de mi joven imaginación. ¿Acaso me han procurado felicidad? Quizá yo sólo haya sido infeliz. Esta única esperanza mantiene en mí el deseo de vivir y de esforzarme. Si acaso son posibles la felicidad y la actividad útil, y yo llego a experimentarlas, por lo menos estaré en condiciones de disfrutar de ellas. Señor, apiádate de mí.

30 DE MARZO. DÍA DE PASCUA. Dormí bien y me levanté tarde, a las 10. A veces soy lo suficientemente estúpido como para comer muchas cosas picantes con el propósito de saber si las fuerzas reproductivas se han abolido en mí o no; eso hice ayer y tuve diarrea y me sentí mal el día entero. *Debo tratar de estimular mi sensualidad lo menos posible.* ...

1.º DE ABRIL. ... Es extraño que los libros malos me hagan notar más mis defectos que los libros buenos. Los buenos me hacen perder la esperanza. Escribí un capítulo sobre *la plegaria*, va poco a poco. ... Escribí y escribí y finalmente me percaté de que la disertación sobre la plegaria pretende ser lógica y tener profundidad de pensamiento; pero no es consecuente. Decidí terminarlo de una u otra manera, sin levantarme del asiento, y acabo de quemar la mitad: no lo incluiré en el relato, pero lo guardaré como recuerdo.[11] ...

4 DE ABRIL. ... Comí en casa; leí y dormí dos horas; después leí nuevamente y fui a dar un paseo por la *stanitsa*[12] con malas intenciones. Mi energía se debilita y mi pasión aumenta. No tengo una energía constante; pero periódicamente se despierta para después debilitarse.

¿Qué hace que mi energía se despierte y se extinga? ¿Se debe a la naturaleza de mis ocupaciones o a la gente que frecuento, o tiene causas físicas? No sé, y sería útil e interesante saberlo. ...

A la hora de la cena me encontré con Baumgarten[13] y con Verzhbitski.[14] No me sentí demasiado turbado, pero me fui al otro extremo: hablé demasiado. Es estúpido que la presencia del hombre más insignificante me haga dejar de ser yo mismo; lo principal es observar en uno mismo este cambio y tratar de que no se produzca. Por ahora no lo he conseguido. Seguramente pasará por sí solo y me dejará algún provecho. Me acuesto cuando faltan 10 minutos para las 12.

5 DE ABRIL. ... ¡Qué vergüenza! Fui a tocar en la ventana de Kasatka.[15] Afortunadamente para mí no me abrió. ...

6 DE ABRIL. Me levanté a las 6 de la mañana y me sentí muy contento de haberlo hecho. Escribí hasta la hora de la comida. ... Estoy satisfecho con el día de hoy. Faltan 5 minutos para las 11.

7 DE ABRIL. 11 DE LA NOCHE. A pesar de que me desperté antes de las 7 de la mañana no pude superar la pereza y no me levanté hasta las 9. Releí e hice las correcciones definitivas al primer día.[16] Estoy absolutamente convencido de que no sirve para nada. El estilo es demasiado descuidado y hay muy pocas ideas como para que pueda perdonarse lo vacío del argumento. Sin embargo, me decidí a terminar de corregir toda la primera parte y mañana comenzaré con *el segundo día*. ¿Enviaré o no este trabajo? Aún no lo he decidido. La opinión de Nikólenka será la que decida. Estoy muy preocupado por él y siento en el pecho opresión y angustia. Tengo muchos deseos de comenzar a escribir un cuento corto con tema caucasiano,[17] pero no me voy a permitir hacer esto hasta no haber terminado el trabajo que tengo empezado. ...

8 DE ABRIL. ... El día estaba tan hermoso que salí al campo; estuve paseando a caballo hasta las 12. Comí y me puse a escribir, pero no estaba de ánimo; por eso escribí dos páginas y lo dejé. Leí hasta la noche. ... Por la mañana traduje un capítulo de Sterne. ...

10 DE ABRIL. Me levanté antes de las 8. Estuve un rato sin hacer nada, después estudié; luego me dediqué a la novela, pero una vez escritas dos páginas me detuve porque se me ocurrió que el segundo día no puede ser bueno si carece de interés y que toda la novela parece un drama. No lo lamento, mañana eliminaré todo lo superfluo. ...

11 DE ABRIL. ... Estuve a punto de tocar otra vez en la ventana de Kasatka, pero afortunadamente para mí un transeúnte me interrumpió. No estoy bien, hemorroides y venas varicosas, probablemente son el resultado de la abstinencia. ...

14 DE ABRIL. KIZLIAR.[18] Me desperté a las 7 y me fui de cacería, pero no maté nada y a las 12 llegué a Kizliar. Leí, tomé un té y me quedé dormido. El doctor me despertó. Por lo que puedo ver es un ignorante que se esfuerza en mostrar sus conocimientos de modo que resulta imprudente y peligroso. Me quedaré hasta el domingo, pero si no mejoro me trataré en Starogladkóvskaia, según las prescripciones. ... Leí a Sterne. Es maravilloso. ... Leí la

Histoire d'Angleterre,[19] y no sin placer. Comienzo a amar la historia y a comprender su utilidad. ¡Y esto a los veinticuatro años! ¡Ese es el resultado de una educación deficiente! Temo que esto no vaya a durar demasiado. Me voy a dormir, son las 9.

16 DE ABRIL. Me levanté a las 9. Leí *El judío errante*,[20] Yermak[21] y una leyenda sobre Pedro el Grande.[22] La lectura de libros estúpidos produce un placer especial, pero es un placer apático. ...

17 DE ABRIL. Me levanté tarde. Estuve leyendo diversas tonterías antes de la comida y también después, hasta las dos. Escribí un nuevo capítulo de «Los Ivin»,[23] pero no salió bien. ...

19 DE ABRIL. Me levanté a las 9, leí alguna tontería, escribí un poco, salí a disparar a los cuervos, comí, de nuevo leí (más que nada por el proceso mismo de la lectura). ... Escribí poco. Tengo dolor de dientes. De salud, ni bien ni mal.

Hay una categoría especial de personas aburridas que siempre tienen miedo de que la gente se olvide de ellas. Un hombre que siempre dice la verdad no puede ser un charlatán. Cuando recibes una carta de un ser al que amas quieres saber no tanto lo que ha sucedido, cuanto cómo ve esa persona lo que sucedió. ...

21 DE ABRIL. ORESHINKA.[24] ... Maté una liebre y creo que empieza a gustarme la caza con escopeta. Escribí, pero lo escrito me parece malo.

No sé si salir fue bueno para mi salud, pero fue muy bueno para mi entretenimiento. Estuve todo el día al aire libre y en movimiento. La primavera y el tiempo pasan; pero las enfermedades no pasarán nunca. Si tuviera dinero compraría aquí una propiedad, y estoy seguro de que podría—no como en Rusia—gobernarla con beneficios. *Oreshinka.*

22 DE ABRIL. PUERTO DE SHANDRAKÓVSKAIA.[25] Me levanté muy temprano, y a pesar de que no cacé nada disfruté de una mañana deliciosa. ... Después de la comida y de la siesta salí a disparar y estuve reflexionando sobre la esclavitud. En cuanto tenga tiempo pensaré si puedo hacer un folleto con mis ideas al respecto. ...

24 DE ABRIL. KIZLIAR. Me levanté temprano, me sentí muy débil y me fui hasta Kizliar. Por el camino perdí a Ulachin,[26] me convencí de que los perros no lo seguirían y en Serebriakovka[27] oí de un campesino una historia patética y enrevesada que, sin embargo, hizo que se me llenaran los ojos de lágrimas: después de cuarenta años iba a encontrarse en Rusia con sus parientes. «No siento nada. Es como si fuera un tronco, sólo siento que el corazón late *como una paloma.* En ese momento ella juntó las manos y cayó al suelo: mamacita amada, levántate y despierta, ha vuelto volando tu cucú viajero; y entonces me desmayé y todo se veló.» Llegué a Kizliar hacia las 11, sin peripecias. Me siento molesto, moralmente apesadumbrado, mi salud está igual o tal vez mejor. Mañana vuelvo a casa. ...

10 DE MAYO. ... Quiero dejar de leer. ... Me atormenta la idea de que he perdido todo mi buen ánimo, y pienso que es para siempre. Me aburro con todos y todos, hasta Nikólenka, se aburren conmigo. Mañana me pondré a trabajar en la continuación de *Infancia* y quizá en una nueva novela.[28] Voy a acostarme, son las 2. A partir de mañana me levantaré temprano.

11 DE MAYO. Me levanté temprano pero no puedo deshacerme del hábito de leer. Escribí un poco, sin amor propio y con gran facilidad. Se me ocurrió que soy muy similar en mi tendencia literaria de este año a ciertas personas (en especial a jóvenes damas) que en todo quieren ver sutilezas y complicaciones particulares. ...

16 DE MAYO. PIATIGORSK.[29] ... No debo olvidar que el objetivo principal de mi estancia aquí es curarme; así que mañana mandaré traer al médico y alquilaré un departamento, *solo*, en los suburbios. ...

18 DE MAYO. Me levanté temprano. Seguí escribiendo *Infancia*, me resulta absolutamente repulsiva, pero voy a continuar. Vino el doctor; comenzaré los baños el martes. ... Estuve escribiendo *Una carta desde el Cáucaso*,[30] parece tolerable pero no es bueno. Voy a continuar: 1) mis estudios; 2) mis hábitos de trabajo; 3) el perfeccionamiento de mi estilo. Voy a dormir, son las 11.

22 DE MAYO. Me levanté a las 4:15, bebí el agua, me di un baño. Me dolía la cabeza y me sentía muy débil. No escribí nada pero estuve conversando con Buiemski sobre matemáticas y le hablé de *El banquete* de Platón que él había olvidado. Me gustaría mucho volver a estudiar matemáticas, lo que no sé es si seré capaz de hacerlo. ... Releí el capítulo «Tristeza»[31] y no pude contener el llanto. Realmente hay algunos pasajes maravillosos, pero también hay algunos muy malos. Me estoy volviendo extremadamente descuidado en todo. Debo ejercer mayor presión sobre mí mismo. Me voy a acostar, son las 11.

23 DE MAYO. La misma rutina, me siento bien y me he portado bastante bien. ... *Infancia* no me parece del todo mal. Si tuviera la paciencia suficiente para copiar la novela una cuarta vez, saldría incluso bien. Me voy a acostar, faltan 15 minutos para las 12.

1852

26 DE MAYO. ... Me siento bien moralmente. Mañana terminaré *Infancia*, escribiré cartas y comenzaré la revisión definitiva. Me voy a acostar. Son las 11.

27 DE MAYO. Me levanté a las 4:30. La misma rutina. Por la mañana terminé *Infancia* y después pasé el resto del día sin poder hacer nada. El principio, que ahora estoy releyendo, es muy malo, pero de cualquier manera haré que lo copien y lo enviaré inmediatamente. ...

29 DE MAYO. Me levanté antes de las 5. La rutina usual, la salud no es buena, me duele la garganta. No escribí nada. Estoy tratando de conseguir un piano. Toda la mañana soñé con la conquista del Cáucaso. Aunque ya sé que es pernicioso para mis ocupaciones diarias dejarme ir de esa manera, no puedo deshacerme de ese hábito. Valoramos el tiempo únicamente cuando nos queda poco. Y lo más importante es que mientras menos tiempo nos queda más contamos con él. ... Son las 11 y 20, voy a cenar.

30 DE MAYO. ... ¿Tengo talento en comparación con los nuevos escritores rusos? Decididamente no. Son las 10 y 1/2, voy a cenar.

31 DE MAYO. Me levanté temprano, bebí el agua, me di un baño, tomé un té y no hice nada hasta la hora de la comida. No dormí, pero estuve escribiendo sobre el valor. Las ideas son buenas pero, o por pereza o por un mal hábito, el estilo no está trabajado. Bebí el agua, estuve de buen ánimo. Vino a verme un copista, le leí y le di el primer capítulo. Definitivamente no vale nada. Mañana trabajaré el segundo capítulo, y conforme lo vaya copiando, lo iré rehaciendo.[32] Por la mañana tuve una erección muy fuerte, y cuando llegué solo a casa encontré a mi joven posadera en la cocina y le dije algunas palabras. Sin duda alguna está coqueteando conmigo: ata ramilletes de flores debajo de la ventana, espera a que las abejas lleguen y canta cancioncitas, y todas estas actitudes entrañables están destruyendo mi paz interior. Le doy gracias a Dios por la timidez que me dio: me está salvando de la corrupción.

2 DE JUNIO. ... Después de la comida incurrí en mi antigua debilidad y además no pude abstenerme de comer tres vasos de helado. Por la noche leí, pensé, bebí el agua en casa, pero no hice nada. Aunque en *Infancia* habrá faltas de ortografía, será tolerable. Todo lo que pienso al respecto es que hay relatos peores; sin embargo, aún no estoy convencido de no tener talento. Lo que no tengo, creo, es paciencia, oficio y nitidez, ni nada grandioso en el estilo, ni en los sentimientos, ni en los pensamientos. De esto último, no obstante, todavía tengo mis dudas. Me voy a acostar. Son las 9 y 10.

3 DE JUNIO. ... Comienzo a notar en mí ciertos indicios de vejez. Siento y lamento mi ignorancia y digo de corazón una frase que con frecuencia he escuchado de la gente de edad avanzada y que siempre me ha sorprendido: «Ahora lamento no haber estudiado, pero ya es tarde.» Es triste para mí darme cuenta de que mi inteligencia no ha sido educada, de que es imprecisa y débil (aunque maleable); y de que mis sentimientos no tienen constancia ni fuerza, de que mi voluntad es tan inestable que la mínima circunstancia destruye todos mis buenos propósitos—¡y saber y sentir que el germen de todas estas cualidades está o estuvo en mí y sólo necesitaba desarrollarse! ¡Hace cuánto tiempo que estoy tratando de educarme! ¿He mejorado mucho? Ya debería estar desesperado, pero todavía tengo esperanza y creo en el acaso y a veces en la Providencia. Espero que algo logre despertar en mí la energía y no me permita quedarme empantanado para siempre con mis nobles y elevados sueños de gloria, utilidad y amor en el remolino insulso de una vida insignificante e inútil. Me voy a acostar. Son las 9 y 10.

4 DE JUNIO. La rutina usual; continué escribiendo *Una carta desde el Cáucaso*, poco pero bien. Me siento bien. Primero me sentí atraído por la generalización, luego por la nimiedad, y ahora, si aún no he encontrado el justo medio, por lo menos comprendo lo necesario que es y deseo encontrarlo. Estuve leyendo *Horas de meditación piadosa*,[33] en traducción del alemán; es un libro que quizá habría leído sin atención, o me habría entusiasmado, o me habría burlado, pero ahora me ha impactado. Me hizo confirmar mis ideas a propósito de los medios para mejorar mis asuntos y poner fin a las disputas. Y me decidí firmemente a aprovechar la primera oportunidad para ir a Rusia, y *coûte que coûte* vender parte de la hacienda y liquidar mis deudas y en el primer encuentro con la gente poner fin pacíficamente, sin vanidad, a todas las hostilidades existentes y tratar en el futuro de dominar la vanidad con ayuda de la bondad, la modestia y una forma más benevolente de ver a las personas. Quizá esta sea la mejor manera de librarme de mi incapacidad para relacionarme con la gente. Me voy a acostar. Faltan 20 para las 10. El copista se retrasó. Uno está borracho, el otro no sabe escribir. Una desgracia.

5 DE JUNIO. ... Es bien sabido que en un bosque entero es imposible encontrar dos hojas idénticas entre sí. Nosotros vemos la diferencia entre las hojas sin necesidad de medirlas, por los rasgos apenas perceptibles que saltan a la vista. La diferencia entre las personas, como seres más complejos, es incluso mayor y la reconocemos exactamente de la misma forma, mediante la habilidad de reunir en una representación única todos sus rasgos, tanto los morales como los físicos. Esta habilidad constituye la base del amor. De la reunión de los defectos se crea, en ocasiones, un carácter que no se puede aprehender pero que es fascinante e inspira amor incluso en personas conocidas. ...

7 DE JUNIO. Me levanté a las 5:30, me di un baño, bebí el agua, estuve tranquilo y bien de salud, copié y corregí hasta las 6 de la tarde, bebí el agua y leí *El Contemporáneo*[34] de abril, que resultó repugnante en extremo. Me siento orgulloso, pero no sé de qué. Sin embargo estoy moralmente satisfecho de mí mismo. Todavía tengo la erupción, y estoy seguro de que se trata de una enfermedad venérea, el mercurio o el oro,[35] a pesar de que el doctor dice que es urticaria. ...

11 DE JUNIO. Estoy mejor. Me levanté a las 8 y, no obstante la debilidad y la transpiración, escribí y corregí. Comí, leí un poco sobre Carlos I en la *Historia* de Hume. *La historia es la mejor expresión de la filosofía.* ...

15 DE JUNIO. A pesar del viento, estuve en los baños. Escribí. Terminé la segunda parte, la leí y de nuevo estoy muy descontento, sin embargo, voy a continuar. ...

16 DE JUNIO. Me levanté temprano y fui a los baños; me sentí un poco triste al ver a la gente respetable. Se me ocurrió pensar que *yo solía ser uno de ellos.* ¡Vanidad estúpida! Ahora soy más respetable que nunca. ...

22 DE JUNIO. ... He notado que la conversación comienza a ejercer en mí una gran fascinación, incluso si es estúpida. ... Estoy satisfecho de mí mismo. Comienzo a sentir la necesidad y el deseo de reescribir *Infancia* por tercera vez. Quizá salga bien. ...

27 DE JUNIO. ... Leí a Hume, escribí *Infancia* y leí a Rousseau. Tuve buenas ideas, pero todas se esfumaron. ...

29 DE JUNIO. Me levanté a las 9. Vino el doctor. Me envía a Zheleznovodsk.[36] Copié los últimos capítulos. Comí, escribí, bebí el agua, me di un baño y volví a la casa muy débil. Leí *Profession de foi du Vicaire Savoyard*.[37] Está lleno de contradicciones, de pasajes poco claros, abstractos y de momentos de excepcional belleza. Todo lo que he podido sacar de él es la convicción de la inmortalidad del alma. Si para concebir la inmortalidad es necesario concebir el recuerdo de una vida anterior no somos inmortales. Pero mi mente se niega a concebir lo infinito de manera unilateral. Alguien dijo que la claridad es el símbolo de la verdad. Aunque se puede refutar, de cualquier manera *la claridad* sigue siendo el mejor símbolo y uno siempre debe verificar en ella sus juicios.

La conciencia es nuestro mejor y más seguro guía, pero, ¿dónde están los signos que distinguen a esta voz de otras voces?... La voz de la vanidad habla con igual fuerza. Por ejemplo, un ultraje no vengado. El hombre que tiene como meta su propia felicidad es indigno; aquel cuya meta es la opinión de los otros es débil; aquel cuya meta es la felicidad de los demás es virtuoso; aquel cuya meta es Dios, es grande. Pero, ¿acaso aquel cuya meta es Dios encuentra en ello la felicidad? ¡Qué estupidez! Y, sin embargo, ¡qué maravillosos parecían ser estos pensamientos! Yo creo en el bien y lo amo, pero ignoro lo que puede indicarme el camino hasta él. ¿Acaso la ausencia de beneficio personal es signo de bondad? Pero amo el bien porque es agradable y por lo tanto útil. Lo que es útil para mí es útil para algún propósito y sólo es bueno porque para mí es bueno y está en armonía conmigo. Ese es el signo que distingue a la voz de la conciencia de la conciencia de otras voces. Pero, ¿acaso esta sutil diferencia—lo que es bueno y útil (¿y dónde está lo agradable?)—tiene el signo de la verdad: la claridad? No. Es mejor hacer el bien sin saber por qué se conoce y sin pensar en él. Involuntariamente se dice que la mayor sabiduría es saber que la sabiduría no existe.

Es malo para mí lo que es malo para los otros. Es bueno para mí lo que es bueno para los otros. Eso es lo que siempre dice la conciencia. ¿El deseo o la acción? La conciencia me reprocha los actos que realicé con buenas intenciones pero que tuvieron malas consecuencias. *La finalidad de la vida es el bien.* Este es un sentimiento inherente a nuestra alma. *El medio para vivir bien es el conocimiento del bien y del mal.* Pero, ¿es suficiente una vida entera para esto? Y si dedicamos toda la vida a esto, ¿acaso no vamos a equivocarnos y a hacer el mal involuntariamente? *Seremos buenos cuando todas nuestras fuerzas estén constantemente dedicadas a este fin. Se puede hacer el bien, sin tener conocimiento completo de lo que es el bien y el mal.* Pero, ¿cuál es la meta más inmediata: el estudio o la acción? ¿La ausencia del mal es el bien? *Las inclinaciones y el destino señalan el camino que debemos elegir, pero siempre debemos trabajar con un fin que sea bueno.* ¿Acaso toda distracción o placer que no deje algún beneficio a los otros es un mal? La conciencia no me reprocha eso, al contrario, lo aprueba. Esa no es la voz de la conciencia. La conciencia, tarde o temprano, me reprocha cada instante utilizado sin beneficio (aunque sea sin perjuicio). *La variedad en el trabajo es un placer.* Me voy a acostar, faltan 15 minutos para las 11.

30 DE JUNIO. Me levanté a las 8, me di un baño, bebí el agua, medité, comí. ...

Cualquier bien, con excepción del bien que se hace para satisfacer la conciencia, es decir, el bien que se hace al prójimo, es convencional, inconstante e independiente de mí. Estas tres condiciones se reúnen en *el bien para el bien del prójimo.* ¿*La satisfacción de las propias necesidades es* un bien únicamente en la medida en que puede contribuir al bien del prójimo? Es un medio. ¿En qué consiste el bien del prójimo? No es incondicional, a diferencia del bien personal. O el bien es lo que yo considero como tal según mis concepciones y mis inclinaciones. Por eso ni las tendencias ni la medida de la razón ejercen ninguna influencia en la dignidad del hombre. Un avaro es bueno si da dinero; un sabio es bueno si enseña; un perezoso es bueno si trabaja para los demás. ...

Ayer me detuve en la pregunta: ¿son malos los placeres que no traen consigo ningún beneficio? Hoy lo afirmo. Un hombre que comprende el bien verdadero no va a desear otra cosa. Es más, la perfección es no perder ni un solo minuto de poder para aprender a hacer el bien. No buscar el beneficio del prójimo o sacrificarlo para uno mismo es el mal. Entre uno y otro—un mayor o menor grado de actividad—existe un enorme espacio donde el Creador puso a los hombres y les dio el poder de elección. Me voy a acostar. Son las 11.

1.º DE JULIO. ... Podría perder Yásnaia, y a pesar de toda mi filosofía sería un golpe terrible para mí. ... Mañana terminaré *Infancia* y decidiré su destino. Me voy a acostar. Son las 11 y 1/2.

2 DE JULIO. Me levanté a las 5. Salí a caminar. Terminé *Infancia* y la revisé. Comí, estuve leyendo la *Nouvelle Héloise*[38] y escribí el borrador de una carta para el editor.[39]

La justicia es el grado supremo de la virtud, obligatoria para todos. Por encima de ella están los peldaños que conducen a la perfección; por debajo, el vicio.

¿Es necesaria y útil la oración? Sólo la experiencia puede convencernos. ¿Responde Dios a nuestras plegarias, y puede observarse en todos los hombres la necesidad de rezar? Hay dos pruebas de su utilidad y no hay pruebas de

lo contrario. Es útil porque no es dañina y también porque conlleva recogimiento moral. ...

4 DE JULIO. ... El objetivo que yo descubrí en la vida ya no me cautiva demasiado. ¿Será posible que no sea una regla verdadera y firme, sino una de esas ideas que, bajo la influencia del amor propio, de la vanidad y del orgullo, desaparecen con tanta rapidez como surgieron? No, es una regla verdadera. Mi conciencia me lo dice. Yo quiero que en virtud de esta sola consideración toda mi vida sea mejor y más sencilla. No, esta regla tiene que ser confirmada por acciones y entonces las acciones serán justificadas por la regla. Hay que hacer el esfuerzo. ...

6 DE JULIO. ZHELEZNOVODSK. Me levanté a las 6. Me dolían todos los dientes, y sin embargo fui a Zheleznovodsk y, a pesar de los horribles sufrimientos, no me quejé y no me enfadé. Dormí, estuve conversando con Buimski y jugué al ajedrez. Estuve hablando con él del objetivo que encontré en la vida. Lamento haberlo hecho. Se ve que este pensamiento ya no me es tan querido puesto que soy capaz de contárselo y demostrárselo a otros; pero por otro lado es lo mejor de entre todo lo que se me ha ocurrido y he leído. Es la verdad. Me voy a acostar, son más de las 11.

7 DE JULIO. ... Debo apresurarme a terminar lo más rápido posible la sátira en mi *Carta desde el Cáucaso*, porque la sátira no está en mi naturaleza. ...

8 DE JULIO. Me levanté a las 8. Bebí el agua y tomé un baño, escribí la *Carta desde el Cáucaso* razonablemente bien. Me dolían los dientes, leí con gran placer las *Confessions*. ...

13 DE JULIO. ... *La aspiración de la carne es el bien personal. La aspiración del alma es el bien de los otros.* Es imposible no admitir la inmortalidad del alma, pero es posible no admitir su destrucción. *Si el cuerpo es diferente del alma y se destruye, ¿qué puede probarnos la destrucción del alma? El suicidio es la expresión y la prueba más evidente de la existencia del alma; y su existencia es la prueba de su inmortalidad.* Yo he visto morir el cuerpo, por lo tanto supongo que *también el mío morirá; pero nada puede probarme que el alma muere y, consecuentemente, yo digo que es inmortal, según mis conceptos. El concepto de eternidad es una enfermedad de la mente.* ...

15 DE JULIO. ... Estoy leyendo a Rousseau y siento que en educación y talento está muy por encima de mí, pero en respeto por sí mismo, firmeza y juicio está por debajo de mí. ...

18 DE JULIO. Anoche tardé mucho en dormirme a causa del reumatismo y la luz de la luna; estuve sentado al lado de la ventana y tuve muchas buenas ideas. Me levanté tarde. Bebí el agua, me di un baño, conocí a algunas personas, di un paseo a pie, conversé y no hice absolutamente nada. Estoy ideando un plan para una novela acerca de un terrateniente ruso, y que tenga un objetivo.[40]

Rezo así: *Dios, líbrame del mal, es decir, líbrame de la tentación de hacer el mal, y concédeme el bien, es decir, la posibilidad de hacer el bien. ¿Experimentaré el bien o el mal? ¡Hágase Tu voluntad!* ¿Será posible que yo no sea capaz de expresar la noción de Dios tan claramente como la noción de virtud? Este es ahora mi deseo más ardiente.

El castigo es una injusticia. El hombre no puede determinar el castigo, es demasiado limitado, es un hombre él mismo. El castigo, como amenaza, es injusto, porque el hombre sacrifica un mal seguro por un bien dudoso. El destierro—incluso la muerte—es justo. La muerte no es un mal, ya que es una indudable ley de Dios. El concepto de Dios emana del reconocimiento de las debilidades del hombre.

Voy a acostarme. Son las 9 y 1/2. Me parece que el tiempo que he pasado en Zheleznovodsk se ha transformado en mi cerebro y han madurado muchas buenas ideas (sensatas, útiles), no sé qué resultará de esto.

20 DE JULIO. No dormí en toda la noche. Me levanté a las 6, bebí el agua. ... Mi salud parece estar mejor, pero sigo sin hacer nada. A partir de hoy dejo de fumar. Mañana comenzaré a revisar la *Carta desde el Cáucaso* y me haré reemplazar por un voluntario. Me voy a acostar, son las 9 y 1/2.

3 DE AGOSTO. PIATIGORSK. Me levanté temprano. Estaba de excelente ánimo, pasé todo el día en el jardín. Estuve leyendo *El político*.[41] En mi novela expondré lo malo del régimen ruso, y si lo encuentro satisfactorio consagraré el resto de mi vida a bosquejar un plan para un gobierno aristocrático electoral, unido a uno monárquico, con base en las elecciones existentes. Te doy las gracias, Señor, dame fuerza.

6 DE AGOSTO. GALIUGAI.[42] ... El futuro nos interesa más que el presente. Esta tendencia es buena si pensamos en el futuro de otro mundo. La sabiduría es vivir en el presente, es decir, actuar de la mejor manera en el presente. ...

11 DE AGOSTO. Me levanté temprano, di un paseo, comí en casa, dormí, paseé. No hay ni abstinencia, ni actividad, ni constancia. Incluso para pensar hay desgana. Sin embargo, no puedo reprocharme nada y eso ya es bueno. Puede uno volverse estúpido con la forma de vida que se lleva aquí. ...

Volveré a adoptar el viejo método de determinar mis ocupaciones por adelantado. Caza, carta a Seriozha, leer *Le Contrat social*.[43] Después de comer, redondear el plan para la novela del terrateniente y dar un paseo a caballo.

1852

15 DE AGOSTO. ... *La sencillez*: esa es la cualidad que deseo alcanzar más que ninguna otra. ...

17 DE AGOSTO. (STAROGLADKÓVSKAIA.) ... Las causas de la decadencia de la literatura son: la lectura de obras ligeras que se ha convertido en un hábito y que escribirlas se haya vuelto una profesión. Escribir a lo largo de la vida un buen libro es más que suficiente. Y también leer uno.

La disciplina es necesaria únicamente para los conquistadores. Para todas las personas existe un camino especial a lo largo del cual cada proposición se convierte en verdadera. Nada me ha convencido tanto de la existencia de Dios y de nuestras relaciones con Él como la idea de que las facultades dadas a todas las criaturas van de acuerdo con las necesidades que estas deben satisfacer. Ni más, ni menos. ¿Para qué ha sido dada al hombre la facultad de aprehender la causa, la eternidad, lo infinito, la omnipotencia? Esta proposición (acerca de la existencia de Dios) es una hipótesis que confirman los signos. La fe, según el nivel de evolución del hombre, refuerza su veracidad.

18 DE AGOSTO. He aquí cuatro reglas que guían a los hombres: 1) Vivir para la propia felicidad. 2) Vivir para la propia felicidad haciendo el menor mal posible a los demás. 3) Hacer por los demás lo que te gustaría que los demás hicieran por ti. 4) Vivir para la felicidad de los demás. ...

25 DE AGOSTO. Maté una perdiz. Estuve dos veces en la instrucción. Es imposible exigir de uno mismo la posibilidad de la inocencia absoluta. ¡Con cuánta frecuencia el género humano ha desistido de la justicia! Debo trabajar con el intelecto. Sé que hubiera sido más feliz si no hubiera conocido esta clase de trabajo. Pero Dios me puso en este camino: debo seguirlo.

28 DE AGOSTO. Tengo veinticuatro años y aún no he hecho nada. Siento que no en vano desde hace ocho años lucho en contra de las dudas y de las pasiones. Pero, ¿a qué estoy destinado? Es algo que revelará el futuro. Maté tres perdices.

2 DE SEPTIEMBRE. Instrucción hípica. Por la tarde maté tres faisanes. ¡Qué maravilla es *David Copperfield*![44]

3 DE SEPTIEMBRE. Vi la luna a mi izquierda.[45] La tendencia del alma es el bien para el prójimo. La tendencia de la carne es el bien para uno mismo. En la misteriosa unión entre el alma y el cuerpo radica la solución de las tendencias contradictorias. ...

19 DE SEPTIEMBRE. Fui de cacería. Creo que el plan de mi novela ha madurado ya suficiente. Si no me dedico a ella ahora es porque soy un perezoso incorregible.

22 DE SEPTIEMBRE. Han dejado de dolerme los dientes, y me hubiera sentado a escribir, pero llegó Tsezarjan[46] y me interrumpió. Fui con Sulimovski de cacería, maté tres faisanes. Leí la historia de la guerra de 1813.[47] Sólo un flojo o una persona que no tenga ninguna capacidad puede decir que no encuentra ocupación. Escribir una historia verdadera y detallada de la Europa de este siglo. Esa es una tarea para toda la vida. Pocas épocas en la historia han sido tan instructivas y tan poco estudiadas como esta, estudiadas de esa manera imparcial y verdadera con la que podemos discutir ahora la historia de Egipto y la de Roma. La riqueza y la frescura de las fuentes y la imparcialidad histórica nunca antes vista, eso es la perfección. Antes de que se me hubiera ocurrido escribir algo se me ocurrió otra condición de la belleza en la que no había reparado: la agudeza y la claridad de los personajes.

1852

24 DE SEPTIEMBRE. Estuve escribiendo con indolencia, y aunque no demasiado mal, sí mucho peor de lo que pensaba. ... Necesito escribir y escribir. Es el único camino para conseguir una forma y un estilo.

27 DE SEPTIEMBRE. ... Entre las cuestiones que intento resolver en mi novela la cuestión de las humillaciones me interesa y me presenta serias dificultades. O soy demasiado orgulloso, o en realidad he sido débil en esas ocasiones; sólo cuando me acuerdo de ellas experimento una especie de arrepentimiento. ...

30 DE SEPTIEMBRE. Me siento mal, me duele la pierna y los pómulos. Escribí un poco y fui de cacería. Recibí una carta de Nekrásov: elogios, pero dinero no.

5 DE OCTUBRE. ... Pienso que aquí, en el Cáucaso, no seré capaz de describir la vida campesina. Eso me produce malestar.

8 DE OCTUBRE. Pasé todo el día, hasta la noche, en un extraño estado de apatía insuperable: no podía ni leer ni escribir. Leí no sé qué tontería, después escribí una hoja y media. Debo deshacerme para siempre de la idea de escribir sin revisar. Tres o cuatro veces y aún no es suficiente. Ayer envié a Vániushka al cuartel por insolente. Ahora más que nunca he decidido retirarme, no importa en qué condiciones. El servicio pone obstáculos a las dos únicas vocaciones que sé que tengo, especialmente a la mejor, la más noble y más importante, y aquella en la que tengo más confianza: la de encontrar la paz y la felicidad. Todo depende de que Brimmer[48] me haya propuesto o no. Si me propuso esperaré para escribir a Petersburgo, pero si no solicitaré mi retiro inmediatamente.

19 DE OCTUBRE. La sencillez es la condición más importante de la belleza moral. *Para que los lectores simpaticen con el héroe es necesario que reconozcan en él tanto sus debilidades como sus virtudes; sus virtudes son posibles, sus debilidades son inevitables.* Se me ocurrió la idea de estudiar música. Espero, a partir de mañana, poder trabajar con perseverancia en una o en otra cosa. La idea de la novela es afortunada; puede no resultar perfecta, pero siempre será un libro útil y bueno. Por eso debo trabajar y trabajar en él incesantemente. ...

La base de la Novela de un terrateniente ruso. *El héroe busca la realización de su ideal de felicidad y justicia en la vida rural. Al no encontrarlo, desilusionado, quiere buscarlo en la vida familiar. Su amiga le sugiere la idea de que la felicidad no reside en el ideal,* sino en el trabajo constante, el trabajo de toda una vida cuya meta es la felicidad de los demás.

El amor no existe. Existe una necesidad carnal de comunicación y una necesidad racional de un compañero para la vida. *La prueba de la inmortalidad del alma es su existencia. Todo muere, pueden decirme. No, todo se transforma y a esta transformación nosotros la llamamos muerte, pero nada desaparece. La esencia de todo ser —la materia— permanece. Hagamos un paralelo con el alma. La esencia del alma es el conocimiento de sí misma. El alma puede transformarse con la muerte, pero el conocimiento de sí misma, es decir, del alma, no muere.*

21 DE OCTUBRE. No escribí demasiado (3/4 de hoja). En general pasé todo el día de mal humor; después de comer me interrumpió Yapishka. Pero sus historias son maravillosas. *Bosquejos del Cáucaso:* 4) Los relatos de Yapishka: a) sobre la cacería, b) sobre el viejo modo de vida de los cosacos, c) sobre sus expediciones a las montañas.[49]

1852

28 DE OCTUBRE. A partir de hoy debo comenzar de nuevo a contar el tiempo de mi exilio. Me devolvieron mis papeles: es decir, que no puedo pensar en volver a Rusia antes de la mitad de 1854, o sea del mes de julio; ni puedo pensar en retirarme antes de 1855. Tendré veintisiete años. ¡Muchos! Me quedan todavía tres años de servicio. Debo sacarles provecho. Habituarme a trabajar. Escribir algo bueno y prepararme, es decir, elaborar las reglas para la vida en la aldea. Dios, ayúdame. ...

29 DE OCTUBRE. ... Nikólenka vino a verme y me leyó sus notas sobre la caza.[50] Tiene mucho talento. Sin embargo, la forma no es buena. Sería mejor que abandonara estos relatos sobre cacería y dedicara más atención a las descripciones de la naturaleza y de las costumbres; tienen más variedad y se le dan muy bien. No escribí nada, tampoco leí.

31 DE OCTUBRE. Ayer y hoy he escrito muy poco. Me duelen los dientes. Leí mi novela, está terriblemente mutilada.[51]

13 DE NOVIEMBRE. ... Nikólenka me aflige mucho; no me quiere ni me comprende. Lo más extraño en él es que su gran inteligencia y su buen corazón no han producido nada bueno. Falta cierto lazo de unión entre estas dos cualidades. Yapishka lo expresó muy bien cuando dijo que de alguna manera soy *no querible.* Eso es precisamente lo que yo siento, que no puedo resultar agradable para nadie y todos me molestan. Cuando se habla de algo, no importa de qué, involuntariamente digo con los ojos cosas que a nadie le gusta oír, y que yo mismo me avergüenzo de decir.

14 DE NOVIEMBRE. ... Formulé brevemente mi credo: *Creo en un Dios único, inconcebible y bueno, en la inmortalidad del alma y en la recompensa eterna por nuestros actos;*

no comprendo el secreto de la Trinidad y el nacimiento del hijo de Dios, pero respeto y no abjuro de la fe de mis padres.

17 DE NOVIEMBRE. ... Debo acostumbrarme a que nadie nunca me comprenderá. Este es, seguramente, el destino común de la gente demasiado difícil.

25 DE NOVIEMBRE. ... Leí una crítica de mi novela[52] con una alegría inusual y se lo conté a Ogolin.

26 DE NOVIEMBRE. Fui con Ogolin de cacería, pasé un momento a ver a mi hermano. Después de la comida comencé a escribir, bien, y recibí una carta de Nekrásov. Me ofrece 50 rublos de plata por hoja y quiero, sin más dilación, escribir algunos relatos sobre el Cáucaso. Comencé hoy. Mi amor propio es demasiado grande como para escribir mal, y dudo de si podré escribir otra cosa buena. Tengo comezón en todo el cuerpo. ...

28 DE NOVIEMBRE. ... Definitivamente no puedo escribir sin una finalidad y sin la esperanza de ser útil. ...

30 DE NOVIEMBRE. Pensé mucho pero no hice nada. Mañana por la mañana me dedicaré a corregir la descripción de la guerra,[53] y por la noche a *Adolescencia*, que definitivamente he decidido continuar. Las cuatro épocas de una vida formarán *mi* novela hasta Tiflis. Puedo escribir al respecto porque ahora está muy lejos de mí. Y como es la novela de un hombre inteligente, sensible y que ha errado, será instructiva aunque no dogmática. Por el contrario, la novela del terrateniente ruso será dogmática. ...

1.º DE DICIEMBRE. Todo el día estuve escribiendo una descripción de la guerra. Lo satírico me disgusta, y como todo fue escrito con espíritu de sátira tengo que rehacerlo. ...

3 DE DICIEMBRE. Estuve escribiendo mucho. Parece que va a quedar bien. Y sin sátira. Hay en mí un sentimiento interior que se rebela en contra de la sátira. Me resulta desagradable describir los aspectos malos incluso de toda una clase de gente, no sólo de un individuo.

4 DE DICIEMBRE. Escribí media hoja. Estoy escribiendo este relato con cierto miedo. ...

7 DE DICIEMBRE. ... Me parece que todo lo que he escrito es verdaderamente malo. Si volviera a escribirlo quizá saldría mejor, pero muy distinto de lo que tenía en mente al comienzo.

8 DE DICIEMBRE. Fui de cacería, disparé tres veces contra un venado. Escribí poco, con desgana. Es definitivamente tan malo que trataré de concluirlo mañana para poder ponerme a otra cosa.

10 DE DICIEMBRE. Estuve todo el día en casa. Terminé el relato.[54] Voy a tener que volver a escribirlo. ...

11 DE DICIEMBRE. Estuve en la inspección hecha por Levin. Di un paseo a caballo. Me siento verdaderamente avergonzado de dedicarme a tonterías como mis cuentos, cuando tengo empezada una cosa tan maravillosa como la *Novela de un terrateniente*. ¿Para qué el dinero o la estúpida fama literaria? Es mejor escribir algo bueno y útil con convicción y entusiasmo. Con un trabajo así uno no se cansa jamás. Y cuando la termine—si todavía tengo vida y virtud—comenzaré algo nuevo.

23 DE DICIEMBRE. Estuve de cacería, maté una jabalina, un gato salvaje y una liebre. ...

24 de diciembre. Nochebuena. Terminé el relato.⁵⁵ No está mal.

26 de diciembre. Estoy leyendo a Lérmontov desde hace tres días. ...

27 de diciembre. Dormí hasta tarde, comencé a escribir mi novela. Me interrumpieron unos oficiales. Salí a dar un paseo a caballo y una vez de regreso leí y escribí algunos versos. No me cuesta trabajo. Pienso que esto me será de utilidad para la formación de un estilo. No puedo dejar de trabajar. Gracias a Dios. Pero la literatura no tiene importancia; me gustaría escribir aquí un estatuto y un plan para la economía doméstica.

1853

1.º DE ENERO. ¿CHERVLIÓNNAIA? Salí con la división:[1] estoy contento y bien.

6 DE ENERO. GRÓZNAIA. Hubo un desfile absurdo. Todos beben, sobre todo mi hermano, y para mí es muy desagradable. La guerra es algo tan injusto y tan malo que quienes combaten tratan de asfixiar en su interior la voz de la conciencia. ¿Estoy haciendo bien? Señor, dame la luz y perdóname si hago mal.

21 DE ENERO. Escribí poco, pero con tanto descuido, tan superficial y escasamente, que carece de cualquier valor. Mis facultades intelectuales se embotan hasta tal punto a causa de esta vida y de esta sociedad desordenada y falta de todo objetivo, que no quieren ni pueden comprender nada que sea un poco más serio o noble. Estoy sin un centavo y esta situación me hace tener miedo de que la gente piense mal de mí, lo que demuestra que podría actuar mal. No quiero volver a jugar a las cartas, no sé cómo podrá ayudarme Dios. ¿Qué maldito bien puede hacerme el Cáucaso cuando llevo una vida semejante? …

20 DE FEBRERO. CAMPO DE LA SIERRA DE KACHKALYK.[2] Avanzamos de Gróznaia a Kurínskoie sin ninguna acción. Ahí nos quedamos alrededor de dos semanas, después acampamos en la sierra de Kachkalyk. La noche del 16 hubo una acción de artillería y el 17 otra, durante el día. Me porté bien.[3] Todo este tiempo he ganado a las cartas, pero ahora no tengo ni un céntimo, a pesar de que la gente me debe dinero. Falta de carácter al respecto, pero en general me he portado bien. ...

16 DE ABRIL. STAROGLADKÓVSKAIA. Hace mucho que no escribo. Llegué a Starogladkóvskaia el 1.º de abril, y continué viviendo de la misma manera que cuando estaba en campaña. Como un jugador que tiene miedo de contar lo que han apuntado que debe. Perdí, entre broma y broma, 100 rublos de plata jugando contra Sulimovski. Fui, sin éxito, a Chervliónnaia para recibir un certificado médico. Quería presentar mi dimisión, pero una vergüenza mal entendida—la de volver a Rusia siendo todavía un cadete—me detiene definitivamente. Esperaré una promoción, que difícilmente llegará, ya estoy acostumbrado a todo tipo de fracasos. ... Quiero volver a mi antigua rutina de soledad, orden, pensamientos nobles y buenos y ocupaciones. Ayúdame, Dios mío. Hoy por primera vez estoy experimentando un sentimiento extraordinariamente triste y doloroso: un pesar por la juventud perdida sin beneficio ni placer. Y siento que la juventud pasó. Es hora de despedirse de ella.

18 DE ABRIL. ... El plan de mi historia sólo ahora comienza a dibujarse con claridad. Parece que el relato puede ser bueno, si logro evitar su lado brutal con destreza. A pesar de todo he perdido mucho tiempo debido a mi falta de costumbre de trabajar. ... Después de comer fui a ver a Yepishka y hablé con Salamanida; sus pechos se han puesto feos, pero sigue gustándome mucho. Por otro lado, todo lo joven tiene un efecto muy fuerte en mí; cualquier pie desnudo de mujer me parece ser el de una beldad.

28 DE ABRIL. Me levanté temprano pero no pude escribir nada, todo el día me sentí enfermo. ... Recibí un volumen con un cuento mío reproducido de manera infame.[4] Me afectó. ...

29 DE ABRIL. Escribí muy poco, no estaba de buen ánimo. No tengo el hábito del trabajo. ...

30 DE ABRIL. Fui de cacería; no fue afortunada. No escribí nada. ...

4, 5, 6 DE MAYO. ... Definitivamente tengo que estar con una mujer. La sensualidad no me da un momento de paz.

8, 9, 10, 11, 12, 13, 14, 15 DE MAYO. No he hecho nada especial durante estos días. Fui a ver a Kasatka, y bebí a pesar de que quise parar unas cuantas veces. Recibí cartas de Nekrásov, Seriozha y Masha, todas sobre mi actividad literaria, lisonjeras para mi autoestima. El cuento «Noche de Navidad» está perfectamente planeado. Quiero sentarme a escribir y retomar de nuevo el ritmo de una vida ordenada: lectura, escritura, orden y abstinencia. Por culpa de las jóvenes, que no tengo, y la cruz, que no recibiré, vivo aquí desperdiciando los mejores años de mi vida. ¡Estúpido! Señor, concédeme la felicidad.

15, 16, 17, 18, 19, 20, 21, 22 DE MAYO. Tuve dos veces a Kasatka. No está bien. Me he dejado ir demasiado lejos. Abandoné el cuento y estoy escribiendo *Adolescencia* con el mismo entusiasmo con el que escribí *Infancia*. Espero que sea igualmente bueno. Todas mis deudas han sido saldadas. Se abre frente a mí una brillante carrera literaria; debo recibir un puesto. Soy joven e inteligente. ¿Qué más se puede desear? Debo trabajar y abstenerme, y aún puedo ser muy feliz.

1853

22, 23, 24, 25, 26, 27 DE MAYO. Nada especial. He escrito poco y, sin embargo, tengo perfectamente pensadas *Adolescencia*, *Primera juventud* y *Juventud*, que espero terminar. ...

29 DE MAYO. ... Después de revisar el artículo 56[5] decidí presentar mi dimisión y se lo pedí a Alexéiev. Fui a buscar a Kasatka; afortunadamente no me dejó entrar.

30 DE MAYO. Escribí mucho y con soltura. Me llegó un pensamiento relativo a las deudas que todavía me quedan y me intranquilizó mucho. Tendré que ahorrar dinero para liquidarlas todas. Es indispensable para mi tranquilidad moral.

31 DE MAYO. No escribí nada durante todo el día. La historia de Karl Ivánovich[6] me resulta difícil. Jugué con los niños, que se están volviendo insolentes, los he consentido demasiado. ...

23 DE JUNIO. Hace cerca de un mes que no he escrito nada. Durante este tiempo fui a Vozdvizhénskaia con mis amigos. Jugué a las cartas y perdí a Sultán.[7] Casi fui hecho prisionero, pero en esa ocasión me comporté bien, aunque fui demasiado sentimental. De vuelta a casa decidí quedarme aquí un mes para terminar *Adolescencia*, pero toda la semana me porté tan desordenadamente que, como siempre me pasa en los casos en que no estoy satisfecho de mí mismo, me sentí triste y mal. Ayer Grishka me dijo que me había puesto pálido cuando estuve a punto de ser capturado por los chechenos y que seguramente soy incapaz de golpear al cosaco que le pegó a una mujer porque me devolvería el golpe. Todo esto me afligió hasta tal punto que tuve un sueño muy vívido y angustiante, y cuando me desperté, tarde, estuve leyendo cómo Aubrey soportó su desgracia y cómo Shakespeare dice que al hombre se le conoce en la adversidad.[8] De pronto me resultó incomprensible haber podido comportarme tan mal durante tanto tiempo. *Si voy a esperar las circunstancias en las que me sea fácil ser virtuoso y afortunado voy a esperar eternamente: estoy convencido de eso.* ...

25 DE JUNIO. ... No tengo ni perseverancia ni constancia en nada. Por eso, últimamente, desde que he comenzado a observarme, me resulto insoportablemente repulsivo. Si hubiera sido perseverante en la manera de ser vanidoso con la que llegué aquí habría tenido éxito en el servicio y tendría un pretexto para estar satisfecho de mí mismo; si hubiera sido perseverante en la manera de ser virtuoso que mantuve mientras estaba en Tiflis podría desdeñar mis fracasos y de nuevo estaría satisfecho de mí mismo. Desde lo más pequeño hasta lo más grande, este defecto destruye la felicidad de mi vida. Si hubiera sido perseverante en mi pasión por las mujeres, habría tenido éxito y recuerdos; si hubiera sido perseverante en mi abstinencia habría estado orgullosamente en paz conmigo mismo. Este maldito destacamento me ha apartado de una manera terrible del verdadero sendero del bien, en el que tan bien había entrado y adonde de nuevo deseo entrar, no importa a qué precio, porque es lo mejor. Señor, dame la luz e instrúyeme.

No puedo escribir. Mi escritura es demasiado floja y mala. ¿Y qué puedo hacer además de escribir? Ahora estaba reflexionando sobre mi situación. En mi cabeza revoloteaban tal cantidad de pensamientos tan diversos que durante mucho tiempo no pude comprender nada, salvo que soy malo e infeliz. Después de este período de dolorosa reflexión, las siguientes ideas tomaron forma en mi cabeza: conozco la finalidad de mi vida: el bien, al que estoy obligado con quienes dependen de mí[9] y con mis compatriotas; con los primeros estoy obligado porque me pertenecen; con los segundos porque tengo talento e inteligencia. Estoy en posibilidad de cumplir esta última obligación ahora, pero para cumplir la primera debo utilizar todos los medios que dependen de mí.

Mi primer pensamiento fue el de establecer una serie de reglas de vida y ahora, de forma involuntaria, vuelvo a él. ¡Cuánto tiempo he perdido en vano! Quizá Dios organizó mi vida así, a fin de darme mayor experiencia. Difícilmente habría comprendido la finalidad de mi vida tan bien si hubiera sido feliz en la satisfacción de mis pasiones. Determinar mis actos por adelantado y verificar que hayan sido cumplidos es una buena idea, y la retomo. A partir de esta noche, sin importar en qué circunstancias me encuentre, me hago la promesa de hacerlo a diario. Con frecuencia me ha impedido hacerlo una vergüenza mal entendida. Me prometo superarlo en la medida de lo posible. *Sé directo, incluso brusco, pero franco con todos, aunque no con franqueza pueril, innecesaria. Abstente del alcohol y de las mujeres.* ¡El placer es tan poco, tan confuso, y el arrepentimiento es tan grande! *Entrégate plenamente a cualquier cosa que hagas. Abstente de actuar en respuesta a todas las sensaciones fuertes, primero reflexiona y después actúa con decisión, aun a riesgo de cometer un error.* ...

Mañana. Levantarme temprano, escribir *Adolescencia* hasta la hora de la comida; después de la comida ir a visitar a los ucranianos[10] y buscar la oportunidad para hacer una buena acción; después escribir el *Diario de un oficial en el Cáucaso*[11] o *El fugitivo*[12] hasta la hora del té. Salir a correr. Escribir *Adolescencia* o *Reglas para la vida*.

28 DE JUNIO. Por la mañana escribí bien. ... Escribí un poco del *Diario de un oficial en el Cáucaso* y de *La tala del bosque* y estuve reflexionando. *Cuando durante el proceso de escritura me lleguen tantos pensamientos confusos que*

1853

tenga ganas de levantarme, no permitirme hacerlo. Mañana escribir *Adolescencia* hasta la hora de comer. Después de la comida y hasta la noche escribir el *Diario de un oficial en el Cáucaso*.

29 DE JUNIO. Por la mañana me porté bien, pero después de la comida no hice nada. El plan que tanto había meditado para el *Diario de un oficial en el Cáucaso* me pareció malo y entonces me pasé toda la tarde con los niños y con Yapishka. Eché a Grishka y a Vaska al agua. No está bien. *Bien o mal siempre debo escribir.* Si escribes, te acostumbras al trabajo y creas tu estilo, aunque no haya un beneficio directo. Si no escribes te distraes y haces tonterías. *Se escribe mejor en ayunas.* Después de cenar hice la ronda a todas las muchachas, pero no hubo suerte por ningún lado. Mañana debo escribir de la mañana a la noche y usar todos los medios para conseguir una muchacha.

2 DE JULIO. … Salamanida se ha ido, y Fedosia, de quien creo estar enamorado, no consintió, poniendo como pretexto que me iré. … Mañana tendré que superar mi pudor y realizar una acción decisiva en lo que se refiere a Fedosia. Escribir *Adolescencia* por la mañana y por la tarde.

8 DE JULIO. Me levanté tarde. Comencé a escribir pero no pude seguir adelante. Estoy demasiado descontento con mi vida inactiva y desordenada. Estuve leyendo *Profession de foi du Vicaire Savoyard* y, como siempre, durante la lectura surgió en mí una cantidad enorme de ideas sensatas y nobles. Sí, mi mayor desgracia es mi gran inteligencia. Dormí después de la comida, estuve jugando un poco con los niños e hice muy mal no sólo no poniéndoles un alto, sino permitiendo que se burlaran de Yapishka.

No puedo demostrarme la existencia de Dios, no puedo encontrar una sola prueba sensata y me parece que el concepto no es indispensable. Es más sencillo y más simple comprender la existencia eterna del mundo entero, con la inconcebible belleza de su orden, que comprender al Ser que lo ha creado. La tendencia que el cuerpo y el alma del hombre tienen hacia la felicidad es el único camino hacia la comprensión de los misterios de la vida. Cuando la tendencia del alma entra en conflicto con la tendencia de la carne, la primera debe tomar la delantera, ya que el alma es inmortal, como también lo es la felicidad que obtiene. Conseguir la felicidad es el sentido del camino de su evolución. Los vicios del alma son aspiraciones nobles que se echaron a perder. La vanidad es el deseo de estar satisfecho con uno mismo. La avidez es el deseo de hacer mayor bien. No concibo la necesidad de la existencia de Dios, pero creo en Él y Le pido que me ayude a comprenderlo.

9, 10, 11, 12, 13, 14, 15 DE JULIO. PIATIGORSK. Dejé Starogladkóvskaia sin el menor pesar. ... Al llegar a Piatigorsk encontré a Masha,[13] metida de lleno en la vida social. Me dolió verlo, no creo que por envidia, sino porque me desagradó renunciar a la idea de que es exclusivamente madre de familia. Por otro lado, es tan ingenuamente dulce que aun en la sociedad infame de este lugar sigue siendo noble. ... Ayer me tentó una bella gitana, pero Dios me salvó. ...

18 DE JULIO. Me levanté tarde, pensé maravillosamente, escribí bien, pero poco. Vino Nikólenka. Le leí lo que tengo escrito. Al parecer, bien. ... La frialdad que me demuestran mis parientes me atormenta. ...

18 DE JULIO. ... ¿Por qué nadie me quiere? No soy un estúpido, ni un monstruo, ni un hombre malo, ni un ignorante. Incomprensible. ¿O es que no soy para este medio? ...

1853

23 DE JULIO. Reescribí el primer capítulo bastante bien. Estuve poco rato en casa de Masha. ¡El trabajo! ¡El trabajo! ¡Qué feliz soy cuando trabajo!

24 DE JULIO. Me levanté a las 8, revisé el primer capítulo y no escribí nada en todo el día. Leí *Claude Genoux*.[14] ...
  Debo levantarme temprano y escribir, sin detenerme en lo que me parezca flojo, mientras tenga sentido y sea fluido. Corregir siempre es posible, pero recobrar el tiempo perdido inútilmente es imposible.

25 DE JULIO. Trabajé todo el día con excepción de las tres horas que pasé en el bulevar; pero sólo reescribí un capítulo y medio. *El nuevo punto de vista* salió forzado, pero *La tormenta*[15] es excelente. ...

27 DE JULIO. ... Leí las *Notas de un cazador* de Turguéniev[16] y me resulta muy difícil escribir después de él. Escribir todo el día.

26 DE AGOSTO. ZHELEZNOVODSK. No hice nada. Decidí abandonar *Adolescencia*, continuar con la novela[17] y escribir los relatos del Cáucaso.[18] La causa de mi pereza es que no puedo escribir con entusiasmo. Espero alguna felicidad este mes, y, en general, con la llegada de mis veintiséis años. Quiero obligarme a ser tal como considero que debe ser el hombre. La juventud pasó. Ahora es tiempo de trabajar. ...

28 DE AGOSTO. PIATIGORSK. ... Por la mañana comencé un relato cosaco.[19] ... Sólo el trabajo puede brindarme placer y beneficio. Me voy a acostar. Voy a leer.

10 DE SEPTIEMBRE. PIATIGORSK. No hice nada, estuve conversando con Masha e hice planes para nuestra vida, todos juntos, en Moscú. La pereza y la conciencia de la misma me atormentan terriblemente. Mañana voy a trabajar aunque me repugne; sólo deseo estar contento conmigo mismo, porque la vida con arrepentimientos permanentes es una tortura.

11 DE SEPTIEMBRE. ... No logro vencer la pereza. Decidí escribir un capítulo cada vez y no levantarme hasta haberlo terminado. Dormí largamente después de la comida. Ahora son las 4.

13 DE SEPTIEMBRE. Por la mañana me invadió una tristeza terrible; después de comer fui a dar un paseo, llamé en casa de Bukovski y en casa de Klumnikov[20] y poseí a una muchacha repulsiva. Después se me ocurrió una idea para las *Notas de un tanteador*,[21] maravillosamente bien. Escribí, fui a ver el salón de asambleas y de nuevo me dediqué a mis *Notas de un tanteador*. Me parece que apenas ahora estoy empezando a escribir con inspiración, y por eso sale bien.

14 DE SEPTIEMBRE. Terminé el borrador y por la noche pasé una hoja en limpio. Escribo con tanto entusiasmo que llega a ser doloroso: el corazón deja de latirme. Tiemblo cuando tomo mi cuaderno. ...

18, 19 DE SEPTIEMBRE. No hice nada; debí haber escrito, pero me venció la pereza; por la tarde fui a casa de Smyshkiaev[22] y escribí algunos poemas.

El humor es posible únicamente en caso de que el hombre esté convencido de que los pensamientos que no fueron del todo expresados, o fueron expresados de forma insólita, serán comprendidos. El humor depende del estado de ánimo y más aún de los escuchas o de la opinión instintiva que se tiene de los escuchas.

1853

27, 28 DE SEPTIEMBRE. No hice nada. No consigo escribir. Le leí mi novela a Valerián.[23] Decididamente hay que cambiarlo todo, pero la idea misma seguirá siendo original. Pensaba escribir poemas por las noches, pero no escribo. ...

29 DE SEPTIEMBRE. Por la mañana escribí un capítulo de *Adolescencia*, bien. Después de la comida, de 6 a 8, di un paseo a caballo. Fui a ver a Aksinia. Es bella, pero no me gusta tanto como antes. Le ofrecí llevármela conmigo. Creo que aceptará. Para *La muerte de la abuela*[24] he resuelto el rasgo característico de la religiosidad y al mismo tiempo el no perdón de las ofensas.

13 DE OCTUBRE. STAROGLADKÓVSKAIA. Fui de cacería. ... Maté dos faisanes. Acabo de leer una descripción literaria del genio,[25] y este trabajo despertó en mí la certeza de ser un hombre notable por mis habilidades y mi afición por el trabajo. A partir de hoy me pondré manos a la obra. Por las mañanas voy a escribir *Adolescencia* y después de la comida y hasta la noche *El fugitivo*. Ideas sobre la felicidad.

14 DE OCTUBRE. No hice nada de lo que pretendía hacer, flojeé, leí. Escribí un cuarto de hoja de *La habitación de la doncella*.[26] Quiero convertir en una regla lo siguiente: una vez comenzado un trabajo no debo permitirme iniciar otro, y para que no se pierdan las ideas que me vayan llegando iré apuntándolas cuidadosamente en un libro que tendrá las siguientes subdivisiones: 1) Reglas. 2) Informaciones. 3) Observaciones. Hoy, por ejemplo, *Observaciones*: sobre las canciones y sobre Yapishka; *Informaciones*: sobre las misiones en Osetia del Norte y Georgia;[27] y *Reglas*: no distraerme con nada antes de terminar el trabajo que haya comenzado.

1853

18 de octubre. ... Toda la tarde jugué a las cartas. Es un pésimo hábito. ...

19 de octubre. ... Escribí un capítulo de *Adolescencia*. Cené, terminé de escribir mis *Informaciones*, *Observaciones*, *Ideas* y *Reglas* y me dispongo a acostarme. Gracias a Dios estoy satisfecho de mí mismo, pero curiosamente hay un sentimiento de inquietud cuando estoy interior y exteriormente tranquilo, como si alguien me dijera: ahora sí estás siendo bueno, pero nadie lo sabe salvo tú.

22 de octubre. ... *Adolescencia* se me ha vuelto odiosa en grado extremo. Espero terminar mañana. La idea de escribir en distintos libros mis pensamientos, observaciones y reglas es una idea verdaderamente extraña. Es mucho mejor escribirlo todo en el diario y tratar de hacerlo de modo regular y limpio, de manera que sea para mí un trabajo literario, y a otros les brinde una lectura placentera. Al final de cada mes, al revisarlo, puedo elegir y anotar todo lo que me parezca bueno; para mayor facilidad, escribiré en una hoja aparte un título breve para cada día.

23 de octubre. Me levanté muy tarde y con el mismo mal humor. ... Mi mal humor y mi intranquilidad me impidieron trabajar. Leí «Nádienka», el cuento de Zhúkova.[28] Antes me bastaba con saber que quien escribía era una mujer para ya no leer su obra. Nada hay más ridículo que el punto de vista femenino sobre la vida del hombre, y es algo que con mucha frecuencia se describe. Por el contrario, en la esfera del mundo femenino la mujer que escribe tiene grandes ventajas sobre nosotros. El medio ambiente de «Nádienka» está muy bien descrito, pero su personaje está esbozado de modo ligero e impreciso, y es obvio que el autor no fue conducido por una idea única.

Tomo mi cuaderno en el que escribo *Adolescencia* con

cierta aversión desesperanzada, como un obrero que se ve obligado a trabajar en algo que en su opinión no tiene ninguna utilidad ni vale la pena para nada. El trabajo avanza con negligencia, lentitud y debilidad.

Una vez terminado el último capítulo deberé revisarlo desde el principio y tomar notas y hacer los últimos cambios en el borrador. Habrá que modificar muchas cosas: el carácter «yo»[29] es débil, la acción se alarga demasiado y es demasiado consecuente en tiempo, pero inconsecuente en pensamiento. ...

«Contentarse con el presente». Esta regla que acabo de leer me produjo un fuerte impacto. Me acordé con una fuerza extraordinaria de todas las ocasiones en mi vida en las que no la he seguido y me resultó definitivamente sorprendente no haberla seguido. Por ejemplo, en el caso más reciente de mi servicio, en que yo quería ser un cadete-conde, rico, con relaciones, un hombre extraordinario, cuando lo más útil y lo más cómodo para mí hubiera sido ser un cadete-soldado. ¡De cuántas cosas interesantes me habría enterado durante este tiempo y cuántas cosas desagradables me habría evitado!

Pero entonces mi situación era más cercana a mí; por eso no lo veía con tanta claridad. Las pasiones heridas (el orgullo, la vanidad, la pereza) daban otro aspecto a la situación y le sugerían a la mente otras reflexiones.

Sólo debes creer a la razón cuando estés convencido de que ninguna pasión habla en ti.

En circunstancias en las que la pasión no está presente, la razón guía al hombre, pero cuando la pasión domina es ella la que guía a la razón otorgándole una audacia nefasta para realizar malas acciones.

24 DE OCTUBRE. Me levanté más temprano que ayer y me puse a escribir el último capítulo. Se habían acumulado muchos pensamientos, pero una aversión insuperable me impedía terminarlo. Como en todo, también en el trabajo del escritor el pasado condiciona el futuro: es difícil retomar con entusiasmo un trabajo abandonado, y por lo tanto es difícil hacerlo bien. Pensé algunos cambios para *Adolescencia* pero no hice ninguno. ...

Antes de la comida leí una crítica sobre una descripción de la guerra de 1799 entre Rusia y Francia,[30] y después de la comida, sin mayor entusiasmo fui al campo de tiro con Groman. El buen tiempo me tentó y fui de cacería; maté una liebre y perseguí un chacal hasta muy entrada la noche. Después de la cena jugué a cartas hasta las 12. ¡Con cuánta facilidad se crean los malos hábitos! Me he habituado a jugar después de la cena.

Cuando se lee un trabajo, y en especial uno netamente literario, el interés principal radica en cómo el carácter del autor se expresa en la obra. Pero hay algunos trabajos en los que el escritor altera su punto de vista o lo cambia varias veces. Los más agradables son aquellos en los que el autor se esmera en disimular su propio punto de vista y al mismo tiempo le es fiel en cualquier parte en la que aparezca. Los más insípidos son aquellos en los que la visión cambia con tanta frecuencia que en definitiva acaba diluyéndose. ...

25 DE OCTUBRE. Desde la mañana estuve revisando *Adolescencia* y decidí escribir el libro de nuevo, y también decidí los cambios, traslaciones y aumentos que debo hacer. A eso de las 10 salí de cacería y volví ya entrada la noche. Leí un *Contemporáneo* bastante malo. Cené y ahora me dispongo a acostarme. El día de hoy fue para mí de descanso moral, una necesidad que uno percibe inconscientemente con mucha frecuencia.

... Comienzo a lamentar haber mandado con tanta premura las *Notas de un tanteador*. Por su contenido difícilmente podría encontrar mucho que cambiar o agregar, pero la forma no fue pulida con suficiente esmero.

1853

26 DE OCTUBRE. … La descripción de la lucha entre el bien y el mal en el hombre que está tentado de hacer o ya hizo alguna mala acción siempre me pareció artificial. El mal se hace con facilidad y sin que uno se dé cuenta, y sólo mucho tiempo después el hombre se aterra y se sorprende de lo que hizo.

La gente sencilla está tan por encima de nosotros a causa de su vida llena de trabajos y de privaciones, que de alguna manera no está bien que gente como nosotros busque y describa lo malo que hay en ella. Existe, pero mejor sería decir sólo lo bueno (como cuando se habla de los muertos). Ese es el mérito de Turguéniev y el error de Grigoróvich y sus *Pescadores*.[31] ¿A quién pueden interesar los defectos de esta clase miserable pero digna? En ella hay más de bueno que de malo; por eso es más natural y más noble buscar las causas de lo primero que de lo segundo.

Hace mucho tiempo yo pensaba que si uno decidía adoptar la regla de ser firme y puntual en sus ocupaciones, podría seguirla; más tarde, estas reglas con frecuencia repetidas y nunca bien ejecutadas comenzaron a convencerme de que eran inútiles; ahora me convenzo de que estos accesos, que constantemente se debilitan y de nuevo resurgen, constituyen la condición normal del escrutinio periódico que uno hace de sí mismo. …

28, 29, 30, 31 DE OCTUBRE y 1.º DE NOVIEMBRE. JASAV-YURT.[32] … El 29 estuve todo el día de cacería, luego conversé con Yepishka, jugué a las cartas y leí la biografía de Schiller escrita por la hermana de su esposa.[33] Lo que es especialmente notable en ella es la visión tan superficial que de un gran hombre tiene una mujer sentimental, una persona demasiado cercana al poeta y que, por lo tanto, se encuentra sujeta a la influencia de los pequeños defectos domésticos y ha perdido el debido respeto al poeta.

1853

31 DE OCTUBRE. ... Estuve leyendo *La hija del capitán* y ¡ay!, debo admitir que la prosa de Pushkin ha envejecido, no en estilo, sino en su manera de exponer. Ahora, y con justicia, en la nueva tendencia literaria el interés por los detalles del sentimiento está reemplazando al interés por los eventos mismos. Los cuentos de Pushkin de alguna manera están desnudos. Estas son las ideas que se me han ocurrido a lo largo de los últimos cuatro días y que alcancé a anotar en una libretita.

Es imposible seguir las decisiones de la voluntad racional únicamente como consecuencia de su expresión. Es indispensable utilizar la astucia contra las propias pasiones. Resulta agradable para todos hacer el bien, pero las pasiones con frecuencia nos hacen verlo con una luz falsa. Y el razonamiento, si actúa directamente, es impotente ante la pasión. Se debe tratar de actuar sobre una pasión mediante la otra. En eso consiste la sabiduría.

... Schiller consideraba, con absoluta justicia, que ningún genio puede desarrollarse en soledad, que los estímulos exteriores—un buen libro, una conversación—mueven más a la reflexión que años de trabajo solitario. Una idea debe nacer en compañía, pero su elaboración y su expresión se llevan a cabo en soledad.

... Una de las principales causas de los errores de nuestra clase privilegiada es que nos lleva mucho tiempo acostumbrarnos a la idea de que somos adultos. Toda nuestra vida, hasta la edad de veinticinco años y a veces incluso más, va contra esta idea; absolutamente a la inversa de lo que ocurre entre la clase campesina, en la que un joven de quince años se casa y se hace por completo responsable de sí mismo. Con frecuencia me ha sorprendido esta independencia y esta seguridad del joven campesino, quien por más inteligente que sea, en nuestra clase sería todavía una nulidad.

Es extraño que todos ocultemos el hecho de que uno de los resortes principales de nuestra vida es el dinero. Como si fuera algo vergonzoso. Tomen las novelas, las biografías, los cuentos: en todos se trata de eludir las cuestiones de dinero, cuando es en él donde radica el mayor interés—si no el mayor, sí el más constante—de la vida, y en donde mejor se expresa el carácter de un hombre.

Hay una categoría de gente buena, noble—aunque en su mayoría desafortunada en la vida y no apreciada—que vive, se podría decir, únicamente para esperar una oportunidad de sacrificarse por alguien más o en aras del honor, y que vive únicamente a partir del momento en que se inicia su sacrificio.

Con frecuencia he tenido ocasión de sorprenderme y envidiar la visión bien fundada y muy precisa de la gente que ha leído poco.

Revisar todo trabajo que haya sido terminado en borrador, eliminando todo lo superfluo y sin agregar nada. Ese es el primer proceso.

... La confianza en uno mismo y la seguridad (*aplomb*) dependen no de una situación brillante, sino del éxito que se obtenga en el camino elegido, sin importar lo insignificante que pueda ser. ...

Hay personas, como yo y como el héroe que quiero crear en la *Novela de un terrateniente ruso*, que sienten que deben mostrarse orgullosas, y mientras más esfuerzos hacen por una expresión de indiferencia en sus rostros más arrogantes parecen.

Con frecuencia, en un trabajo literario me detienen los métodos de expresión rutinarios, no siempre correctos, ni pertinentes, ni poéticos; pero la costumbre de encontrarlos a menudo me obliga a utilizarlos. Estos recursos mal pensados, ordinarios, cuyas deficiencias sientes pero perdonas por lo frecuente de su utilización, van a servir en la posteridad como una prueba del mal gusto. Resignarse a la utilización de esos recursos significa ir con la época; corregirlos, significa adelantarse a la época.

2, 3 DE NOVIEMBRE. ... Siempre vivir solo: valiosa regla que intentaré respetar.

Casi cada vez que me encuentro con una nueva persona experimento un doloroso sentimiento de decepción. Me imagino que es como soy yo y la estudio según esos parámetros. De una vez por todas debo acostumbrarme a la idea de que yo soy una excepción; que o bien he rebasado mi época, o soy una de esas naturalezas inadaptadas y hurañas que nunca están satisfechas. Debo tomar otros parámetros (inferiores a los míos) y con ellos medir a la gente. Me equivocaré menos.

Me he engañado mucho tiempo imaginando que tenía amigos, gente que me entendía. ¡Absurdo! Todavía no me he encontrado con una sola persona que sea moralmente tan buena como yo, y que crea que no recuerdo un solo caso en mi vida en el que no me haya sentido atraído por el bien y no haya estado dispuesto a sacrificarlo todo por él.

Por eso no conozco ninguna sociedad en la que me sienta a gusto. Siempre siento que la expresión de mis pensamientos más sinceros será tomada por una falsedad y que la gente no podrá simpatizar con mis intereses personales. ...

5 DE NOVIEMBRE ... Estoy absolutamente convencido de que debo conseguir la gloria; por eso trabajo tan poco: estoy convencido de que no necesito más que querer elaborar los materiales que siento en mi interior. ...

7, 8, 9, 10, 11, 12, 13, 14, 15 DE NOVIEMBRE. STAROGLADKÓVSKAIA. ... Nunca he hecho una declaración de amor aunque, cuando evoco las terribles tonterías que, con una sonrisa sutil y alambicada, he llegado a decirle a las personas que me han gustado, me ruborizo sólo con el recuerdo. Las conversaciones que uno lee en nuestras novelas de gran mundo *pour tout de bon* se parecen a ellas como dos gotas de agua. ...

16 DE NOVIEMBRE. ... Hubo un tiempo en que la conciencia se desarrolló en mí hasta tal punto que ahogaba a la razón, de modo que yo no podía pensar nada que no fuera: ¿en qué estoy pensando?

Con frecuencia me ha sorprendido ver cómo puede la gente deleitarse interiormente con sus propias frases carentes de ideas: sólo palabras. Quizá en una determinada etapa de desarrollo la inteligencia siente simpatía por las palabras, como en la etapa superior siente simpatía por los pensamientos.

17, 18 DE NOVIEMBRE. ... Hoy golpeé a Alioshka. Aunque era culpable, no estoy contento conmigo mismo por haberme encolerizado.

... Alguien le contó a Yepishka que yo había entregado a un hombre a los soldados porque había estrangulado a mi perro. Una calumnia tan grande siempre me confirma en mis nobles pensamientos de que hacer el bien es la única manera de ser feliz. Si se mira la vida desde un punto de vista diferente, cualquiera que sea, una calumnia así destruye toda la felicidad de la vida.

Hay gente que parece engañarse a sí misma intentando hablar de su manera de vivir en pasado o en futuro, pero no en presente.

Nada obstaculiza más la verdadera felicidad—que consiste en una vida virtuosa—que el hábito de esperar algo del futuro. Para la verdadera felicidad, que consiste en estar íntimamente contento con uno mismo, el futuro no puede dar nada, y el pasado lo da todo.

Mientras más joven es el hombre menos cree en el bien, a pesar de creer más en el mal. ...

19, 20, 21 DE NOVIEMBRE. ... Uno de mis mayores y más desagradables vicios es la mentira. La razón que la desencadena más a menudo es la fanfarronería, el deseo de mostrarme a mí mismo desde un ángulo ventajoso. Por eso, para no permitir a mi vanidad que llegue a un punto de desarrollo en el que ya no haya tiempo ni para reflexionar ni para detenerme, me impongo como regla: *en cuanto sientas las cosquillas del amor propio que anteceden el deseo de contar algo de ti mismo, reflexiona.* Guarda silencio y recuerda que ninguna invención puede darte a los ojos de los demás mayor peso que la verdad, que tiene un carácter tangible y convincente para todo el mundo. Cada vez que sientas despecho o cólera sé prudente en las relaciones con la gente, sobre todo con la que dependa de ti. Evita la compañía de las personas a las que les gusta emborracharse, y no bebas ni vino ni vodka. Evita la compañía de las mujeres que puedas tener fácilmente y trata de agotarte con trabajo físico cuando sientas un fuerte deseo sexual. ...

El tono de mi interlocutor siempre se refleja involuntariamente en mí: si él habla con énfasis, yo también; si él masculla, yo también; si él es tonto, yo también; si él habla mal en francés, yo también.

La gente sencilla está acostumbrada a que le hablen en una lengua que no es la suya; eso sucede sobre todo con la religión, que les habla en una lengua que respetan más por no entenderla.

Hay pensamientos (como estos, por ejemplo) que tienen sentido si están en relación con algo, pero lo pierden si están sueltos.

DEL 23 DE OCTUBRE AL 1 DE DICIEMBRE. Varios días fui de cacería, maté algunas liebres y faisanes. No he leído casi nada y no he escrito durante todos estos días. ... Violé las reglas, en especial la de no beber, cada día. ...

Con frecuencia la modestia se toma por debilidad e indecisión; pero cuando la experiencia le demuestra a la gente que estaba equivocada, la modestia da un nuevo encanto, fuerza y respeto al carácter. ...

1853

Mientras más se acostumbra el hombre a lo agradable y refinado, más privaciones se prepara para sí mismo en la vida. De todas estas costumbres, el privarse del hábito de tener que ver únicamente con los aspectos refinados del intelecto es la más dolorosa.

Vladímir[34] pudo convertir a su pueblo a la fe que él había adoptado sólo porque se encontraba en el mismo nivel de instrucción que su gente, aunque estaba por encima de ellos en importancia social. La gente creyó en él. Ningún monarca de una nación culta habría podido hacer lo mismo. ...

2 DE DICIEMBRE. ... Regla contra la pereza: *orden en la vida, orden en las ocupaciones intelectuales y físicas.*

Hay dos deseos cuyo cumplimiento puede hacer la *verdadera* felicidad del hombre: ser útil y tener la conciencia limpia.

La vanidad se origina y se incrementa por el desorden moral en el alma del hombre. Antes únicamente lo comprendía de forma instintiva; tenía el presentimiento de la necesidad del orden *en todo*; sólo ahora lo entiendo.

... He decidido, al terminar *Adolescencia*, escribir algunos relatos cortos, tan breves que pueda pensarlos de una sola vez, y con un argumento tan elevado y *útil* que no puedan aburrirme ni volvérseme odiosos. Además, por las noches elaboraré por escrito el plan de una novela larga y bosquejaré algunas escenas de ella. ...

3 DE DICIEMBRE. ... Tengo un gran defecto: la inhabilidad de narrar simple y sencillamente las circunstancias de una novela que unen las escenas poéticas. ...

11, 12, 13, 14, 15, 16 DE DICIEMBRE. ... Hoy, cuando me estaban rasurando, me imaginé de forma vívida cómo una herida mortal inflingida a un hombre ya herido puede cambiar instantáneamente su estado de ánimo: de la desesperación a la mansedumbre. ...

17 DE DICIEMBRE. ... Todo el día leí la *Historia*.[35]

... Ustriálov llama características del pueblo ruso a: la devoción a su fe, la valentía y la convicción de su superioridad sobre otros pueblos; como si estas no fueran características comunes a todos los pueblos, y como si el pueblo ruso no tuviera extraordinarias características propias.

... Es necesario explicar cada hecho histórico *en términos humanos*, evitando las expresiones históricas rutinarias.

Como epígrafe a la historia yo escribiría lo siguiente: «No oculto nada.» Es más, para no mentir directamente, hay que intentar no mentir de manera negativa, por omisión voluntaria. ...

19, 20 DE DICIEMBRE. ... Cuando leí el prólogo filosófico que Karamzín publicó en 1777 a la revista *Luz de la mañana*,[36] y en el que dice que la finalidad de una revista es filosofar, desarrollar la inteligencia humana, el libre albedrío y el sentimiento del hombre haciendo que tienda hacia la virtud, me sorprendió que nosotros hayamos perdido la idea de la finalidad única de la literatura—una finalidad moral—hasta el punto de que si en este momento habláramos de la necesidad de una moral en la literatura nadie nos entendería. Pero en realidad, no estaría mal escribir en cada obra literaria, como en las fábulas, una moraleja que expresara su objetivo. *Luz de la mañana* publicaba comentarios sobre la inmortalidad del alma, sobre el destino del hombre, sobre *Fedón*, la vida de Sócrates, etcétera. Quizá era excesivo, pero ahora hemos caído en un exceso peor.

He aquí una finalidad noble y al alcance de mis posibilidades: editar una revista cuyo objetivo fuera únicamente el de divulgar textos útiles (moralmente hablando). En la que se aceptarían trabajos con la sola condición de que tuvieran una moraleja, que se publicaría o no, según los deseos del autor. Además de que, *sin ninguna excepción*, quedaría excluida de la revista cualquier polémica y burla contra cualquier cosa; por su propia tendencia no entraría en conflicto con otras revistas. ...

Para que un trabajo literario sea atractivo no basta con que una idea lo gobierne; es necesario que esté totalmente imbuido de un solo sentimiento. Eso es lo que no conseguí en *Adolescencia*.

29, 30, 31 DE DICIEMBRE. El 29 estuve todo el día de cacería, pero no maté nada. ... Recibí el año nuevo escribiendo cartas y después recé. ...

La forma que he adoptado desde el principio, de escribir pequeños capítulos, es la más cómoda.

Cada capítulo deberá expresar una sola idea o un solo sentimiento.

1854

2 DE ENERO. ... Copiar en mi diario sólo los pensamientos, las informaciones y las observaciones relativas a trabajos proyectados. Al empezar cada trabajo, revisar el diario y extraer todo lo relacionado con él en un cuaderno aparte. Extraer las reglas de mi diario cada mes. Recordar y escribir diariamente a lápiz las violaciones a las reglas y copiarlas en el diario.

5 DE ENERO. ... Con frecuencia en un texto literario reprimo el deseo de insertar un pensamiento bello o bien expresado; por eso, apenas se adhiera un pensamiento, he de copiarlo en el diario sin detenerme en el deseo de colocarlo en un lugar determinado. El pensamiento mismo encontrará su lugar. ...

6 DE ENERO. ... Después de la cena estuve conversando con Yepishka. La impasibilidad, es decir, el hecho de conservar siempre el mismo punto de vista sereno sobre la vida, constituye la sabiduría de los viejos. ...

8 DE ENERO. ... Hay que escribir en borrador, sin reflexionar demasiado sobre el lugar y la precisión de expresión de los pensamientos. Copiarlo una segunda vez, suprimiendo todo lo superfluo y otorgándole su verdadero lugar a cada pensamiento. Copiarlo una tercera vez, trabajando sobre la precisión de las expresiones.
Evitar los juicios y las descripciones. ...

Evitar todo movimiento o expresión que pueda ofender a los otros. ...

12 DE ENERO. ... La satisfacción de las pasiones carnales es posible únicamente en el presente; la satisfacción de las pasiones del alma (la ambición, la codicia), es posible sólo en el futuro; la satisfacción de la propia conciencia, sólo en el pasado. ...

16 DE ENERO. ... Hoy me asombró la belleza poética del invierno. En el cielo había una niebla que se estaba levantando, y a través de ella un tenue sol palidecía. El estiércol comenzaba a derretirse en los caminos y en el aire se percibía un relente húmedo. ...

17 DE ENERO. ... Evitar la franqueza innecesaria.
Evitar la familiaridad y los favores de personas de las que no estés seguro. ...

19 DE ENERO. SHEDRÍNSKAIA.[1] **MARTES.** ... Ayer me sorprendió mucho el hecho de que las reglas que redacto con tanto trabajo, todas ellas y mucho mejor, están escritas en el silabario. De manera que creo que es una tontería, no las reglas, sino escribirlas. El cuaderno de Franklin es otra cosa. Escribir las faltas principales y tratar de evitarlas. Y anotar mis pensamientos. El único cambio en la manera de llevar mis ocupaciones: el cuaderno de Franklin ha reemplazado al cuaderno de las reglas.

21 DE ENERO. GALIUGÁIEVSKAIA.[2] ... He aquí un hecho que hay que recordar más a menudo. Thackeray se preparó durante treinta años para escribir su primera novela, mientras Alexandre Dumas escribe dos por semana.
No enseñar a nadie lo que uno escribe antes de publicarlo. Se oyen más opiniones nocivas que consejos útiles. ...

1854

22, 23, 24, 25, 26, 27 DE ENERO. He estado en camino. La noche del 24 en Belogoródtsevskaia, a cien verstas de Cherkask, me perdí y deambulé toda la noche. Se me ocurrió la idea de escribir un relato, «La tormenta de nieve».[3] ...

Soy demasiado sociable. Me gusta la gente y eso me hace perder el tiempo, relajar mis reglas y a veces perder el respeto de la gente. ...

28, 29, 30, 31 DE ENERO. 1, 2 DE FEBRERO. YÁSNAIA POLIANA. Estuve en camino dos semanas exactamente. Lo único sorprendente que me sucedió fue una tormenta de nieve. Me porté bastante bien. Mis errores fueron: 1) debilidad con los otros viajeros; 2) mentira; 3) cobardía; 4) enojo en dos ocasiones.

Nikólenka y Seriozha no están, y hay tantas cosas que tengo ganas de pensar, de hacer y de sentir que escribiré poco en el diario.

4 DE FEBRERO. ... El principal defecto de mi carácter y su particularidad consisten en que durante demasiado tiempo fui moralmente joven, y sólo ahora, a mis veinticinco años, comienzo a adquirir la mirada independiente que un hombre tiene sobre las cosas y que otros adquieren mucho antes de cumplir los veinte años. ...

13 DE FEBRERO. YÁSNAIA POLIANA. ... Recibí carta de Nekrásov, no está satisfecho con el *Relato de un tanteador*.[4]

16, 17, 18 DE FEBRERO. MOSCÚ. No recuerdo nada, salvo que llegué a Moscú. Estoy física y moralmente en desorden y he gastado demasiado dinero. ...

14 DE MARZO. BUCAREST.[5] Comienzo un nuevo cuaderno para mi diario después de casi un mes de intervalo; durante este tiempo he experimentado tantos sentimien-

Hermanos Tolstói. De izquierda a derecha, Serguéi, Nikolái, Dmitri, Lev. Daguerrotipo. 1854.

tos y tantas vivencias que ni siquiera pude detenerme a pensar y menos aún a tomar notas. Del Cáucaso fui a Tula, vi a las tías,[6] a mi hermana, a Valerián, y me enteré de mi promoción. Mis tres hermanos y los Perfíliev vinieron a verme y me llevaron a Moscú. De Moscú fui a Pokróvskoie y me despedí de mi tía Pelaguia Ilínichna, de Valerián, de Masha y de Seriozha. Estas dos despedidas —sobre todo la última— se cuentan entre los momentos más felices de mi vida. De ahí fui a ver a Mítienka,[7] quien por consejo mío ha dejado Moscú, y anteayer llegué a Bucarest, a través de Poltava, Kishiniov, etcétera.

¡He sido feliz todo este tiempo!

Mi posición oficial aquí es incierta, y desde hace una semana mi salud vuelve a dar qué pensar. ¿Será posible que otra vez comience para mí un período de sufrimientos?

... Es triste constatar que no he sido capaz de soportar la felicidad, como no era capaz de soportar la infelicidad. ...

1854

15 DE JUNIO. Tres meses exactos de intervalo. Tres meses de ocio y de una vida de la que no puedo estar contento. ...

Mi enfermedad, durante la que no pude *siquiera* volver a la vieja rutina de ocupaciones y trabajo honrado con el objetivo único del bien, me demostró hasta qué punto me he degradado. Mientras más subo en la estima pública, más bajo en la mía. Tuve diversas mujeres, mentí, fui vanidoso y, lo más terrible de todo, durante el combate no tuve la actitud que esperaba de mí mismo.

... Por última vez me digo: si durante tres días seguidos no hago algo por el bien de la gente, me mataré.

Ayúdame, Señor. ...

23 DE JUNIO. Durante el desplazamiento de Silistria a Maia[8] fui a Bucarest. Jugué y me vi obligado a pedir dinero prestado. Es una situación humillante para cualquier persona, pero especialmente para mí. ...

3 DE JULIO. ... De manera involuntaria, cada vez que me quedo solo y pienso en mí mismo, vuelvo a mi idea original, la del perfeccionamiento; aunque mi principal error—la razón por la que no he podido seguir tranquilamente por ese camino—es que he confundido el perfeccionamiento con la perfección. Ante todo es necesario entenderse a uno mismo, entender sus defectos e intentar enmendarlos y no proponerse la perfección, que no sólo es imposible de alcanzar desde un punto tan bajo como este en el que yo me encuentro, sino cuya mera concepción hace que se pierda la esperanza de poder alcanzarla. Esto fue lo que me sucedió en relación con la hacienda, los estudios, la literatura y la vida. Quería alcanzar la perfección en la hacienda y olvidaba que primero había que remediar las imperfecciones, que eran numerosas; quería una división correcta de los campos cuando no tenía nada con qué abonarlos ni sembrarlos.

Es necesario que me acepte como soy y trate de remediar

los defectos remediables, mi buena naturaleza me conducirá al bien sin el *cuaderno*, que durante tanto tiempo ha sido una pesadilla para mí.[9] Yo soy uno de esos caracteres que desean, buscan y son receptivos a todo lo que es hermoso, y que por esa razón son incapaces de un bien constante.

4 DE JULIO. Mis defectos principales. 1) inconsistencia (por esto entiendo: indecisión, falta de perseverancia e inconsecuencia); 2) un carácter desagradable y cargante, irritabilidad, excesivo amor propio, vanidad; 3) el hábito del ocio. Voy a tratar de estar constantemente atento a estos tres defectos principales y anotar cada vez que caiga en ellos. ...

5 DE JULIO. Estuve leyendo a la hora del té, de la comida y del postre; la mañana la dediqué a escribir a mi tía una carta que le enviaré a pesar de que no me gusta nada mi estilo en francés. Cada día me resulta más difícil expresarme y escribir en francés, ¡qué estúpida costumbre la de escribir y hablar en una lengua que uno maneja mal! Y cuántos quebraderos de cabeza, tiempo perdido, falta de claridad en las ideas e imperfección en la lengua materna a causa de esta costumbre, y sin embargo, ¡es obligatorio!

... Mi principal defecto consiste en la falta de tolerancia conmigo mismo y con los demás. No es una regla sino un pensamiento, pero no hay razón para no anotarlo aquí. Dentro de algún tiempo me recordará el estado moral en el que me encontraba el 5 de julio de 1854.

6 DE JULIO. Me pasé el día leyendo, unos ratos a Lérmontov, otros a Goethe o a Alphonse Karr, y no pude ponerme a trabajar. ...

7 DE JULIO. ¡Falta de modestia! Ese es mi mayor defecto.
¿Qué soy? Uno de los cuatro hijos de un teniente coronel retirado, que a los siete años se quedó huérfano bajo

1854

la tutela de mujeres y de extraños, que no recibió educación ni social ni académica y que fue dejado en libertad a los diecisiete años, sin una gran fortuna, sin una posición social, y, sobre todo, sin reglas; un hombre que ha echado a perder sus asuntos en grado superlativo, que ha pasado los mejores años de su vida sin objetivo y sin placer y que, finalmente, se exilió en el Cáucaso para huir de las deudas y, sobre todo, de sus hábitos, y de ahí, aprovechando como pretexto ciertas relaciones habidas entre su padre y el Comandante en jefe del ejército, fue trasladado al ejército en el Danubio a la edad de veintiséis años y en calidad de alférez, sin otros medios que su salario (porque los medios que posee debe utilizarlos para pagar las deudas que aún tiene), sin protectores, sin saber vivir en el mundo, sin conocimiento del servicio, sin aptitudes prácticas, pero... ¡con un enorme amor propio! Sí, esa es mi posición social. Veamos ahora cuál es mi personalidad.

Soy feo, torpe, desaseado y desprovisto de educación mundana. Soy irritable, aburrido para los otros, inmodesto, impaciente (*intolérant*) y tímido como un niño. Soy casi un ignorante. Lo que sé lo aprendí solo a duras penas, de manera intermitente, sin ilación, sin sistema y además es muy poco. Soy intemperante, indeciso, inconstante, estúpidamente vanidoso y arrebatado, como toda la gente sin carácter. No soy valiente. Soy negligente en la vida y tan perezoso que la ociosidad se ha vuelto en mí casi una costumbre insuperable. Soy inteligente, pero mi inteligencia todavía no ha sido puesta a prueba de forma seria. No tengo una inteligencia práctica, ni una inteligencia social, ni tengo inteligencia para los negocios. Soy honrado, es decir, amo el bien y he cultivado en mí la costumbre de amarlo; y cuando me desvío del bien, me siento descontento conmigo, y vuelvo a él con gusto; pero hay algo que amo más que el bien: la gloria. Soy tan ambicioso y este sentimiento ha sido tan poco satisfecho, que con frecuencia temo que si tuviera que elegir

Lev Tolstói. Fotografía hecha a partir de un daguerrotipo. Moscú, 1854.

entre la gloria y la virtud elegiría la primera.

Sí, no soy modesto; por eso soy orgulloso por dentro, y vergonzoso y tímido por fuera.

Por la mañana escribí esta página y leí a Louis Philippe.[10] Después de la comida, ya muy tarde, comencé a escribir las *Notas de un suboficial de artillería*, y escribí bastante hasta la noche, a pesar de que vinieron a visitarme Oljin y Andrópov. Cuando Andrópov se fue, me asomé al balcón y vi mi farol favorito, que brilla de una manera maravillosa a través de un árbol. Después de unas cuantas nubes de tormenta que habían pasado dejando la tierra mojada, quedó una nube grande que cubría toda la parte sur del cielo, y había una humedad y una ligereza muy agradables en el aire.

La bonita hija de la casera estaba, como yo, asomada a su ventana, apoyada sobre los codos. Por la calle pasó un organillero y, cuando los sonidos de un viejo y hermoso vals que se alejaban cada vez más se extinguieron completamente, la niña lanzó un hondo suspiro, se incorporó y rápidamente se retiró de la ventana. Me sentí tan tristemente feliz que no pude evitar sonreír y durante mucho tiempo estuve mirando mi farol, cuya luz a veces se veía oscurecida por las ramas del árbol que el viento mecía, miraba el árbol, la verja, el cielo, y todo me parecía aun mejor que antes. ...

8 DE JULIO. Por la mañana leí y escribí un poco. ... Hoy descubrí otra cosa poética en Lérmontov y en Pushkin; del primero en *El gladiador agonizante*[11] (¡qué extraordinariamente hermoso es el momento cuando sueña con su casa justo antes de morir!), y del segundo, en *Yanko Marnavich*,[12] que mató involuntariamente a su amigo. Después de haber rezado fervorosa y largamente en la iglesia llegó a casa y se acostó. Le preguntó a su esposa si no veía nada por la ventana, y ella le contestó que no. Se lo preguntó una vez más, y la esposa le respondió que veía una lucecita al otro lado del río; cuando se lo preguntó por tercera vez la mujer le dijo que veía que la lucecita se hacía grande y se acercaba. En ese momento murió. ¡Es maravilloso! Pero, ¿por qué? ¡Imposible explicar el sentimiento poético!

9 DE JULIO. Pasé la mañana y el resto del día escribiendo las *Notas de un suboficial de artillería* que, dicho sea de paso, terminé; aunque me siento tan descontento de ellas que probablemente tenga que rehacerlas todas desde el principio o quizá abandonarlas. Pero no sólo abandonaré las *Notas de un suboficial de artillería*, no, abandonaré la escritura. Si una idea que parece excelente se vuelve insignificante en la práctica, quiere decir que quien se ha puesto a trabajarla carece de talento. Estuve leyendo, ya a Goethe, ya a Lérmontov, ya a Pushkin. Al primero lo entiendo mal y no puedo, a pesar de todos mis esfuerzos, dejar de encontrar algo ridículo (*du ridicule*) en la lengua alemana. En el segundo encontré el principio de *Izmail-Bey*[13] verdaderamente extraordinario. Quizá me pareció todavía mejor porque estoy empezando a amar el Cáucaso con un amor profundo, aunque póstumo. Es en verdad hermosa esa región salvaje, en la que tan extraña y tan poéticamente se unen los dos principios más opuestos: la guerra y la libertad. En Pushkin me sorprendieron *Los gitanos*,[14] que, cosa curiosa, no había entendido hasta ahora.

El lema de mi diario debe ser: *Non ad probandum, sed ad narrandum.*

11 DE JULIO. Estuve releyendo *Un héroe de nuestro tiempo*,[15] leí a Goethe y sólo antes de anochecer escribí, pero muy poco. ¿Por qué? Pereza, indecisión y la pasión de mirarme el bigote y las fístulas; de ahí que me haga dos reproches. ...

11 DE JULIO. ... Me encuentro en la más terrible situación económica: no preveo por ningún lado ni un solo kópek, por lo menos hasta mediados de agosto, a no ser por el dinero del forraje. Además, tengo deudas con el doctor. ...

Hoy estuve leyendo a Goethe y una obra de teatro de Lérmontov[16] (en la que descubrí muchas cosas nuevas y buenas), y *Casa desolada* de Dickens.[17] Es el segundo día que me siento tentado de escribir versos. Veremos qué sale de esto. ...

15 DE JULIO. Hoy me despertó el doctor temprano, y gracias a eso escribí bastante durante la mañana: estuve reescribiendo lo viejo: la descripción de los soldados.[18] Por la tarde también escribí un poco y leí *Verschwörung von Fiesko*.[19] Empiezo a entender el drama en general. A pesar de que sigo un camino completamente opuesto al de la mayoría, estoy contento porque es un medio que me procura un nuevo placer poético. ...

21 DE JULIO. SINESTI.[20] Me despertaron temprano por la mañana y me llevaron a Sinesti. ... Ayer olvidé anotar el placer que me procuró Schiller con su Rodolfo de Habsburgo[21] y otras breves poesías filosóficas. La simplicidad encantadora, lo pintoresco y la poesía verosímil y serena de lo primero me cautivaron. En lo segundo me sorprendió—se me quedó en el alma, como dice Bartolomey—, la idea de que para hacer algo grande es necesario dirigir todas las fuerzas del alma hacia un punto único. ...

24 DE JULIO. ... Es curioso que sólo ahora me haya dado cuenta de uno de mis mayores defectos: la tendencia a mostrar mis cualidades superiores, que ofende a otras personas y despierta en ellas envidia. Para ganarse el amor de las personas se necesita, por el contrario, ocultar todo lo que te haga salir de lo común. Lo he comprendido demasiado tarde. ...

29 DE JULIO. Mi proceso de perfeccionamiento va estupendamente. Siento que mis relaciones se vuelven agradables y ligeras con gente de todo tipo desde que decidí ser modesto y me convencí de que es innecesario aparentar siempre ser grande e infalible. Estoy muy contento. Y Dios quiera que esta alegría se origine en mí mismo, como creo que sucede, por el deseo de resultar agradable a los demás, por la modestia, por la ausencia de susceptibilidad y por estar atento a los arrebatos. Si así fuera siempre estaría contento y casi siempre feliz. ...

1 DE AGOSTO. Me levanté tarde y toda la mañana estuve leyendo a Schiller, pero sin placer y sin entusiasmo. ...

12 DE AGOSTO. Empecé la mañana bien, trabajé un poco, ¡pero la tarde...! Dios, ¿no voy a reformarme nunca? Perdí en el juego lo que me quedaba de dinero y perdí 3.000 rublos que no pude pagar. Mañana venderé mi caballo. ...

13 DE AGOSTO. No me desperté tarde y durante la mañana trabajé bien, pero después de la comida hice todo lo contrario; salvo la lectura de la espléndida comedia *Entre amigos nos entendemos*,[22] me pasé la tarde perdiendo el tiempo. ...

15 DE AGOSTO. ... Voy a repetir lo que ya he escrito: tengo tres defectos principales: 1) la falta de carácter; 2) la irritabilidad y 3) la pereza, de los que debo deshacerme. Voy a poner toda mi atención en detectar estos tres defectos y anotarlos. ...

17 DE AGOSTO. TECUCI.[23] ... Trayecto entre Foksany y Tecuci. ... Hice una siesta y luego leí una comedia deliciosa: *La pobreza no es un crimen*,[24] di un paseo y escribí unas cuantas páginas. ...

20 DE AGOSTO. Terminé *La tala del bosque. Schwach.*[25] ...

1854

24 DE AGOSTO. VASLUI.[26] ... Todas las verdades son paradojas. Las deducciones directas de la razón son falibles; las conclusiones absurdas de la experiencia son infalibles. ...

29 DE AGOSTO. Estoy muy enfermo. Creo que es tisis. No he escrito nada, pero leí *La cabaña del tío Tom*. ...

6 DE SEPTIEMBRE. *Lo más importante para mí en la vida es corregirme de la pereza, la irritabilidad y la falta de carácter. ¡Amor por todos y desprecio por mí mismo!*

11, 12, 13, 14, 15, 16 DE SEPTIEMBRE. KISHINIOV. ... El desembarco cerca de Sebastópol me atormenta.[27] Suficiencia y afeminamiento son los dos deplorables rasgos de nuestro ejército, comunes a todos los ejércitos de los países demasiado grandes y fuertes. ... Momentáneamente, en las circunstancias actuales, el objetivo temporal de mi vida es mejorar mi carácter, poner mis asuntos en orden y hacer carrera tanto en la literatura como en el servicio.

21 DE OCTUBRE. Han pasado muchas cosas durante estos últimos días. Los asuntos en Sebastópol penden de un hilo. ...

2 DE NOVIEMBRE. ODESA.[28] Durante el desembarco de las tropas anglo-francesas tuvimos tres encuentros con ellos. El primero en Alma el 8 de septiembre, en el que el enemigo atacó y nos venció; el segundo con Liprandi,[29] el 13 de septiembre, en el que nosotros atacamos y quedamos vencedores, y el tercero, terrible, con Danenberg,[30] en el que de nuevo nosotros atacamos y de nuevo fuimos vencidos. ... Y tuvimos que retirarnos porque la mitad de nuestras tropas, por lo intransitable de los caminos, no tenía artillería y, sólo Dios sabe por qué no había batallones de infantería. Una masacre terrible. ¡Quedará en el alma de mucha gente! Dios, perdónalos. La noticia sobre este asunto ha causado estupefacción. Vi algunos ancianos que lloraban a lágrima viva, algunos jóvenes que juraban que matarían a Danenberg. Grande es la fuerza moral del pueblo ruso. Muchas verdades políticas saldrán a la luz y se desarrollarán en estos momentos difíciles por los que atraviesa Rusia. El sentimiento de amor ardiente por la patria, que ha surgido y se ha desbordado de las desgracias de Rusia, dejará en ella sus huellas por mucho tiempo. Los hombres que en este momento sacrifican sus vidas serán ciudadanos de Rusia y no olvidarán su sacrificio. Con una gran dignidad y un gran orgullo participarán en los asuntos públicos, y el entusiasmo que ha despertado la guerra dejará en ellos para siempre un carácter de abnegación y de nobleza.

Entre las víctimas inútiles de este desdichado asunto se cuentan Soimonov y Komstadius, que resultaron muertos. Del primero se dice que fue uno de los pocos generales honestos y pensantes del ejército ruso; en cuanto al segundo, lo conocí de bastante cerca: era miembro de nuestra sociedad[31] y futuro director de la Revista.[32] Su muerte, sobre todo, me ha incitado a pedir que me envíen a Sebastópol. Me sentí como avergonzado frente a él.

Los barcos ingleses continúan bloqueando Odesa. ...

23 DE NOVIEMBRE. ESKI-ORDA.[33] El 16 salí de Sebastópol rumbo a mi posición. Durante el desplazamiento me convencí más que nunca de que Rusia debe caer o transformarse completamente. Todo está patas arriba, al enemigo no se le impide reforzar su campo aun cuando sería algo muy sencillo de hacer; entre tanto nosotros le hacemos frente con fuerzas inferiores y, sin contar con ayuda de ningún lado, con generales como Gorchakov que han perdido la razón, los sentimientos y la energía, sin fortalecernos y en espera de las tempestades y las intemperies que nos enviará San Nicolás el Taumaturgo, pretendemos echarlo. Los cosacos quieren robar, pero no combatir, los húsares y los ulanos conciben la dignidad militar en la embriaguez y en el libertinaje, la infantería en el robo y en la concusión. Triste situación la del ejército y la del Estado.

Me pasé unas dos horas charlando con los heridos franceses e ingleses. Todos los soldados están orgullosos de su situación y conocen su valor: se sienten un resorte activo en el ejército. Las buenas armas, el arte de utilizarlas, la juventud, los conceptos comunes sobre la política y las artes los hacen conscientes de su dignidad. Entre nosotros, los ejercicios estúpidos para aprender a portar las armas y a empuñarlas, las armas inútiles, el embrutecimiento, la vejez, la ignorancia, la mala manutención y la alimentación deficiente matan la atención y la última chispa de orgullo, e incluso dan una idea demasiado alta del enemigo.

En Simferópol perdí lo que me quedaba de dinero jugando a las cartas y en este momento vivo con mi batería en una aldea tártara y empiezo a conocer, apenas ahora, las incomodidades de la vida.

26 DE NOVIEMBRE. Vivo en la absoluta negligencia, sin imponerme nada ni privarme de nada: voy de cacería, oigo, observo, discuto. Una cosa es mala: comienzo a volverme, o a querer volverme superior a mis compañeros y les gusto menos. ...

7 DE DICIEMBRE. El 5 estuve en Sebastópol, con un pelotón de hombres: fuimos en busca de cañones. Hay muchas novedades. Y todo lo nuevo es reconfortante. ...

Es prodigioso lo bello que es Sebastópol. Hace dos días me sentía extraordinariamente triste. Pasé alrededor de dos horas en el pabellón de los heridos aliados. La mayor parte ha sido dada de baja: han muerto o se han curado, los demás están convalescientes. Encontré a unos cinco alrededor de una estufa de hierro; franceses, ingleses y rusos estaban conversando, riendo y jugando a las cartas; cada uno hablaba en su lengua, sólo los guardias intentaban acomodarse a las lenguas extranjeras, hablando una especie de extraño dialecto. ... Cuando salí a la orilla el sol se estaba poniendo detrás de las baterías inglesas, en distintos puntos se elevaban pequeñas nubes de humo y se oían detonaciones, el mar estaba tranquilo, a lo largo de las enormes masas de los buques se deslizaban pequeños botes y canoas, en el Embarcadero del Conde había música y se dejaban oír los sonidos de las trompetas de una melodía conocida, Golitsyn y otros señores se hallaban apoyados en la balaustrada, cerca del malecón. ¡Era magnífico! ...

Parece que me iré pronto. No puedo decir si es algo que deseo o no.

1855

23 DE ENERO. POSICIÓN EN EL RÍO BELBEK. Viví más de un mes en Eski-Orda, cerca de Simferópol. Me parecía aburrido, pero ahora recuerdo con añoranza esa vida. Por lo demás, hay por qué añorar la brigada 14 tras caer en la 11. En la artillería no he visto nada mejor que la primera y peor que la segunda. ...

28 DE ENERO. Jugué al *shtoss* durante dos días y dos noches. El resultado es comprensible: lo perdí todo: la casa de Yásnaia Poliana.[1] Creo que no hace falta escribir al respecto, me resulto hasta tal punto desagradable que me gustaría olvidarme de que existo. Dicen que Persia le ha declarado la guerra a Turquía y que la paz debe celebrarse.

6, 7, 8 DE FEBRERO. De nuevo estuve jugando a las cartas y de nuevo perdí 200 rublos-plata. No puedo prometerme dejar de jugar porque tengo ganas de recuperar lo perdido, pero al mismo tiempo sé que puedo enredarme terriblemente. Quiero recuperar los 2.000 íntegros. Imposible, y nada más sencillo que perder otros 400; y entonces ¿qué? Me siento terriblemente mal. Sin hablar ya de la pérdida de salud y de tiempo. Mañana le propondré a Odajovski el desquite, y será la última vez. Traduje una balada de Heine[2] y leí *La desgracia de ser inteligente.*[3] Mañana, sin falta, escribir y mucho.

1855

12 DE FEBRERO. De nuevo perdí 75 rublos. Dios todavía es misericordioso conmigo porque no han surgido contrariedades; pero ¿qué pasará en adelante? Mi única esperanza está en Él. ...

14 DE FEBRERO. ... La idea de retirarme o de la academia militar me viene a la mente cada vez con mayor frecuencia. Le escribí a Stolypin para que se ocupe de trasladarme a Kishiniov. Desde ahí arreglaré una u otra cosa.

15, 16 DE FEBRERO. Perdí otros 80 rublos. ... De nuevo quiero probar la suerte en las cartas.

17, 18, 19 DE FEBRERO. Ayer volví a perder 20 rublos-plata y *no volveré a jugar nunca más.*

1.º DE MARZO. ... El 18 de febrero murió el Emperador y hoy prestamos juramento al nuevo Soberano.[4] Grandes cambios esperan a Rusia. Hay que trabajar mucho y ser valientes para participar en estos importantes minutos de la vida de Rusia.

2, 3, 4 DE MARZO. ... Hoy comulgué. Ayer una conversación sobre lo divino y la fe me llevó hasta una idea grande, inmensa, a cuya realización me siento capaz de consagrar mi vida. Esta idea es la de fundar una nueva religión acorde con el desarrollo de la humanidad, la religión de Cristo pero despojada de la fe y de los misterios, una religión práctica que no prometa la felicidad futura, sino que dé a los hombres la felicidad en la tierra. ... Actuar *conscientemente* para la unión de los hombres por medio de la religión, ese es el fundamento de una idea que, espero, me apasionará.

6, 7, 8, 9, 10, 11 DE MARZO. Volví a perder 200 rublos contra Odajovski, así que estoy enredado hasta el último extremo. ... La carrera militar no es para mí, y cuanto antes me zafe de ella para poder dedicarme plenamente a la literatura mejor será.

17 DE MARZO. Escribí casi una hoja de *Juventud* bien, pero podría haber escrito más y mejor. Me acosté tarde.

18 DE MARZO. Releí algunas páginas de mi diario, en las que me examino y busco un camino o un método de perfeccionamiento. Desde el principio adopté el método más lógico y científico, pero el menos practicable: conocer y conseguir a través de la razón las mejores virtudes y las más útiles. Después llegué a la conclusión de que la virtud es sólo la negación del vicio, ya que el hombre es *bueno*, y yo quería enmendar mis vicios. Pero eran demasiados, y enmendarlos según los principios espirituales sólo sería posible para un ser espiritual, y el hombre tiene dos seres, dos voluntades. Entonces entendí que la enmienda tiene que ser progresiva. Pero tampoco eso es posible. Es necesario preparar mediante la razón una situación en la que el perfeccionamiento sea posible, en la que concuerden de la mejor manera la voluntad carnal y la voluntad espiritual; son necesarios ciertos procedimientos para enmendarse. Y en uno de esos procedimientos caí por casualidad: encontré el criterio de las situaciones en las que el bien es fácil o difícil. El hombre, en general, aspira a una vida espiritual, y para alcanzar los objetivos espirituales es necesaria una situación en la que la satisfacción de las aspiraciones carnales ni contradiga ni coincida con la satisfacción de las aspiraciones espirituales. La ambición, el amor por la mujer, el amor por la naturaleza, por las artes, por la poesía.

De este modo, he aquí mi nueva regla, además de las que hace mucho tiempo me impuse: ser activo, razonable y modesto. Ser activo siempre hacia una meta espiritual, meditar todos mis actos partiendo de la base de que son buenos los que tienden a objetivos espirituales. Ser modesto de manera que el placer de estar satisfecho conmigo mismo no se convierta en el placer de suscitar en los otros el elogio o la admiración. Con frecuencia también he querido trabajar sistemáticamente para mi bienestar material, pero este objetivo era demasiado diversiforme, y por otro lado he cometido el error de querer darle forma independientemente de las circunstancias. De modo que con mi regla actual trabajaré para mejorar mi bienestar en la medida en que este me proporcionará los recursos para la vida espiritual y trabajaré sólo a modo de no obstaculizar las circunstancias. Mi vocación, según he podido comprender por una experiencia de diez años, no es la actividad práctica; por eso la economía doméstica es lo menos compatible con mis inclinaciones. Hoy se me ocurrió la idea de alquilar mi propiedad a mi cuñado.[5] De esa manera conseguiré tres objetivos, me liberaré de las preocupaciones de la economía doméstica y de los hábitos de mi juventud, me impondré límites y me desharé de mis deudas. Hoy escribí casi una hoja de *Juventud*.

27 DE MARZO. ... Turguéniev tiene razón cuando dice que nosotros, los hombres de letras, tendríamos que tener una sola ocupación, y en mi nuevo puesto yo estaré en mejores condiciones de ocuparme de la literatura que en cualquier otro. Reprimiré la ambición: el deseo de altos puestos y de cruces es la ambición más baja, sobre todo para un hombre que ya ha comenzado su carrera. ... Iremos a Sebastópol no el 24, sino el 1.º de abril.

2 DE ABRIL. La batería llegó ayer. Estoy viviendo en Sebastópol. Nuestras pérdidas alcanzan ya los cinco mil, pero resistimos no sólo bien, sino de manera que nuestra defensa demuestra con evidencia al enemigo [la imposibilidad] de tomar jamás Sebastópol. Por la tarde escribí dos páginas de *Sebastópol*.

1855

11 DE ABRIL. 4.º BASTIÓN. En estos días he escrito muy, muy poco de *Juventud* y de *Sebastópol*; el catarro y un estado febril han sido la causa. Además me enfurece—sobre todo ahora que estoy enfermo—, que a nadie se le ocurra que yo pueda ser algo mejor que *chair à canon*, es decir, lo más inútil. Además quiero enamorarme de la enfermera que vi en el puesto de socorro.

12 DE ABRIL. 4.º BASTIÓN. Escribí *Sebastópol de día y de noche*; creo que no está mal y espero terminarlo mañana. ...

13 DE ABRIL. ... Hoy terminé *Sebastópol de día y de noche*[6] y escribí un poco de *Juventud*. El atractivo constante del peligro, el observar a los soldados con los que vivo, a los marineros y la imagen misma de la guerra son tan agradables que no tengo ganas de irme de aquí, más aún que me gustaría estar presente en el asalto, si hubiera alguno.

14 DE ABRIL. ... Dios mío, te doy las gracias por Tu constante protección. Porque con seguridad me conduces hacia el bien. Y qué criatura despreciable sería yo si Tú me abandonaras. ¡No me abandones, Señor! Ayúdame en mi camino, no para la satisfacción de mis vanas aspiraciones, sino para conseguir el objetivo eterno y grande—que ignoro, pero del que soy consciente—de mi existencia.

19 DE MAYO. (POSICIÓN EN EL RÍO BELBEK.) El 15 de mayo fui designado para comandar un pelotón de montaña y fui a acampar a la orilla del Belbek a 20 verstas de Sebastópol. Mucho que hacer, quiero ocuparme yo mismo del abastecimiento y veo lo fácil que es robar, tan fácil que uno no puede dejar de hacerlo. A propósito de estos robos tengo muchos planes, pero no sé qué resultará. La naturaleza es maravillosa, pero hace calor. No he hecho nada durante todo este tiempo.

31 DE MAYO. ... Mi comando me acarrea muchas preocupaciones, sobre todo en lo relativo a las cuentas financieras. Definitivamente no estoy hecho para la actividad práctica; y si lo consigo es con un gran esfuerzo que no vale la pena porque mi carrera no es una carrera práctica. ...

31 DE MAYO. Por la mañana terminé de leer *Fausto*. ...

8, 9 DE JUNIO. Pereza, pereza. Mala salud. A lo largo del día leí *Vanity Fair*.[7]

11 DE JUNIO. ... Es ridículo que habiendo comenzado a los quince años a escribir reglas, lo siga haciendo todavía ahora, casi a los treinta, sin haber creído ni haber seguido una sola, y no sé por qué sigo creyendo en ellas y deseándolas. Las reglas deben ser morales y prácticas. ...

18 DE JUNIO. ... Por la mañana terminé las *Memorias de un cadete*, escribí una carta y la envié. Después de comer me dio pereza leer *Pendennis*.[8] ...

24 DE JUNIO. Tomo como regla para la escritura crear un programa, escribir en borrador y hacer una copia en limpio sin buscar dejar definitivamente pulido cada período. Uno se juzga a sí mismo de manera inexacta, poco favorable; si se lee con frecuencia, el atractivo de la novedad, de lo inesperado, desaparece y suele borrar lo que es bueno y que acaba pareciendo malo por las constantes repeticiones. Pero lo más importante es que con este método uno se deja llevar por el trabajo. Trabajé todo el día y no me puedo reprochar nada. ¡Hurra!

26 DE JUNIO. Terminé *Una noche de primavera*[9]. Ya no me parece tan bueno como antes. No tengo nada que reprocharme.

5 DE JULIO. Estoy empezando a flojear demasiado. Sólo ahora ha llegado para mí el momento de las verdaderas tentaciones de vanidad. Podría ganar mucho en la vida si quisiera escribir sin seguir mis convicciones. ...

6 DE JULIO. Espero que hoy sea el último día del ocio en el que he pasado toda la semana. Hoy todo el día estuve leyendo una absurda novela de Balzac[10] y sólo ahora tomo la pluma. ...

17 DE JULIO. Mi salud está cada vez peor. No he hecho nada. *Tres reglas:* 1) ser lo que soy: a) por mis capacidades un literato, b) por mi cuna un aristócrata; 2) nunca hablar mal de nadie; 3) ser razonable con el dinero. ...

2 DE AGOSTO. Hoy, conversando con Stolypin sobre la esclavitud en Rusia, con mayor claridad que antes me llegó la idea de hacer mis cuatro épocas de la historia de un terrateniente ruso,[11] y yo mismo seré el héroe en Jabárovka. La idea principal de la novela deberá ser la imposibilidad para un terrateniente culto de nuestros tiempos de llevar una vida correcta mientras haya esclavitud. Todas sus miserias deben ser expuestas e indicados los medios para corregirlas.

7 DE AGOSTO. POSICIÓN EN EL RÍO BELBEK. Estuve en Inkerman y en Sebastópol. Le gané a Odajovski 100 rublos y estoy en paz con todos en Crimea. Vendí a *Mashtak*.[12] ... He decidido vivir, a partir de hoy, de mi sueldo. Consagraré al juego el dinero que reciba de casa, y si pierdo, *nec plus ultra* 960 rublos. Todo lo que me deben, más lo que reciba, será añadido al capital que estoy reuniendo, también lo que quede de la unidad, y todo lo que gane en el juego. ...

25 DE AGOSTO. Acabo de contemplar el cielo. Una noche maravillosa. Dios, ten piedad de mí. Soy malo. Permite que sea bueno y dichoso. Señor, ten piedad. Estrellas en el cielo. En Sebastópol bombardeos, en el campo música. No he hecho ningún bien, al contrario, desplumé en el juego a Korsakov. Estuve en Simferópol.

17 DE SEPTIEMBRE. Ayer recibí la noticia de que *La noche* ha sido mutilada e impresa.[13] Al parecer los azules[14] me tienen fuertemente en la mira. Es por mis artículos. Deseo, por lo demás, que Rusia siempre tenga escritores así de éticos; pero de ninguna manera puedo ser edulcorado, ni escribir para no decir nada: sin pensamiento y, sobre todo, sin objetivo. No obstante el primer momento de rabia en el que me prometí no volver a tomar una pluma, la literatura continúa siendo lo único, lo principal y lo que debe dominar todas mis otras inclinaciones y ocupaciones. Mi objetivo es la gloria literaria. El bien que puedo hacer con mis obras. ...

19 DE SEPTIEMBRE. ... No he hecho bien a nadie, pero tampoco mal. Debo, cueste lo que cueste, conseguir la gloria. Voy a publicar *Juventud* yo mismo. ...

21 DE SEPTIEMBRE. Me perderé si no me corrijo. Con estos rasgos de carácter, de educación, de circunstancias y de aptitudes no hay medias tintas para mí: un futuro o deleznable o brillante. Todas las fuerzas de mi carácter para corregirme. Vicios principales: 1) falta de carácter: la no ejecución de lo prescrito. Medios para corregirlo: a) conocer el objetivo general y b) meditar y anotar mis actos futuros y llevarlos a cabo, aunque sean malos. Mi objetivo es 1) el bien del prójimo y 2) la formación de mí mismo en un grado tal que sea capaz de hacerlo. El segundo es, en este momento, más importante que el primero, por consiguiente debo recordar todos los preceptos que me he hecho, aunque sean contrarios al primer objetivo general. Prescribir por adelantado las acciones, al principio las más pequeñas y las más fáciles y, sobre todo, que no estén en contradicción unas con las otras.

Mi objetivo principal en la vida es el bien del prójimo, y mis objetivos condicionales: la gloria literaria fundada en la utilidad, el bien al prójimo. 1) La riqueza, basada en los trabajos útiles al prójimo, en las transacciones y en el juego, y dirigida hacia el bien. 2) La gloria en el servicio, basada en la utilidad a la patria. En el diario analizaré lo que haya hecho cada día para conseguir estos cuatro objetivos y 2) cuantas veces no ejecuté lo que me había prescrito. ...

10 DE OCTUBRE. Me encuentro en una situación de pereza, de apatía que no tiene salida desde hace mucho tiempo; una situación incómoda. Gané otros 130 rublos jugando a las cartas. Compré un caballo y las riendas por 150. ¡Qué absurdo! Mi carrera es la literatura: ¡escribir y escribir! A partir de mañana trabajo toda la vida o lo abandono todo, las reglas, la religión, la decencia: ¡todo!

21 DE NOVIEMBRE. Estoy en Petersburgo en casa de Turguéniev.[15] Antes de salir perdí 2.800 y conseguí transferir 600 rublos a mis deudores. Recogí en la aldea[16] 875 rublos. Sobre todo debo portarme bien aquí. Para ello es necesario principalmente 1) tratar con prudencia y audacia a las personas que puedan hacerme daño; 2) llevar los gastos con cuidado y 3) trabajar. Mañana escribiré *Juventud* y un fragmento del diario.[17]

1856

9, 10 DE ENERO. Estoy en Oriol. Mi hermano Dmitri se está muriendo.[1] Los malos pensamientos que llegué a tener a propósito suyo se han vuelto ceniza. ... Me resulta terriblemente doloroso. No puedo hacer nada, pero tengo en mente una obra dramática.

2 DE FEBRERO. Estoy en Petersburgo. Mi hermano Dmitri murió y yo me enteré hoy. A partir de mañana quiero que mis días transcurran de manera que me resulte agradable recordarlos. ... Acabo de leer una página de mi diario, muy sensata, en la que digo que no hay que confundir la perfección con el perfeccionamiento y tender hacia el segundo con una actitud negativa.[2] Mis defectos principales: hábitos de ocio, desorden, lascivia y pasión por el juego. Voy a trabajar contra ellos.

7 DE FEBRERO. Me peleé con Turguéniev[3] y recibí a una muchacha en mi casa.

11, 12 DE FEBRERO. Terminé *La tempestad de nieve* y me siento muy satisfecho con el relato.

13, 14, 15, 16, 17, 18, 19 DE FEBRERO. No he hecho nada. Hoy estuve caminando y me divertí con la multitud frente a los teatros de feria y estudié el carácter de una muchedumbre rusa escuchando a un orador. Comí en casa de Turguéniev, hemos hecho las paces. ...

1856

12 DE MARZO. No he apuntado nada desde hace mucho tiempo y hace unas tres semanas que me encuentro en la bruma. ... La paz ha sido concertada.[4] De Turguéniev, creo, me he alejado definitivamente. ... Se me ocurrió la idea de un padre y un hijo.[5]

21 DE MARZO. Anteayer leí por accidente la carta de Longuinov y le envié una nota retándolo a duelo.[6] Sólo Dios sabe lo que pasará; pero yo me mantendré firme y resuelto. Todo el asunto tuvo en mí una influencia benéfica. Me estoy decidiendo a ir a la aldea, casarme pronto y no escribir ya con mi nombre. Y, sobre todo, siempre y con todos ser reservado y prudente en la conversación.

Actividad, sinceridad, conformidad con el presente y búsqueda del amor. Mi principal error en la vida ha consistido en permitir a la inteligencia ocupar el lugar del sentimiento y dejar que su habilidad transformara en bueno lo que la conciencia denominaba malo. Porque el amor que se encuentra en el alma no halla satisfacción al contacto con el ser que lo despierta. El amor propio lo destruye. La modestia es la principal condición *sine qua non* de un amor compartido.

19 DE ABRIL. Terminé *Padre e hijo* incluso con las correcciones. Por consejo de Nekrásov lo titulé *Los dos húsares*: es mejor.[7] ...

22 DE ABRIL. No escribo nada. Mis relaciones con los siervos comienzan a inquietarme fuertemente. Siento la necesidad de aprender, aprender y aprender.

5 DE MAYO. Hubo una comida en casa de Turguéniev, en la que yo, estúpidamente ofendido por un verso de Nekrásov, despotriqué contra todo el mundo. Turguéniev se fue. Me siento triste, sobre todo porque no estoy escribiendo nada.

1856

8 DE MAYO. Ayer me enteré de que mi permiso[8] no llegará pronto. ... Pasé la tarde en casa de Obolenski[9] con Aksákov,[10] I. Kiriévski[11] y otros eslavófilos. Es evidente que están buscando un enemigo que no existe. Su manera de ver las cosas es demasiado estrecha y no roza lo vivo para así encontrar resistencia. No es necesaria. Su objetivo, como el de toda asociación de actividad intelectual basada en el debate y la polémica, se ha modificado notablemente, se ha ampliado y ha tomado como puntos de partida verdades serias, tales como la vida familiar, la comunidad, la ortodoxia. Pero ellos las desacreditan con esa ruindad con la que expresan sus puntos de vista, como esperando objeciones. Sería más provechoso que hubiera mayor calma y *Würde*.[12] Sobre todo en lo tocante a la ortodoxia, en primer lugar porque si aceptamos lo justo de su opinión sobre lo importante que es la participación de este elemento en la vida del pueblo, es imposible no aceptar, desde un punto de vista más elevado, lo monstruoso de su expresión y su inconsistencia histórica; y en segundo lugar porque la censura tapa la boca a sus adversarios. ...

12 DE MAYO. ... Comí en casa de Nekrásov. Fet[13] es un ser encantador y tiene un talento maravilloso. Estuve contento. ... Sí, el mejor medio para alcanzar la verdadera felicidad en la vida es emitir en todas direcciones, sin orden alguno, como una araña, una pegajosa red de amor y atrapar en ella a todo el que pase, a la ancianita, al niño, a la mujer y al policía.

15 DE MAYO. ... *No dejar jamás escapar las ocasiones de placer y no buscarlas jamás. Me impongo como regla eterna no entrar nunca en un solo cabaret ni en un solo burdel.* ...

17 DE MAYO. ... Leí *Un hombre superfluo*.[14] Terriblemente empalagoso, coqueto, pero inteligente y jovial.

1856

18 DE MAYO. MOSCÚ. Llegué a las 10 y fui directamente a casa de los Perfíliev. ... Unos dicen que *Los húsares* están siendo injuriados; otros, la mayoría escritores, dicen que están siendo alabados.

20 DE MAYO. SERGUIEV POSSAD[15]-MOSCÚ. Me levanté tarde, leí la vida de algún santo, anoté dos o tres cosas y fui a la iglesia. De nuevo se apoderó de mí el mismo humor jovial. Visité la sacristía.[16] ...

31 DE MAYO. SPÁSSKOIE-POKRÓVSKOIE.[17] A las cinco de la mañana tomé el caballo para ir a visitar a Turguéniev. Llegué a las 7, él no estaba en casa, estuve conversando con Porfiri[18] y terminé mis apuntes en la agenda. Su casa me mostró sus raíces y me aclaró muchas cosas, por eso hice las paces con él. Llegó, desayuné, di un paseo, conversé con él muy a gusto y luego me acosté a dormir. ... Emprendimos el regreso a casa;[19] por el camino estuvimos conversando muy placenteramente, lo mismo que en casa donde había varias damas que reían con facilidad. Tengo ganas de escribir la historia de un caballo.[20]

2 DE JUNIO. Me levanté después de las 10. ... Estuve conversando muy bien con Turguéniev, tocamos el «Don Juan».[21] Después del desayuno fuimos a remar al río, luego comimos y nos separamos. ...

3 DE JUNIO. YÁSNAIA POLIANA. Día de la Trinidad. ... Leí el *Don Juan* de Pushkin.[22] Una maravilla. Una verdad y una fuerza que jamás sospeché en Pushkin. ...

4 DE JUNIO. Me levanté a las 5, di un paseo, lo confieso, con pensamientos terriblemente eróticos. Leí los primeros versos de Pushkin. Después estuve mirando mis viejos cuadernos, tonterías incomprensibles, pero amables. Decidí escribir el *Diario de un terrateniente*,[23] *El cosaco*[24] y una comedia.[25] Empezaré por *El Cosaco*. Desayuné, dormí, comí, me di un baño en el Voronka,[26] leí a Pushkin y fui a ver a los campesinos. No quieren la libertad.

5 DE JUNIO. Me levanté a las 6, fui a darme un baño con Ósip,[27] luego a los campos. Volví, releí e hice algunas correcciones al *Cosaco* y me fui a dar vueltas por el jardín con una vaga esperanza lúbrica de atrapar a alguien entre los matorrales. Esto es lo que más me impide trabajar, así que he decidido, no importa dónde ni cómo, encontrar una amante para estos dos meses. ...

6 DE JUNIO. Me levanté a las 7 y fui a Grumant a darme un baño. Un deseo terrible que alcanza el dolor físico. ...

7 DE JUNIO. Dormí hasta las 11 y me levanté muy fresco. De nuevo anduve errando por el jardín, el huerto y por Grumant, naturalmente sin éxito. ... Estuve leyendo a Pushkin, la 2.ª y 3.ª partes;[28] *Los gitanos*, delicioso, como la primera vez; los otros poemas, salvo *Onieguin*, una absoluta porquería. Por la tarde estuve conversando con algunos campesinos y su terquedad me produjo una cólera que apenas pude contener.

9 DE JUNIO. ... Estoy leyendo la biografía[29] de Pushkin con enorme placer. ...

13 DE JUNIO. ... Ayer encontraron a un soldado colgado en el bosque Zaseka y fui a ver. ... El soldado parecía estar de pie, los pantalones metidos en las botas, la camisa sucia, la gorra al revés, el capote echado a un lado, las piernas extrañamente arqueadas. ... Hoy estuve hablando con Agafia Mijáilovna. Me contó de un campesino ciego que aun así trabaja, dando vuelta a no sé qué máquina. A partir de mañana iré a ver a todos los campesinos; me informaré de sus necesidades y trataré de persuadirlos individualmente de aceptar un contrato.

14 DE JUNIO. ... Comienzo a amar el carácter épicamente legendario. Trataré de hacer un poema de la canción cosaca.[30]

25 DE JUNIO. Me despertaron con la noticia de que un campesino se había ahogado en el estanque del medio. Han pasado ya dos horas. No he hecho nada al respecto. Leí los *Newcomes*[31] y tomé notas. La *soldatka*[32] vino por la tarde, seguramente será la última vez.

5 DE JULIO. Me desperté temprano y me di un baño. Una jovencita vino corriendo, pero yo estaba de buen ánimo y la eché. Estuve jugando con los niños, comí, hice un poco de música. Vino Turguéniev. Decididamente es un ser incongruente, frío y difícil como persona, y lo compadezco. Él y yo nunca coincidiremos. Por la noche estuve caminando hasta las dos de la mañana presa de un agitado deseo sexual.

7 DE JULIO. SPÁSSKOIE. ... Fuimos a casa de Turguéniev y aquí estamos ahora. En el camino experimenté un sentimiento religioso que me hizo llorar.

8 DE JULIO. POKRÓVSKOIE. ... Turguéniev ha organizado tontamente su vida. Es imposible hacer arreglos tan poco habituales. Toda su vida es un fingimiento de simplicidad. Me resulta francamente desagradable. Por la tarde pesqué y estuve conversando de maravilla con Seriozha. Quiere irse al extranjero. Hicimos unos planes espléndidos. Terrible que sólo sean planes.

1856

13 DE JULIO. ... Quiero ir a casa de los Arséniev y hablar con Vergani.

No hablé con Vergani, pero me encontré con Zavalevski[33] y con Spiétchinski.[34] Parece ser un buen chico. Con el tema de la coronación[35] estuvieron haciendo rabiar a Valeria[36] hasta hacerla llorar. Ella no tiene la culpa de nada; pero a mí me desagradó y no volveré allá en mucho tiempo. Quizá sea porque me ha mostrado demasiada amistad. Tengo miedo del matrimonio y de cometer una infamia, es decir, de estar entreteniéndome con ella. Y para casarse hay que modificar muchas cosas y yo todavía tengo mucho trabajo que hacer sobre mí mismo. Volví tarde.

25 DE JULIO. Me levanté a las 12, estuve leyendo *Almas muertas* con placer; muchos pensamientos propios, no escribí nada. Hace buen tiempo. ... Después de la comida fui con Natalia Petrovna a ver a Valeria. Por primera vez la encontré sin *sus ropajes*, como dice Seriozha. Es diez veces mejor y, sobre todo, natural. Se puso el cabello detrás de las orejas porque ha comprendido que eso me gusta. ... Pasé una velada *feliz*.

28 DE JULIO. ... Fui a casa de los Arséniev, que me habían invitado. Es extraño que Valeria empiece a gustarme como mujer, mientras que antes, justamente como mujer, me disgustaba. ...

1.º DE AGOSTO. ... Me desperté temprano y al despertarme intenté imaginar a mis personajes.[37] La representación era muy vívida. Alcancé a visualizar al padre perfectamente. Terminé los exámenes. Vinieron los Arséniev. Valeria estaba en un estado de ánimo confuso y cruelmente afectada y tonta. ...

10 DE AGOSTO. Por la mañana escribí y por la tarde fui a su casa [de los Arséniev]. Estaban yéndose al baño de vapor. Valeria y yo hablamos sobre el matrimonio, no es tonta y es extraordinariamente generosa.

12 DE AGOSTO. A las diez fui a casa de los Arséniev para acompañarlos.[38] Ella estuvo excepcionalmente sencilla y gentil. Me gustaría saber si estoy enamorado o no. Volví a casa y escribí un poco.

14 DE AGOSTO. Tuve una discusión sobre religión con mi tía: un error.[39] Debo recordarlo con mi futura mujer. ...

22 DE AGOSTO. Terminé el borrador de *Juventud*, la primera mitad, y se me ocurrió *Un terreno de caza*;[40] la sola idea me entusiasma. El silencio de Valeria me aflige. ...

25 DE AGOSTO. Ocio. Pereza. Descontento de mí mismo. ... Todo lo que hice fue poner mis notas en orden y leer un poco de *Little Dorrit*.[41]

5 DE SEPTIEMBRE. Durante la noche una pesadilla de impotencia. Dicté tres y corregí tres capítulos.[42] Estuve conversando muy agradablemente con mi tía. Mi salud sigue siendo mala. La idea de ser casi impotente me atormenta.

6 DE SEPTIEMBRE. Me levanté con un dolor muy agudo en un costado, pero salí de cacería y a Sudakovo. No encontré nada. En Sudakovo pensé en Valeria con un placer inmenso. Llegué a casa totalmente enfermo, mandé llamar al doctor, me hice poner sanguijuelas y decliné la invitación de Ofrosímov,[43] pero dicté, y bastante bien, el capítulo «La juerga».[44]

16, 17, 18, 19, 20 DE SEPTIEMBRE. Pasé dos días en casa de Ofrosímov, mi salud va muy mal, estoy moralmente débil, hoy trabajé sin placer. Tisis, creo.

1856

24 DE SEPTIEMBRE. Mi salud va mejor y mejor. Vino mademoiselle Vergani y, por lo que ella me cuenta, Valeria me disgusta. Terminé *Juventud*, mal, la envié.[45]

26 DE SEPTIEMBRE. Vino Valeria, es dulce pero limitada y banal hasta lo indecible.

29 DE SEPTIEMBRE. SUDAKOVO. Me desperté a las 9 de mal humor. Valeria no está capacitada ni para la vida práctica ni para la vida intelectual. Le dije sólo la parte desagradable de lo que quería decirle y por eso no tuvo ningún efecto en ella. Me enfurecí. La conversación se desvió hacia Mortier,[46] y resultó que está enamorada de él. Es extraño pero eso me ofendió, sentí vergüenza por mí y por ella, y por primera vez tuve hacia ella algo parecido a un sentimiento. Leí *Werther*. Maravilloso. Mi tía no envió a que me recogieran y de nuevo me quedé aquí a pasar la noche.[47]

1.º DE OCTUBRE. YÁSNAIA POLIANA. Volví a despertarme de mal humor. A eso de la una de la mañana de nuevo me dio un dolor muy agudo en el costado, sin razón aparente. No hice nada pero, gracias a Dios, he pensado menos en Valeria. No estoy enamorado, pero esta relación siempre ocupará un lugar muy importante en mi vida. Quizá yo todavía no conozca el amor pero, a juzgar por este pequeño comienzo que ahora experimento, soy capaz de sentir con una fuerza terrible; Dios me guarde que sea por Valeria. Ella es tremendamente vacía, sin principios y fría como el hielo, por eso siempre tiene alguna nueva pasión. ...

11 DE OCTUBRE. LAPOTKOVO.[48] Me desperté a las 9, me fui de cacería a casa de Masha. Llegué a Lapotkovo a las 5 habiendo matado sólo una liebre. Leí *Le Bourgeois gentilhomme* y pensé mucho en una comedia basada en la vida de

Ólienka.⁴⁹ En dos actos. Creo que puede ser bastante buena. Releí todo mi diario. Extraordinariamente agradable.

14 DE OCTUBRE. Me levanté temprano. Porfiri se dedicó, durante dos horas, a hablar mal de Nikolái Nikoláievich Turguéniev. Y Turguéniev tiene toda la culpa.⁵⁰ Ninguna corriente artística te dispensa de participar en la vida de la comunidad. Cuando ves a un hombre degollado, qué es mejor, ¿darle la espalda con asco o asistirlo aunque sea de manera torpe?

... Leí *El club de Pickwick* y, por el camino, a Molière.

19 DE OCTUBRE. SUDAKOVO. Fui a Tula. ... Pasé la tarde en casa de los Arséniev, y me quedé a dormir. Vi a Valeria con más tranquilidad, ha engordado de manera exagerada y definitivamente no siento nada por ella, le di a entender que debíamos tener una conversación, ella asintió con gusto, pero distraída. Olga es inteligente. Me quedé a pasar la noche.

24 DE OCTUBRE. YÁSNAIA POLIANA. ... Fui al baile.⁵¹ Valeria estaba encantadora. Estoy casi enamorado de ella.

28 DE OCTUBRE. ... Fui a ver a Valeria. Llevaba *para mí* un peinado terrible y un vestido púrpura. Sentí malestar y vergüenza, y pasé el día triste, la conversación no fluía. Sin embargo, de manera absolutamente involuntaria me convertí en algo así como en un novio. Esto me enfurece. ... En su casa leí el *Fausto* de Turguéniev.⁵² Excelente.

4 DE NOVIEMBRE. Terminé de leer *La Estrella Polar*.⁵³ Muy bien, escribí mi diario. ...

8 DE NOVIEMBRE. Escribí una carta ruin a Valeria, la primera no la envié, la segunda sí.⁵⁴ Estuve con Druzhinin y con

Panáiev, la redacción de *El Contemporáneo* es muy desagradable. Gimnasia. Comí con Goncharov[55] y Druzhinin en el Kles,[56] por la tarde estuvieron en mi casa, con Kovalevski. Fuimos a casa de Kraievski, de lo que estoy muy contento.

10 DE NOVIEMBRE. ... Compré un libro, comí en casa, leí todos los relatos de Turguéniev. Mal. ... He encontrado un apartamento. Me mudaré mañana. ...

11 DE NOVIEMBRE. Comencé la mudanza desde la mañana, leí basura, estuve tentado de quedarme de servicio, pero me contuve. ... Escribí una brevísima carta a Valeria; pienso mucho en ella. ...

15 DE NOVIEMBRE. No hice nada de lo planeado. Al levantarme por la mañana corregí *El degradado*, estuve leyendo *Enrique IV*.[57] ... La reunión de literatos y científicos es muy desagradable, y sin mujeres no llegará a nada. Después cenamos con Ánnenkov[58] y conversamos mucho. Es muy inteligente y un buen hombre.

16 DE NOVIEMBRE. ... Terminé de leer *Enrique IV*. ¡No! ...

17 DE NOVIEMBRE. ... Estuve discutiendo con Botkin acerca de si el poeta se imagina a su lector o no. Tiende a la imprecisión. ...

21 DE NOVIEMBRE. Me levanté a la 1. Vino Máikov.[59] Gimnasia. ... Pasé toda la tarde en casa de Botkin, leí la *Novela de un terrateniente ruso*, decididamente mala, pero la publicaré. Hay que hacer cortes. ...

22 DE NOVIEMBRE. ... Los intríngulis literarios me resultan más repugnantes que nunca.[60] Le escribí una carta a Valeria. Pienso mucho en ella. Quizá porque no he visto otras mujeres durante este tiempo.

23 DE NOVIEMBRE. ... ¡Cuántas ganas tengo de desembarazarme lo más pronto posible de las revistas para poder escribir según la idea que he comenzado a hacerme del arte como algo terriblemente alto y puro!

29 DE NOVIEMBRE. ... Kámenski,[61] Dudyshkin[62] y Goncharov elogiaron ligeramente *La mañana del terrateniente*. Pienso en Valeria poco y sin placer.

30 DE NOVIEMBRE. ... El Soberano leyó *Infancia* y lloró.

1.º DE DICIEMBRE. Me levanté a las 11, escribí mi diario de ayer y estuve tocando hasta la hora de la gimnasia. Me dolía mucho la mano, comí en casa, terminé de leer *Carmen*: es flojo, francés; recibí carta de Turguéniev y envié la respuesta. ...

3 DE DICIEMBRE. No estoy escribiendo nada. Leí a Mérimée, está bien, se me ocurrió una comedia. ...

5 DE DICIEMBRE. En la mañana estuve leyendo *Una historia ordinaria*,[63] que le envié a Valeria. ...

7 DE DICIEMBRE. Me levanté tarde, escribí una carta a Valeria, hice gimnasia, comí en casa, leí *La novia pobre*,[64] simplemente flojo. La amante es hermosa. Fui al circo, cené no sé por qué en casa de Dussot. Leí el segundo artículo de Druzhinin.[65] Su debilidad consiste en que jamás se plantea que todo pueda ser una estupidez.

8 DE DICIEMBRE. ... Comí en casa, leí *El torpe*.[66] Ir a ver *Comte Ory*.[67] ...

10 DE DICIEMBRE. De las 2 a las 8 de la mañana leí las maravillosas *Befehle*[68] de Auerbach. ... El *Comte Ory*, excelso. ...

11 DE DICIEMBRE. Leí *Lear*,[69] no tuvo demasiado efecto en mí, gimnasia, comí en casa. ... Me siento triste.

12 DE DICIEMBRE. ... Le escribí una última carta a Valeria, hice gimnasia; comí en casa de Dussot. ...

15 DE DICIEMBRE. ... *Don Juan*.[70] Una cosa muy poética. ...

18 DE DICIEMBRE. Me desperté a las 11. Fui a ver al Padre Ioan,[71] ¡la carroña! Fui a ver a Panáiev, ahí estaba Chernyshevski,[72] muy agradable. ...

22 DE DICIEMBRE. ... Fui a ver *Italiana in Algeri*.[73] Mala. ...

28 DE DICIEMBRE. Me levanté tarde. Todo el tiempo pensé en la comedia. Absurdo. Gimnasia. Recibí el certificado.[74] ... Viázemski prohibió el último capítulo.[75] Recibí carta de Nekrásov. Inesperadamente fui a casa de Druzhinin. No terminé las correcciones, llegaron las máscaras.

29 DE DICIEMBRE. ... La ineptitud y la ignorancia de la censura son terribles. ...

30 DE DICIEMBRE. Concierto en la Universidad. *Meeresstille*.[76] Excelente. ...

1857

1.º DE ENERO. PETERSBURGO. Dormí mal toda la noche. He escuchado demasiada música estos últimos días. Me desperté después de las 11, recibí una carta lacónica pero amable de Turguéniev. Escribí una carta a Valeria, breve y seca, y una a Nekrásov que me aconsejaron no enviar. Traduje un cuento de Andersen.[1] En la comida en casa de Botkin lo leí, no gustó. ... Apenas logré contenerme para no ir al baile de máscaras.

2 DE ENERO. Me levanté tarde, fui a hacer gimnasia, de ahí a comer en casa de Botkin, y después fui con Ánnenkov a casa de Druzhinin, donde redactamos un proyecto para el Fondo.[2] Por la mañana estuve leyendo a Bielinski,[3] y comienza a gustarme. Terrible dolor de cabeza.

4 DE ENERO. Me levanté después de la 1. El artículo sobre Pushkin es una maravilla. Sólo ahora he entendido a Pushkin. Gimnasia. Comí en casa de Botkin sólo con Panáiev; me leyó a Pushkin, fui a la habitación de Botkin y le escribí una carta a Turguéniev, después me senté en el diván y me eché a llorar sin razón, con lágrimas de felicidad, poéticas. Definitivamente he sido feliz todo este tiempo. Estoy embriagado por la rapidez de una constante progresión moral. ...

7 DE ENERO. No sé por qué me levanté a las 7 y hasta las 2 no escribí nada, a pesar de que tenía intención de hacerlo; sólo leí y toqué un poco. ... Los dimes y diretes sobre el *ukaz*[4] son un absurdo, pero entre el pueblo hay agitación. ... La historia de Kiesewetter[5] me tienta.

8 DE ENERO. Se acordarán de mis palabras: en dos años los campesinos se sublevarán si de aquí a entonces no los han emancipado de manera inteligente. ... Vino Kiesewetter. Es inteligente, brillante y sensible. Es un iluminado genial. Tocó maravillosamente bien. ...

10 DE ENERO. Gimnasia. Recibí mi pasaporte y decidí partir.[6] ...

9-21 DE FEBRERO SEGÚN EL NUEVO ESTILO.[7] **[PARÍS.]** Todo este tiempo he estado en ruta.[8] Un embrollo en la cabeza y en las notas. Hoy llegué a París. Estoy solo, sin sirviente, lo hago todo yo, una ciudad nueva y una forma de vida nueva, ausencia de relaciones y un sol primaveral que apenas sentí. Sin duda alguna es toda una época. Puntualidad y, *sobre todo*, cada día, aunque sea cuatro horas, soledad y trabajo. No pude encontrarme con Turguéniev ni con Nekrásov. He gastado mucho dinero y no he visto nada. ... Turguéniev está aprensivo y débil hasta la tristeza. Nekrásov está sombrío.[9]

10-22 DE FEBRERO. Me levanté tarde, un zumbido en los oídos, frío en la habitación; sin embargo escribí tres cartas, aunque breves; fui a pasear. Turguéniev y Nekrásov fueron, no sé por qué, al tiro al blanco. Eso me puso triste. Me separé de ellos, estuve paseando solo, pero sin tedio; encontré alojamiento en el 206[10]. Curioso. Comí con ellos, todavía triste, acompañé a Nekrásov. Turguéniev es un niño. Luego Orlov[11] me llevó al teatro, haciéndose el aristócrata. ¡Ridículo! ... Volví a casa cansado y vacío.

11-23 DE FEBRERO. Me levanté tarde, estuve mucho tiempo en casa poniendo orden, fui a ver al banquero, le pedí 800 francos, hice algunas compras y me mudé. ... Leí el discurso de Napoleón con un disgusto indecible.[12] En casa comencé con el viaje[13] y comí. ... En el teatro *Précieuses ridicules* y *Avare*[14]: extraordinario. *Vers de Vergile*[15]: una porquería insoportable.

12-24 DE FEBRERO. ... Teatro. *Les Fausses Confidences* de Marivaux, un prodigio de elegancia. Plessy.[16] *Le Malade imaginaire*, admirablemente representado.

13-25 DE FEBRERO. Me levanté temprano. Los maestros[17] me ocuparon toda la mañana. No me aplico suficiente. ...

16-28 DE FEBRERO. ... Leí *Honorine*:[18] un talento inmenso. ...

19 DE FEBRERO-3 DE MARZO. Pasé la mañana en casa hasta las 2. Recibí una carta de Valeria. Fui a visitar a Garnier, un filósofo discípulo de Descartes. Estuve dando vueltas hasta las 5. Comí en casa. El odioso inglés. Fui con Turguéniev a un concierto, un trío maravilloso y Viardot.[19] Delsarte.[20] ... En casa de Turguéniev se respira tristeza.[21]

24 DE FEBRERO-8 DE MARZO. En la mañana pasé a ver a Turguéniev y me fui con él. Es terriblemente bueno y débil. El castillo de Fontainebleau. El bosque. Por la tarde escribí con demasiado ímpetu. Con él estoy atento a mí mismo. Es útil. Aunque es un poquito nocivo sentirse siempre observado por una mirada ajena y aguda, eso hace que la propia se vuelva más efectiva.

25 DE FEBRERO-9 DE MARZO. PARÍS-DIJON. Dormí

mal. Salimos a las 8, jugamos durante el trayecto. Turguéniev no cree en nada, esa es su desgracia, no ama y ama amar. ...

26 DE FEBRERO-10 DE MARZO. DIJON. Dormí muy bien. Por la mañana escribí un capítulo espléndidamente. Visité las iglesias con Turguéniev. Comí. En el café jugué al ajedrez. La vanidad de Turguéniev, como hábito adquirido por un hombre inteligente, es encantadora. Durante la comida le dije algo que él no imaginaba: que lo considero superior a mí. ...

1-13 DE MARZO. Me levanté tarde. Turguéniev se aburre. Tiene ganas de volver a París, no puede estar solo. ¡Ay! Nunca ha amado a nadie. Le leí *El degradado*.[22] Su reacción fue fría. Poco faltó para que nos peleáramos. No hice nada en todo el día.

3-15 DE MARZO. PARÍS. Me levanté a la 1, fui con de M. al Louvre. Los retratos de Rembrandt y Murillo. Comí en casa, después *La Fille du régiment*,[23] danzas, champaña en solitario.

4-16 DE MARZO. PARÍS. Me levanté tarde. Fui al Hôtel des Invalides. Deificación de un canalla, es horrible. Los soldados son fieras amaestradas para morder a todo el mundo. Tendrían que morir de hambre. Piernas arrancadas, les está bien. Notre-Dame. La de Dijon es mejor. Fontainebleau. Terriblemente triste. ...

5-17 DE MARZO. Me levanté a las 12, puse un poco de orden en mi portafolios, fui con Orlov al Louvre. Cada vez mejor. ... Por casualidad en vez de *Rigoletto* vi *El barbero de Sevilla*.[24] Magnífico. Pasé a ver a Turguéniev. No, debo evitarlo. Ya he rendido suficiente tributo a sus méritos y he buscado todos los caminos para que seamos amigos, pero es imposible.

7-19 DE MARZO. Ayer por la noche de pronto me sentí atormentado por la duda *de todo*. Y ahora, a pesar de que ya no me atormenta, continúa en mí. ¿Para qué? ¿Y qué soy? Más de una vez me ha parecido que resolvía estas preguntas; pero no, no he logrado reafirmarlas con la vida. Me levanté antes, trabajé con aplicación el italiano. Fui a caminar a la Colonne Vendôme y por los boulevares. A las 5 pasó Turguéniev, con aire culpable; qué hacer, lo respeto, lo estimo, incluso hasta lo quiero, pero no simpatizo con él y es algo recíproco. ...

4 DE ABRIL. Me levanté a las 12. Comencé a escribir con bastante lasitud. Leí a Balzac.[25] ... Leí *Mirrha*[26] en italiano, comí en mi habitación. Fui a ver a la Ristori:[27] un solo movimiento poético vale toda la mentira de los cinco actos. El drama de Racine y otros semejantes son la herida poética de Europa, afortunadamente entre nosotros no existe ni existirá. ...

6 DE ABRIL. Me levanté enfermo a las 7 y fui a ver una ejecución.[28] El cuello y el torso fuertes, blancos, sanos. Besó el Evangelio y después, la muerte, ¡qué insensatez! Fuerte impresión que no ha pasado en vano. No soy un hombre de política. La moral y el arte. Sé, amo y puedo. No me siento bien, estoy triste. ... La guillotina me quitó el sueño durante mucho tiempo y me obligó a mirar atrás.

7 DE ABRIL. Me levanté tarde, sintiéndome mal, leí y de pronto me asaltó una idea sencilla y sensata, irme de París. ...

8 DE ABRIL. PARÍS-AMBERES. Me desperté a las 8, fui a ver a Turguéniev. Las dos veces que me he despedido de él, no sé por qué he llorado al irme. Lo quiero mucho. Él ha hecho y hace de mí un hombre distinto. Me fui a las 11. Tedio en el tren. En cambio, cuando por la noche me subí a la diligencia, la luna llena, la banqueta,[29] todo se desbordó, se inundó de amor y de alegría. Por primera vez después de mucho tiempo volví a dar sinceramente las gracias a Dios por estar vivo.

10 DE ABRIL. GINEBRA. Me levanté temprano, me siento saludable y casi alegre, si no fuera por el tiempo abominable. Fui a la iglesia, no había servicio, era muy tarde para comulgar, hice algunas compras, estuve en la casa de las Tolstaia.[30] Alexandrine Tolstaia se ha vuelto muy religiosa, como todas ellas, parece. Bocage[31] es una maravilla. Todo el día leí *La Cousine Bette*, pero fui meticuloso en la vida. Escribí cinco títulos.[32] A los veintiocho años soy un muchacho estúpido.

15 DE ABRIL. Me levanté tarde, fui al baño de vapor. Leí el prefacio a *La Comédie humaine*, superficial y pretencioso;[33] leí un poco de historia de la Revolución[34] y la *Liberté* de Émile de Girardin:[35] vacío, aunque honesto. ...

16 DE ABRIL. Le escribí una breve carta a Turguéniev, en respuesta a la amable carta que él me envió. Estuve dos veces en el oficio religioso. ... Debo hacer tres cosas: 1) instruirme; 2) trabajar en poesía; 3) hacer el bien. Y verificar las tres acciones cotidianamente.

20 DE ABRIL. Me levanté temprano. Leí *La Dame aux perles*.[36] Tiene talento, pero el terreno en el que trabaja es espantoso. La depravación de Balzac son florecitas al lado de esto. La iglesia. Estuve contento. ...

30 DE ABRIL. CLARENS. Me levanté temprano, fui a dar

un paseo, leí a propósito del repugnante asunto de los ingleses con la China[37] y discutí al respecto con un viejo inglés. Escribí un poco del *Cosaco* en [prosa] poética; no sé cuál de los dos me habrá gustado más: me cuesta trabajo elegir.[38] Todo el día estuve leyendo la historia de la Revolución.

2 DE MAYO. ... Todo el día estuve leyendo la *Histoire* de Sarrut[39] y las *Idées napoléoniennes*;[40] no he tomado la pluma. ...

5 DE MAYO. Me levanté tarde. Literalmente no he hecho nada en todo el día. Por la mañana fui a Montreux, a los baños. Una suiza encantadora de ojos azules. Escribí la respuesta a la carta que recibí de Turguéniev. Los ingleses son gente moralmente desnuda y andan así sin ninguna vergüenza. ...

11 DE MAYO. ... Me siento hasta tal punto preparado para enamorarme, que es terrible. Si Alexandrine tuviera diez años menos. Una naturaleza maravillosa. ...

12-24 DE MAYO. Me levanté a las 8, todo el día leí a Sarrut. ... Por la tarde estuve en el funeral de Zybina. Las plegarias me emocionaron. El amor me está asfixiando, amor carnal y platónico. Maria Yákovlevna Púshina es encantadora. Estoy en extremo interesado en mí mismo. E incluso me amo por el amor que hay en mí para los otros.

16-18 DE MAYO. LES AVANTS-GESSENAY. Me levanté a las 4. Fuimos a pie por el paso de Jaman. Una caminata agradable. Pero el pequeño me molesta.[41] Llegamos a Alières, amablemente confortable. Un *chalet* primitivo. Montbovon. Genevievka[42] me perturbó. ¡Poesía católica! Desempaqué mis libros; no escribí. Tengo un dolor en el pecho. Fui a pie hasta el Château d'Eux, un molinero casto como guía. Un arroyo con piedras, no se sabía dónde estaba el agua y dónde las piedras. Fui en coche a Gessenay. Un hombre de pelo negro furioso. Un empleado en exceso brusco.

29 DE MAYO. GESSENAY-INTERLAKEN. Una cama inmunda. Los oficiales hacen ruido. El empleado se calmó. Fuimos en *char de côté*. A Weissemburg. Fuimos a ver las aguas. Son de una belleza sombría. Sasha dice que el paisaje no es armonioso y que el *château* no es bello. Fuimos a pie de Wimmis a Spiez, pescadores pobres, el enano enterneció a Sasha. En barco hasta Neuhaus, magníficas cascadas, grutas, castillos. A pie hasta Interlaken; centeno, leche, dulces. La salud va mejor. No bebo vino.

20 DE MAYO-1 DE JUNIO. GRINDELWALD. 2 DE JUNIO. Fuimos a pie con Boren hasta el glaciar, lo envié a buscar mis cosas, escribí el relato del viaje, fuimos a pie a un segundo glaciar. ... El apetito sexual me atormenta terriblemente. No pude dormir hasta la media noche y estuve caminando por la habitación y a lo largo del corredor. Fui a dar una vuelta a la galería. Los glaciares y las negras montañas a la luz de la luna. ...

25 DE MAYO-6 DE JUNIO. CLARENS. 7 DE JUNIO. Me levanté a las 8, me duele el labio. Por la mañana escribí espléndidamente mi diario de viaje.[43] ...

9 DE JUNIO. Dormí muy mal. No me siento bien, me levanté a las 7, me di un baño, llevé las cartas al correo. Escribí *El terreno de caza*, poco, pero va bien. Mis accesos de actividad empiezan a decaer. ...

11 DE JUNIO. Rompí un espejo. Sólo me faltaba ese presagio. Tuve la debilidad de consultar mi futuro en un diccionario, salió: *suelas, agua, catarro, tumba.* Toda la mañana leí *Los vecinos*.[44] Está mal como obra de arte, pero tiene un talento gentil, simpático y mucha poesía. ...

31 DE MAYO-12 DE JUNIO. CLARENS-GINEBRA. Por la mañana fui a Blonay. Precioso. Una fuente ovalada moderna y unas terrazas antiguas majestuosas, castaños resquebrajados y bancos carcomidos. ...

16 DE JUNIO. TURÍN. Me perdí Génova durmiendo. Fui a dos museos: el de las armas y el de las estatuas, y a la Cámara de diputados. Comimos todos juntos[45] magníficamente. Dimos un paseo a pie. Los llevé al burdel y me fui. Druzhinin se quedó. Fui a un concierto a oír a las hermanas Ferni.[46] La mejor sociedad sarda estaba allí. Conversé agradablemente con Druzhinin y me acosté tarde. Botkin siente un odio mudo contra Druzhinin.

17 DE JUNIO TURÍN-SAINT MARTIN. Me levanté temprano, me di un baño, y fui al Athenaeum. Sentimiento de envidia por esta vida joven, fuerte, libre. Fuimos al café. En todos lados se puede vivir y bien. ...

19 DE JUNIO. GRESSONEY. ... Escribí unas dos paginitas del *Cosaco*. Leí el delicioso *Adieu et bienvenue* de Goethe.[47] ...

20 DE JUNIO. GRESSONEY-CHAMBAVE. Salimos a pie a las 6. Ascenso a la capilla. Encuentro con un guapo cantante. Vista sobre el valle de Aosta y la cadena de montañas. Descenso, aromas. Encuentro con un compadre y su comadre. Olores de centeno, de melisa, de hierba y de heno tibio. ...

22 DE JUNIO. SAINT-BERNARD-ÉVIONNAZ. Me levanté

1857

a las 6, fui a la sala. Los ingleses ya se habían ido, sólo había mujeres. Un monje conversador nos enseñó los perros. Desayunamos, visitamos la iglesia, vimos copias de malos cuadros y nos fuimos. ... Bajamos en medio de la niebla por la nieve, dos horas. Incluso allí donde la niebla se esclarecía había oscuridad y frío. Una hora en carreta y luego tres horas a pie hasta Orsières. ...

28 DE JUNIO. CLARENS-LAUSANNE. Sigo con dolor de cabeza. Estuve en el *culte libre*. El pastor canta. Leí *Going to See a Man Hanged*.[48] Bien. ¿Por qué yo no escribí? Me faltó audacia y el arte de hablar sólo del tema. Es algo que adquiriré con el trabajo. ...

1, 2, 3 DE JULIO. Pasé mal el tiempo en Ginebra. Disipación a la manera citadina. En ese estado de ánimo precipitado, en el que uno está esperando no se sabe qué o simplemente no mira atrás y deja que tengan lugar actos deshonestos sin advertirlos y sólo está veladamente descontento de uno mismo. Es una fase peligrosa. ...

4 DE JULIO. GINEBRA-BERNA. Me desperté a las 9, me alisté deprisa para tomar el barco. Una multitud como no había visto en mi vida. Un suizo jovencito, de pelo rizado, habla un francés *puro*, miente, lo enreda todo pero de manera coherente. *Rousseau era franc-maçon.* ... Hermosísima noche de luna; ni los gritos borrachos, ni la multitud, ni el polvo destruyen el encanto; un húmedo claro del bosque, inundado de luna, de donde salen los chillidos de los rascones y de las ranas, y adonde dan ganas de ir, muchas ganas. Y cuando llegas allí sientes ganas de ir más lejos. No es un eco de placer lo que despierta en mi alma la belleza de la naturaleza, sino no sé qué dulce dolor. Me sentí bien hasta Berna, el vagón dormía, yo miraba por la ventana y estaba en esa plácida disposición de ánimo en la que sé que no puedo ser mejor. Encontré alojamiento en la Couronne. La entrada de los tiradores con música me produjo lástima.

7 DE JULIO. LUCERNA. Me desperté a las 9, fui a pie a la pensión y al monumento del León.[49] En casa abrí mi cuaderno pero no podía escribir. He abandonado *El terreno de caza*. La comida estúpidamente aburrida. Fui al *privathaus*. De regreso, ya de noche, el cielo estaba cubierto, la luna se abría paso, se oían algunas voces magníficas, había dos campanarios en una calle larga, un hombre bajito cantaba canciones tirolesas con una guitarra y maravillosamente bien. Le di dinero y lo invité a que cantara frente al Schweitzerhof;[50] no dijo nada, tímidamente se dirigió hacia allá farfullando algo, la multitud lo siguió, riendo. Pero antes la multitud se había amontonado en el balcón y guardaba silencio. Lo alcancé, lo invité a tomar algo en el Schweitzerhof. Nos hicieron pasar a otra sala. Un artista trivial, pero conmovedor. Bebimos, el lacayo se rió y el portero se sentó. Eso me sacó de mis casillas, los injurié a ambos y me sentí terriblemente turbado.[51] Una noche prodigiosa. ¿Qué quiero? ¿Qué deseo fervientemente? No sé, sólo sé que no son los bienes de este mundo. ¡Y cómo no creer en la inmortalidad del alma cuando se siente en ella una grandeza tan inconmensurable! Miré por la ventana. Oscuridad, desgarrones y claridad. Con gusto moriría.

¡Dios mío! ¡Dios mío! ¿Quién soy? ¿Adónde voy? ¿Y dónde estoy?

10 DE JULIO. ... Escribí *Lucerna* aceptablemente hasta la hora de la comida. Terminé de leer a Freytag,[52] es malo. La poesía de la puntualidad es imposible. ...

11 DE JULIO. LUCERNA-SARNEN. Me levanté a las 7, me di un baño. Hasta la hora de la comida terminé de escribir *Lucerna*. Bien. Hay que ser valiente o no dice uno nada, salvo cosas graciosas, y yo tengo necesidad de decir muchas cosas nuevas y sensatas. ...

16 DE JULIO. Me levanté a las 7, me despertó el perro, lo dejé salir. Escribí un poco y fui a ver a Sasha.[53] ¿Qué hacer? Me aburro. Un calor insoportable. Después de la comida escribí un poco, lo que pude, a pesar del calor, leí *Wilhelm Meister*[54] y *Miss Brontë*.[55] Anteayer recibí una carta de Turguéniev, amable, serena. Una de Botkin descontento. Hoy les respondí, pero no las enviaré. Por la tarde fui a dar una vuelta, encontré a una cretina. De regreso a casa, ya de noche, por la ventana de la pensión se oía música de Mendelssohn. ¿Será posible que las lágrimas de *Sehnsucht*[56] que con frecuencia derramo, se pierdan con los años? Temo observar eso en mí mismo. Debo esforzarme por una vida de firmeza, de carácter y de orden.

23 DE JULIO. FRIEDRICHSHAFEN-STUTTGART. ... Me levanté a las 7, me bañé. Fui al Palacio de verano. Amable pobreza, repugnante gravedad y ambiente cortesano. ... Surgen pensamientos excelentes cuando uno lee. ... Tenía una vista maravillosa de la luna a mi derecha.[57] Lo más importante: la idea de crear una escuela en la aldea me llegó con fuerza, con claridad, una escuela para todos los alrededores y toda una *activité* de ese género. Sobre todo, una actividad perpetua. ...

26 DE JULIO. BADEN-BADEN. Por la mañana estuve enfermo, ruleta hasta las 6. Perdí todo. Comí en casa, muy enfermo. Por la tarde estuve considerando toda esta depravación y caos con bastante calma, pero estoy débil y enfermo. La juventud con corbata me evita. Volví a casa, pero el francés no me dejó dormir hasta las 3. Estuvo hablando de sus planes políticos y de la poesía y del amor.

1857

¡Qué horror! Preferiría no tener nariz, oler mal, tener bocio, ser el cretino más terrible, el engendro más repugnante, que un engendro moral como este.

27 DE JULIO. Le pedí prestados 200 rublos al francés y los perdí. ... No volveré a jugar. ...

1.º DE AGOSTO. Otro día completamente ordinario, le pedí dinero a Turguéniev[58] y lo perdí en el juego. Hace mucho tiempo que nada me producía tanto remordimiento. Recibí carta de Seriozha. Masha se separó de Valerián. Esta noticia me ha dejado sin aliento. Vániecha[59] es muy amable. Me siento avergonzado frente a él.

6 DE AGOSTO. DRESDEN. Mi salud está cada vez peor. Recorrí las tiendas de libros y de música, se me iban los ojos. Elegí algunas partituras y libros, fui de nuevo a la galería, nada me conmovió, salvo la Madonna.[60]

1.º DE AGOSTO DE NUESTRO CALENDARIO. PETERSBURGO.[61] Mi salud es pésima. Les leí *Lucerna*. Los impresionó.[62] ...

2 DE AGOSTO. Me quedé en casa y leí. Saltykov es un talento, serio.[63] No estoy bien de salud.

6 DE AGOSTO. Decidí irme. Más o menos lo arreglé todo. Salí a las 9. Rusia es detestable. Simplemente no me gusta. Voy mejor de salud.

8 DE AGOSTO. YÁSNAIA POLIANA. Me levanté a las 4. Los caballos no llegaron sino hasta las 5. Me fui. A medio camino me encontré con Vasili. Llegué a Yásnaia a las 11. *Te saludo, mi...*[64] Yásnaia es una delicia. Me siento bien y triste, pero Rusia me resulta detestable, y siento cómo esta vida tosca y mentirosa me asedia desde todos lados. En la estación estaban golpeando a Zorin,[65] quise intervenir, pero Vasili me explicó que para eso hay que sobornar al doctor. Me dijo muchas otras cosas así. No hacen sino golpear y azotar. Así delimité mis tareas durante el camino: lo más importante, los trabajos literarios; después, las obligaciones familiares; luego, la hacienda, pero esto debo dejarlo en manos del cacique y tratar de aligerarlo lo más posible, mejorarlo y utilizar únicamente 2.000, el resto dedicarlo a los campesinos. Mi mayor obstáculo es la vanidad de liberalismo. Y como Tito: una buena acción por día es suficiente.

9 DE AGOSTO. ... La pobreza de la gente y los sufrimientos de los animales son terribles. ...

15 DE AGOSTO. YÁSNAIA POLIANA. Bien todo el día. Leí *La Ilíada*. ¡Eso sí es prodigioso! ¡Una maravilla! Le escribí a Riabínina. Tengo que volver a revisar toda la novela caucasiana.[66]...

16 DE AGOSTO. ... *La Ilíada*. Bien, pero nada más. ... El deseo sexual me atormenta, de nuevo pereza, tedio y tristeza. Todo me parece absurdo. El ideal es inaccesible, estoy acabado. El trabajo, una pequeña reputación, dinero. ¿Para qué? ¿Para qué el placer material? Pronto la noche eterna. Constantemente tengo la sensación de que en poco tiempo moriré. Me da pereza escribir con detalles, me gustaría escribirlo todo en caracteres de fuego. El amor. Estoy pensando en una novela de esa índole.

17 DE AGOSTO. ... *La Ilíada* me obliga a repensar completamente *El fugitivo*.

18 DE AGOSTO. Me levanté tarde, ya estoy del todo bien de salud; pero por la mañana me enojé y solté insultos como un imbécil. ¡Es una desgracia! En cuanto te descuidas, sucumbes. Leí *La Ilíada*. Vino Seriozha y estuvimos conversando muy a gusto. Ya tengo completamente pensado *El terreno de caza*, pero estoy definitivamente descontento con la novela cosaca. No puedo escribir sin una idea. Y la idea de que el bien es el bien en todas las esferas, de que en todos lados se dan las mismas pasiones, de que el estado salvaje es bueno, no me basta. Estaría bien poder penetrar en esta última idea. Una sola salida.

26 DE AGOSTO. De salud ni bien ni mal. Por la mañana la hacienda. Mal en todos los aspectos y sobre todo porque de nuevo me arrastra hacia el camino de la servidumbre. No quiero atormentarme por introducir algo nuevo. ... Di cinco actas de emancipación.[67] Sólo Dios sabe lo que pasará pero, sea como sea, hacer el bien a la gente aun sin recibir ningún agradecimiento es positivo: algo queda en el alma. Mañana me iré antes del amanecer.[68]

28 DE AGOSTO. Veintinueve años. ... Se fue Seriozha. Cada vez nos entendemos mejor. Lo más importante es encontrar la cuerda con la que se pueda hacer sonar a un hombre, y ofrecerle también la cuerda propia. ... Leí la segunda parte de *Almas muertas*, insípido. Tengo que escribir sólo *El terreno de caza*. ...

29 DE AGOSTO. EN EL CAMINO DE PIROGOVO A VERJOUPIE.[69] Salí a caballo a las 6. ... Terminé de leer el *inimaginablemente encantador* final de *La Ilíada*. Mis ideas de escritura no cesan de dispersarse: *El Cosaco, El terreno de caza, Juventud*. ... Estuve leyendo el Evangelio, lo que desde hace mucho tiempo no hacía. Después de *La Ilíada*. ¡¿Cómo podía ignorar Homero que el bien es el amor?! Una revelación. No hay mejor explicación. ...

1857

1.º DE SEPTIEMBRE. PIROGOVO. Me levanté a las 9, deshecho y con dolor de garganta. Estuve leyendo a Kozlov,[70] sus *Pensamientos*, bien. El tono osado que utiliza resulta forzado, ese es su mayor defecto. ...

3 DE SEPTIEMBRE. YÁSNAIA POLIANA. ... ¡Pasó la juventud! Lo digo en el buen sentido. Estoy tranquilo, no quiero nada. Incluso escribo con serenidad. Sólo ahora entendí que no es la vida la que hay que arreglar simétricamente alrededor de uno como uno quiere, sino que es a sí mismo a quien hay que romper, flexibilizar, para poder acomodarse a la vida, cualquiera que esta sea.

6 DE SEPTIEMBRE. ... Intenté leer a Hackländer,[71] pésimo, *mal fait* y falto de talento. Sobre mi propia escritura decidí que mi principal defecto es la timidez. Hay que arriesgar. Por la tarde escribí dos hojas de *El fracasado*.[72] Dormí mal, agitación lujuriosa.

8 DE SEPTIEMBRE. Domingo. Mandé llamar a los campesinos. ... Escribí muy poco aunque tenía ganas de escribir. Estuve leyendo las cartas de Gógol que recibí. Como persona era simple y sencillamente una porquería. Una porquería miserable.[73]

19 DE OCTUBRE. MOSCÚ.[74] Toda la mañana estuve haciendo gestiones. Comí en el club,[75] aburrido, y además no me siento bien de salud. Pasé la tarde en casa de los Aksákov. Repelentes bajos fondos literarios.

21 DE OCTUBRE. Por la mañana decidí sobre el alojamiento, caminé, comí en casa de Fet.[76] También él está lleno de amor propio y es miserable. ... Ayer estuve en casa de los Bers.[77] Liúbochka[78] es horrorosa, calva y débil. Por todos lados la desgracia. Y Dios, ¡qué viejo soy! Todo me aburre, nada me repele, incluso estoy bien conmigo mismo, pero todo me deja indiferente. No deseo nada, y estoy dispuesto a cargar con esta triste cruz todo lo que pueda. Pero para qué, no lo sé. ...

22 DE OCTUBRE. PETERSBURGO. Salí rumbo a Petersburgo, por poco pierdo el tren. Allí estaban los Arséniev y Talyzin.[79] Él no me gusta mucho. ...

29 DE OCTUBRE. Encontré al ministro. No conseguí hablar bien del asunto.[80] Comí en casa de Shostak. La historia de Pierovski.[81] Alexandrine es un encanto. Pasé con ellas la velada.

30 DE OCTUBRE. MOSCÚ. Hablé con Kolbasin y me puse en camino. *La muerte de Pazujin*[82] es una porquería insoportable. ... Llegué cansado y con un despiadado catarro y gripe. ... Leí el libro de N. S. Tolstói.[83] Excelente. Y el *Sebastópol* de Ershov,[84] bien. Quiero quedarme en casa y escribir. Petersburgo al principio me mortificó, pero después me devolvió el aplomo. Mi reputación ha caído o está comenzando a rechinar. Y yo, internamente, me sentí muy apesadumbrado; pero ahora estoy más tranquilo, sé que tengo cosas que decir y fuerzas para decirlas con vigor; y luego, que el público diga lo que quiera. Pero hay que trabajar con honestidad, poner todas las fuerzas; después que escupan en el altar.[85]

7 DE NOVIEMBRE. ... Por la tarde leí *Don Quijote* y fui a los baños.

11 DE NOVIEMBRE. ... Fet vino a comer. Me leyó *Antonio y Cleopatra*[86] y con su conversación me encendió por el arte. Debo empezar por el drama en *El Cosaco*. No puedo dormir.

1857

14 DE NOVIEMBRE. ¡Eureka! Para *Los Cosacos*: los mataron a los dos.[87]

25 DE NOVIEMBRE. Me levanté temprano, revisé *El degradado*. La gimnasia va mejor. Después de la comida lo volví a revisar y terminé. Toda la segunda parte es débil.

1.º DE DICIEMBRE. ... Pasé la tarde en casa de los Diákov.[88] Sus hermanas son maravillosas. Alexandrine[89] me tiene pendiente de un hilo y se lo agradezco. Sin embargo, por las tardes me siento apasionadamente enamorado de ella y vuelvo a mi casa lleno de algo—felicidad o tristeza, no lo sé—.

3 DE DICIEMBRE. Escribí un poco. Comí en casa de Fet. Todavía hay algo que no va bien. *Antonio y Cleopatra*. La traducción es mala. Teatro, todo el tiempo con Alexandrine. A su casa para el té, hablé con ella de mi ofuscación. A ella le gusta mi ofuscación. Discusiones con Mijaíl Mijáilovich[90] sobre socialismo.

11, 12, 13... HASTA EL 26 DE DICIEMBRE. Varios bailes poco alegres. Algunas veladas de naderías agradables, pero poco claras. Los últimos tiempos aburridas. Corregí *El músico*.[91] Lo voy a publicar. Un par de veces estuve con los gitanos.

26 DE DICIEMBRE. ... Comentarios sobre el banquete.[92] ...

29, 30, 31 DE DICIEMBRE. Baile en casa de los Bobrinski. Tiútcheva comienza a gustarme de forma reposada. Estuve escribiendo el sueño de Nikólenka.[93] Nadie está de acuerdo, pero yo sé que está bien.

1858

1.º DE ENERO. MOSCÚ. Visitas, estuve en casa, escribí. Por la tarde en casa de los Sushkov. Katia es encantadora.[1]

6 DE ENERO. Estuve en casa de los Aksákov. Discusión con el viejo. El sentimiento aristocrático cuenta mucho. Pero lo principal es que yo me siento un ciudadano, y si tenemos poder, quiero que el poder esté en manos respetables. ...

7 DE ENERO. ... Andersen es una maravilla. Y el *scherzo* de Beethoven. ... ¡Tiútcheva es una necedad!

8 DE ENERO. No, no es un absurdo. Poco a poco, pero se está apoderando de mí seria e íntegramente.

15 DE ENERO. SOGOLEVO.[2] ... He empezado a escribir la muerte,[3] bien.

19 DE ENERO. MOSCÚ. Tiútcheva. Me ocupa de manera obsesiva. Resulta incluso irritante, sobre todo porque no es amor, no tiene el encanto del amor. ... Toda la filosofía, incluida la suya, es enemiga de la vida y de la poesía. Mientras más justa es, más general y más fría se vuelve; mientras más falsa, más placentera. Yo no soy un hombre de política, me lo he dicho 1.000 veces. Fui al teatro. *La vida por el zar*,[4] el coro era espléndido. En el club. «Asia»[5] es una porquería.

1858

20 DE ENERO. Me levanté temprano. Estuve pensando y repensando *Tres muertes*, y escribí «El árbol».[6] No salió enseguida. ... Le hablé con sarcasmo a M. Sujotin de K. Tiútcheva. Y no dejo de pensar en ella. ¡Qué canallada! Sin embargo, sé muy bien que deseo apasionadamente su amor, pero no encuentro en mí compasión por ella. ... Hoy estuve hojeando mi diario. Caigo a ojos vistas.

21 DE ENERO. ... Diario, leí el Evangelio y reflexioné y volví a escribir «El árbol». ... K. Tiútcheva ama a la gente sólo porque Dios se lo ha ordenado. En general ella no vale nada. Pero esto no me resulta indiferente, sino desagradable. ...

24 DE ENERO. ... Terminé *Tres muertes*. ...

10, 11, 12 DE FEBRERO. Chicherin[7] dijo que me ama. Después de haber bebido en casa de Chevalier. Se lo agradezco y me siento orgulloso. Él me es muy útil. Pero todavía no siento una fuerte atracción por él.

16 DE FEBRERO. ... Resulta sorprendente que mi amor por el pensamiento se vuelva una barrera entre mis viejos amigos y yo. Es un buen arreglo casarse a los treinta años. Todos los míos me conocen demasiado bien para amarme. De nuevo estuve trabajando en *El degradado*. Parece que terminé, pero volveré a retocarlo. Leí dos cosas excelentes en la *Revue des Deux Mondes*. El artista que decae. El trabajo es la cosa más grande y la más independiente. El trabajo con amor.

17, 18 DE FEBRERO. Modifiqué *Albert* un poco. Y anoté algunas ideas sobre los castigos. Después leí. Leí el *Athenaeum*[8] y la *Revue de Deux Mondes*. Montégut[9] es muy inteligente. Su *Hipocondriac*[10] vale la pena. Corta en lo vivo. *Midsummernight's dream* en inglés y en ruso.¹¹ Grigóriev bien. ... Los pensamientos sobre la proximidad de la vejez me atormentan. Me paso los días enteros mirándome en el espejo. Trabajo perezosamente. Tanto en el trabajo físico como en el intelectual hay que apretar los dientes.

4, 5, 6, 7 DE MARZO. Chicherin me atormenta. Confidencias sobre el amor. Pamplinas sin precedentes. Ayer una velada maravillosa en casa de Tiútcheva. Entre Seriozha y yo hay algo que no sé qué es pero que cojea. Con Vásienka y con Nilólienka tuve hoy una disputa tremenda. *Ellos y nosotros.*¹² Me porté estúpidamente. No sé por qué bebí contra mi voluntad.

8, 9, 10 DE MARZO. Estuve en casa de Tiútcheva, ni una cosa ni otra, me evita. ... Trabajé hasta terminar *El músico*. Chicherin es un heleno, pero es buen tipo.

13 DE MARZO. Comí en casa de los Tolstói. Chicherin y yo nos vemos mucho. Respeto y amo la ciencia. De salud estoy mejor. Nada que hacer en Petersburgo.

14 DE MARZO. ... En el Ermitage Ruisdal [sic], un hermoso Rubens, *El hijo pródigo* con su nuca tosca, y el *Descenso de la cruz.* Murillo no mucho. Steen una maravilla de composición. ...

17 DE MARZO. PETERSBURGO-MOSCÚ. Saltykov. Leí. Su *Idealista*¹³ está bien. Es un talento sano. ...

19 DE MARZO. Por la mañana escribí *Los cosacos.* Ayer y hoy he tenido dolor de dientes. Leí a Sainte-Beuve. Hice gimnasia. Fet. Después de comer escribí un poco, baño de vapor. Cené en el Pechkin con Nikólenka. La conversación giró alrededor de que soy un egoísta. Desagradable y triste. Pero también es culpa mía.

20 DE MARZO. Escribí un poco, pero el dolor de dientes no cede y me distrae. Leí un artículo de Chicherin sobre la industria en Inglaterra.[14] Terriblemente interesante. Desde hace algún tiempo cualquier cuestión adquiere para mí unas dimensiones extraordinarias. Mucho se lo debo a Chicherin. Ahora, frente a cada nueva cuestión o circunstancia, busco—además de las condiciones de la propia cuestión o circunstancia—de forma involuntaria el lugar que le pertenece en lo eterno y lo infinito, su lugar en la historia. Estuve caminando hasta las 4. En casa de Máshenka escribí, y después leí la mitad de *L'Oiseau* y *L'Insect* de Michelet.[15] Terriblemente profundo por momentos y por momentos malísimo.

21 DE MARZO. Los dientes me atormentan. Leí a Michelet. Escribí una nota a Turguéniev. Salí a caminar. Compré un barómetro y papel tapiz. Comí. Escribí un poco. Estoy metido del todo en *Los cosacos*. Lo político excluye lo artístico, ya que lo primero, para demostrar, debe ser unilateral. ... Acabo de leer el juicio de Le (?). Un viejo sin sentido frente al tribunal inglés y un abogado.[16] La revolución que vendrá será una revolución contra las leyes de la razón y de la vida en sociedad.

24 DE MARZO. Me levanté bastante enfermo. ... Terminé de leer *L'Insect*. Edulcorado y fingido. En el *Litterarisches Centralblatt*, un poema en futuro sobre la unificación alemana, Emerson sobre Shakespeare y Goethe;[17] en el *Athenaeum* una discusión sobre el «fondo literario» de Dickens.[18] El cerco de Luknov. Deshumanización de Inglaterra.[19] Comí a las 7, una sopa. Vino mi tía. Le escribí a Alexandrine Tolstaia y leí *Lachapelle Voyage* [sic].[20] Montluc *Commentaires*.[21] Bravo por el gascón. Un poco mejor de salud.

25 DE MARZO. No escribí nada. Leí *L'asino*[22] en el *Athenaeum*. Marco Aurelio, su concepción del universo. Chicherin; discusión sobre las vías férreas y el Cristianismo. ...

26 DE MARZO. Leí un excelente artículo de Kokorev;[23] de Soloviov, los budistas.[24] Estaba de muy buen humor y di un largo paseo, me resfrié y de nuevo tengo dolor de muelas. ...

1.º DE ABRIL. Me levanté a las 10. Chicherin, incómodo con él. Cristo no decretó, sino que reveló la ley moral que para siempre se quedará como la medida del bien y del mal. Fui a casa de Pikulin.[25] Satin.[26] Ellos, los occidentalistas, me evitan. ...

9 DE ABRIL. MOSCÚ-YÁSNAIA POLIANA. Salimos al alba, es primavera. Nuevas alegrías en cuanto sales de la ciudad. Después tuve dolor de muelas. Llegamos de noche a Yásnaia.

11 DE ABRIL. Sueño agitado, una pesadilla y la teoría filosófica de la inconsciencia. Me levanté a las 9. Leí *Centralblatt* y estuve ordenando papeles y libros. Di un paseo, desorden con los caballos, comí solo, leí el *Journal des Débats*. Rigault es un hombre inteligente.[27] No hay religión y, ¿habrá existido la que él exige? ...

12 DE ABRIL. Me levanté y salí a caminar. Insulté a Yákov y casi lo amenazo con la policía. Es horrible que esto se deba sobre todo a los dientes. En casa leí a Wiseman sobre los papas León XII y Pío VIII.[28] Escribí un poco. Durante la comida leí *Scenes de la vie américaine*.[29] Sería interesante escribir una crítica de la novela francesa en general. Está escrito con riqueza de contenido, pero con negligencia. ...

20 DE ABRIL. Un día espléndido, los brotes comienzan

a salir y la última nieve se está fundiendo. Con tristeza y placer disfruté de la naturaleza... Una lechuza pasó volando agitando las alas una o dos veces, luego con más frecuencia hasta que se posó.

21 DE ABRIL. Un día maravilloso. Las mujeres campesinas sentadas en el jardín y al lado del pozo. Estoy poseído... Carta de Chicherin. Hay algo que no está bien.[30] ...

26 DE ABRIL. ... Estuve trabajando un poco en *El cordón*.[31] Muchas ideas nuevas. Una visión cristiana. Toqué alrededor de tres horas tres acordes en sextas acompañando a los ruiseñores: un deleite. Recibí carta de Alexandrine sobre las *Tres muertes*.

27, 28, 29, 30 DE ABRIL. ... Estos días he estado leyendo a Macaulay[32] y los periódicos. No, la historia es fría para mí. Ayer releí mi diario del Cáucaso. Fue un error imaginar que allá fui un chico encantador. Todo lo contrario y, sin embargo, como pasado, está muy bien. Me recordó muchas cosas para mi novela caucasiana. En la novela llegué hasta la segunda parte, pero está todo tan embrollado que hay que empezar de nuevo o escribir bien la segunda parte.

10, 11, 12, 13 DE MAYO. Maravilloso día de la Trinidad. El cerezo aliso medio marchito entre unas toscas manos obreras; la voz entrecortada de Vasili Davydkin.[33] Vi de modo fugaz a Aksinia.[34] Es muy hermosa. Todos estos días esperé en vano. Hoy en el gran bosque viejo, la nuera, soy un imbécil. Una bestia. El bronceado cobrizo del cuello. ... Estoy enamorado como nunca antes en la vida. No pienso en otra cosa. Me atormento. *Mañana todas mis fuerzas.*

14 DE JUNIO. Todo el día en los campos. La noche es maravillosa. Una niebla blanca de rocío. A través de ella los árboles. La luna detrás de los abedules y un rascón; ya no hay ruiseñores.

15, 16 DE JUNIO. ... Poseí a Aksinia...; pero estoy cansado de ella.

DEL 16 DE JUNIO AL 19 DE JULIO. No escribo, no leo, no pienso. Estoy inmerso en la hacienda. La batalla está en su apogeo. Los campesinos tantean el terreno, se resisten. Los Grumant se muestran hoscos, pero guardan silencio. Tengo miedo de mí mismo. Un sentimiento de venganza que antes ignoraba está comenzando a hablar en mí; y de venganza contra la comunidad campesina. Temo la injusticia...[35] Mi talento es *la envidia*. ...

15 DE SEPTIEMBRE. MOSCÚ. He envejecido mucho, me he cansado de vivir este verano. Con frecuencia me pregunto: ¿qué amo? Nada. Positivamente nada. Una situación así es miserable. No existe la posibilidad de ser feliz en la vida; pero en cambio es más fácil ser plenamente un hombre espiritual, un «habitante de la tierra, pero ajeno a las exigencias físicas». Estoy en Moscú. El asunto me retendrá una semana. Vi a Korsh y a Tiútcheva. Habría estado casi listo para casarme tranquilamente con ella sin amor; pero se esmeró en recibirme con frialdad. La sobrina de Turguéniev dijo la verdad. Es difícil encontrar un ser más horroroso. Mi enfermedad me atormenta moralmente. Le prometí a Korsh una descripción del verano, pero lo limitado de la tarea me repugna. ...

15 DE SEPTIEMBRE. MOSCÚ. ... No se puede no amar a la gente: son todos, *somos todos* tan dignos de compasión. Tan terriblemente dignos de compasión. La descripción del verano no funcionará. Mañana volveré a casa.

1858

17 DE SEPTIEMBRE. ... Comí en casa de los Bers. ¡Las niñas son encantadoras![36]...

27 DE NOVIEMBRE. No, me he abandonado hasta un punto imposible. La hacienda es una ocupación burda. Hoy Rezun[37] mintió, yo monté en cólera y por vil costumbre ordené: látigo. Esperaba que viniera. Envié a alguien a detener los azotes, pero no llegó a tiempo. Le pediré perdón. No reprenderé a nadie sino hasta después de transcurridas dos horas. Le pedí perdón, le di 3 rublos, pero me remordía la conciencia. Ayer escribí espléndidamente *El secreto*.[38] ...

7, 8, 9, 10, 11, 12, 13 DE DICIEMBRE. MOSCÚ. ... Hoy, día 13, estoy en Moscú. La literatura que pude intuir ayer en casa de Fet me resulta insoportable. Es decir, pienso que, debido a que comencé mi carrera literaria en las condiciones más halagüeñas posibles de una alabanza general, que se ha mantenido durante dos años en los que he ocupado casi el primer lugar, no quiero conocer la literatura sin estas condiciones, me refiero a la literatura del exterior, y alabado sea Dios. Hay que escribir sin ruido, con tranquilidad, sin tener como objetivo publicar. ...

23 DE DICIEMBRE. Llegué a Moscú con los niños. No conseguí la renovación de la hipoteca. Se necesita dinero por todos lados. Fui a cazar osos, el 21 maté uno; el 22 otro me mordió.[39] Dilapidé mucho dinero.

1859

1.º DE ENERO. MOSCÚ. Todo este tiempo he estado trabajando y hoy también. Todavía me duele la cabeza.[1] Debo casarme este año o nunca. El primer día del año transcurrió en demasiada calma. No vi absolutamente a nadie. Estuve dedicado a un trabajo insignificante.[2]

16 DE FEBRERO. Todo este tiempo he estado trabajando en la novela y ha avanzado mucho, aunque no en papel. Lo he modificado todo. Un poema. Estoy muy contento de lo que tengo en la cabeza. La trama está irrevocablemente lista. Casi no he salido a ningún lado. Ayer hice mi primera visita al príncipe Lvov.[3] Hace dos días había pasado la tarde con él en casa de Gagarin y volví a casa enamorado de las dos.[4] Por la noche no dormí. ... Hoy estoy tranquilo. Estoy trabajando. Mi salud no está bien: el estómago y *los nervios.* Tuve un sueño: fresas, una alameda, ella, de inmediato reconocible, aunque nunca antes vista, y el Chapyzh[5] lleno de hojas frescas de roble sin una sola ramita u hoja seca.

19 DE FEBRERO. ... En la vida y en el arte se necesita concentración en uno mismo. ...

9 DE MAYO. YÁSNAIA POLIANA. Hace ya una semana que estoy en la aldea. La hacienda va mal y me resulta odiosa. Recibí *La felicidad conyugal.*[6] Es una porquería vergonzosa. Me estoy volviendo repugnantemente frío con respecto a todo. De Aksinia me acuerdo sólo, con asco, de sus hombros. Feuillet tiene un talento enorme.[7] Siento tristeza por mí mismo. Este año mi corazón guarda enorme silencio en relación con todo. Ni siquiera hay tristeza. Sólo la necesidad de trabajar y olvidar. Pero olvidar ¿qué? No hay nada que olvidar. Olvidar que vivo. Hoy recé y quiero obligarme a trabajar con regularidad y a hacer aunque sea un poco de bien. ...

28 DE MAYO. Ayer me corté el pelo e incluso eso me parece un signo de renacimiento. No estoy contento conmigo mismo. El orden de mi vida se ha descompuesto. ...

2 DE OCTUBRE. Un verano de hacienda, de hipocondría, de desorden, de amargura, de pereza. Masha se hizo construir una casa y se mudó.

9 DE OCTUBRE. Desde el 28 de mayo hasta el día de hoy he estado en la aldea. Desordenado, irritable, aburrido, desesperanzado y perezoso. Me he ocupado de la hacienda, pero mal y poco. Continúo viendo a Aksinia *exclusivamente*. Masha se mudó de mi casa a su propia casa, y estuve a punto de pelearme con ella para siempre. Golpeé dos veces a un hombre durante el verano. El 6 de agosto fui a Moscú y comencé a soñar con la botánica. Por supuesto sólo es un sueño, una chiquillada. Estuve en casa de los Lvov; cada vez que me acuerdo de esa visita, aúllo. Por un momento decidí que era el último intento de matrimonio;[8] pero eso también es una chiquillada. ... Y aquí estoy en casa, por alguna razón me encuentro tranquilo y seguro de mis planes de silencioso perfeccionamiento moral. Que sea lo que Dios quiera. ...

11 DE OCTUBRE. Mi estado moral empeora día a día, y casi he entrado en la rutina del verano. Trataré de reaccionar. Leí *Adam Bede*.⁹ Intensamente trágico, aunque inexacto y lleno de un solo pensamiento. Nada de todo eso hay en mí. Los caballos van de mal en peor. Me enojé con Lukián.

12, 13 DE OCTUBRE. No estaba enojado, pero tampoco trabajé. Leí a Rabelais. Vino Aksinia. ...

14, 15, 16 DE OCTUBRE. POR LA MAÑANA. Tuve un sueño: el crimen no es una acción particular, sino una actitud particular frente a las condiciones de la vida. Matar a la propia madre puede no ser un crimen, pero comerse un pedazo de pan puede serlo y el más grande. ¡Fue fantástico despertarme por la noche con este pensamiento! ...

1860

1.º DE FEBRERO. YÁSNAIA POLIANA. Anoche tuve insomnio hasta las 5 de la mañana. Leí sobre la *dégénérescence de l'espèce humaine* y sobre lo que tiene de físico el grado supremo de evolución de la inteligencia. Yo estoy en ese grado. Maquinalmente recordé la plegaria. ¿A quién rezar? ¿Qué es un Dios que uno se representa con tanta claridad que puede pedirle cosas y comunicarse con Él? Si me lo llego a imaginar así, pierde para mí toda grandeza. Un Dios al que uno puede pedirle cosas y al servicio de cualquiera es la expresión de la debilidad de la inteligencia. Es Dios precisamente porque no lo puedo imaginar en todo su ser. Y ni siquiera es un ser, es ley y es fuerza. Que esta página quede como un recuerdo de la fe que tengo en la fuerza de la inteligencia.

1.º DE FEBRERO. El tipo ruso, demasiado puro por falta de contacto con la vida.

22 DE MAYO. Día de la Trinidad. Lluvia. Leí a Auerbach[1] y el *Reineke-Fuchs*.[2] Releí el memorándum: pertinente.[3] Dejé escapar toda la alegría, estoy triste. Hay que amar a todo el mundo, a Filat, y a Iván también, y ser más simple con ellos. Insulté al *stárosta* y a Matvéi.

26 DE MAYO. Tuve un sueño poco usual: pensamientos; mi extraña religión y la religión de nuestra época, la religión del progreso. ¿Quién le ha dicho a un hombre que el progreso es bueno? No es más que la falta de creencia y la necesidad de una actividad consciente, disfrazada de creencia. El hombre necesita ímpetu, *Spannung*,[4] sí.

Me levanté a las 5, yo mismo hice las disposiciones y todo está bien, alegre. Ella no está por ningún lado, la busqué.[5] Ya no es la manera de sentir del ciervo, sino del marido por la esposa. Extraño, intento restablecer el sentimiento antiguo de hartazgo pero no puedo. Una indiferencia invencible por el trabajo es lo que más despierta en mí este sentimiento. Por la tarde estuve a punto de enojarme por el estiércol, pero me puse en pie y comencé a trabajar hasta el agotamiento; todo se arregló y los amé a todos. Sería extraño que esta adoración que siento por el trabajo pasara en vano. ...

[**21 DE JULIO-2 DE AGOSTO [NUEVO ESTILO]. KISSINGEN.**] No he escrito casi nada en dos meses. Hoy es 20 de julio.[6] Estoy en Kissingen.[7] Voy a tratar de volver atrás comenzando por el día de hoy hasta mi salida.

Ayer, **19 DE JULIO**. Leí la *Historia de la Pedagogía*.[8] Lutero es grandioso. Fui a pasear. Los jornaleros trabajan dos veces menos que nuestras campesinas y ganan 20 kopeks diarios. Ignorancia, miseria, pereza, debilidad. Ayer estuve en casa de un pastor americano con motivo de las escuelas. Todo viene del gobierno, y con sus privilegios han aniquilado cualquier concurrencia privada. La enseñanza de la religión: sólo la Biblia sin comentarios ni supresiones.

18 DE JULIO. Estuve dando un paseo con Auerbach.[9] Leí a Raumer.

17 DE JULIO. Visité una escuela. Es horrible. Una oración por el rey, golpes, todo de memoria, los niños aterrados, echados a perder.

16 DE JULIO. Visité una escuela para niños pequeños: igualmente mal. *Lautiermethode*.[10] Conocí a un alemán, un viejo libre-pensador. Estuve en el campo. ...

3 DE AGOSTO DEL NUEVO ESTILO. Leí la *Historia de la Pedagogía*. Francis Bacon. Fundador del materialismo. Lutero reformador en la religión, vuelta a los orígenes. Bacon en las ciencias naturales. Riehl[11] en la política. Conocí a Fröbel.[12] Aristócrata, liberal. Riehl es un parlanchín. El arte no puede dar nada cuando es consciente.

4 DE AGOSTO. Leí a Riehl y a Herzen,[13] una inteligencia dispersa, un amor propio enfermizo; pero la amplitud, la habilidad, la bondad y la elegancia son rusas. Fui de cacería. Escribí a casa.

5 DE AGOSTO. Montaigne fue el primero en expresar con claridad la idea de la libertad de la educación. También en la educación lo principal es la igualdad y la libertad.

6 DE AGOSTO. Leí el *Kulturgeschichte* de Riehl. Lo que domina es el juego de palabras erudito. Olvida el arte. La *Volkskunde*[14] está compuesta de cantidad de ciencias distintas. Y el arte es un auxiliar, pero autónomo. Riehl no es un artista y quiere hacer de su *Volkskunde* una mezcolanza de arte y ciencia. Llegó Seriozha. Ahí está mi sueño. Las peores noticias. Perdió hasta la camisa. Nikólenka está peor.

7 DE AGOSTO. Alcancé a leer un poco de Riehl sobre los calendarios. Tiene razón sobre la significación orgánica de los antiguos calendarios populares y en general sobre la literatura popular salida del pueblo. Pero, ¿dónde está el lugar de Auerbach? *Intermédiare* entre el pueblo y la clase instruida. Soñé con la abolición de las ruletas. ...

1860

12 DE AGOSTO. La situación de Nikólenka es espantosa. Tiene una gran inteligencia, claridad. Y deseos de vivir. Pero no tiene energía vital. ...

13 DE AGOSTO. Nikólenka se fue. No sé qué hacer. Máshenka está mal y él también. Y yo no puedo hacer nada. ...

14, 15, 16 DE AGOSTO. ... La idea de una pedagogía experimental me tiene muy excitado, pero no pude dominarme, hablé de ella y con eso la debilité. ...

23 DE AGOSTO. Tuve un sueño en el que estaba vestido de campesino y mi madre no me reconocía. ...

24 DE AGOSTO. Leí a Riehl. El conservadurismo es imposible. Se necesitan ideas más generales que las de los organismos de Estado: una idea de la poesía y esa no la puedes encontrar ni en América ni en la nueva Europa en formación. Todo el día tuve miedo por mi pecho.

29 DE AGOSTO. SODEN-FRANKFURT. ... Nikólenka está de buen humor. Basta ya de esperar de la vida regalos inesperados, es hora de hacer uno mismo la vida.

13-25 DE OCTUBRE. HYÈRES. Hace casi un mes que Nikólenka murió.[15] Este suceso me arrancó de cuajo de la vida. De nuevo la pregunta: ¿para qué? No está lejos mi partida hacia allá. ¿Adónde? A ningún lado. Intento escribir, me obligo, y no lo consigo sólo porque no puedo atribuirle al trabajo la importancia que hay que atribuirle para tener la fuerza y la paciencia de trabajar. Durante el funeral mismo me llegó la idea de escribir un evangelio materialista, la vida de un Cristo materialista. ... La muerte de Nikólenka es la impresión más fuerte de mi vida. Marseille. La escuela no está en las escuelas, sino en las revistas y en los cafés.

1860

28 DE OCTUBRE. Domingo. La única forma de vivir es trabajar. Para trabajar hay que amar el trabajo. Para amar el trabajo, este debe ser atractivo. Para que sea atractivo, debe estar hecho en parte y bien. *Cercle vicieux*; pero qué hacer. Cartomancia, irresolución, ocio, tristeza, ideas sobre la muerte. Hay que salir de esto. Un único medio. Hacer un esfuerzo y sobreponerse para poder trabajar. ...

10 DE NOVIEMBRE. En diez años no he tenido una riqueza de imágenes ni de ideas como durante los últimos tres días. No escribo a causa de la abundancia.

12 DE NOVIEMBRE. Un muchachito de trece años murió de tuberculosis en medio de horribles sufrimientos. ¿Por qué? La única explicación es dada por la fe en el desquite en una vida futura. Si esa fe no existe, entonces tampoco existe la justicia y no hay necesidad de justicia, y exigir justicia es una superstición.

13 DE NOVIEMBRE. La justicia constituye una exigencia esencial del hombre con el hombre. El hombre busca esa misma relación en su relación con el mundo. Sin una vida futura la justicia no existe. Racionalidad, la única ley inmutable de la naturaleza, dirán los naturalistas. Ella no existe en las manifestaciones del alma humana: en el amor, en la poesía, en las mejores manifestaciones. No existe. Todo esto existió y dejó de existir, con frecuencia sin haberse expresado. La naturaleza ha excedido su objetivo dándole al hombre la necesidad de poesía y de amor, si su única ley es la racionalidad.

1861

1-13 DE ABRIL. WEIMAR. Es difícil anotar ahora lo que ha pasado en estos cuatro meses: Italia, Niza, Florencia, Livorno. Intento de escribir Aksinia.[1] Nápoles. La primera impresión viva de la naturaleza y de la antigüedad—Roma—el regreso al arte—Hyères—París—acercamiento con Turguéniev—Londres—nada—repugnancia por la civilización. Bruselas—dulce sentimiento de estar en familia; carta sobre Kátienka[2] a Máshenka—Eisenach—el viaje—pensamientos sobre Dios y la inmortalidad. Dios ha sido restaurado—esperanza en la inmortalidad. La primera y la segunda noche en Eisenach—el llanto de un niño enfermo—el reloj—balbuceo. Weimar—una joven—*Liebes gutes Kind, sie sind irre.*[3] El Landmann del maestro. Tröbst.[4] El duque.[5]

3-15 DE ABRIL. IENA. Insomnio desde anoche. Educación e instrucción: no lo estoy solucionando pero veo con mayor serenidad la enseñanza alemana. ... Los libros de Zenker[6] y de Stoy.[7] Alemania es la única que ha elaborado una pedagogía a partir de la filosofía. Una Reforma de la filosofía. Inglaterra, Francia, Estados Unidos la han imitado.

16 DE ABRIL. WEIMAR. ... La tarea de la escuela no es *Wissenschaft beibringen,* sino *die Achtung und die Idee der Wissenschaft beibringen.*[8] Con este pensamiento me dormí tranquilo. Durante el camino también pensé, mientras lanzaba piedrecitas, en el arte. ¿Se puede tener como

Lev Tolstói. Fotografía de I. Geruzé. Bruselas, 1861.

objetivo único las situaciones y no los caracteres? Parece ser que se puede y es lo que yo he hecho, en lo que he tenido éxito. Sólo que no es un objetivo general, sino el mío.

17 DE ABRIL. Me levanté a las 8. Al *Kindergarten*. El dibujo geométrico y el trenzado son tonterías. Las leyes del desarrollo del niño son inaprehensibles. Aprenden de memoria lo que no es suyo y lo suyo no lo entienden. Dibujan palitos y lo que vagamente imaginan como un círculo. Y no se les puede enseñar la continuidad porque todo es nuevo. La continuidad de las ideas es la fuerza de renunciar *a todo aquello de lo que no* quieres ocuparte. Bidermann no es tonto, pero es un sabio y un literato, de quien una parte reside ya en su libro y no en él.[9] Yo, salvo *Infancia*, todavía estoy todo en mí mismo y por eso los veo tan holgadamente desde arriba. ...

9-21 DE ABRIL. BERLÍN. ... ¡ ¡ ¡ ¡ ¡ Auerbach ! ! ! ! !¡[10] ¡Qué hombre encantador! *Ein Licht mir aufgegangen.*[11] Sus relatos sobre *el jurado*, sobre la primera *impresión de naturaleza* de *Versöhnungs-Abend*,[12] sobre Klauser,[13] *pastor del Cristianismo*. Como espíritu de la humanidad, no hay nada por encima de él. *Lee poesía* admirablemente. Sobre música, como *pflichtloser Genuus.*[14] El cambio, en su opinión, es hacia la depravación. Su relato del *Schatzkästlein.*[15] Tiene 49 años, es franco, joven, creyente. No es un poeta de la negación.

[12-24 DE ABRIL.] 12 DE ABRIL, VIEJO ESTILO. La frontera.[16] Buena salud, buen humor, impresión de Rusia aún imperceptible.

6 DE MAYO. YÁSNAIA POLIANA. No he escrito en unos diez días. ... Fui a Tula, hablé mucho y empiezo a sentirme orgulloso y por lo tanto estúpido. ... Olvidé el día tan

Niños campesinos en el porche de la escuela rural de Yásnaia Poliana. Fotografía tomada hacia la segunda mitad del s. XIX.

agradable en casa de los Bers, pero con Liza *no me atreveré a casarme*.[17] ...

7 DE MAYO. Leí los estatutos con los campesinos[18] y nada más. ...

12 DE MAYO. Hice una solicitud oficial concerniente a la escuela.[19] Soy un maestro de parroquia. Los he atormentado con la gimnasia. Las clases en el jardín son maravillosas. Llegué a casa y tuve muchas ganas de escribir *El cosaco*. ...

25 DE JUNIO. Una disputa notable con Turguéniev, definitiva; *es un canalla* acabado, pero pienso que con el tiempo no soportaré el distanciamiento y acabaré perdonándolo.[20] ...

22 DE SEPTIEMBRE. MOSCÚ. Estoy en Moscú. Sobre Turguéniev tenía razón. Quería escribirle una carta pidiéndole disculpas, pero por alguna razón no lo he hecho. Tengo mucho trabajo por delante. Eso me sostiene. Liza Bers me tienta, pero eso no se llevará a cabo. El sólo cálculo no es suficiente y no hay sentimiento.

23 DE SEPTIEMBRE. Le escribí una carta a Turguéniev.[21]
...

8 DE OCTUBRE. YÁSNAIA POLIANA. Ayer recibí una carta de Turguéniev en la que me culpa de andar contando por ahí que es un cobarde y de difundir copias de la carta que le escribí.[22] Le respondí que todo esto es absurdo, y además le envié una carta: usted califica mi conducta de infame, hace poco quiso darme una bofetada, pero yo me declaro culpable, le pido perdón y rehuso batirme en duelo. ...

5 DE NOVIEMBRE. ... Me siento bien y estoy en forma para escribir. No sé qué pasará mañana. ¿Será una buena disposición general del momento o solamente el funcionamiento regular de la bilis?

6 DE NOVIEMBRE. Por la mañana escribí el *Diario*,[23] bastante bien. Hay mucho material. ...

1862

20 DE MAYO. En el barco.[1] Siento como si de nuevo renaciera a la vida y a la conciencia de la vida.

... La idea de lo absurdo del progreso me persigue. Con un hombre inteligente y con uno estúpido, con un anciano y con un niño no hablo de otra cosa. Escribí un artículo hablando de ello en el número 6 de *Yásnaia Poliana*.[2] ...

23 DE AGOSTO. MOSCÚ. Estoy en Moscú. Llevo dos días sin comer, los dientes me torturan; pasé la noche en casa de los Bers. ¡Es una criatura! ¡Lo parece! ¡Qué confusión tan grande![3] ¡Oh, si tan sólo pudiera alcanzar una posición clara y honesta! ... Envié una carta al Soberano.[4] ... Tengo miedo de mí mismo, qué pasaría si esto no fuera amor sino el deseo del amor. Intento ver sólo sus lados débiles, y con todo, ahí está. ¡Es una criatura! Lo parece.

24 DE AGOSTO. Me levanté sintiéndome bien de salud y con la cabeza particularmente despejada, escribí bien, pero el contenido es pobre. Después me sentí tan triste como hacía mucho tiempo no me sentía. ¡No tengo amigos, ni uno! Estoy solo. Tenía amigos cuando estaba al servicio de Mammon, y ahora que sirvo a la verdad, no tengo ninguno. Fui a ver a mi tía. Tampoco las viejitas viven de modo sencillo sino en el hervidero de una vida complicada con todos los refinamientos. ... Pienso menos en Sonia,[5] pero cuando pienso, me siento bien.

26 DE AGOSTO. Fui a casa de los Bers a pie; tranquilo, acogedor. Risas de muchachas jóvenes. Sonia no estaba bonita, estuvo vulgar, pero me interesa. Me dio a leer un relato.[6] ¡Qué energía de verdad y de simplicidad! La atormenta la falta de claridad. Lo leí todo sin sentir opresión, sin un solo signo de celos o de envidia, pero eso del «físico extraordinariamente poco atractivo» y la «versatilidad de juicios» me llegó hasta lo más hondo. Me tranquilicé. Todo esto no tiene nada que ver conmigo. El trabajo y nada más que la satisfacción de las necesidades.

28 DE AGOSTO. Cumplo treinta y cuatro años. Me levanté con el hábito de la tristeza. … Pacaud con un ramo de cartas y de flores. … Trabajé un poco, escribí inútilmente por iniciales a Sonia.[7] … Una noche dulce, reconfortante. Asco de tipo, no pienses en el matrimonio, tu vocación es otra, y ya te ha sido dado mucho.

29 DE AGOSTO. … Escribí mal. Si dejas de lado lo esencial lo que queda es pura palabrería. Comí en casa. Fui a ver a Bers y con él a Pokróvskoie.[8] Está bien, está bien, me callo…[9] No es amor como antes, no son celos, ni siquiera es piedad, aunque se parece, sino algo dulce: un poco de esperanza (que no debería haber). Cerdo. Un poquito, como de piedad y de tristeza. Pero una noche prodigiosa y un sentimiento bueno, dulce. Me hizo analizar su escritura. Me sentí muy incómodo. Ella también. Hubo una escena en su casa. Todo era poco natural. Popov[10] es extraordinariamente inteligente y agradable. Me siento triste, pero bien. Máshenka dice: no haces sino esperar. ¡Cómo no esperar!

30 DE AGOSTO. Por la mañana trabajé. Me interrumpió Timiriázev[11]. … Comí en casa, hice una siesta y luego fui a casa de los Bers. P.[12] no me hace tener celos de Sonia; y sin

Las hermanas Sofía Bers (1844-1919) y Tatiana Bers (1846-1925). 1861.

embargo no consigo creer que no sea yo. Parecería que ha llegado el momento, pero es de noche. Ella también habla con tristeza y con calma. Damos un paseo, la pérgola, estamos en casa después de la cena ... sus ojos, ¡pero es de noche! Estúpido, no tiene nada que ver contigo, y sin embargo estás enamorado, como de Sóniechka Koloshina y de A.,[13] nada más. Pasé la noche en su casa, no podía dormir, todo el tiempo ella. «Usted nunca ha amado»—dice ella—, y a mí me hace gracia y me siento contento.

31 DE AGOSTO. Y por la mañana ese mismo sentimiento dulce y la plenitud de la vida amorosa. Escribí. ... Alguien habló y me pareció que era su voz. Se asienta fuerte el tercero y último [amor]. Nada que ver contigo, viejo diablo. ¡Escribe artículos críticos! Comencé a escribirle a ella. Me interrumpieron, y mejor. ...

3 DE SEPTIEMBRE. ... Nunca me imaginé mi futuro con una mujer con tanta claridad, tanta alegría y tanta serenidad como ahora. ... Lo más importante es que parece tan sencillo, tan a tiempo, sin pasión, ni miedo, ni un segundo de arrepentimiento.

7 DE SEPTIEMBRE. Se lo conté a Vásienka y me sentí mucho más tranquilo. Vásienka es lamentable; siente de manera muy superficial y al mismo tiempo anticuada. Hoy estoy solo en casa y puedo pensar con cierta amplitud sobre mi situación. Debo esperar. Dublitski, no te metas donde están la juventud, la poesía, la belleza, el amor. Allí, hermano, hay cadetes. Te emborrachaste con Vásienka, y los dos estuvieron roncando recostados uno frente al otro, eso es lo tuyo. Tonterías. Un monasterio, el trabajo, eso es lo tuyo, desde una altura desde la que puedas ver con calma y con alegría el amor y la felicidad de los otros; yo estuve en ese monasterio y volveré. Sí.

Mi diario no es sincero. *Arrière-pensée* que ella estaría a mi lado, que se sentaría conmigo y leería y... y que es para ella.

8 DE SEPTIEMBRE. Por la mañana Auerbach con el artículo de su esposa. ... Al final fui a comer a casa de los Bers. Andréi Evstáfievich estaba en su habitación, como si yo le hubiera robado algo. Tániechka seriamente severa. Sonia abrió y parecía haber adelgazado. Para mí en ella no hay nada de todo lo que siempre ha habido en las otras mujeres, algo de lo convencionalmente poético y cautivador y, sin embargo, me atrae de una manera irresistible. (Fui con Sasha a dar una vuelta por la aldea: una joven, una campesina coqueta, ¡ay!, me interesó.) Liza parece adueñarse de mí tranquilamente. ¡Dios mío! Qué elegantemente desdichada sería si fuera mi mujer. Por la tarde se demoró mucho en darme la partitura. Yo estaba furioso.

Sonia se adueñó del papel de Tatiana Bers, y eso me pareció un signo alentador. Por la noche dimos un paseo.

9 DE SEPTIEMBRE. Se ruboriza y se turba. Oh, Dublitski, no sueñes. Vinieron Pacaud y Sasha, comí, dormí. Me puse a trabajar, pero no lo consigo. En vez de trabajar le escribí una carta, que no le voy a enviar. *No puedo, no puedo* irme de Moscú. Escribo sin segundas intenciones para mí y no trato de hacer ningunos planes. Me parece como si llevara un año viviendo en Moscú.

No dormí hasta las 3 de la mañana. Como un adolescente de 16 años soñaba y me atormentaba.

[10 DE SEPTIEMBRE.] Me desperté el **10 DE SEPTIEMBRE** a las 10, cansado por la agitación nocturna. Trabajé sin ganas y, como un escolar que espera el domingo, esperé la tarde. Fui a dar una vuelta. A casa de los Perfíliev. Praskovia Fiódorovna es una tonta. Fui a Kuznetski Most y al Kremlin. Ella no estaba. Estaba en casa de los jóvenes Gorskin. Volvió severa, seria. Y yo volví a irme sin esperanza y más enamorado que antes. *Au fond* persiste la esperanza. Es necesario, indispensable deshacer este nudo. A Liza empiezo a odiarla además de compadecerla. ¡Dios! Ayúdame, enséñame. De nuevo una noche de insomnio y de tortura, lo presiento, yo, que siempre me río de los sufrimientos de los enamorados. De lo que te ríes, de eso te vuelves esclavo. Cuántos planes he hecho para hablar con ella, con Tániechka, y todo en vano. Comienzo a odiar a Liza con toda mi alma. Dios, ayúdame, enséñame. Virgen, ayúdame.

11 DE SEPTIEMBRE. Desde la mañana escribí bien. El sentimiento sigue igualmente fuerte. Todo el día como ayer.

No me atreví a ir a su casa. ... Hablé con Vasia.[14] Sólo Dios puede ayudarme. Eso Le pido. ... No hay nadie para mí. Estoy cansado. Tengo un cierto malestar físico.

1862

12 DE SEPTIEMBRE. Todo el día estuve deambulando y en la gimnasia. Comí en el club. Estoy enamorado como no pensé que pudiera estarlo. Estoy loco, acabaré por pegarme un tiro si esto sigue así. Estuve en su casa por la tarde. Ella es encantadora en todos los aspectos. Y yo soy el repugnante Dublitski. Debí estar atento antes. Ahora ya no puedo detenerme. Seré Dublitski, de acuerdo, pero el amor me hace hermoso. Sí. Mañana por la mañana iré a su casa. Hubo momentos, pero no los aproveché. No me atreví, simplemente había que hablar. Tengo tantas ganas de volver ahora mismo y decirlo todo delante de todos. Dios, ayúdame.

13 DE SEPTIEMBRE. ... Todos los días pienso que no puedo seguir sufriendo y al mismo tiempo siendo tan feliz... Y cada día me vuelvo más insensato. De nuevo salí con tristeza, arrepentimiento y felicidad en el alma. Mañana iré, en cuanto me levante, y lo diré todo o me pegaré un tiro.

14 DE SEPTIEMBRE. A LAS 4 DE LA MADRUGADA. Le escribí una carta[15], se la daré mañana, es decir, hoy día 14. Dios mío, qué miedo tengo de morir. La felicidad, y tan grande, me parece imposible. Dios mío, ayúdame.

[15 DE SEPTIEMBRE.] 14 DE SEPTIEMBRE. Dormí sólo hora y media pero estoy fresco y terriblemente nervioso. Por la mañana mi sentimiento es el mismo. Fui a casa de Seriozha, nos reímos de la inmortalidad del alma. ... Ella es extraña... no puedo escribir para mí solo. Me parece, estoy seguro de que pronto no tendré secretos para uno solo, sino secretos para dos, ella lo leerá todo. Estuvimos en casa de los Perfíliev. Exhausto a causa de los nervios, me acosté a dormir. Pero dormí poco, 6 horas. Ayer 14 de septiembre, ya estaba más tranquilo. Hoy todavía más. Algo va a pasar.

1862

15 DE SEPTIEMBRE. No se lo dije, pero le dije que tenía algo que decirle. Le conté a Vásienka la muerte de Nikólenka, lloré como un niño. Mañana.

16 DE SEPTIEMBRE. Se lo dije. Ella: sí. Parecía un pajarito herido. No tengo nada que escribir. Estas son cosas que ni se olvidan ni se escriben.

Sofia Bers y Lev Tolstói vestidos de novios. Fotografía de M. B. Tulínov. Moscú, 1862.

17 DE SEPTIEMBRE. Novio, regalos, champaña. Liza es pesada y digna de lástima, debería odiarme. Me besa.

19 DE SEPTIEMBRE. Estoy más tranquilo. Por la mañana dormí. Chicherin, qué aburrimiento. Deambulé sin rumbo, a las 5 y 1/2 en su casa. Ella estaba inquieta. Liza está mejor, por la tarde me dijo que me amaba.

1862

20, 21, 22, 23, 24 DE SEPTIEMBRE. MOSCÚ-YÁSNAIA POLIANA. No entiendo cómo transcurrió la semana.[16] No me acuerdo de nada; sólo del beso junto al piano y de la aparición de Satanás; después los celos por el pasado, las dudas sobre su amor y el pensamiento de que ella está sufriendo un desengaño.

Buenas noticias a propósito del artículo[17] y de la venta de las obras.[18] El día de la boda miedo, incredulidad y el deseo de huir. La solemnidad de la ceremonia. Ella desconsolada. En la carroza. Ella lo sabe todo[19] y es simple. En Biriulevo.[20] Su terror. Algo enfermizo. Yásnaia Poliana. Seriozha demasiado afectuoso, la tía ya está preparando sus sufrimientos. La noche, un mal sueño. No es ella.

25 DE SEPTIEMBRE. En Yásnaia. Por la mañana el café: incómodo. Los estudiantes desconcertados. Di un paseo con ella y con Seriozha. La comida. Ella se ha envalentonado demasiado. Después de la comida dormí, ella escribía. Inconcebible felicidad. Y de nuevo está escribiendo a mi lado. No puede ser que todo esto termine con la vida.

26, 27, 28, 29, 30 DE SEPTIEMBRE. En Yásnaia. No me reconozco. Todos mis errores me resultan claros. La amo igual que antes o quizá más. No puedo trabajar. Hoy hubo una *escena*. Me dio tristeza que entre nosotros todo sea como entre los demás. Se lo dije, me ofendió en mi sentimiento por ella, me eché a llorar. Es un encanto. La quiero todavía más. Pero, ¿no hay algo falso?

1.º DE OCTUBRE. Cumplimos nuestra palabra. Una mañana espléndida. Gestiones de la hacienda. ... Después de comer escribí cartas. Ella no quiere escribir a las tías de la corte, lo presiente todo. Me despedí de los estudiantes y del pueblo.[21]

Lev Tolstói. En el margen superior izquierdo se lee: «Me he fotografiado a mí mismo.» Yásnaia Poliana, 1862.

2, 3, 4 HASTA EL 14 DE OCTUBRE. Hemos vuelto a tener dos enfrentamientos: 1, porque yo fui rudo y 2, por su «n».²² La amo cada vez más y más, aunque con un amor distinto; ha habido momentos lamentables. Hoy escribo porque me falta el aliento de tan feliz que soy. ...

1862

15 DE OCTUBRE. Todo este tiempo me he dedicado a asuntos de esos que suelen llamarse prácticos, únicamente. Pero comienza a hacérseme pesado este vacío. No puedo respetarme. Y por lo tanto no estoy contento conmigo mismo ni tengo claridad en mis relaciones con los demás. Decidí poner fin a la revista, a las escuelas también, creo. Estoy constantemente descontento con mi vida e incluso con ella. *Es indispensable trabajar...*

19 DE DICIEMBRE. Un mes más de felicidad. Lo único malo es Stelovski, el error que cometí con respecto a él. Ahora hay un período de tranquilidad en lo que se refiere a mis sentimientos por ella. Trabajo con ahínco pero, creo, son tonterías. Terminé *Los cosacos*, la primera parte.

Los rasgos de mi vida actual son la plenitud, la ausencia de sueños, de esperanzas, de conciencia de mí mismo; pero en cambio miedo, arrepentimiento de mi egoísmo. Los estudiantes se van, y me dan lástima. Mi tía ha adquirido una nueva expresión de vejez que me enternece.

22 DE DICIEMBRE. Extraño estado de ensoñación, como dice mi esposa, y sin embargo tengo mucha energía: no fumo. Los estudiantes están enojados porque se sienten en deuda y son culpables ante mis ojos. Y a mí me da pena este elemento ajeno a cualquier condición.

27 DE DICIEMBRE. MOSCÚ. Estamos en Moscú. Como siempre pagué el tributo con mi mala salud y mi mal humor. Estaba muy descontento con ella, la comparaba con otras, estuve a punto de arrepentirme, pero sabía que era pasajero y esperé, y pasó. Hubo un desencuentro a propósito de la muñeca, ella quería hacer gala de su simplicidad hacia mí. Ahora lo hemos superado. Fuimos al teatro, tampoco salieron bien las cosas *para ella*. Tengo miedo del padre. Liubov Alexándrovna es amable. Constantemente observo a Tania. De los literatos, salvo a Fet, no he visto a nadie ni veré.

30 DE DICIEMBRE. Un sinfín de ideas, hasta tal punto tengo ganas de escribir. He crecido enormemente. *¿No tengo envidia? Cómo no envejecer.* Una velada estúpida en casa de los Bers. ... Tania: sensualidad. Sonia me enternece con sus miedos. Esa sola diferencia (?) me resulta dolorosa. La amaré siempre.

1863

3 DE ENERO. MOSCÚ. Sólo hoy empezó a ceder el dolor de muelas. Ella habla de los celos: hay que tener respeto; estoy convencido de que son frases, pero constantemente tengo miedo. El género épico se vuelve el único natural para mí. ...

5 DE ENERO. La felicidad familiar me absorbe íntegramente, pero no es posible no hacer nada. Tengo pendiente lo de la revista. Con frecuencia se me ocurre que la felicidad con sus rasgos particulares se está yendo, y nadie la conoce ni la conocerá, y nadie ha tenido ni tendrá algo similar y soy consciente. ...

La amo cuando por la noche o por la mañana me despierto y veo que me mira y me ama. Y nadie—sobre todo yo—le impide amar como ella sabe, a su manera. Amo cuando se sienta a mi lado, y ambos sabemos que nos amamos como podemos y ella dice: «Lióvochka—y se detiene—, ¿por qué los conductos de la chimenea son tan rectos?» o «¿por qué los caballos tardan tanto en morir?», etcétera. Amo cuando estamos mucho tiempo solos y yo digo: «¿qué hacemos? Sonia, ¿qué hacemos?» Y ella se ríe. Amo cuando se enoja conmigo y de pronto, en un abrir y cerrar de ojos, su pensamiento y su palabra se vuelven ásperos: «déjame, me aburres»; un minuto más tarde ya me sonríe con timidez. Amo cuando no me ve y no sabe que estoy ahí y yo la amo a mi manera. Amo cuando es una niña con su vestido amarillo y adelanta la mandíbula inferior y la lengua,

1863

amo cuando veo su cabeza echada hacia atrás, y su carita seria y asustada, infantil y apasionada, amo cuando...

8 DE ENERO. ... En casa me cuesta estar con ella. Seguramente sin que me haya dado cuenta hay muchas cosas que se han acumulado en mi alma; siento que a ella también le cuesta, pero a mí más, y no le puedo decir nada, no hay nada que decir. Simplemente estoy frío y me aferro ardientemente a cualquier ocupación. *Dejará de amarme.* Estoy casi seguro. Lo único que me puede salvar es que no se enamore de nadie más, y que eso no sea mi culpa. Ella dice que *soy bueno.* No me gusta oírlo, justamente por eso dejará de amarme...

15 DE ENERO. MOSCÚ. Un nuevo diario: aunque de nuevo no tiene nada. Sigo siendo el mismo. Con frecuencia sigo igualmente descontento conmigo mismo y sigo creyendo con la misma fuerza en mí mismo y esperando mucho de mí... ¡Cómo podría no ser feliz! Todas las condiciones de la felicidad convergen para mí. Una sola cosa me falta con frecuencia (todo este tiempo): la conciencia de haber hecho todo *lo que debía* hacer para disfrutar plenamente de lo que me ha sido dado, y devolver a los otros, *a todos,* a través de mi trabajo, lo que me han dado.

Me levanté tarde, estamos en términos amistosos. La última discusión dejó pequeñas secuelas (imperceptibles) o quizá sea el tiempo. Cada discusión así, por insignificante que sea, es una incisión en el amor. El sentimiento momentáneo de pasión, de despecho, de amor propio, de orgullo pasa, pero la más mínima de las incisiones queda para siempre, y queda en lo mejor que hay en el mundo, en el amor. Lo voy a tomar en cuenta y voy a velar por nuestra felicidad, y tú lo sabes. ...

23 DE ENERO. Alguien me dijo, con toda razón, que hago mal dejando pasar el tiempo de escribir. Hace mucho que no me acuerdo de haber sentido en mí un deseo de escribir tan fuerte y tan serenamente seguro de sí mismo. No tengo argumentos, es decir, no hay un argumento que solicite ser escrito especialmente, pero, sea esto un equívoco o no, creo que sabré tratar cualquier argumento que se presente. ... Corregí *Los cosacos*: terriblemente débil. Seguramente al público por eso le gustará. Tuve fiebre, he estado en la ociosidad todo el tiempo y estoy cansado de ella. Con mi esposa las mejores relaciones. Los pleamares y los bajamares no me sorprenden ni me asustan. De vez en cuando, y hoy también, siento miedo porque ella es muy joven y no entiende y no ama muchas cosas en mí y asfixia en ella muchas cosas por mí, e instintivamente carga a mi cuenta todos estos sacrificios. ... El principal cambio en mí en todo este tiempo es que comienzo a amar ligeramente a la gente. Antes era o todo o nada, pero ahora el verdadero lugar del amor está ocupado y las relaciones son más simples. En el teatro, conocidos. Me alegra que ella les guste a todos.

25 DE ENERO. POR LA MAÑANA. ... Antes sólo lo pensaba, pero ahora, casado, me convenzo cada vez más de que en la vida, en todas las relaciones humanas, la base de todo es el trabajo; el drama del sentimiento; el razonamiento, el pensamiento, no sólo no gobierna el sentimiento y la acción, sino que se moldea según el sentimiento. Ni siquiera las circunstancias gobiernan los sentimientos, sino que el sentimiento gobierna las circunstancias, es decir, ofrece una elección entre miles de hechos...

8 DE FEBRERO. YÁSNAIA POLIANA. ... Ella no sabe y no entendería hasta qué punto me transforma, incomparablemente más de lo que yo a ella. Sólo que de manera inconsciente. Conscientemente tanto ella como yo somos impotentes. ...

1863

23 DE FEBRERO. Envié mi artículo,[1] está bien aunque descuidado. He comenzado a escribir.[2] No es eso. Estuve revisando papeles: una multitud de ideas y la vuelta o un intento de vuelta al lirismo. Va bien. No puedo escribir, al parecer, sin una idea previa y sin pasión. *Les Misérables*: fuerte. ...

1.º DE MARZO. ... Recientemente hemos sentido que nuestra felicidad es aterradora. La muerte, y se acabó todo. ¿Realmente es el fin de todo? Dios. Rezamos. Yo quería sentir que esta felicidad no es un azar, sino *Mía*.

3 DE MARZO. ... Todo, todo lo que los hombres hacen, lo hacen según las exigencias de la naturaleza. Y la inteligencia atribuye a cada acto sus causas imaginarias, que para un individuo ella llama convicciones, fe, y para el pueblo (en la historia) *ideas*. Es uno de los errores más antiguos y más perjudiciales. El juego de ajedrez de la inteligencia es independiente de la vida, y la vida de él. La única influencia de este ejercicio es la impronta que recibe de la naturaleza. *Sólo es posible educar físicamente.* Las matemáticas son una educación física. Lo que llamamos abnegación, virtud, es sólo la satisfacción de una predisposición patológicamente desarrollada. El ideal es la armonía. Sólo el arte lo siente. Y sólo el arte verdadero, el que tiene como divisa: no hay culpables en el mundo. ¡Quien es feliz tiene razón! El hombre abnegado es más ciego y más cruel que los otros. ...

24 DE MARZO. La quiero cada día más. Hoy comienza ya el séptimo mes, y experimento un sentimiento que no había experimentado desde hace mucho tiempo, desde el principio, de aniquilamiento frente a ella. Ella es tan imposiblemente pura, buena e íntegra para mí... En estos momentos siento que no la poseo, a pesar de que ella se entrega plenamente a mí. Y no la poseo porque no me atrevo, no me siento digno. Tengo los nervios alterados y por lo tanto no soy *plenamente* feliz. Algo me atormenta. Los celos hacia aquel hombre que podría merecerla del todo. Yo no la merezco.

1.º DE ABRIL. ... Soy un egoísta disoluto. Pero soy feliz. Aquí es donde tengo que hacer un trabajo sobre mí mismo. Y no se necesita demasiado para consolidar esta felicidad: 1) orden; 2) actividad; 3) resolución; 4) constancia; 5) el deseo y el hecho de hacer el bien a todos. Voy a estar atento a estos aspectos.

2 DE JUNIO. Todo este tiempo ha sido para mí un tiempo difícil de somnolencia física y, quizá por esto o de por sí, de somnolencia moral, dolorosa y desesperanzada. Incluso llegué a pensar que carezco de un verdadero interés o pasión (¿cómo es posible?, ¿por qué no?). Pensé que me estoy haciendo viejo y que estoy agonizando, pensé que es terrible que yo no ame. Me sentí aterrado de mí mismo porque mis intereses fueran el dinero o un vulgar bienestar. Fue un adormecimiento momentáneo. Ya desperté, creo. La amo y amo el futuro, y a mí mismo, y mi vida. No se puede hacer nada contra la situación que se ha creado. En lo que parece ser una debilidad puede haber una fuente de fuerza. Estoy leyendo a Goethe y se me amontonan las ideas.

18 DE JUNIO. ¿Dónde está ese yo que yo mismo amaba y conocía y que por momentos emerge íntegro y me alegra y me asusta? Soy pequeño e insignificante. Y soy así desde el momento en que me casé con una mujer a la que amo. Todo lo escrito en este cuaderno es casi una mentira, una falsedad. La idea de que ella está aquí, leyendo lo que escribo por encima de mi hombro, disminuye y desfigura mi verdad. Hoy, una noche insensata y su evidente placer de conversar con Erlenwein[3] y atraer hacia ella su atención de pronto me han elevado hasta mi antigua altura de verdad y de fuerza. Basta con leer esto y decir: sí, ya lo sé, son celos, y con eso tranquilizarme, o hacer cualquier otra cosa para tranquilizarme, para lanzarme de nuevo a la trivialidad de la vida que he detestado desde mi juventud. Y llevo viviendo en ella nueve meses. Es horrible. Soy un jugador y un borracho. Y en un arranque de economía doméstica he perdido nueve irrecuperables meses, que podrían haber sido mejores, y que yo he hecho que fueran casi los peores de mi vida. ¿Qué necesito? Vivir feliz, es decir, ser amado por ella y por mí mismo, y en cambio me detesto por este período. Cuántas veces he escrito: se acabó. Ahora no lo escribo. Dios mío, ayúdame. Permíteme vivir siempre en esta conciencia de Ti y de mi fuerza. Noche insensata. Busco, a pesar mío, la manera de ofenderte. Es horrible y pasará, pero no te enojes, no puedo no amarte.

Debo agregar algo para ella—ella lo leerá—: por ella escribo no la verdad, sino escogiendo de entre muchas cosas lo que para mí no escribiría. Que otro hombre, el más insignificante, pueda resultarle agradable me es comprensible y eso no debe parecerme injusto, por insoportable que sea, porque durante estos nueve meses he sido el más insignificante, débil, insensato y ordinario de los hombres.

Hoy la luna me ha elevado, pero *cómo*, eso no lo sabe nadie. No en vano hoy pensé que la misma ley de la gravedad de la materia hacia la tierra también existe para eso que nosotros llamamos el espíritu, hacia el astro espiritual. La abeja sólo vuela hacia el sol. La abeja reina trabaja y fecunda en la oscuridad, se aparea y juega (lo que nosotros llamamos ociosidad) en el sol. Escribo mañana.

Es la tercera vez que me siento a escribir. Es horrible, terrible, insensato unir la felicidad a las condiciones materiales: mujer, hijos, salud, riqueza. El simple de espíritu tiene razón. Se pueden tener mujer, hijos, salud, etcétera, pero la felicidad no consiste en eso. Señor, apiádate de mí y ayúdame.

5 DE AGOSTO. Ya no escribo para mí solo, como antes, ni para nosotros dos, como hace poco, sino para él.[4] El 27 de junio por la noche ambos estábamos particularmente inquietos. A Sonia le dolía la barriga, no podía estarse quieta, pero pensamos que era a consecuencia de las bayas. Por la mañana se puso peor, nos despertamos a las 5 de la madrugada pues la víspera habíamos decidido que yo iría a recibir a los nuestros. Ella estaba muy acalorada, en bata, y gritaba de vez en cuando, después pasaba, ella sonreía y decía: «No es nada.» Mandé a buscar a Anna por hacer lo único que podía hacer, aunque no creía que fuera necesario. Estaba emocionado y tranquilo, ocupado de los detalles, como sucede antes de la batalla o en el momento de una muerte cercana. Me enojaba conmigo mismo por sentir tan poco. Quería ir a Tula y hacerlo todo con más cuidado.

Nos fuimos Tania, Sasha y yo; era una situación poco natural. Yo estaba tranquilo, pero no me lo permitía. En Tula me extrañó que Kopylov quisiera, como siempre, hablar de política, que los farmacéuticos sellaran cajitas. Emprendimos el regreso con Maria Ivánovna (la comadrona de Seriozha). Llegamos a la casa y no había nadie. Mi tía, que en un principio no había querido que fuera y que tenía miedo, salió a mi encuentro perturbada, excitada, asustada, con ojos buenos. ¿Qué pasó? ¡Qué amable eres, *mon cher*, de haber vuelto! Los dolores habían comenzado. Entré. Querida, ¡qué hermosa estaba con esa expresión de seriedad, honestidad, fuerza y emoción! Estaba en bata, la tenía abierta, llevaba puesta una chaquetita tejida, sus cabellos negros enredados, el rostro enfebrecido, salpicado de manchas rojas, sus grandes ojos ardientes; caminaba, me miraba. «¿Las trajiste?» «Sí.» «¿Y?» Terribles dolores. Anna Petrovna no está, está Aksinia.⁵ Me besó sencillamente, serenamente. Mientras nos ocupábamos de todo, volvió el dolor. Se agarró a mí. La besé del mismo modo que lo había hecho esa mañana, pero ella no pensaba en mí y había en su rostro algo serio, severo. Maria Ivánovna entró con ella en la recámara y luego salió. Había comenzado el parto, anunció en voz baja con solemnidad y una alegría velada, como la que experimenta una actriz beneficiada cuando se levanta el telón. Iba y venía, se entretenía junto a los armarios, preparaba cosas para ella, se ponía en cuclillas y sus ojos ardían con serenidad y solemnidad. Volvió a tener unas cuantas contracciones y cada vez la sostenía yo y sentía cómo temblaba su cuerpo, se tensaba y se contraía, y la impresión que me producía su cuerpo era otra, una muy distinta de la que me había producido antes y durante el matrimonio. En los intervalos corría de aquí para allá, me ocupaba de poner en su habitación el diván en el que yo nací, etcétera, y todo el tiempo había en mí la misma sensación de indiferencia, de reproche hacia ella y de irritación. Quería hacerlo todo más rápido, resolver más cuestiones y mejor. La acostaron, ella misma ideaba... (No terminé esto y no puedo seguir escribiendo ahora sobre los sufrimientos actuales.)

Su carácter empeora día con día, reconozco en ella a Pólienka y a Máshenka con sus gruñidos y sus campanillas enfurecidas. Es cierto que esto sucede en los momentos en que se siente peor; pero su injusticia y su sereno egoísmo me asustan y me atormentan. Oyó de alguien, y se le quedó grabado, que los maridos no aman a las mujeres enfermas y en adelante se ha sentido reconfortada en su creencia de estar en lo cierto. O nunca me ha amado y se engañaba. Estuve hojeando su diario: una velada rabia contra mí se desprende de sus palabras de ternura. En la vida con frecuencia pasa lo mismo. Si es así, y todo esto no es más que un error de su parte, es horrible. Darlo todo: no una disipada vida de soltero en el Dussot con amantes, como otros que se han casado, sino toda la poesía del amor, del pensamiento, de la actividad por el pueblo a cambio de la poesía del hogar doméstico, del egoísmo hacia todo salvo hacia la propia familia, y recibir en su lugar las preocupaciones más bajas, el talco para bebés, la compota, y todo con rezongos y sin nada de lo que ilumina la vida familiar, sin amor y sin un sereno y orgulloso bienestar familiar, sino con arranques artificiales de ternura, de besos, etcétera. Me resulta terriblemente doloroso, todavía no lo creo, pero no estaría enfermo, no estaría consternado el día entero, al contrario.

Por la mañana llego feliz, contento y veo a la *condesa* de mal humor mientras la *sierva Dushka* la está peinando, y creo estar viendo a Masha en sus peores momentos, y todo se desmorona, y yo, como escaldado, *tengo miedo* de todo y veo que únicamente ahí, donde estoy solo, me siento bien y en un estado de ánimo poético. Recibo besos, tiernos por costumbre, y acto seguido comienzan las quejas contra Dushka, contra mi tía, contra Tania, contra mí, contra todos y no puedo soportarlo serenamente, porque todo esto no sólo es malo, sino horrible en comparación con lo que yo deseo. No sé lo que sería capaz de hacer por nuestra felicidad, pero encontrarán la manera de restarle importancia, de envilecer nuestras relaciones de tal modo que parezca que lamento regalar un caballo o un durazno. No vale la pena explicarlo. No hay nada que explicar... Pero ante el más mínimo destello de comprensión y de sentimiento, de nuevo me siento feliz y creo que ella comprende las cosas como yo. Uno cree aquello que desea fervientemente. Y estoy contento de ser sólo yo a quien atormentan. El mismo rasgo de carácter que en Máshenka, una especie de enfermiza y caprichosa seguridad en sí misma y de sumisión a su imaginariamente desdichado destino.

Ya es la 1 de la mañana, no puedo dormir y menos aún ir a dormir a su recámara con este sentimiento que me asfixia;

y ella, que se pone a gemir cuando sabe que la escuchan, ahora ronca tranquilamente. Se despertará plenamente convencida de que soy injusto y que ella es la víctima desdichada de mis sucesivas fantasías: dar el pecho al bebé y ocuparse de él.[6] Su padre es de la misma opinión.[7] No le he dado a leer mi diario, pero tampoco lo he escrito todo. Lo peor de todo es que debo callar y enfurruñarme, por más que odie y desprecie esa actitud. Ahora es imposible hablar con ella, aunque quizá todo podría explicarse todavía. No, ella no me ha amado ni me ama. Esto me afecta poco ahora, pero ¿por qué tenía que engañarme tan dolorosamente?

6 DE OCTUBRE. Todo esto ya pasó y todo es falso. Estoy feliz con ella: pero estoy terriblemente descontento conmigo mismo. Me tambaleo, me tambaleo en la montaña de la muerte y apenas siento en mí la fuerza para detenerme. Y no quiero la muerte, quiero y amo la inmortalidad. No hay por qué elegir. La elección hace mucho que está hecha. La literatura, el arte, la pedagogía y la familia. La inconsecuencia, la irresolución, la pereza, la debilidad, esos son mis enemigos.

[1863, 3... 16 DE AGOSTO][8] Sonia, perdóname, sólo ahora sé que soy culpable, ¡y cuán culpable! Hay días en que parece que uno no viviera según su propia voluntad, sino que se sometiera a no se sabe qué ley exterior invencible. Así estuve yo estos días respecto a ti. Y qué *[una palabra indescifrable]* soy. Siempre pensé que tenía muchos defectos y una décima parte de sensibilidad y de grandeza de espíritu. He sido orgulloso y cruel, ¿y con quién? Con un ser que me ha dado la felicidad más grande en la vida y que es el único que me ama. Sonia, sé que esto no se olvida y no se perdona, pero yo conozco y comprendo mejor que tú toda mi bajeza. Sonia, palomita mía, soy culpable, pero soy un vil *[una palabra indescifrable]*, hay en mí un hombre excelente que a veces duerme. Ámalo y no lo riñas, Sonia.

1864

16 DE SEPTIEMBRE. YÁSNAIA POLIANA.[1] Hace cerca de un año que no he escrito nada en este cuaderno. Y ha sido un buen año. Las relaciones con Sonia se han fortalecido, son más sólidas. Nos amamos, es decir, que somos más queridos el uno para el otro que todas las otras personas en el mundo, y nos miramos mutuamente con claridad. No hay secretos, ni tenemos por qué sentirnos avergonzados. En este tiempo he comenzado una novela,[2] he escrito una decena de hojas de imprenta, pero en este momento estoy en la fase de corrección y reelaboración. Es un suplicio. Mis intereses pedagógicos se han alejado. Mi hijo me es muy poco cercano. En estos días me acordé del diario de maternidad que comencé sobre Sonia, debo terminar de escribirlo para los niños.

Para la novela:
1) Ama atormentar a la persona que ama: no cesa de importunarla.
2) El padre y el hijo se detestan. Les resulta incómodo estar cara a cara.[3]

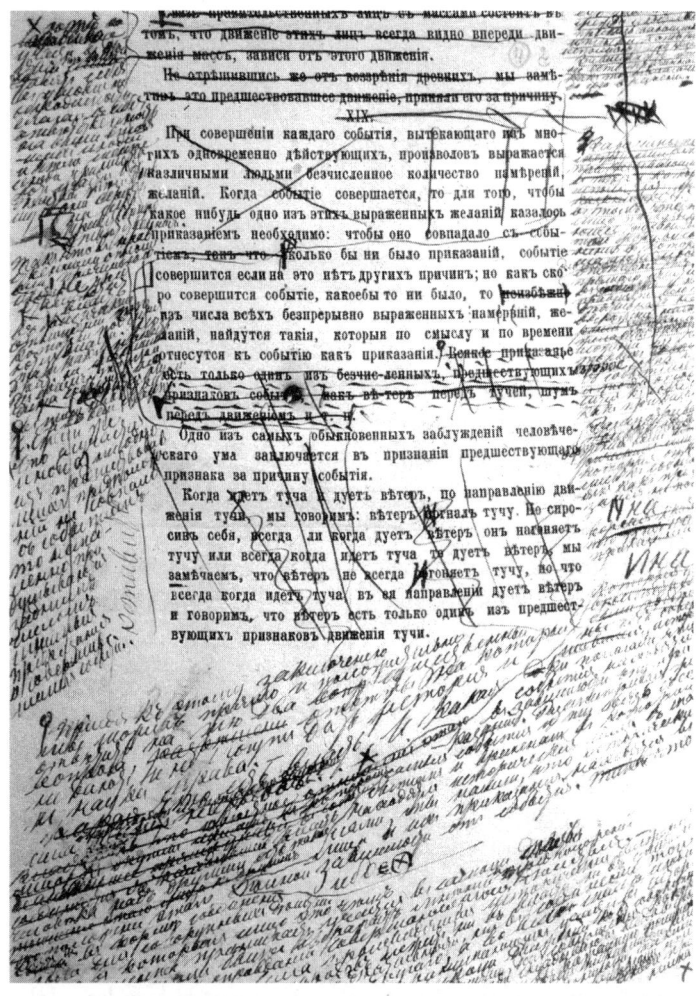

Pruebas de la novela Guerra y paz *con correcciones de Lev Tolstói. 1867-1869.*

1865

7 DE MARZO. YÁSNAIA POLIANA. De salud más o menos. Es el tercer día que me mantengo sin relajar ni tensar demasiado mi voluntad. Escribo, reviso.[1] Todo está claro, pero la cantidad de trabajo que me queda me aterra. Estaría bien poder determinar el trabajo futuro, de modo que, teniendo en cuenta las cosas importantes por venir, ya no insistas ni corrijas los detalles hasta el infinito. Sonia estuvo enferma. Seriozha está muy enfermo, tose. Comienzo a quererlo mucho. Es un sentimiento del todo nuevo. La hacienda va bien.

9 DE MARZO. Ambos días he estado escribiendo y corrigiendo. Hoy no pude después del té. Con Sonia la relación se ha enfriado un poco. Espero tranquilo a que pase. Leí el *Fausto* de Goethe. Poesía del pensamiento y poesía que tiene por objeto lo que no puede expresar ningún otro arte. ...

17 DE MARZO. Estuve en Tula. Fui a casa de Seriozha para los funerales.[2] Aun para la tristeza, el hombre debe tener unos rieles trazados que seguir: las lamentaciones, el réquiem, etcétera. Ayer vi en la nieve, sobre una huella humana poco profunda, la huella profunda de un perro. ¿Por qué tiene un punto de apoyo tan reducido? Para que no se coma a todas las liebres, sino únicamente a las que necesita. Esto es la sabiduría de Dios; pero no es sabiduría, ni inteligencia. Es el instinto de la Divinidad. Ese mismo instinto está en nosotros. En cambio la inteligencia es la capacidad de apartarnos del instinto y de ser capaces de darnos cuenta de nuestra desviación. Con una claridad, una fuerza y un placer terribles me llegaron estas ideas. ... Estoy leyendo las *Mémoires* de Raguse.[3] Me son de gran utilidad.

19 DE MARZO. He estado enfrascado en la historia de Napoleón y Alejandro.[4] Ahora, como una nube de alegría y de conciencia de poder hacer una gran cosa, me llegó la idea de escribir la historia psicológica de Alejandro y de Napoleón. Toda la bajeza, toda la palabrería, toda la demencia, todas las contradicciones de las personas que los rodeaban y de ellos mismos. Napoleón, como hombre, se enreda y está dispuesto a renunciar el 18 Brumario frente a la asamblea. *De nos jours les peuples sont trop éclairés pour produire quelque chose de grand.* Alejandro de Macedonia se hacía llamar hijo de Júpiter, y le creían. Toda la expedición de Egipto es una engreída infamia francesa. La mentira de todos los *bulletins* es deliberada. El tratado de Presburgo *escamoté*. En el puente de Arcole cayó en un charco en vez de portar el estandarte. Mal jinete. En la guerra italiana transporta los cuadros, las estatuas. Le gusta cabalgar en el campo de batalla. Los cadáveres y los heridos son una alegría para él. El matrimonio con Josefina: por él éxito mundano. Tres veces corrigió el comunicado de la batalla de Rivoli: siempre mintió. Al principio hombre fuerte en su unilateralidad, después indeciso, ¡que sea! Pero, ¿cómo? Ustedes son gente sencilla, pero yo veo mi estrella en el cielo. Él no es interesante, lo son las multitudes que le rodean y sobre las que él actúa. Al principio unilateralidad y *beau jeu* respecto a los Marrast y a los Barras, luego a tientas: autosuficiencia y buena suerte, y por fin la locura: *faire entrer dans son lit la fille des Césars.* La locura total, la postración y la insignificancia en Santa

Helena. Mentira y grandeza únicamente porque la dimensión era grande, pero el campo de acción se hizo pequeño, y él se hizo insignificante. ¡Y una muerte vergonzosa!

Alejandro es inteligente, encantador, sensible, busca la medida desde lo alto de la grandeza, busca una altura humana. Renuncia al trono y da su aprobación (no puede ser) al asesinato de Pablo[5] —o al menos no lo impide—. Planes de regeneración de Europa. Austerlitz, lágrimas, los heridos. Naryshkina[6] lo engaña. Speranski,[7] emancipación de los siervos. Tilsit: embriaguez de grandeza. Erfurt. El intervalo hasta el año 1812, lo ignoro. Grandeza de un hombre, vicisitudes. La victoria, el triunfo, la grandeza, *grandeur* que lo asustan a él mismo y la búsqueda de la grandeza del hombre: del alma. Confusión en lo que es exterior, pero claridad en el alma. Y una semilla soldadesca: maniobras, severidades. Confusión exterior, iluminación en el alma. La muerte. Si es un asesinato, sería lo mejor de todo.

Debo escribir mi novela y trabajar para eso.

20 DE MARZO. Hace un tiempo prodigioso. Estoy bien de salud. Fui a Tula a caballo. ¡Pensamientos grandiosos! El plan de la historia de Napoleón y Alejandro no se ha debilitado. Un poema en el que el personaje sea por derecho un hombre alrededor de quien todo se agrupa, y ese hombre sea un héroe. Leí a Marmont. El cautiverio de Vasili Perovski.[8] A Davout: la horca.[9] ...

21 DE MARZO. Hace un tiempo prodigioso. Sonia está enferma. Me molesta que sea tan débil cuando está enferma. Seriozha me atormenta con su enfermedad. La cría del ganado me distrae y va bien. Sigo leyendo a Raguse y tomando notas. En la tarde escribí la escena del puente:[10] mal.

23 DE MARZO DE 1865. Hace un tiempo prodigioso. ... Por la tarde escribí poco, pero bastante bien. Puedo.

Todo este tiempo he tenido ideas para algo nuevo, importante, y me he sentido descontento con lo antiguo. Es indispensable escribir todos los días, no tanto para el éxito del trabajo, como para no salirse de los rieles. Omitir más. Mañana intentaré el retrato de Bilibin.

24 DE MARZO. ... Una de las cuerdas principales del instrumento del escritor es el contraste entre la persona que siente la poesía y la que no.

19 DE SEPTIEMBRE DE 1865. NIKÓLSKOIE-VIÁZEMSKOIE.[11] Estoy intranquilo. No sé si es porque estoy enfermo y la enfermedad me impide pensar correctamente y trabajar, o si me he abandonado hasta el punto de no poder trabajar. ¡Qué feliz podría ser si pudiera trabajar correctamente! ...

20 DE SEPTIEMBRE. No pude escribir por la mañana. Dormí mal. Caminé un poco. El mismo estado febril. Leí a Mérimée, *Cronique de Charles IX*. Es curioso el vínculo intelectual que tiene con Pushkin. Es muy inteligente y sutil, pero no tiene talento. ...

23 DE SEPTIEMBRE. CHERIÓMOSHNIA. He pasado todo el día en cama. El baño me reanimó. Leí *Consuelo*.[12] ¡Qué perversa sandez con frases de ciencia, de filosofía, de arte y de moral! Un pastel hecho con harina rancia y mantequilla podrida y relleno de trufas, esturiónidos y piña.

24 DE SEPTIEMBRE. Estoy mejor. Leí lo mío. A ellos no les interesa. Pero a mí me pareció lo suficientemente bueno como para no tener que rescribirlo. A Nikolái hay que dotarlo de amor por la vida y miedo a la muerte sobre el puente. A Andréi debo darle recuerdos de la batalla de Brünn.

1865

26 DE SEPTIEMBRE. YÁSNAIA POLIANA. He comenzado a hacer gimnasia. Me siento muy bien. Volvimos Sonia y yo a casa. Somos tan felices cuando estamos solos como probablemente sólo puede serlo un hombre en un millón.

A propósito de la instrucción de la encantadora Masha[13] he pensado mucho sobre mis principios pedagógicos. *Es mi obligación* escribir todo lo que sé al respecto.

27 DE SEPTIEMBRE. ... Leí a la estúpida de Julia Cavannagh[14] y di un paseo.

29 DE SEPTIEMBRE. ... Todo el día estuve escribiendo la batalla:[15] mal. No fluye, no es eso. Estuve leyendo a Trollope.[16] Si no fuera *diffuseness*, sería bueno.

30 DE SEPTIEMBRE. Temprano salí a cabalgar sobre la nieve fresca, maté agradablemente una liebre. ... Leí a Trollope, bien. Existe una poesía del novelista: 1) en el interés de la combinación de los acontecimientos: Braddon,[17] mis *Cosacos*, mi trabajo futuro; 2) en el cuadro de los usos y costumbres basado en un hecho histórico: *La Odisea*, *La Ilíada*, *El año 1805*; 3) en la belleza y la alegría de las situaciones: *Pickwick*, *El terreno de caza*; 4) en los caracteres de las personas: *Hamlet*, mis [personajes] futuros. ...

1 DE OCTUBRE. ... La poesía del trabajo y del éxito no ha sido tratada en ningún lado por nadie. Estoy leyendo *The Bertrams*: excelente.

2 DE OCTUBRE. Buena salud. Fui de cacería sin ningún resultado. Escribí. Pero me desespero de mí mismo. Trollope me apabulla con su maestría. Me consuelo sabiendo que él tiene lo suyo y yo lo mío. Conocer lo que es mío, o más bien, lo que *no es mío*, en eso radica el arte principal. Debo trabajar como un pianista.

S. A. Tolstaia con sus hijos Seriozha (a la derecha) y Tania. 1866.

1865

3 DE OCTUBRE. Ayer y hoy trabajé con intensidad, aunque de forma estéril, y ya hoy me duele el hígado y siento una enorme pesadez en el alma. Esto me desespera. Debo poner un límite a mi *volupté* de *lecture avec rêveries*. Debo emplear estas fuerzas para la escritura, alternando con el trabajo físico. De nuevo estuve dando vueltas a caballo por mis bosques, pero nada. Terminé Trollope. Demasiados convencionalismos.

4 DE OCTUBRE. ... Sonia está embarazada.[18] Seriozha sigue con diarrea. No muy bien de salud. No escribí.

16 DE OCTUBRE. Maté dos liebres blancas. Leí a Witt-Guizot [sic],[19] sus argumentos en pro de la religión, y escribí mi primer articulito[20] basado en una idea que me dio Montaigne.

20 DE OCTUBRE. Estoy agotando mis fuerzas con la cacería. Volví a leer, volví a corregir. Las cosas van. Esbocé la escena de Dólojov. Con Sonia: muy amigos.

21 DE OCTUBRE. Lo mismo que ayer. Por lo tarde le estuve dando vueltas a lo de Dólojov. Leí a Dickens. Bella[21] es Tania.

1.º DE NOVIEMBRE. La misma higiene severa. Completamente sano, como rara vez estoy. Escribí bastante. Puse el punto final a Bilibin y estoy satisfecho. Estoy leyendo a Maistre.[22]

La idea de la restitución voluntaria del poder.

5 DE NOVIEMBRE. ... He estado escribiendo de una forma nueva, de modo que no haya que rescribir. Pienso en una comedia. De cualquier manera debo probar la nueva forma sin correcciones. ...

8, 9 DE NOVIEMBRE. Dieta menos severa ayer. Hoy de nuevo rigurosa. De salud, sobre todo la cabeza, bien. Ayer exceso y vigor de pensamiento. Escribí la parte que precede la batalla[23] y aclaré todo lo que seguirá. Hoy tomé la importante decisión de no publicar antes de terminar toda la novela.

10, 11, 12 DE NOVIEMBRE. Escribo, de salud bien y he dejado de observarme. Estoy terminando la tercera parte. Muchas cosas se aclaran convenientemente. En una media hora maté dos liebres.

1870

2 DE FEBRERO. YÁSNAIA POLIANA.[1] Oigo a los críticos: «El trineo en Navidad, el ataque de Bagration, la caza, el banquete, la danza: está bien; pero su teoría histórica, su filosofía: está mal, sin gusto ni placer.»[2]

Un cocinero preparaba la comida. Desechaba los desperdicios, los huesos, la sangre y todo lo tiraba en el patio. Los perros estaban junto a la puerta de la cocina y se precipitaban sobre lo que tiraba el cocinero. Cuando mataba una gallina o un becerro y desechaba la sangre y los intestinos, cuando tiraba los huesos, los perros estaban contentos y decían: «ha preparado una buena comida. Es un buen cocinero». Pero el día que el cocinero peló huevos, castañas, alcachofas y tiró las cáscaras al patio, los perros se abalanzaron, lo olieron y le volvieron la espalda diciendo: «antes preparaba buenas comidas, se ha dañado, es un mal cocinero». Pero el cocinero continuó preparando la comida y la comida se la comieron aquellos para quienes había sido preparada. ...

3 DE FEBRERO. Un sistema, un sistema filosófico, además de los errores de pensamiento, contiene los errores del sistema.

No importa de qué forma vista uno sus pensamientos, para quien realmente va a comprenderlos, estos pensamientos no serán sino la expresión de una nueva concepción filosófica del mundo.

Para expresar de manera comprensible lo que tienes

Lev Tolstói. Moscú, 1868.

que decir, habla sinceramente, y para hablar sinceramente, habla tal y como te vayan llegando los pensamientos.

Aun en los grandes pensadores que han abandonado los sistemas, el lector, para asimilar la sustancia del escritor, rompe con dificultad el sistema y toma los pedazos rotos atribuyéndoselos al hombre.

Es el caso de Platón, Descartes, Spinoza, Kant. Schopenhauer dice que su sistema es un círculo (él dice arco) que para ser comprendido debe ser atravesado varias veces.

En el caso de los pensadores débiles, Hegel, Cousin, una vez roto el sistema se llega a una relación directa con un hombre *vacío*, del que no se puede tomar nada.

Pero a las masas les gusta el sistema. La masa quiere aprehender toda la verdad, y como no la puede comprender, con gusto acepta creerla.

Goethe dice: la verdad es repugnante, el error atractivo, porque la verdad nos hace parecer limitados, y el error omnipotentes. Además, la verdad es repugnante porque es fragmentaria, incomprensible, mientras que el error es coherente y consecuente.[3] ...

1871

26 DE NOVIEMBRE. Existe una literatura de la literatura: cuando el objeto de la literatura no es la vida misma, sino la literatura de la vida, y esa literatura de la literatura es el 999/1000 de todo lo que se ha escrito. Existe una política de la política: cuando el objeto de la política no es el Estado, sino la política contemporánea anterior, y es el 999/1000 de toda la actividad de las Cámaras. Existe una poesía de la poesía—y lo mismo en la música, y en la pintura, y en la escultura y en la escritura—: cuando el objeto de la poesía no es la vida, sino la poesía anterior, y es el 999/1000 de todo lo que se ha creado. Existe una ciencia de la ciencia, cuando el objeto no es la vida, sino las posiciones anteriores de la ciencia: Linné, Cuvier, Darwin. ¿Hay o no hay especies? ¿Hay o no hay un concepto de la justicia? ¿Hay o no hay gravitación? Existe una filosofía de la filosofía, cuando el objeto no es el pensamiento sino los sistemas. El primero es fácil e ilimitado, el segundo difícil y poco frecuente.

Las ciencias naturales son el esfuerzo por encontrar en la vida del mundo exterior alguna cosa en común con la vida del hombre. El hombre nació de un huevo fecundado. Busquemos pues el huevo en el pólipo y la fecundación en el helecho.

1873

5 DE NOVIEMBRE. YÁSNAIA POLIANA. El artista del sonido, de las líneas, del color, de la palabra, incluso del pensamiento se encuentra en una situación terrible cuando no cree en la importancia de la expresión de su pensamiento. ¿De qué depende eso? No es el amor por el pensamiento. El amor es inquieto. Y esa fe es tranquila. Y en mí hay veces que está y otras veces no. ¿Por qué? Un misterio.

6 DE NOVIEMBRE. Monto a caballo sobre la nieve fresca. Desde mi juventud, prematuramente, comencé a analizarlo todo y a demolerlo despiadadamente. Con frecuencia tenía miedo, me decía: no me quedará nada entero; pero he aquí que ahora envejezco y tengo muchas cosas íntegras e intactas, más que otras personas. Quizá el instrumento de mi análisis fue sólido, o mi elección fue justa, pero desde hace mucho tiempo ya no destruyo nada más; y me han quedado enteros e inquebrantables: el amor por una sola mujer, los niños y mis relaciones de todo tipo con ellos, la ciencia... y el arte: verdadero, sin ideas de grandeza, sino con una idea de la veracidad de eso que es ingenuo; el gusto por el campo, de vez en cuando por la porcelana de Sèvres... ¿y eso es todo? Es muchísimo. La gente de mi edad, aquellos que creían en todo cuando yo lo destruía todo, no tienen ni 1/100 parte.

Montaigne. *La pointe à la sauce.*[1]

Hijos del matrimonio Tolstói. De derecha a izquierda, Tania, Iliuska y Seriozha. Fotografía de I. Kurbátov. Moscú, 1867.

17 DE NOVIEMBRE. ... Leí a Verne.[2] El movimiento sin gravitación es impensable. El movimiento es calor. El calor sin gravitación es impensable. ...

28 DE DICIEMBRE. Que el hombre piense que su vida es *solamente* un fenómeno pasajero, el sonido de la lira de Platón,[3] se debe a que la vida del resto de los hombres le parece solamente como el sonido de una lira, pero si es amado o si ama, el sentido de su vida se volverá más profundo.

1874

27 DE FEBRERO. YÁSNAIA POLIANA. El *Novum organum* con su traducción.[1]

Hay un lenguaje de la filosofía, pero no voy a utilizarlo. Utilizaré un lenguaje sencillo. El interés de la filosofía es común a todos y todo el mundo es juez.

El lenguaje filosófico ha sido inventado para rebatir las objeciones. No temo a las objeciones. Busco. No pertenezco a ningún campo. Y pido a mis lectores que no pertenezcan a ninguno. Es la primera condición de la filosofía. A los materialistas debo hacerles una objeción en el prólogo. Dicen que no hay nada más que la vida terrenal. Debo oponerme, pues si fuera así, no tendría temas para escribir. Tras haber vivido casi cincuenta años, me he convencido de que la vida terrenal no tiene nada que ofrecer y todo hombre inteligente que considere la vida terrenal con seriedad—los trabajos, los miedos, los reproches, las luchas—acabará preguntándose: *¿por qué?*, por una locura; ese hombre se levantará la tapa de los sesos y Hartmann y Schopenhauer tendrán razón. Pero Schopenhauer ha permitido sentir a la gente que hay algo que le impide suicidarse. El objetivo de mi libro es justamente ese *algo*. ¿Qué nos hace vivir? *La religión*.

1878

17 DE ABRIL. YÁSNAIA POLIANA. Después de trece años quiero continuar mi diario.¹ Ayer fui a los maitines (Pascua). Por la mañana leí las notas de Venevitínov.² ... Leí a Bólotov.³ El diario de Bocharov.⁴ Creo que todo está claro para el principio. ...

5 DE MAYO. ... Por la mañana leí las memorias de Fonvízina.⁵ La devoción a Dios es justa y peligrosa.

22 DE MAYO. Me embargaron serios y dolorosos pensamientos y sentimientos como resultado de la conversación que tuve con Vasili Ivánovich sobre Seriozha.⁶ ... Todas las ignominias de mi juventud me abrasaron el corazón con el miedo y el dolor del arrepentimiento. Sufrí mucho tiempo. Fui a Tula con Seriozha y hablé con él. He comenzado a levantarme temprano e intento escribir, pero no lo consigo. No lo consigo sobre todo porque no me he sentido bien de salud. Pero me parece que estoy lleno hasta los bordes, y de buenas cosas. Terminé Bólotov. Leí a Parfeni.⁷ El raskól⁸ me convence con más y más fuerza de la importancia de la idea que dice que el signo de la veracidad de una Iglesia es su unidad (una unidad universal), pero que esta unidad no puede ser alcanzada por el hecho de que *yo*, *A* o *B*, convierta a todos los otros a mis puntos de vista sobre la fe (lo que se ha hecho hasta el día de hoy, y todos los cismas, Papismo, Luteranismo y otros, son sus frutos), sino únicamente por el hecho de que cada uno, en sus

Lev Tolstói. Fotografía de G. I. Diagóvchenko. Moscú, 1876.

encuentros con quienes piensan de manera distinta, descartando en sí mismo todas las causas del desacuerdo, busca en el otro las bases en las que ambos están de acuerdo. Una cruz de ocho o de cuatro ramas, y la transubstanciación del vino o la conmemoración, ¿acaso no es lo mismo?

El domingo estuve en misa. A todo lo que sucede durante el oficio puedo darle una explicación que me satisfaga. Pero las plegarias por una larga vida[9] y por el triunfo sobre el enemigo son un sacrilegio. Un cristiano debe rezar por sus enemigos, no contra ellos.

Leí el Evangelio. En todos lados Cristo dice que lo temporal es falso, que una sola cosa es eterna, y por lo tanto verdadera. «Los pájaros del cielo...», etcétera. Considerar la religión desde un punto de vista histórico es destruir la religión.

Los niños: Ilyá y Tania[10] se contaban sus secretos, están enamorados. Qué terribles, *abominables* y encantadores son.

He comenzado a escribir *mi vida*.[11]

1 DE JUNIO. ... Me están construyendo una isba en Chepyzh.[12] En todo este tiempo no he tomado la pluma. Aunque es cierto que he escrito cartas. Sigo leyendo a Parfeni.

3 DE JUNIO. ... Ayer escribí bastante en una libretita—yo mismo no sé por qué—sobre la fe.

1881

17 DE ABRIL. YÁSNAIA POLIANA. Conversación con Seriozha[1] sobre la no-resistencia al mal. ...

12 DE MAYO. ... Estuve en Tula. Desde hace dos meses están detenidos en la prisión dieciséis campesinos de Kaluga por falta de papeles.[2] Deberían transferirlos a Kaluga y a sus lugares de origen. Hace dos meses que no lo hacen con el pretexto de que la prisión de Kaluga está repleta. ...

15 DE MAYO. Ayer vinieron Sujotin y Svechin.[3] Sujotin se ha secado. Svechin aún está vivo. Fuimos a Tula. Shatílov[4] quiere demostrar la injusticia de los campesinos, de los jueces y de todos. Desde la emancipación les ha sustraído a los campesinos 120 desiatinas.[5] Se las quería devolver a 4 rublos [la desiatina], dando por sentado que pagarían las tierras por familias, y ahora, al cabo de veinte años, se ha enfadado con ellos y ha dado la tierra a otros. Estaban arando de noche. Explosión en Tula, llegan los soldados, juegan con los cartuchos, hay niños. La prisión. Uno araba la tierra alegremente. El vigilante en su tierra. Se prepara una *partida* [de condenados]. Las cabezas tonsuradas, encadenados.

Un hombre de Vorobiovka, el marido de una mujer disoluta. Un anciano de 67 años, enojado, «por incendio premeditado», enfermo, apenas vivo. Un niño cojo. *Por falta de papeles* 114 personas. «Una mala vestimenta y la deportación.» Hay quienes ya llevan tres meses. Hay depravados, hay gente sencilla, agradable. Un anciano débil salió del hospital. Un inmenso piojo en la mejilla. *Relegados por las asociaciones.*[6] Sin haber sido procesados, dos son enviados al exilio. Uno por una queja de su esposa: unos 1.500 rublos de propiedades. De niño había estado en un manicomio, deforme, propenso a sufrir ataques. Delante de nosotros se desplomó y comenzó a agitarse. Un soldado alto hace más de cinco años que está preso. Un año para juzgarlo, un año y medio para condenarlo, un año y tres meses de más por haber pretendido ser un artesano. La asociación lo rechazó, y desde entonces espera una *partida*, hace dos años. Dos condenados a trabajos forzados por pleito, no por asesinato. «Nos hemos perdido por nada», llora. Una cara bondadosa.

Un hedor espantoso. ...

Por la tarde vinieron Písarev[7] y Samarin.[8] Samarin con una sonrisita: hay que colgarlos. Tuve ganas de no decir nada y de ignorarlo, tuve ganas de echarlo fuera por el cogote. Dije lo que pensaba. El Estado. «Me da igual con qué juguetes jueguen ustedes mientras de sus juegos no se desprenda ningún daño.»

18 DE MAYO. ... Por la tarde estuve en casa de Vasili Ivánovich.[9] Málikov[10] y Sokolov.[11] Conversación con Sokolov. A él le gustaría que en la tierra se instalara el Reino de los cielos. Es un muchacho ardiente, honesto. Volví a casa. Por la mañana Seriozha me sacó de mis casillas, y Sonia me atacó de manera incomprensible y cruel. Seriozha dice que todos conocemos la enseñanza de Cristo, pero que es difícil seguirla. Yo digo que no se puede decir que sea «difícil» salir corriendo de una habitación en llamas por la única puerta. «*Difícil.*»

Por la tarde dije que Málikov está haciendo por el gobierno más que un escuadrón de gendarmes. Con espuma en la boca se pusieron a insultar a Málikov con argumentos viles, yo guardé silencio. Se entabló una conversación. Ahorcar es necesario, azotar es necesario, pegar en la cara a los débiles sin que haya testigos es necesario; que el pueblo no se rebele: eso sí es terrible. Pero golpear a los judíos no es malo. Luego, para cambiar, se pusieron a hablar sobre la lujuria con inmenso placer.

Alguien está loco: o ellos o yo. ...

29 DE MAYO. ... Tuve una conversación con Fet y su esposa. Las enseñanzas de Cristo son impracticables. ¿Entonces son tonterías? No, pero son impracticables. ¿Y ha intentado usted practicarlas? No, pero no son practicables. ...

25 DE JUNIO. Diez peregrinos. Un anciano de 68 años, ciego, con su anciana. Alto, delgado, vivo. Se parece al ciego Boljin. Se queja de los campesinos: le quitaron su tierra, su casa (para pagar su entierro) y la parte que tenía en un bosque vendido. Historias sobre los ucranianos. De una aldea a otra hay 40, 30 y 20 verstas por lo general. Gritan a través de la calle. Quédate a dormir. Te dan de beber, de comer y una cama. Y también dinero para el camino. No tienen a quien vender sus trozos.[12] Los nuestros los cogieron sin ver, separaron el cáñamo y los tiraron. Es terrible la pobreza que hay. Nadie que dé. Yo no vendo, alimento a los huérfanos, no lo digo para jactarme. Dar por nada es una lástima. Vende. No vendo, ayer no comimos y hoy ya es casi la hora de cenar. Llora. ¡Dame la balanza! No tomó el dinero. Relato sobre un ucraniano. Supo que yo no veía y me quitó mi Panteleimón. De rodillas, llora. Bésame en los ojos.

Dos vienen de Siberia. Uno había sido cerrajero, robó. Va a desenterrar un dinero. El otro al lado de un comerciante durante dieciséis años vivió con 100 rublos por año. ...

27 DE JUNIO. Mucha gente pobre. Estoy un poco enfermo. No he dormido ni he comido nada sólido durante seis días. He intentando sentirme feliz. Es difícil pero posible. He conocido el movimiento que lo hace posible.

1881

28 DE JUNIO. Tuve una conversación con Seriozha, la continuación de la plática de ayer sobre Dios. Él y ellos piensan que decir: «No sé nada a ese respecto, no se puede probar, no lo necesito» es signo de inteligencia e instrucción. Cuando en realidad es signo de ignorancia. «No conozco ninguno de los planetas, ni el eje sobre el que gira la tierra, ni esas eclípticas incomprensibles, y no quiero tomar eso como artículo de fe, pero veo que el sol se mueve y de alguna manera las estrellas también.» Pero demostrar la rotación de la tierra y su órbita, y la mutación y la anticipación de los equinoccios es muy difícil, y queda todavía mucho por aclarar, y, sobre todo, es difícil de imaginar, aunque lo principal es que todo se ha reducido a una unidad. Lo mismo que en la esfera moral y en la espiritual: reducir a la unidad las cuestiones: ¿qué hacer, qué saber, qué esperar? La humanidad entera lucha para reducirlas a la unidad. Y de pronto desunir todo lo que ha sido reducido a la unidad le parece a la gente un mérito y se vanagloria. ¿Quién tiene la culpa? Les enseñamos con esmero los rituales de la iglesia y el catecismo, sabiendo de antemano que eso no resistirá la madurez, y les enseñamos multitud de conocimientos que no están ligados entre ellos. Y todos se quedan sin una unidad, con conocimientos sueltos y piensan que es una adquisición.

Seriozha reconoció que le gusta la vida carnal y cree en ella. Me alegra la presentación clara de la cuestión. ...

3 DE JULIO. No logro recuperarme de mi enfermedad. Debilidad, pereza y melancolía. Es necesaria una actividad, el objetivo: la instrucción, la rectificación y la unión. La instrucción puedo dejársela a otros. La rectificación a mí mismo. La unión debe ser con quienes tienen instrucción y rectifican. ...

9, 10 DE JULIO. SPÁSSKOIE-LUTOVÍNOVO. En casa de Turguéniev. El entrañable Polonski,[13] tranquilamente ocupado de su pintura y su escritura y sin juzgar a nadie, aun siendo pobre, está tranquilo. Turguéniev tiene miedo de nombrar a Dios, y sin embargo cree en Él. Pero también es capaz de mostrarse ingenuamente tranquilo desde el lujo y la vacuidad de su vida. ...

22 DE AGOSTO. Turguéniev, Samarin. Samarin me conmovió. La antipatía es mala educación. Turguéniev: *cancan*.[14] Triste.

2 DE SEPTIEMBRE. Regresé de Pirogovo. Con frecuencia tengo ganas de morir. El trabajo no me absorbe.

5 DE OCTUBRE. MOSCÚ. Ha transcurrido un mes: el más amargo de mi vida. El traslado a Moscú.[15] Siguen instalándose. ¿Cuándo van a empezar a vivir? Hacen todo no para vivir, sino para hacer lo que hace la gente. ¡Desdichados! Y no hay vida.

Fetidez, piedras, lujo, miseria. Depravación. Se juntaron los maleantes que han expoliado al pueblo, reclutaron soldados y jueces para proteger sus orgías, y están de banquete. El pueblo no puede hacer más que aprovechar las pasiones de esta gente y obtener de regreso lo que le fue expoliado. Los campesinos para esto son bastante hábiles. Las mujeres se quedan en casa y los campesinos friegan los pisos, frotan los cuerpos en los baños de vapor y hacen de cocheros.[16]

Nikolái Fiódorich es un santo.[17] Un cuartucho. ¡Cumplirlo! Eso se da por sentado. Y no quiere un sueldo. No tiene sábanas, no tiene cama.

Soloviov,[18] el pobre, sin haber comprendido el Cristianismo, lo ha condenado y quiere inventar algo mejor. Labia, labia sin fin. ...

1882

22 DE DICIEMBRE.[1] De nuevo estoy en Moscú.[2] De nuevo he padecido terribles tormentos espirituales. Más de un mes. Pero no fueron infructuosos.

Si amas a Dios, si amas el bien (y creo que comienzo a amarlo), amas, es decir, vives de él, ves que la felicidad está en él, la vida está en él, entonces ves que el cuerpo es un impedimento para el bien verdadero; no para el bien en sí mismo, sino para la posibilidad de verlo a él y sus frutos. Si te pones a ver los frutos del bien dejas de hacerlo, es más, con el hecho de verlos lo arruinas, te vuelves vanidoso, te desalientas. Lo que hayas hecho sólo será el bien verdadero cuando tú ya no estés para arruinarlo. Pero prepáralo todo lo posible. Siembra, siembra, sabiendo que no tú, *hombre*, cosecharás. Uno siembra, otro cosecha. Tú, el hombre, Lev Nikoláievich, tú no cosecharás. Si te pones no sólo a sembrar, sino a escardar, arruinarás el trigo. Siembra, siembra. Y si siembras lo que es de Dios no hay duda que crecerá. Lo que antes me parecía cruel, aquello de lo que no me será dado *a mí* ver los frutos, ahora es claro que no sólo no es cruel, sino bueno y razonable. ¿Cómo podría distinguir el bien verdadero—el divino—del no verdadero si yo, hombre de carne, pudiera sacar provecho de sus frutos?

Ahora está claro: lo que haces sin esperar recompensa, y lo haces con amor, eso seguramente es divino. Siembra y siembra y Dios lo hará crecer, y no serás tú quien coseche, hombre, sino aquello que siembra en ti.[3]

1883

1.º DE ENERO. MOSCÚ.[1] Cuando acabo de despertarme, con frecuencia me llegan pensamientos, aclaraciones de lo que antes era confuso, así que me alegro: siento que he avanzado.

Así, recientemente: *la propiedad.* No había acabado de tener claro qué es. La propiedad tal y como existe ahora es un mal. Pero la propiedad en sí misma es la alegría de estar bien por lo que he hecho. Y me quedó claro. No tenía cuchara, tenía un trozo largo de madera, lo pensé, trabajé y me tallé una cuchara. ¿Qué duda cabe de que es mía? Como el nido de este pajarito es suyo. Puede usarlo como él quiera. Pero la propiedad protegida por la violencia, por el guardia de la ciudad con una pistola, es el mal. Haz tu cuchara y come con ella, pero sólo mientras otro no la necesite. Eso está claro. La cuestión se vuelve difícil si yo hago una muleta para un cojo y un borracho coge la muleta para romper con ella la puerta. Es preciso pedir al borracho que deje la muleta. Sólo eso. Mientras más gente haya que se lo pida, más probabilidades existen de que la muleta se la quede quien más la necesite.

Hoy. Murió Varvara Gudovich. Ella murió para siempre, pero yo y todos nosotros hemos muerto un año, un día, una hora. Vivimos, es decir, estamos muriendo. Vivir bien significa morir bien. ¡Año nuevo! Me deseo y les deseo a todos *morir bien.*

1884

MARZO. MOSCÚ. ... Acabo de releer la historia medieval y moderna en un breve manual.

¿Acaso existe en el mundo una lectura más terrorífica? ¿Hay algún otro libro que pueda hacer más daño a los jóvenes que lo lean? Y justamente es el que utilizan en la enseñanza. Lo leí y tardé mucho en reponerme de la tristeza. Asesinatos, torturas, imposturas, expolios, adulterios, y nada más.

Dicen que es necesario que el hombre sepa de dónde viene. Pero, ¿acaso todos venimos de ahí? El lugar de donde yo y cada uno de nosotros viene con su concepción de la vida, no está en esta historia. Y no hace falta que me lo enseñen.

Así como yo llevo en mí todos los rasgos físicos de mis ancestros, así llevo en mí todo el trabajo de pensamiento (la verdadera historia) de mis ancestros. Yo, y cada uno de nosotros, lo conocemos. Está todo en mí, a través del gas, del telégrafo, del periódico, de los fósforos, de la conversación, del aspecto de la ciudad y del campo. ¿Hacer venir este conocimiento a la conciencia? Sí, pero para esto es necesaria una historia del pensamiento completamente independiente de aquella otra historia. Aquella otra historia es un reflejo burdo de la verdadera. La Reforma es un reflejo burdo, accidental, del trabajo de pensamiento que libera al hombre de las tinieblas. Lutero, con todas las guerras y las noches de San Bartolomé, no tiene ningún lugar entre los Erasmo, los [La] Boétie, los Rousseau, etcétera. ...

6 DE MARZO. MOSCÚ. He estado traduciendo a Lao-tse.¹ No está resultando lo que yo esperaba. ...

7 DE MARZO. Leí sobre Confucio. Me levanté muy tarde. Di un paseo a caballo hasta Aminievo y de regreso. Todos trabajan, sólo yo paseo. ... Todo el día estuve muy débil. Por la tarde trabajé bien en las botas.² ...

8 DE MARZO. Me levanté a las 9, arreglé mi cuarto alegremente con los más pequeños.³ Tuve vergüenza de hacer lo que hay que hacer: sacar el orinal. ...

9 DE MARZO. ... Leí un poco sobre China y fui a dar un paseo a caballo por la ciudad. Todo el mundo trabaja menos yo. Por la tarde debilidad. El zapatero no vino, estuve en los baños de vapor y leí a Lao-tse. Se puede traducir, pero no será un todo. ...

10 DE MARZO. Me levanté temprano, hice mi habitación. Andriusha vertió la tinta. Me puse a hacerle reproches. Y, seguramente, tenía cara de maldad. ...

Así se debe ser. Como dice Lao-tse: como el agua. No hay obstáculos, fluye; una presa, se detiene. La presa cede, vuelve a fluir. Si el recipiente es rectangular, ella es rectangular; si es redondo, es redonda. Por eso es más importante que todo y más fuerte que todo. Estuve leyendo a Erasmo.⁴ ¡Qué estúpido fenómeno el de la Reforma de Lutero! He ahí el triunfo de la estrechez y de la tontería. La salvación del pecado original a través de la fe y la vanidad de las buenas acciones valen todas las supersticiones del catolicismo. La doctrina (terrible por su ineptitud) sobre las relaciones de la Iglesia y el Estado sólo podía desprenderse de la estupidez. Así se desprendió del luteranismo. ...

Estuve leyendo la Biblia en hebreo. Comienza a olvidárseme.⁵ ...

1884

11 DE MARZO. Me levanté temprano, hice mi habitación. Los niños llegaron corriendo solos. Leí a Erasmo, terminé. ...

La enseñanza del medio de Confucio es maravillosa.⁶ Lo mismo que en Lao-tse: el cumplimiento de la ley de la naturaleza; eso es la sabiduría, la fuerza, la vida. Y el cumplimiento de esta ley no tiene ni sonido ni olor. Es lo que debe ser cuando es sencillo, discreto, sin esfuerzo; entonces es poderoso. No sé lo que resultará de esta ocupación mía, pero a mí me ha hecho mucho bien. Su signo es la sinceridad: la unidad, no la duplicidad. Dice: el cielo se agita siempre con sinceridad. ...

12 DE MARZO. ... Leí a Legge sobre la *Doctrine of the Mean*.⁷ Admirable. ...

15 DE MARZO. ... El libro de Golojvastov contra Engelhardt.⁸ Hay cosas buenas, pero es terrible la hostilidad polémica. Es una lección para mí, y la hostilidad de mi último libro me disgusta.⁹ Habría que escribir de modo más comprensible y modesto. Atribuyo mi buen estado moral también a la lectura de Confucio y sobre todo de Lao-tse. Debo organizarme un círculo de lectura: Epicteto, Marco Aurelio, Lao-tse, Buda, Pascal, el Evangelio. Eso sería necesario para todo el mundo.¹⁰ ...

16 DE MARZO. Me levanté tarde. ... Después de comer fui a ver al zapatero. ¡Qué claridad y qué elegancia moral en su pequeño rincón sucio y sombrío! Trabaja con su muchachito, la mujer les da de comer. Fui a casa de Seriozha, mi hermano. No escuché a Kóstienka hasta el final, lo hice rabiar (1).¹¹ Con Tania volví a casa en silencio. El silencio me resultaba doloroso. La siento muy lejos de mí. Y yo todavía no sé hablar. Sí, y a la hora de la comida Seriozha habló con rudeza, con enojo, y yo le contesté con ironía (2). ...

17 DE MARZO. Arreglar mi habitación se está volviendo agradable y habitual. Vino Alexandr Petróvich.[12] Me dio mucho gusto, y estuvo bien. Dice que sufrió enorme miseria en el momento más duro del invierno, ¿y qué? Se le ve animoso, saludable y conoció, al frecuentarlas, a personas buenas, y supo lo más importante, que existe el bien en los hombres. Leí *Ahasverus*.[13] Malo. Sobre una idea que es buena, pero no nueva, enhebra un fárrago poético. ...

19 DE MARZO. Me levanté tarde. Leí a Confucio y tomé notas. La explicación religioso-racional del poder y la doctrina china al respecto han sido para mí todo un descubrimiento. Si Dios quiere, seré útil a los seres humanos cumpliéndola. Lo que no estaba claro en todo esto se aclara en mí cada vez más. El poder puede ser no-violencia cuando se reconoce como superior tanto moral como racionalmente. El poder como coacción surge sólo cuando reconocemos como superior lo que no es superior según las exigencias de nuestro corazón y de nuestra razón. La coacción apareció cuando el hombre se subordinó a alguien—fuera este un padre o un zar, o una asamblea legislativa—a quien no respetaba plenamente. ...

21 DE MARZO. Leí hasta tarde a Confucio en la traducción de Legge. Casi todo es importante y profundo. Salí tarde a comprar lona y pasé a ver a Fet. Una bella poesía sobre la muerte.[14] ...

23 DE MARZO. La mañana, como siempre. Me dediqué a la traducción de Urúsov.[15] Es desigual. Con frecuencia muy mala. No sé qué es malo, ¿el texto o la traducción? Seguramente el texto. Hay que escribir, es decir, expresar los pensamientos de manera que estén bien en todas las lenguas. Así son el Evangelio, Lao-tse, Sócrates. El Evangelio y Lao-tse llegan a ser incluso mejores en otras lenguas.

Monté un poco a caballo. Ir a caballo es aburrido. Estúpido, vacío. Intenté hablar un poco con mi mujer después de la comida. No hay manera. Eso me entristece. Una sola espina y dolorosa. Fui a casa del zapatero. Es suficiente con entrar en la vivienda de un obrero para que el alma florezca. Estuve cosiendo zapatos hasta las 10. De nuevo intenté hablar con ella y de nuevo mal: falta de amor. ...

24 DE MARZO. La mañana, como siempre. Estuve corrigiendo la traducción. La lectura me levantó. Necesito leer también esto, lo mío. Pero lo que más necesito es extraer de ahí lo que es esencial para mí y para todo el mundo, como dice Chertkov. ...

29 DE MARZO. ... Leí a Confucio. Cada vez más profundo y mejor. Sin él y sin Lao-tse el Evangelio está incompleto. Y él no es nada sin el Evangelio. Fui a la escuela y a Nikólskaia, compré libros. Estuve conversando con Makovski.[16] ...

Ayer me quedaron claras dos cosas: una de poca importancia, la otra importante. 1) La poco importante: yo tenía miedo de decir y de pensar que el 99/100 [de los hombres] están locos. Pero no sólo no hay nada qué temer, sino que no se puede no decir y no pensar. Si la gente actúa de una manera insensata (la vida en la ciudad, la educación, el lujo, el ocio), seguramente dirá insensateces. Y de ese modo uno anda entre locos, intentando no excitarlos y, de ser posible, curarlos. 2) La importante: si efectivamente vivo (en parte) según la voluntad de Dios, el mundo insensato, enfermo, no puede darme su aprobación. Y si me la diera, dejaría de vivir según la voluntad de Dios y comenzaría a vivir según la voluntad del mundo, y entonces dejaría de ver y de buscar la voluntad de Dios. Esa fue Tu benevolencia. Chertkov me afligió, pero no duró mucho (1).

1884

30 DE MARZO. Me acosté a las 11 y de nuevo me levanté temprano. Fui a la fábrica de medias. La sirena significa que a las 5 un muchachito ya está frente a las máquinas y se queda ahí, de pie, hasta las 8. A las 8 toma un té y vuelve a quedarse de pie hasta las 12, a la 1 vuelve a las máquinas hasta las 4. A las 4 1/2 vuelve a su lugar hasta las 8. Y así cada día. Eso es lo que significan las sirenas que nosotros oímos desde la cama. ...

La señora Behr me envió su traducción—excelente—, la leí.[17] ... Es sorprendente que no me haya encolerizado en casi un mes.

31 DE MARZO. ... Dije al director de la escuela algunas cosas innecesarias sobre la enseñanza de las matemáticas (1). Leí la traducción alemana. Muy buena. ... Me quedé a solas con ella.[18] Conversamos. Tuve la desgracia y la crueldad de tocar su amor propio y todo volvió a empezar. Yo no me callé. Resultó que había sido yo quien la había irritado anteayer por la mañana, cuando en realidad fue ella quien vino a molestarme. Padece una grave enfermedad mental. Y el punto es el embarazo[19] (2). Y un gran, gran pecado y vergüenza. Leí a Confucio y me acuesto tarde.

4 DE ABRIL. Me levanté tarde. Tengo dolor de muelas y fiebre. No puedo trabajar con la cabeza. Tampoco me hace falta. Leí un poco y me puse a coser. A las tres fui al museo. Storozhenko[20] me recibió, se acuerda del trabajo. Fui a Kuznetski Most. Hay gendarmes que protegen a los compradores. De ahí a Dmitrovka. La pintura de Repin[21] no estaba ahí.[22] En casa estuve acostado. Los dientes y la fiebre. Por la noche trabajé hasta las dos de la madrugada en las botas.

La situación en la familia es dolorosa. Es doloroso que no pueda compartir nada con ellos. Todas sus alegrías, el examen, los éxitos mundanos, la música, el mobiliario, las

1884

compras, todo eso lo considero una desgracia y un mal para ellos y no puedo decírselo. Puedo, y lo digo, pero mis palabras no le llegan a nadie. Es como si ellos no pensaran en el sentido de mis palabras, sino en que tengo la mala costumbre de hablar así. En los momentos de debilidad—este es uno—me sorprende su crueldad. Cómo es posible que no vean, no sólo que sufro, sino que me he visto privado de la vida durante los últimos tres años. Me han asignado el papel de viejo rezongón y a sus ojos no logro salir de él: si participo en sus vidas, renuncio a la verdad y ellos serán los primeros en echarme en cara esta renuncia. Si veo con tristeza, como ahora, su insensatez, soy un viejo rezongón, como todos los viejos.

El siguiente retazo es lo que quedó de mi conversación con Olsúfiev: si uno cree que el objetivo y la obligación del hombre es servir al prójimo, entonces hay que llegar hasta los medios para poder servir al prójimo: hay que elaborar las reglas de manera que, en nuestra situación, podamos servir. Y para que nosotros, en nuestra situación, podamos servir, ante todo hay que dejar de exigir el servicio de nuestros prójimos. Parece extraño, pero lo primero que tenemos que hacer es servirnos a nosotros mismos. Encender la estufa, traer agua, hacer la comida, lavar los trastos, etcétera. Con eso empezaremos a servir a los demás.

5 DE ABRIL. ... Fui a dar un paseo. La comida. Durante toda la comida, además de las compras y de las recriminaciones a quienes nos sirven, nada. Cada vez es más y más doloroso. Su ceguera es sorprendente. ... Una intromisión insensata e incoherente en la conversación y ni siquiera se puede mostrar la incoherencia. Si la señalo, cólera y acusación de rencor personal. Si no la señalo, convicción de que así está bien y caída cada vez más profunda. Espero una salida.

7 DE ABRIL. Tarde. Fiebre. Leí el drama de Siévernaia.[23] Magnífico conocimiento del pueblo y de la lengua y profundización en la vida misma, pero psicológicamente es débil. Voy a la exposición.[24] Espléndido el Kramskói.[25] El Repin, no está logrado.[26] Tuve una buena conversación con Tretiakov.[27] ... Las multitudes corren a la misa. ¡Cuándo correrán si no así, por lo menos en una centésima parte hacia la esencia de la vida! No me puedo imaginar [lo que será] la vida entonces. Hacer este cambio es una tarea, es la obra festiva de una vida. Es terriblemente difícil, imposible, y sin embargo es lo único posible. ...

9 DE ABRIL. ... Comencé a leer a Meng-tseu.[28] Muy importante y muy bien. «Meng-tseu enseñaba como *recover*, recuperar el corazón perdido.» Una delicia.
Muy importante. Empecé a reprender a Tania y monté en cólera. Y justo en ese momento Misha estaba frente a la puerta grande y me miraba con aire interrogativo. ¡Si siempre estuviera frente a mí! *Una gran falta, la segunda en un mes.* Estuve dando vueltas alrededor de Tania queriendo pedirle perdón, pero no me atreví. No sé si está bien o está mal. ...

10 DE ABRIL. ... Después de la comida fui a ver a Armfeldt.[29] En la Petrovka sentí una debilidad tremenda. Es la muerte, y mala. Lo recordé. Escribí una carta a Chertkov y vino Tretiakov. Me preguntó sobre el significado del arte, sobre la limosna, sobre la libertad de las mujeres. Le cuesta trabajo entender. Todo en él es estrecho, pero honrado. Yo le cuestioné muchas cosas, pero no discutí sobre lo principal, su fe. Ella lo determinaría todo. ... Leí hasta las 4 el proceso de Armfeldt.[30]

11 DE ABRIL. ... *No se les puede prohibir a los seres humanos que intercambien sus ideas sobre la mejor manera de* *organizarse.* Y eso es lo único que hacían nuestros revolucionarios antes de las bombas. Hemos llegado a un punto tal de cretinismo que la sola expresión de nuestros pensamientos nos parece un crimen. ... Un abatimiento terrible. Estoy lleno de debilidad. Debo cuidarme como en un sueño, para que durante el sueño no se arruine lo que necesito cuando estoy despierto. El fango me arrastra y me arrastra, y son inútiles mis convulsiones. ¡Con tal de que no me arrastre sin que yo proteste! No ha habido enojo. Vanidad ha habido poca, o nada. Pero sí debilidad, una debilidad mortal ha llenado estos días. Quiero una muerte real. No hay desesperación. Pero me gustaría vivir y no montar guardia a mi vida.

14 DE ABRIL. No dormí durante la noche. Orlov «le dio una barrida» a la habitación sin mí, los otros la limpiaron. Jugamos con los niños. Orlov dice: ¿acaso no se puede aspirar a una vida dichosa? ¿Debo apostar? No sé. Es necesario ser feliz en una vida infeliz. Es necesario hacer de la infelicidad el objetivo de la propia vida. Y yo puedo hacerlo cuando estoy moralmente fuerte. Hay que ser fuerte o dormir. ...

Si tan sólo los hombres dejaran de luchar entre ellos con la fuerza. Es ridículo y conmovedor que nuestros revolucionarios (bombas aparte), que luchan con la eterna arma legal de la luz de la verdad, se calumnien a sí mismos diciendo que quieren luchar a golpes de bastón. Y no pueden hacerlo porque sus convicciones se lo impiden.

15 DE ABRIL. ... Leí el libro de Alchévskaia.[31] Estupendo. ... Fui a la feria. Bailes en corro, juegos como la roña. Un lamentable pueblo obrero: enclenques. Enséñame, Señor, cómo servirlos. No veo otro camino que llevar la luz sin más consideraciones. ...

16 DE ABRIL. ... En casa, Seriozha estaba furioso. Él y Sonia me llamaron loco y yo estuve a punto de enojarme. Fui al baño de vapor. Estuve con ellos a la hora del té: lastimoso. Me acosté a dormir más temprano. Los intentos de no fumar son estúpidos. Es inútil luchar. Hay que purificar, santificar el espíritu. No deja de rondarme la idea de un programa de vida. No para la adivinación del futuro que no es posible ni puede ser, sino para mostrar que también es posible una vida humana. ...

17 DE ABRIL. Me levanté más temprano, escribí una carta a Tolstaia.[32] Una súplica hacia *las más altas augustas personalidades*, las relaciones con las majestades ya son *imposibles* para mí. Suplicar a una personalidad augusta ¡para que deje de torturar a una mujer! ...

18 DE ABRIL. Tarde. Releí los manuscritos, luego mi propio manuscrito sobre el censo.[33] Quiero publicarlo en beneficio de los desdichados. Dudaba de si debía ayudar a los presos políticos. No quería, pero ahora entendí que no tengo derecho a negarme. Hay una mano extendida hacia mí. «Preso, y vinisteis a verme.»[34] ... Comí en paz, dormí un poco. Fui a dar un paseo. Lvov[35] me contó de Blavátskaia,[36] de la transmigración de las almas, de las fuerzas del espíritu, del elefante blanco, del juramento a la nueva fe. ¿Cómo no volverse loco con esas impresiones? ...

Me he debilitado en la franqueza: signo de que me he debilitado en mi vida moral.

22 DE ABRIL. Tarde. Dormí bien. Y siento como si acabara de despertarme. Estuve durmiendo más de un mes. De nuevo todo está claro y firme. Trato de recordar si no hice ningún mal mientras dormía. Un poco. Me puse al artículo.[37] Corregí un poco, pero no funciona más allá de la descripción de la casa. Debo saltar a la conclusión. Sigo sin creer en este trabajo. Y parecería que está bien. La alegría de los niños es lamentable. Voy a caminar sin rumbo fijo. ...

23 DE ABRIL. ... Comida en casa. Definitivamente no hay manera de hablar con los míos. No oyen. No les interesa. Lo saben todo. ... Estuve cosiendo botas toda la tarde. ...

24 DE ABRIL. ... ¿Por qué no hablo un poco con los niños: con Tania? Seriozha es insoportablemente terco. El mismo espíritu castrado de su madre. Si alguna vez vosotros dos leéis esto, perdonadme, pero todo esto me hace un daño terrible.

27 DE ABRIL. Más temprano. Intenté continuar con el artículo. No anda. Seguramente es falso. Quiero empezar y terminar algo nuevo. O *La muerte de un juez*,[38] o *El diario de un no-loco*. ...

1.º DE MAYO. Más temprano. Comencé a corregir *Iván Ilich* y trabajé bien. Seguramente necesito un descanso del otro trabajo y este, artístico, lo es. ... He cosido toda la tarde y me siento cansado. Estoy tratando de dejar de fumar.

3 DE MAYO. Me levanté con trabajo. Leí una tontería, es decir, que aun despierto seguí dormido. Estaba buscando una carta de Pamiatka y encontré una carta de mi esposa. Pobre, ¡cómo me odia! Señor, ayúdame. Si es necesaria una cruz, pues una cruz que me aplaste, que me destroce. Pero estos tirones del alma son espantosos, no sólo pesados y dolorosos, sino difíciles. ¡Ayúdame! ...

Me siento triste. Soy un ser insignificante, lamentable, inútil y todavía ocupado de mí mismo. Una sola cosa es buena, que quiero morir. ...

4 DE MAYO. Me puse a trabajar. Y de nuevo iba de un artículo al otro. Lo dejé. ...

1884

5 DE MAYO. Soñé que mi esposa me amaba. ¡Qué fácil y qué claro se volvía todo! No hay nada parecido en la realidad. Y esto está acabando con mi vida. Ya ni siquiera trato de escribir. Estaría bien morir. ...

6 DE MAYO. Tarde. De modo inesperado se aclaró el artículo sobre el censo y trabajé por la mañana. Después fui a ver a Olsúfiev. La historia de Poliványov,[39] encerrado en un hoyo y recibiendo su alimento desde lo alto. ¡Cristianos! En Siberia pagan 50 rublos por un fugitivo vivo y 25 por uno muerto. ¡Cristianos! ...

7 DE MAYO. ... ¡Qué difícil mi situación de escritor famoso! Sólo con los campesinos soy un hombre totalmente simple, es decir, un hombre verdadero. ...

11 DE MAYO. ... Leí sobre Dantón y Robespierre. Maravilloso.

12 DE MAYO. YÁSNAIA POLIANA. Temprano. Intenté no fumar. Estoy haciendo progresos. Pero está bien ver la propia mezquindad. Tuve un viaje tranquilo. No hablé con nadie. Leí a Mijailovksi en relación conmigo en *Anales de la Patria* de 1875.[40]

La ciudad me ha echado a perder. La vanidad ha vuelto a alzar la cabeza. Se está bien en Yásnaia, tranquilo; gracias a Dios no siento el deseo de los placeres, sino de la exigencia hacia mí mismo.

Emerson[41] está bien. El viaje transcurrió con bastante tranquilidad.

13 DE MAYO. A las 10 la habitación estaba hecha. Había dicho que no la hicieran. Me puse a corregir el artículo. No va. Leí a Emerson. Es profundo, valiente, pero con frecuencia caprichoso y confuso. ...

No hablar, no fumar, no irritarse.

... Fui a dar una vuelta. Camino, paseo terriblemente mal. Fui a la aldea. Hablé con Evdokim y con Serguéi Rezunov. Intenté proponer un trabajo en común con el fin de dar el excedente a los pobres. En cuanto suenan las palabras «pobres» o «para Dios», aparecen el desprecio y la indiferencia. «No, para eso no estamos de acuerdo.» Pero no desespero. Hay que ser ingenuo, como Chertkov. ...

18 DE MAYO. ... Estoy leyendo *Hypatia*.[42] Mediocre. Es interesante cómo resuelve la cuestión religiosa. ...

19 DE MAYO. ... Nada digno de mención durante un mes. No he hecho nada. Los intentos y un comienzo de trabajo no pueden ser considerados como una obra hasta que los haya concluido. Lo único—y lo sé—es que no he hecho ninguna mala acción. Y si la he hecho en relación con la familia, ha sido cada vez menos grave y, además, tengo la idea de Bugáiev[43] firmemente grabada en la cabeza y me da fuerzas. Me estoy volviendo digno de confianza. Además la conciencia de que sólo hay que hacer el bien alrededor de uno, hacer feliz a la gente que nos rodea, sin ningún objetivo, es un gran objetivo en sí mismo.

20 DE MAYO. De nuevo agitación en el alma. Sufro terriblemente. La torpeza, la palidez cadavérica del alma todavía se pueden soportar, pero encima está la insolencia, el aplomo. También hay que saber soportar eso, si no con amor, al menos con compasión. He estado irritable y sombrío desde la mañana. Estoy enfermo. ... ¿Cómo se puede vivir aquí, cómo se puede cavar un agujero en esta arena que te traga? Voy a cavarlo. Fumé y hablé en un tono desagradable a la hora del té (2).

1884

21 DE MAYO. Temprano. El café con los niños. Leí *Hypatia*. Un montón de solicitantes. Viudas engañadas en el reparto de la tierra, miserables. Esto me resulta muy doloroso porque es falso. No puedo hacer nada por ellas. No las conozco. Y son demasiadas. Y hay un muro entre ellas y yo. Conversación con mi esposa mientras tomábamos el té, de nuevo hostilidad. Intenté escribir: no pude. Fui a Tula a caballo. Por el camino una madre con su hija. El yerno, un albañil, llevaba en coche a un campesino que iba a Serguievskoie. Lo sedujo la riqueza del campesino (aquel se jactaba de haber recibido 2.000 rublos por la novia), y en un valle intentó matarlo con el hacha que llevaba. El otro le arrebató el hacha. Este le pidió perdón. El otro lo entregó en la aldea. ¡Es horroroso! La vieja Rezunova me trajo envuelta en un pañuelo la trenza que Tarás le arrancó. ¿Cómo se puede ayudar? ¿Cómo se puede dar luz cuando uno todavía está lleno de debilidades que no tiene la fuerza de superar? En Tula hice todo sin bajar del caballo. Volví a las 6. Leí un poco y cosí botas. Estuve hablando mucho rato con Tania. Es imposible hablar. No entienden. Y tampoco puedo guardar silencio. Fumé y fui intemperante (2).

22 DE MAYO. Tarde. Hablé con los niños de cómo vivir, de cómo ser sus propios sirvientes. Vérocha dice: De acuerdo, una semana está bien, *¡pero así no se puede vivir!* ¡A esto hemos reducido a nuestros hijos! Intenté escribir: en vano. Debilidad y holgazanería. Voy a caminar.

Durante el paseo estuve reflexionando bien acerca de mi vida: todo lo que es malo está en nosotros, es decir, ahí dónde lo podemos arrancar. ... En casa estuve sombrío, después me senté con los míos y cosí botas. No sé si mi gota acabará por horadar, pero la gota sigue cayendo involuntariamente. ... Durante mi paseo decidí que la causa principal del mal que hay en mí es la incontinencia en la comida, en el deseo carnal, en el tabaco.

1884

23 DE MAYO. ... He estado pensando mucho en mi mujer. Debo amar y no enojarme, debo hacer que me ame. Eso es lo que haré. Casi no he fumado. Por la tarde di una vuelta a caballo con Masha y cosí las botas de muy buen humor.

26 DE MAYO. Estoy terriblemente mal. Los dos extremos: arranques de espiritualidad y el poder de la carne. ... Una lucha torturante. No me domino. Busco las causas: el tabaco, la intemperancia, la ausencia de trabajo de la imaginación. Todo eso son tonterías. Una sola causa: la ausencia de una mujer amada y amante. Esto comenzó hace catorce años cuando se rompió una cuerda y adquirí conciencia de mi soledad. Pero eso tampoco es una razón. Debo encontrar a mi mujer justamente en ella. Debo y puedo y la encontraré. Señor, ayúdame. ...

27 DE MAYO. Más temprano. Estoy leyendo a [San] Agustín. Caminé por la carretera. De pronto me sentí absolutamente tranquilo. He pensado mucho en el gran significado que tiene la doctrina de Pablo, de Agustín, de Lutero, de Radstock: la conciencia de nuestra debilidad y la ausencia de lucha. Luchar, tener confianza en las propias fuerzas, debilita nuestras fuerzas. No torturarse, no tensar la cuerda y de ese modo no debilitarse. Alimentarse con los alimentos de la vida. Es lo mismo que una redención. Será interesante saber si en lo sucesivo la tentación continuará atormentándome también ahora que dejaré de luchar contra ella.

... Una noche maravillosa. Me quedó muy claro que nuestra vida es el cumplimiento del deber que nos ha sido impuesto. Y todo está hecho para que este cumplimiento sea gozoso. Todo está inundado de alegría. Los sufrimientos, las pérdidas, la muerte: todo es bueno. Los sufrimientos producen felicidad y alegría, del mismo modo que el trabajo aporta descanso, el dolor la conciencia de la salud, la muerte de los seres queridos la conciencia del deber, porque es el único consuelo. La muerte propia da el sosiego. Pero no se puede decir lo contrario; el descanso no produce la fatiga, ni la salud el dolor, ni la conciencia del deber la muerte. Todo es alegría en cuanto hay conciencia del deber. La vida del hombre, tal y como la conocemos es una ola toda vestida de esplendor y alegría. ...

28 DE MAYO. ... Intento ser claro y dichoso, pero es muy, muy difícil. Todo lo que hago está mal y este mal me hace sufrir terriblemente. Tengo la sensación de ser el único no loco viviendo en una casa de locos, regentada por locos.

29 DE MAYO. ... Leo, ni siquiera intento escribir. Siego. Después de la comida fui con las niñas a dar un paseo a Bibikov. Allá los niños se nos pegaron. Estar con los niños es muy divertido. Lo terrible es que todo el mal, el lujo y la corrupción de la vida en los que vivo, los he hecho yo mismo. Yo mismo estoy echado a perder y no puedo corregirme. Puedo decir que voy corrigiéndome, pero muy lentamente. No puedo dejar de fumar, no puedo encontrar la manera de tratar a mi mujer sin ofenderla y sin consentirle todos sus caprichos. Estoy buscando. Lo estoy intentando. Vino Seriozha. Tampoco me comporté con él como debería. Lo mismo que con mi esposa. No ven y no conocen mis sufrimientos.

2 DE JUNIO. ... Hace dos días que comencé a no comer carne. ... Muy hermosa la interpretación filosófica del «hijo» en Kingsley: la idea del hombre que es justo por él mismo, por Dios. Pero para ser ese justo, hay que sufrir insultos, suplicios, la crucifixión, el desprecio de todos y a pesar de todo seguir siendo justo. En relación con Cristo es inexacto porque Él tenía discípulos, tenía hombres que lo reconocían. También es inexacto que el «hijo» haya sido *plenamente* expresado a través de Cristo. Él busca expresarse eternamente, y sólo podrá expresarse en la humanidad entera. ...

4 DE JUNIO. Tarde. *Esprit de l'escalier.* Estuve pensando en la conversación de anoche[44] y justamente esta mañana Kuzminski y Seriozha vinieron a tomar el café conmigo. Le dije a Sasha[45] que el escepticismo conduce a la infelicidad si el hombre no vive de acuerdo con sus ideales: cuanto más lejos vaya en esta dirección, más difícil le será la vida. Queda desearle que su vida empeore. Mientras peor sea, mejor será. Estuvo de acuerdo. A Seriozha le dije que todo el mundo tiene que cargar un peso, y que todas sus reflexiones, como las de muchos otros, son elusiones: «Lo haré cuando otros lo hagan.» «Lo haré cuando se ponga en marcha.» «Se moverá por sí mismo.» Con tal de no hacerlo. Entonces dijo que no veía que nadie lo hiciera. Y respecto a mí dijo que no hago nada. Únicamente hablo. Esto me ofendió de manera muy dolorosa. Es igual que su madre, malo e insensible. Me hizo mucho daño. Me habría gustado irme en ese mismo momento. Pero todo esto es debilidad. No para la gente, sino para Dios. Haz las cosas como sabes que hay que hacerlas para ti, y no para demostrar nada. Fue terriblemente doloroso. Por supuesto que es por mi culpa, por eso me duele. Lucho, apago el fuego que se enciende, pero siento que esto ha inclinado demasiado la balanza. Y, en realidad, ¿para qué me necesitan? ¿Para qué todos mis sufrimientos? Y por más dolorosas (pero son ligeras) que sean las condiciones del vagabundo, no puede haber nada semejante a este dolor del corazón. ...

Estuve segando un buen rato. Comimos. Inmediatamente fui a coser y cosí hasta muy entrada la noche. No fumé. A mi alrededor continúa el mismo parasitismo.

5 DE JUNIO. Me levanté a las 5. Desperté a los pequeños. Fui a ver a Pável[46] y me puse a trabajar. Trabajé con mucho esfuerzo. No fumé. A las 12 fui a desayunar y me encontré con la misma hostilidad y la misma injusticia. Ayer fue Seriozha quien hizo inclinar la balanza, hoy fue ella. Si estuviera seguro de mí mismo... pero no puedo continuar con esta vida absurda. Aun para ellos será útil. Recapacitarán si tienen algo parecido a un corazón.

Segué. Cosí botas. No recuerdo. Las niñas me quieren. ...

11 DE JUNIO. ... Me siento más tranquilo, *más fuerte* espiritualmente. Por la tarde una conversación cruel sobre el dinero de Samara.[47] Intento actuar como actuaría frente a Dios, y no consigo evitar la hostilidad. Esto tiene que acabar.

Pensé en mis intentos fallidos de una novela sobre la vida cotidiana del pueblo.[48] ¡Qué cosa más absurda! Hay que proponerse escribir una obra donde el amor ocupe el primer lugar y los personajes sean campesinos, es decir, gente para la que el amor no sólo no ocupa el primer lugar, sino que ignora ese amor lujurioso que exigen de uno cuando escribe. Tengo ganas de escribir y hay mucho trabajo; pero ahora el cambio de forma de vida no me da suficiente claridad de pensamiento.

14 DE JUNIO. ... Nuestra principal desgracia es que consumimos más de lo que trabajamos y por consiguiente nos enredamos en la vida. Trabajar más de lo que se consume no puede ser dañino. Es una ley superior.

18 DE JUNIO. ... Por la tarde segué un poco cerca de casa, vino un campesino a hablarme del caserío. Fui a darme un baño. Volví lleno de ánimo, contento, y de pronto empezaron por parte de mi esposa unos reproches absurdos a propósito de los caballos, que yo no necesito y de los cuales únicamente quiero deshacerme. No dije nada, pero me sentí terriblemente mal. Me fui y quise irme definitivamente, pero el avanzado estado de su embarazo me obligó a volver desde la mitad del camino a Tula. En casa unos muchachos bigotones estaban jugando al *vint*: mis dos jóvenes hijos. «Ella está en el croquet, ¿no la viste?», me dice Tania, la hermana. «No la quiero ver.» Y me fui a mi cuarto a dormir en el diván; pero la pena me impidió conciliar el sueño. ¡Ah, qué difícil! Y a pesar de todo ella me da lástima. Y a pesar de todo no puedo creer que sea insensible hasta tal punto. Como a las tres, cuando me acababa de quedar dormido, llegó y me despertó: «Perdóname, estoy de parto, quizá me muera.» Subimos. Empezó el parto.[49] El acontecimiento más feliz, el más dichoso para una familia, transcurrió como algo no deseado y penoso. Una nodriza había sido encargada de darle el pecho al bebé.

Si alguien dirige los actos de nuestra vida, quiero hacerle un reproche. Esto es demasiado duro y despiadado. Despiadado con respecto a ella. Veo que a una velocidad vertiginosa se dirige a su ruina y a sufrimientos morales espeluznantes. Me dormí a las 8. A las 12 me desperté. Por lo que me acuerdo, me senté a escribir. Cuando llegó mi hermano de Tula, por primera vez le conté todo lo difícil de mi situación. No recuerdo cómo transcurrió la tarde. Me bañé. De nuevo el *vint*, y yo, a pesar mío, me quedé con ellos a ver las cartas.

JUNIO. RECAPITULACIÓN. Reformé mis costumbres. Me levanto temprano. Hago mayor trabajo físico. E involuntariamente hablo y hablo a todos los que están a mi alrededor. La ruptura con mi mujer no se puede decir que sea más grave: es total.

No bebo alcohol, tomo el té con un terrón de azúcar entre los dientes y no como carne. Todavía fumo, pero menos.

19 DE JUNIO. Me levanté antes de las 8. Arreglé mi cuarto en presencia de Seriozha. Un mercader vino a comprar un caballo. No mantuve mi palabra; 250 rublos.

Lo artificial de mi situación es malo. Es mi culpa, debo remediarlo. Quise darle a Tania el dinero del caballo. Resultó que los otros—me refiero a Seriozha—sintieron envidia. Algún día leerás esto, Seriozha, hijo mío, y es necesario que sepas que eres muy, muy malo. Y que necesitas trabajar mucho sobre ti mismo, sobre todo para ser más humilde. ...

21 DE JUNIO. Las mujeres campesinas trabajaron, las mías no. Yo trabajé con los campesinos todo el día, con excepción de los últimos montones de paja. Por la tarde, en la habitación de Masha hablamos de cómo había pasado cada uno el día. No es un juego. Me gustaría establecerlo como costumbre. Por supuesto que no es necesario violentar. Quien quiera, que cuente su día.

23 DE JUNIO. A las 7, sin esperar a los otros campesinos, trabajé con Blojin. ... Trabajé sin interrupción y me cansé mucho. No pude dormir, me dolían los brazos, pero me siento muy bien física y espiritualmente. Me dieron un haz de paja, es decir, un buen montón. No esperaba poder aprender así en mi vejez y corregirme. El acarreo y el entrojado son duros. Mi mujer está tranquila y contenta y no ve lo que se ha roto. Trato de hacer las cosas como es debido. Pero no sé cómo es debido. Aunque si las cosas se hacen como es debido en todo momento, todo saldrá como es debido.

24 DE JUNIO. ... He estado releyendo mi diario de la época en la que buscaba la causa de las tentaciones. Todo es absurdo, la única [causa] es la ausencia de trabajo físico intenso. No aprecio suficiente la felicidad de estar libre de las tentaciones después del trabajo. Es una libertad que uno compra a buen precio con el cansancio y el dolor muscular.

1884

26 DE JUNIO. Me levanté atormentado y enfermo a las 7 y fui a trabajar: segué durante todo el día sin interrupción. Tania llegó con el café. Agradable. Seriozha segó. Es insoportable con su autosuficiencia y su egoísmo. ... Estuve hablando con los campesinos sobre Turquía y sobre la tierra allá. ¡Es increíble cuánto saben y qué instructiva puede ser una conversación con ellos, sobre todo en comparación con la pobreza de nuestros intereses! ... Mi esposa no dejó pasar la ocasión de insultarme y culparme. Me aflige, pero parece que ha habido algún progreso. ¡De ahí el berenjenal! Después del croquet todo el mundo ayudó a retirar lo del té, y eso *hizo reír* a los sirvientes. Como si lo risible no fuera que las personas bien alimentadas estén sentadas muertas de aburrimiento y obliguen a la gente que trabaja a perder su tiempo en tonterías.

28 DE JUNIO. Temprano. No me sentía bien, pero después del desayuno fui. Habían segado mucho pero los alcancé. No, sacudían y rastrillaban. Me puse a trabajar con ellos. Nos interrumpió la lluvia. Por la noche segamos. En casa: ociosidad, glotonería y hostilidad.

30 DE JUNIO. ... Leí el *Napoleón* de Emerson:[50] representante de la burguesía-egoísta avara; excelente. ...

6 DE JULIO. Un mal día. Me levanté a las 8, hice mi cuarto, quise ir a pie a Tula, pero me sentía tan débil que fui a caballo. Antes de salir llegó Artiómov[51] para [arrendar] una tierra. Le dije de forma ruda y mala: qué ojos envidiosos. Y me fui totalmente abatido. En Tula un calor sofocante. En los bancos personas muy pulcras que hacen sonar sus ábacos y, mojando los dedos en una esponja, cuentan los billetes haciéndolos chasquear. Mientras, a todo lo largo del camino, las mujeres campesinas amontonan el heno, los campesinos siegan, rastrillan. Los pobres y los peregrinos están débiles, hambrientos. Llegué destrozado y extenuado, envié el dinero al correo. Mientras cabalgaba de regreso estuve soñando que para organizar mi vida de manera correcta, es decir, para dar a los otros al menos una parte de lo que tengo, debo dedicarme ante todo a la hacienda. Ahora espero poder hacerlo sin apasionamiento y teniendo siempre en cuenta que las relaciones con los hombres son lo más valioso. ...

7 DE JULIO. Me levanté a las 7. Tomé el café, conversé un poco con madame Seuron.[52] Ella me contó que Tania había golpeado a Ustiushka. Fui a casa de Artiómov a pedir una disculpa. Pero, para bien o para mal, no lo encontré. Volví a casa y tuve la mala idea de hablar del interminable té. Escena. Me fui. Ella se pone a tentarme carnalmente. Me gustaría resistirme, pero siento que no podré resistirme en las condiciones actuales. Y la convivencia con una mujer que me es moralmente ajena, es decir, con ella, es profundamente repugnante.

... Acababa de escribir esto cuando vino a verme y comenzó una escena histérica. La idea era que no se puede cambiar nada, y que ella es infeliz, y que tendrá que huir no sabe adónde. Me dio pena; pero al mismo tiempo yo era consciente de que no hay esperanza. Ella seguirá siendo hasta mi muerte una rueda de molino atada a mi cuello y al de los niños. Seguramente así debe ser. Debo aprender a no ahogarme con una piedra al cuello. Pero, ¿y los niños? Aparentemente, esto es lo que debe ser. Y me duele sólo porque soy miope. La tranquilicé como a una enferma. ...

10 DE JULIO. ... Estuve leyendo a Meadows.[53] Magnífico. La instrucción de los chinos, como él dice, es cualitativamente superior a la nuestra, aunque cuantitativamente inferior. Lo principal de la instrucción allá radica en la ética: mientras que entre nosotros la ética está del todo ausente. Vida familiar sin cambios. Mi hija Tania parece estar despertando.

12 DE JULIO. Sigo levantándome no más tarde de las 8. Estoy leyendo a Meadows y el Evangelio en hebreo. Sigo sintiéndome mal y débil, débil en todos sentidos. ... Por la noche subí. Aclaraciones. No veo la manera de librarme yo de mis sufrimientos y a ella de la ruina a la que se precipita con ímpetu. Ayer recé, es decir, que estoy débil. La plegaria a Dios y a los santos—con mayor frecuencia a los santos—viene de que uno tiene necesidad de ayuda. Pero si viviéramos de una manera cristiana, la ayuda vendría de los hombres, de la Iglesia. Todo lo que pedimos razonablemente a través de la oración, pueden hacerlo los hombres por nosotros, pueden ayudarnos por medio del trabajo, la inteligencia y el amor. ...

14 DE JULIO. Dejé pasar varios días y el miércoles escribí de memoria. Creo que fue ese día cuando llamé a mi mujer y ella, con fría maldad y deseos de lastimarme, me rechazó. No dormí en toda la noche. Y durante la noche me decidí a irme, preparé mis cosas y fui a despertarla. No sé qué me ocurrió: la bilis, el deseo carnal, la fatiga moral, pero sufría terriblemente. Ella se levantó y le dije todo lo que tenía que decir; le dije que ha dejado de ser una esposa. ¿Una ayuda para el marido? Hace mucho tiempo que no es una ayuda, es un obstáculo. ¿Una madre para los niños? No quiere serlo. ¿Una nodriza? Se niega. ¿Compañera de mis noches? También de eso hace un cebo y un juguete. Fue terriblemente penoso y yo sentía que todo era en vano y falto de fuerza. Hice mal en no irme. Creo que no lo podré evitar. Aunque me dan una pena infinita los niños. Cada día los quiero más y los compadezco más.

15 DE JULIO. Me levanté a las diez. Conversación con Seriozha. Sin motivo ninguno soltó una grosería. Me sentí muy afligido y le dije todo: sus hábitos burgueses, su torpeza, su maldad, y su presunción. De pronto dijo que nadie lo quería y se echó a llorar. Dios, ¡cómo me dolió! Todo el día anduve caminando por ahí y después de la comida llevé a Seriozha aparte y le dije: «Lo siento...» De pronto estalló en sollozos, me cubrió de besos y me dijo: «Perdóname, perdóname.» Hace mucho tiempo que no experimentaba una cosa sí. Eso es la felicidad.

17 DE JULIO. Me levanté tarde. Pero tomé el café con los niños. Por las mañanas sigo corrigiendo la traducción alemana[54] y la leo y me sorprendo de que no llegue a las personas. Por la tarde fui con los niños a buscar setas y me quedé a trabajar con los segadores de Baburino. Estaban bebidos. Me sentí bien con ellos. En casa las relaciones vuelven a ser tirantes y son tirantes únicamente con mi esposa. Todos los otros me quieren.

27 DE JULIO. Hoy me levanté tarde, me sentía fresco. Estuve hablando de Ghe. De que un hombre moral tiene relaciones familiares muy complicadas, mientras que para el inmoral todo fluye sin obstáculos. Leí *Ground Ash*.[55] Es una obra *revival*-ista; es una lástima, pero está bien. Fui a plantar y a darme un baño. ...

28 DE JULIO. Me desperté y Sujotin ya estaba ahí. ¡Qué criatura tan patética e insignificante! Es particularmente consternante porque en apariencia es un ser dotado. Nos bañamos y nos fuimos todos en busca de setas. Una gran comida. No recuerdo la tarde. Pérdida de tiempo. Consumir los alimentos y no producir trabajo, adquirir conocimientos y no transmitirlos es verdadero onanismo. Eyacularás cada vez con mayor frecuencia y serás cada vez más un objeto de desagrado para ti y para los otros. Soy un onanista de todas las maneras. Debo dejar de serlo.

6 DE AGOSTO. ... Por la mañana conversación con Tania. Me di claramente cuenta de que entre la cantidad de asuntos que llenan nuestra vida, hay asuntos verdaderos y asuntos insignificantes. Saber reconocer los que son verdaderos y los que son insignificantes: ahí radica toda la sabiduría de la vida. Por la tarde una charada estúpida y luego el buzón.[56] ...

9 DE AGOSTO. Por la mañana tuvimos una discusión calurosa, pero bien. Dije lo que tenía que decir. ... Llegué a casa. Sonia y yo hicimos las paces. Si *ella* se propusiera ser buena sería muy buena.

22 DE AGOSTO. Santo de mi mujer. El buzón. ... Yo escribí sobre los enfermos del hospital de Yásnaia Poliana.[57] Estuvo bien. Al parecer, de alguna manera algo les llega. No sé cómo.

25 DE AGOSTO. ... No recuerdo si fue hoy o ayer que hablé con Shajovskói[58] y temblaba íntegro al mostrarle la verdad: mientras se hagan obras del diablo como la guerra, los tribunales, la prestación de juramento, no se puede hablar de Cristo. Ya me siento mal físicamente.

28 DE AGOSTO. Tengo 2 x 28 años. Los nuestros se fueron a Tula a despedir a Vera Shidlóvskaia.[59] Estoy contento de estar solo. Estuve leyendo a Michelet sobre los antiguos persas. Bellas ideas. Me siento mal físicamente. Relaciones agradables, amistosas con mi mujer. Le dije algunas verdades desagradables y no se enojó. Por la tarde estuve leyendo a Maupassant. Impresiona por la maestría de los colores, pero el pobre no tiene nada que decir.

31 DE AGOSTO. Leí un poco a Michelet; acompañé a mi esposa.[60] Fui a recoger setas. ... Comí solo y pasé a casa de los Kuzminski. Estaban a punto de pelearse. Por la mañana, mientras se vestían, él había preguntado lo que hacía Sonia. Ella le había respondido: «No puedo gritar.» Él se ofendió, todo el pasado salió a la luz, y él se puso a decir que se odiaban y que era imposible vivir así. Ella no dijo nada. Pero por la tarde retomó la discusión, reprochándole una irascibilidad que raya en la locura. Él trató de justificarse, pero estaba sombrío. Ella se puso a decirle en mi presencia que *se había casado con él por amor*. Pero yo sé que le dijo una cosa totalmente distinta a Sonia. Y de pronto me quedó claro cómo y por qué las mujeres son fuertes: por su frialdad y por una capacidad de mentira, de astucia, de adulación de las que, debido a la debilidad de su pensamiento, no son responsables. ...

1.º DE SEPTIEMBRE. ... Me levanté tarde. Estuve leyendo a Michelet. Hércules es la deificación del trabajo, de la hazaña. Conversación con Tania a propósito de que las mujeres no aman nunca o muy raramente, es decir, muy raramente entregan su concepción del mundo al ser amado. Son siempre frías. Se sintió muy confundida al darse cuenta de que veo claramente su *truc*. ...

2 DE SEPTIEMBRE. ... Una conversación: la fuerza de las mujeres está en halagarnos al decirnos que nos aman. Estamos tan convencidos de merecer amor que les creemos. En vano le imputo esto a Sonia. Es un pensamiento general y para mí muy nuevo e importante. ...

3 DE SEPTIEMBRE. Fui a recoger setas. Tristeza sin razón. Cosí. Estoy leyendo a Michelet.

5 DE SEPTIEMBRE. Por la mañana conversación y hostilidad inesperada. Después ella bajó a buscarme y me estuvo fastidiando hasta que me sacó de mis casillas. No dije nada, no hice nada, pero me sentía muy mal. Salió corriendo presa de la histeria. Yo corrí tras ella. Estoy verdaderamente exhausto.

12 DE SEPTIEMBRE. Leí sobre el Budismo, sobre la doctrina. Es sorprendente. Siempre la misma enseñanza. El error consiste únicamente en querer salvarse de la vida, íntegramente. Buda no busca salvarse, busca salvar a los hombres. Esto se le olvidó. Si no hubiera a quién salvar, no habría vida. La enseñanza según la cual los problemas de la eternidad no nos son asequibles es admirable. Comparación con un hombre herido por una flecha que no quiere curarse antes de averiguar quién lo hirió.

Estuve cortando leña. Di un paseo con Sonia por el bosque. Después de la comida paseé con todos, cosí botas, mal. Con los niños leí en vez del malísimo *Pasynkov*, *Polesie*.[61] Fue un éxito.

13 DE SEPTIEMBRE. De nuevo ha pasado una semana y no he escrito. Hoy hubo un exceso... Me da vergüenza. Por la mañana llegaron las niñas a hacer sus tareas. Fue muy agradable. Después leí a Nekrásov, para luego leérselo a los niños. Fui a dar un paseo con todo el mundo. ...

Dormí un rato después de la comida. Leí a los niños Nekrásov, Shedrín y *Polesie* de Turguéniev. Todo espléndido. ...

1885

1885. 5 DE ABRIL, ME PARECE.[1] Todo lo que ocupa mi vida es (para mi desgracia, porque es un camino resbaladizo y engañoso) la toma de conciencia y la expresión de la verdad. Con frecuencia me llegan pensamientos claramente formulados, satisfactorios y útiles para mí, pero al no encontrar lugar para ellos, los olvido. Voy a apuntarlos. Podrían servirle a alguien.

Hoy. Pensé en mi desdichada familia: mi esposa, mis hijos, mis hijas, que viven a mi lado y escrupulosamente intentan colocar entre ellos y yo un biombo para no ver la verdad y el bien que desenmascararían la falsedad de su vida, pero también los liberarían de sus sufrimientos.

Si al menos comprendieran que su vida ociosa, sostenida por el trabajo de los otros, no puede tener más que una justificación: que aprovechen su tiempo libre para reflexionar, para pensar. Pero ellos se esmeran en ocupar su tiempo libre con vanidades, de manera que les queda todavía menos tiempo libre para meditar que a quienes están agobiados por el trabajo.

También pensé: a propósito de Usov,[2] a propósito de los profesores: ¿por qué ellos, gente tan inteligente, a veces tan buena, suelen vivir tan mal y tan tontamente? Por el poder que ejercen sobre ellos las mujeres. Se abandonan a la corriente de la vida, porque eso es lo que quieren sus esposas o sus amantes. Todos los asuntos se arreglan por la noche. Sólo son culpables de someter su conciencia a su debilidad.

También pensé: hacer la voluntad de Quien me ha en-

Lev Tolstói. Fotografía de la casa Sherer, Nabholtsy y Cía. 1885.

viado, ese es mi alimento. Eso tiene un significado simple y profundo. Se puede estar sereno, siempre satisfecho cuando uno no se pone por objetivo algo exterior, sino el cumplimiento de la voluntad de Aquel que nos envió. No quiero que salga impreso mi retrato en mis obras,[3] me repugna, me desagrada. Pero si hago mi voluntad, no lo aceptaré y la ofenderé, haré que se aflija. En cambio si cumplo una voluntad que no es la mía, les pediré que no lo hagan. Y si lo hacen, estaré tranquilo, porque habré cumplido la voluntad de Aquel que me envió.

1886

19 DE JUNIO. ... La tarea del hombre en esta vida es la de renunciar a todo lo que hay de contradictorio en él—es decir, de individual y de egoísta—para poder servir a la razón, para destruir la contradicción interna de la vida; sólo en eso encuentra plena satisfacción, seguridad, ausencia de miedo y serenidad frente a la muerte. Si no cumple con esta tarea, se queda en la contradicción interna de la vida individual y se destruye él mismo como se destruye toda contradicción.

Se habla de la vida futura, de la inmortalidad. Es inmortal sólo aquello que no soy yo. La razón, *el amor*, Dios, la naturaleza.

28 DE AGOSTO. El error principal de la vida de los hombres es que cada individuo por separado piensa que lo que conduce su vida es la aspiración a los placeres y la aversión por los sufrimientos. Y el hombre solo, privado de dirección, se entrega a esa pauta, busca los placeres y rehúye los sufrimientos y en eso sitúa el objetivo y el sentido de la vida. Pero el hombre nunca puede vivir de placeres, ni puede evitar los sufrimientos. De modo que no radica ahí el objetivo de la vida. Sería aburrido que radicara ahí: el objetivo es el placer, y este no existe y no puede existir. Y aun si existiera, también existe el final de la vida, la muerte, que siempre está unido al sufrimiento. Si el marinero decidiera que su objetivo es evitar las crestas de las olas, ¿adónde llegaría? El objetivo de la vida está más allá de los placeres y de los sufrimientos. Se consigue pasando a través de ellos.

Los placeres, los sufrimientos son la respiración de la vida: inspiración y expiración, alimentación y excreción. Tener como propósito propio el placer y la elusión de los sufrimientos es perder el camino que los atraviesa.

El objetivo de la vida es general o espiritual. Unión[1]. Sólo...

No sé más, estoy cansado.

1887

3 DE FEBRERO.[1] El hombre utiliza su razón para preguntarse: ¿con qué fin y por qué? y aplica estas preguntas a su propia vida y a la vida del mundo. Y la razón le demuestra que no hay respuestas. Cuando se plantea estas preguntas experimenta algo parecido a la náusea, al vértigo. Los hindúes, a la pregunta: ¿con qué fin?, responden: Maia sedujo a Brahma, que existía en ella, para que él creara el mundo; y a la pregunta ¿por qué?, ni siquiera se les ocurre inventar una respuesta. Ninguna religión la ha inventado, ni la inteligencia del hombre puede inventar respuestas a estas preguntas. ¿Qué significa eso?

Significa que la razón no ha sido dada al hombre para responder a estas cuestiones, que el hecho mismo de planteárselas denota un error de la razón. La razón no resuelve sino la cuestión fundamental: *cómo*. Y para saber *cómo*, resuelve en los límites de lo finito las preguntas *por qué* y *con qué fin*.

¿Qué es *cómo*? ¿Cómo vivir? ¿Cómo se debe vivir? Beatíficamente.

Esto es necesario para todo ser viviente y también para mí. Y la posibilidad de hacerlo se ofrece a todo ser viviente y también a mí. Y esta solución excluye las preguntas «por qué» y «con qué fin».

Pero, ¿con qué fin y por qué no se encuentra inmediatamente la beatitud? De nuevo un error de la razón. La beatitud es crear la propia beatitud, no hay otra.

1888

23 DE NOVIEMBRE. MOSCÚ. En estos días vino una jovencita preguntando (¡una pregunta tan conocida y falsa!) qué debía hacer para ser útil. Y, conversando con ella, aclaré para mí mismo: la gran desgracia, por la que sufren millones de personas, no es tanto que la gente viva mal, sino que no lleva una vida según la conciencia, según su propia conciencia. La gente adopta como conciencia propia cualquier otra, superior a la suya (por ejemplo la de Cristo, es la más común), y, obviamente, no siendo capaces de vivir según esta conciencia ajena, no viven ni según aquella ni según la propia, y viven sin conciencia. A esta señorita intenté convencerla de que no viviera según mi conciencia, que era lo que quería, sino según la suya propia. Pero ella, pobrecita, ni siquiera sabe si tiene una conciencia propia. Y eso es un gran mal. Lo más necesario para las personas es elaborar, aclarar para ellas mismas su conciencia, y en adelante vivir según ella, y no como hacen todos: escogen una conciencia totalmente ajena, inaccesible, y en adelante viven sin conciencia y mienten, mienten, mienten, para tener la apariencia de estar viviendo según la conciencia ajena elegida. Por eso yo sinceramente prefiero al parrandero que se divierte, no razona y rechaza todo razonamiento, que al razonador que vive según una conciencia ajena, es decir, sin conciencia. Al primero se le puede crear una conciencia, al segundo jamás, hasta que no vuelva al estado del primero.

Sigo sin escribir: no tengo una necesidad de esas que

me empujan al escritorio y deliberadamente no puedo hacerlo. Un estado de tranquilidad—de no actuar en contra de mi conciencia—me procura una alegría apacible y la sensación de estar preparado para la muerte, es decir, para toda la vida. Ayer por la tarde estuvo aquí Evgueni Popov,[1] tiene veinticuatro años y se encuentra en la misma situación que yo. Relaciones difíciles con su mujer, que sólo podrá desembrollar una vida de humildad, como un nudo que sólo se puede desanudar siguiendo pacientemente el hilo a través de toda la madeja.

24 DE NOVIEMBRE. ... Por la mañana quería escribir *Un número de una revista.* Hace mucho que me ronda esa idea: escribir el resumen de un número determinando la importancia de cada artículo.[2] ... Estaba cansado, después de comer dormité, leí a Sainte-Beuve, luego me dediqué a coser botas. ...

Pensé: la vida, no la mía, sino la vida del mundo—con el *renouveau* del Cristianismo que aflora por todas partes como una primavera, en los árboles, en la hierba, en el agua—se vuelve interesante hasta lo indecible. Sólo en esto reside el interés de mi vida; y al mismo tiempo mi vida terrestre se acabó. Es como si hubiera estado leyendo y leyendo un libro que cada vez era más interesante y de pronto, en el más interesante de los pasajes, el libro se hubiera acabado, y resultara que aquel sólo había sido el primer volumen de una colección de quién sabe cuántos volúmenes, y aquí fuera imposible conseguir la continuación. Sólo en el extranjero, en un idioma extranjero será posible leerlo. Pero seguramente lo leerás. ...

25 DE NOVIEMBRE. No me sentía bien. *Dormí* mal. Vino Hapgood.[3] Hapgood: ¿Por qué no escribe? Yo: Es una ocupación vana. Hapgood: ¿Por qué? Yo: Hay demasiados libros, y no importa qué libro se escriba ahora, el mundo seguirá igual. Si Cristo viniera y diera el Evangelio a la imprenta, las damas tratarían de conseguir su autógrafo, y nada más. Debemos dejar de escribir, de leer y de hablar, debemos *actuar*. ...

26 DE NOVIEMBRE. ... El resto de la tarde estuve leyendo a Leskov, *En el fin del mundo*.[4]

27 DE NOVIEMBRE. ... La tarea es la misma para todos: partiendo de nuestra posición de riqueza, de grandes necesidades y de ausencia de trabajo útil a los seres humanos, aprender a vivir con las mínimas necesidades y no desear grandezas y aprender un trabajo útil para los seres humanos. Y a esto hay que descender poco a poco, es decir, conforme se vaya obteniendo lo uno y lo otro. ...

1.º DE DICIEMBRE. La lectura de los periódicos y de las novelas es algo parecido al tabaco: un medio para olvidar. Lo mismo la conversación vacía. Basta con no hacerlo para que en su lugar puedas reflexionar tranquilamente, o jugar con un niño mientras lo consuelas, o hablar abiertamente con una persona, ayudándola o, lo principal, trabajar con las manos. Por la mañana vinieron Stajóvich padre[5] y Fliórov,[6] ambos alcohólicos-nicotinoadictos; patéticos. Hace mucho frío por todos lados. Voy a intentar no leer y no tirar las cartas. Para no leer lo principal es no tener miedo a quedarse inactivo si no hay algo que verdaderamente haya que hacer, siguiendo la regla: *mejor no hacer nada que hacer nada*. Entonces más vale el *trabajo*, el verdadero *trabajo con descanso*, y no el eterno ni esto ni lo otro de nuestro mundo.

1.º DE DICIEMBRE. CONTINUACIÓN. ... Por la tarde fui a la escuela. Me sorprendió la estupidez y la insipidez y la disciplina de una enseñanza mecánica, y los ojos opacos, sin luz, de los alumnos: la fábrica, el tabaco, el insomnio, el alcohol. ...

7 DE DICIEMBRE. ... Ayer pensé: ¿servir a los hombres? Pero, ¿cómo y con qué? No con dinero, ni tampoco con servicios físicos: limpiar los rodillos, coser las botas, lavar la ropa, cuidar durante la noche a un anciano. Todo eso está bien, y quizá sea mejor que hacerlo para uno mismo, pero quizá también esté mal y, en esencia, sea inútil. Una sola cosa es útil, una sola cosa es necesaria: enseñar al hombre a vivir bien. ¿Y cómo hacerlo? Hay un solo medio: vivir bien uno mismo.

... Los hombres siguen sin entenderse. ... Una razón es que todos los obstáculos de conveniencias y de leyes que facilitaban la coexistencia se van eliminando, pero eso no es todo; uno se puede consolar con eso, pero no es cierto. Es la terrible demostración de que las personas que se consideran mejores que las demás (entre los que yo soy el primero), cuando las cosas llegan a la verificación, al examen, resulta que no son ni un pelo mejores. «No puedo vivir con él.» «Si no puedes vivir con él, mejor no vivas: es con él con quien tienes que vivir.» «Quiero trabajar pero no este campo» (el primero que le tocó arar). «Da la impresión de que sólo te jactabas, pero no quieres trabajar.» (Así me ha pasado con mucha mucha gente ...) «No puedo vivir con él, me separaré, será lo mejor.» Pero qué puede ser mejor cuando has hecho lo peor de todo lo que se puede hacer. Todo, la austeridad de vida, la continencia, el trabajo, incluso la humildad, todo eso no es necesario para saber vivir con la gente; vivir, es decir, amarla. Y si no hay amor, todo esto no vale nada. Toda la labranza es necesaria para que la siembra brote, pero si pisoteas lo sembrado, no valía la pena que sembraras. ...

9 DE DICIEMBRE. Dormí criminalmente. Por la mañana terminé de coser, caminé un poco y ahora voy a comer.

Lev Tolstói con su mujer y los niños. De izquierda a derecha, sentados: Serguéi, Lev, Lev Nikoláievich con su hija Sasha, Sofía Andréievna, Ilyá y Misha. De pie: Maria, Andréi, Tatiana. Foto de S. A. Tolstaia. Yásnaia Poliana, 1887.

Ayer llegó una carta de Ghe. Una cosa curiosa: la vida, verdaderamente, parece estar vacía; pero yo estoy del todo tranquilo. Todo lo malo está sólo en mí, en la falta de amor. Pero eso se puede corregir y por eso ya no me aflige, me alegra. ...

1888

11 DE DICIEMBRE. MOSCÚ. Corté la leña, transporté el agua; 20 grados bajo cero. ...

12 DE DICIEMBRE. Corté la leña, caliento la estufa. Vivo todos los días de manera incolora, pero transparente, a todos los amo naturalmente, sin esfuerzo. Estuve leyendo. ... Qué fácil es decir y qué difícil es sentir de manera congruente con lo que se dice. ...

Sí, todavía ayer estuve a punto de comenzar una disputa con mi esposa a propósito de por qué no enseño yo a mis hijos. En ese momento no recordé que vale la pena ser humilde. Sí, existe la conciencia. La gente vive o bien por encima de su conciencia, o bien por debajo. Lo primero es una tortura para uno, lo segundo es desagradable. Lo mejor es vivir según la propia conciencia a medida que esta va creciendo, siempre un poco por encima de ella, de modo que pueda alcanzar una altura tomada por encima de ella. Yo vivo más alto, por encima de mi conciencia, y ella no me alcanza: especialmente en que me siento ofendido y sigo siendo sensible y vanidoso, y quiero publicar hasta que me muera.

13 DE DICIEMBRE. Corté la leña, hice mi habitación, encendí la estufa, anoté el día 12 y ahora voy a desayunar. Leí, sin hacer nada. Fui a dar un paseo. Pensé: nosotros, en la vida, estamos congelados, somos pequeños recipientes con tapón de corcho, cuya tarea consiste en descorcharse y verterse, establecer una comunicación con el pasado y con el futuro, transformarse en un canal y participar de la vida común. La muerte carnal no hace eso. Lo que ella hace es, de alguna manera, trasvasar y de nuevo a recipientes con tapón de corcho. ...

15 DE DICIEMBRE. MOSCÚ. Por la mañana pensé en la revista: es posible. Entre mis antiguos escritos hay que seleccionar algo para cada sección. Sobre el calendario gregoriano y el juliano. Sobre el biberón.[7] Ayer leí un artículo de Portugálov sobre la mortandad infantil.[8] Corté la leña, encendí la estufa y ahora voy por maderos y a casa de Bogoyavlenski.[9] ...

19 DE DICIEMBRE. MOSCÚ. Me levanté temprano. Corté leña, tengo la estufa encendida, voy a desayunar. Pensé: los gobiernos defienden los intereses de las gentes y promueven el dinero, velan por el cumplimiento de los contratos *pecuniarios*. ¿Por qué ellos (los gobiernos) no velan por el cumplimiento de las convenciones, así sean familiares, y lo principal, de las convenciones laborales? Llamo convenciones laborales a esto: nosotros hemos convenido: tú B. me darás leña y pan, y yo te daré instrucción. Los gobiernos no pueden, se revelarían culpables. Pero nosotros podemos y debemos llamarlos a responder sobre la base de ese mismo principio que ellos han puesto en marcha y que sostienen. Fui a ver a Hapgood y a Sytin. Llegué tarde. Tengo catarro. Por la tarde leí. El artículo de Chernyshevski sobre Darwin es magnífico.[10] Fuerza y claridad. Estuve hablando con Liova sobre el mal general del onanismo y de la mentira detrás de la cual se disimula el libertinaje.

22 DE DICIEMBRE. No pude dormir en toda la noche por el dolor del hígado. No en vano esta apatía intelectual. Me levanté a las 11. Estoy leyendo a Leskov, *El hombre de Kolyvan*, está bien. Y *Delante de los niños*,[11] espléndido. Todo el día con dolor y toda la noche sin dormir. Vinieron las niñas, me estoy haciendo a la idea.[12]

27 DE DICIEMBRE. MOSCÚ. ... ¿Será posible que me haya quedado vacío? No logro escribir. ...

30 DE DICIEMBRE. MOSCÚ. Dormí terriblemente mal. ... Las ideas llegan, tengo ganas de escribir. Pensé: el amor por todos es una plataforma en una cuesta. Un descanso. Y también. Todas las buenas acciones se a... Es decir, las malas acciones están cubiertas de nombres buenos. Para emprender buenas acciones, no se puede emprender simulacros de buenas acciones y transformarlos en verdaderos, no se puede transformar las balizas en árboles vivientes, y lo que se necesita es arrancar las balizas y plantar cosas vivas, y en lugar de un árbol una semilla, todo hay que comenzarlo por el principio. Todo el día estuve en casa en un estado de abatimiento moral. ...

1889

2 DE ENERO. MOSCÚ. Comencé el año nuevo sin alegría. Estuve leyendo *Robert Elsmere*[1]: muy bien, muy fina. Masha y Posha están afligidos.[2] Todo se vuelve difícil. Y no se vislumbra la luz. Con más frecuencia me tienta la muerte. ...

5 DE ENERO. Muy tarde. ... Leí algo sobre Ruskin. Nada especial. Ah, sí, fui a casa de Yanzhul,[3] me dio y me recomendó muchos libros buenos, de Kennan, sobre los anarquistas y el socialismo.

Ya tarde pasé por Gautier.[4] En casa estuve leyendo a Kennan y sentí verdadera indignación y horror con la lectura sobre la Fortaleza de San Pedro y San Pablo. Si estuviera en la aldea, este sentimiento habría dado sus frutos; aquí en la ciudad, vino Grot[5] con Zvériev[6] y también Lopatin:[7] cigarrillos, aniversarios, colecciones de libros, comidas con alcohol y cháchara filosófica. Zvériev es aterrador por su locura. *Homo homini lupus*, no hay Dios, no hay principios morales, sólo el flujo. Hipócritas terribles, librescos y dañinos.

11 DE ENERO. MOSCÚ. Me levanté más tarde; por la noche Vania[8] enfermó y Sonia tuvo miedo y yo también. ... Acabo de comer y quiero anotar los días que he omitido. Los anoté de cualquier manera. Leí la *Biblia de los mormones* y *La vida de Smith*[9] y me aterré. Sí, la religión, precisamente la religión, es el producto de un engaño. De una mentira con un fin benéfico. La ilustración evidente y extrema de este engaño es *La vida de Smith*; pero las otras *religiones* (las religiones propiamente dichas), también, sólo que en distintos grados. ...

13 DE ENERO. MOSCÚ. ... Estuve leyendo sobre los mormones y entendí toda la historia. Sí, aquí resulta evidente el engaño intencional que existe en todas las religiones. Incluso pienso: ¿no radicará en eso la característica exclusiva de lo que se llama religión, justamente en ese elemento de invención consciente en el que existe una fe a medias, no fría, sino poética y entusiasta? Esta invención está en Mahoma y en Pablo. En Cristo no. A él lo calumniaron con ella. Aunque de él no se habría podido hacer una religión si no hubiera sido por la invención de la resurrección, y el inventor principal es Pablo.

18 DE ENERO. ... Sí, sí, sí, es indispensable abandonar toda fantasía de escribir y hacer algo para uno mismo y velar por una sola cosa: estar preparado para la ofensa y la humillación, ser humilde y no preocuparse más que de la posibilidad del bienestar para los otros. ...

22 DE ENERO. ... Vino una mujer conmovedora con sus cuatro hijos y su madre: el marido tiene instrucción universitaria, es alcohólico, le pega, la echa de casa; me preguntó: ¿qué hacer con él? Pues, una de dos: o lo acepta en la familia y condena a los niños a la perdición, o lo pone en la calle. Lo único que realmente sería necesario—la curación por medio del amor—no se contempla. Y por otro lado tampoco sé, ¿es así? Sí, creo, hay que aceptarlo según la ley de Dios. ...

24 DE ENERO. Dormí hasta muy tarde. La pobre Sonia llegó extenuada y me dijo algo que me dolió pero logré tomármelo bien. ... Por los síntomas, Vánecha tiene tuberculosis y morirá.[10] Me duele mucho por Sonia. Él me produce un extraño sentimiento de piedad, un «ay» de devoto terror frente a esta alma, este germen del alma más pura en ese pequeño cuerpecito enfermo. El alma apenas comenzaba a templarse en la carne. Me parece que va a morir.

De un tiempo a esta parte me ha comenzado a pasar una cosa extraña y muy jubilosa: he empezado a sentir la posibilidad del constante regocijo del amor. Antes estaba tan sumergido, tan asfixiado por el mal que me rodea y me llena, que no hacía sino razonar sobre el amor, imaginarlo, pero ahora me he puesto a palpar su bondad. Como si de debajo de un montón de leños húmedos de vez en cuando brotaran chorros de luz y de calor; y yo creo, sé, siento el amor y su bienestar. Siento qué lo obstaculiza y qué lo oscurece. Ahora, de una manera totalmente nueva, soy consciente de mi malevolencia hacia las personas—ayer fue Tania—, y me asusto y siento que me estoy impidiendo el calor y la luz a mí mismo. Además, con frecuencia siento tanto calor que me parece que mientras ame y sea piadoso, nada puede turbar el estado de serena alegría de la vida verdadera. ...

25 DE ENERO. MOSCÚ. Me desperté temprano. Pensé, pero no sólo pensé, también sentí que puedo amar y amo a la gente perdida, esa que llamamos mala. Primero pensé: ¿se puede señalar a los hombres su error, su pecado, su falta, sin hacerles daño? ¿Se puede extraer una muela sin dolor? Existe el cloroformo y la cocaína para el dolor físico, pero no hay nada semejante para el alma. Eso fue lo que pensé, pero casi inmediatamente se me ocurrió: no es cierto, hay una especie de cloroformo espiritual. Igual que en todo lo demás, el cuerpo ha sido pensado bajo todos los aspectos, pero todavía no se ha comenzado a pensar en el alma. Una operación de la pierna o del brazo se hace bajo los efectos del cloroformo, pero una operación para corregir al hombre se hace asfixiando la corrección a través del dolor, provocando a través del dolor un dolor aún peor, el rencor. El cloroformo del alma existe y se conoce desde hace mucho tiempo, siempre es el mismo: el amor. ...

Vinieron los médicos. Intentaron que apareciera como claro y preciso lo que es oscuro e impreciso. Casi lo han condenado. ...

27 DE ENERO. MOSCÚ. Me levanté temprano, corté leña, encendí la estufa y, acostado en la cama, pensé. Sí, todo el mal viene de la anticipación, de estar convencido de haber hecho lo que no has hecho todavía. Esto es válido para el Cristianismo en general, y también, en particular, para la esclavitud. Hemos abolido la esclavitud, los títulos de posesión de esclavos, pero a pesar de eso hemos seguido cambiando las sábanas todos los días, nos hemos dado baños de tina, hemos viajado en carrozas, hemos tenido comidas de cinco platos, hemos vivido en diez habitaciones, etcétera, es decir, hemos seguido haciendo todas las cosas que sólo se pueden hacer con esclavos. Es sorprendentemente claro y, sin embargo, nadie lo ve. ...

30 DE ENERO. MOSCÚ. Me levanté muy temprano. No habían traído el agua. Me dio gusto trabajar un poco más. Ahora son las 11. Voy a desayunar. Algo bueno pensé cuando me desperté, pero se me ha olvidado. Una cosa era que Sonia ama con una pasión casi morbosa a sus hijos porque es lo único verdadero que tiene en la vida. Del amor, de los cuidados, del sacrificio por sus hijos pasa directamente a la celebración de Fet, un baile no sólo sin sentido, sino malo. ...

Fui a ver a Fet. Había un banquete. Todos son terriblemente estúpidos. Ya habían comido y bebido y estaban cantando. Llegó a ser repugnante. Inútil intentar hacerse entender. Aunque quizá esté mal rendirse. Es cosa de *respect humain*. ...

1889

1 DE FEBRERO. ... Estuve leyendo *Zadig*:[11] muchas cosas buenas. Sí, el progreso está en el incremento de luz, pero la luz es siempre la misma. ...

7 DE FEBRERO. MOSCÚ. ... Intenté escribir el prólogo, no lo conseguí.[12] Estoy leyendo *Ben Hur*.[13] Mala.

9 DE FEBRERO. MOSCÚ. Dormí mal. Me desperté tarde, de nuevo trabajé con ahínco. Toda la mañana leí y dormité, ahora voy a dar un paseo.

Sí, comienza a estar claro que «la palabra debe ser tratada con honestidad», es decir, que si hablamos hay que hablar tan claramente como sea posible y no con las astucias, las omisiones y las insinuaciones con las que todo el mundo escribe y yo también escribía. Intentaré no hacerlo. ...

10 DE FEBRERO. MOSCÚ. ... Escribí el borrador del prólogo. Fui a dar un paseo a pie. Después de la comida estuve traduciendo asiduamente. ... Leí *Le sens de la vie*.[14] Hay algunas páginas asombrosas sobre la guerra y el Estado. Definitivamente debo escribir un manifiesto y una novela,[15] es decir, exponer mis ideas abandonándome al flujo de la vida.

20 DE FEBRERO. MOSCÚ. Dormí mal. Me levanté más tarde, trabajé, leí a Mathew Arnold.[16] El prólogo. Sorprendentemente parecido. Sólo que él también incluyó en el círculo de lo que glorifica al Antiguo Testamento. Y eso oprime y tira hacia la tierra. ...

Debo decir lo que sé, lo que me oprime el corazón. Porque estoy viejo y hoy o mañana moriré sin haber dicho lo que Dios ha puesto en mí. Sé que es Dios quien lo ha puesto. ...

23, 24, 25, 26 DE FEBRERO. MOSCÚ. La mañana del 23 me levanté más temprano debido a que sentí un dolor;

fui a trabajar, pero las cosas iban cada vez peor y pasé un día muy difícil, con dolores muy agudos. No podía sentirme contento, no lograba encontrar ese estado de ánimo en el que todo está bien. Pero estaba preparado para la muerte, sólo me sentía impaciente por el dolor, tenía ganas de que todo sucediera lo más rápido posible. ...

El **25**. Casi lo mismo. Por la mañana mejor. Leí el mismo Arnold y la *Revue, Princesse Arabe*.[17] Pensé: tenemos el reino de la lujuria y de las mujeres. Las mujeres son el motor de todo. Pero eso es mentira y de ahí una defensa tan exasperada. Intenta tocarlo. No hay tema que encolerice más a las personas. Pero si lo sustentas, todo te será perdonado. ... Es necesario trabajar la actitud. La actitud para no sentirse afligido por la opinión que se tenga de ti. Como dice Epicteto: si no te animas a pasar por tonto, estás lejos de (la filosofía) la sabiduría. Leí a Voltaire con Várienka,[18] nos reímos mucho.

El **26**. Todavía mejor. Pero son evidentes la inflamación, la fiebre y el dolor. ... Leí al Duc de Noailles[19] sobre América. Los puntos de vista no pueden ser más bárbaros, pero en relación con el artículo de Dobrovolski, la descripción de las injusticias de la democracia me ha hecho pensar: está bien, de acuerdo, si no hay convenio no habrá gobierno que apoye los derechos, entonces, ¿qué pasará? Los hombres intentarán, por costumbre, establecer esos derechos utilizando la violencia, o simplemente harán lo que hacen y han hecho siempre: defender sus privilegios utilizando la violencia, la perpetuación de la posesión exclusiva (propiedad) e inventarán para ella justificaciones. Eso será peor. Es cierto. Pero la injusticia gubernamental que consiste en sancionar las obligaciones, con respecto a la tierra, de una décima parte de los diez mil poseedores tan rigurosamente como la obligación de realizar un trabajo prometido, etcétera, no se volverá justicia. El convenio y la propiedad son mentira. Pero, ¿cómo liberarse? A través de medidas graduales, a través de un impuesto sobre la renta, a través de la abolición de la herencia, etcétera. Puede ser, pero teniendo conciencia de que esto no es lo que debería ser, sino sólo una aproximación. El peor de los males es el compromiso contraído por un príncipe. Y eso siempre existe en los asuntos gubernamentales.

No puede haber un cambio político en el sistema social. No existe más cambio que el cambio moral, interior, del ser humano. Pero, ¿por qué camino irá este cambio? Nadie puede saberlo en relación con los demás; en relación con nosotros mismos, nosotros lo sabemos. Y justamente todos en nuestro mundo están preocupados del cambio para los demás, y no para sí mismos. ...

28 DE FEBRERO. MOSCÚ. Me levanté temprano, arreglé mi habitación, escribí mi diario, y ahora voy a tomarme un café. Tomé demasiado café. Leí a Leroi Bolieu [sic].[20] ... Ayer pensé: la abundancia de escritos es una calamidad. Para escapar a ella, hay que establecer la costumbre de avergonzarse de publicar en vida: sólo después de la muerte. ¡Cuánto sedimento se asentaría y qué agua tan pura correría! ...

3 DE MARZO. MOSCÚ. ... Corregí *Sobre el arte*, quedó mejor. Comencé a escribir sobre Frey, no funcionó. Le llevé mi texto a Goltsev[21] y pasé a casa de Vera Alexándrovna.[22] Sí, el reino de las mujeres es una desgracia. Nadie es capaz como las mujeres (ella, por ejemplo, con sus hijas) de hacer tonterías y suciedades de una manera pulcra y hasta gentil y sentirse plenamente satisfechas. ...

7 DE MARZO. MOSCÚ. ... Vino el artista[23] a hacer una escultura para el grupo, luego vino Kasatkin con el libro

Cuál es mi fe, inquieto, irritado, con lágrimas en los ojos y, según entendí, con compasión hacia sí mismo y rabia contra mí: «¿por qué interferiste en mi tranquilidad, diciéndome lo que debo hacer y no hago?» «No lo haces.» «Eres un embustero.» Eso fue lo que me dijo: «Es un embuste.» No voy a describirlo. Puedo entender esta noble irritación egoísta, que se complace consigo misma. Me porté bien: sin sentirme cohibido por la presencia de Klodt, traté de suavizar el asunto. ...

11 DE MARZO. MOSCÚ. ... Me acosté tarde. Me dormí pensando. Me desperté cuando le decía a alguien: no hable de la necesidad de los pobres en términos materiales, ni de ayudarlos. La necesidad y los sufrimientos no tienen su origen en causas materiales. Si se les ayuda, que sólo sea a través de bienes espirituales, necesarios tanto para los pobres como para los ricos. Mire la vida de la clase media. Los maridos, con desagrado, con esfuerzo, con amargura, ganan el dinero por medios que les son odiosos a ellos mismos, y las mujeres inevitablemente con insatisfacción, con envidia hacia los demás, con amargura, lo gastan todo y aún les parece poco y en la imaginación se consuelan con la esperanza de ganar un billete de lotería, si no de 200, por lo menos de 50.000. Leí *La enseñanza de los doce apóstoles* de Soloviov.[24] Qué vacíos pueden llegar a ser los razonamientos académicos. ...

Toda la mañana leí a Ruskin. Sobre el arte, bien. La ciencia, dice, sabe; el arte crea. La ciencia afirma el hecho; el arte las revelaciones. Es al revés. El arte tiene que ver con los hechos, la ciencia con las leyes exteriores. El arte dice: sol, luz, calor, vida; la ciencia dice: el sol es ciento once veces más grande que la tierra. Voy a comer. ...

14 DE MARZO. MOSCÚ. Me levanté temprano. Trabajé, leí un espléndido libro sobre la China.[25] ...

1889

15 DE MARZO. MOSCÚ. Me levanté igualmente temprano, trabajé mucho. Leí a Quental.²⁶ Bien. Dice que reconoció que pese a todas las pruebas irrefutables (del determinismo) de la dependencia de la vida de causas exteriores, el libre albedrío existe, pero sólo existe para los santos. Para el santo el mundo deja de ser una prisión. Al contrario, él (el santo) se convierte en el dueño del mundo, porque es su intérprete supremo. «Sólo a través de él el mundo sabe por qué existe. Sólo él realiza el objetivo del mundo.» Bien. Voy a dormir un rato.

... Estoy leyendo algunos relatos breves muy buenos de Chéjov. Ama a los niños y a las mujeres, pero eso no es suficiente. No salí.

17 DE MARZO. MOSCÚ. ... Estuve leyendo a Chéjov. No es bueno, es mezquino. Leí el trabajo de Elsner sobre Penn, el de Posha sobre astronomía y el de Chertkov sobre Buda.²⁷ Todos muy bien, sobre todo el de Penn y el de Buda. ...

20 DE MARZO. MOSCÚ. ... Le acabo de decir a Sonia lo que hace mucho tiempo quería decirle: que no puedo estar de acuerdo con lo de la edición.²⁸ Se enojó mucho y dijo: me odias de todas las maneras posibles. Sufre y me duele, como una muela, y no sé cómo ayudarla, pero estoy buscando. Ayúdame. ...

23 DE MARZO. SPÁSSKOIE, EN CASA DE URÚSOV.²⁹ Dormí espléndidamente, me levanté a las 9, conversé un poco con Urúsov, escribí mi diario y ahora voy a caminar hasta la hora de la comida. No puedo escribir.

La misma triste negligencia, la misma exterioridad farisea, ni siquiera exterioridad, sino descripción de una exterioridad que nada tiene que ver con la realidad y, por consiguiente, una realidad totalmente abandonada. ...

1889

27 DE MARZO, SPÁSSKOIE. No pude dormir hasta las 5. Insomnio. Estaba tranquilo, recé. Me levanté a las 9. Fui a dar un paseo a pie a Zúbtsevo, de ahí a Lychevo y a casa. Me encontré con Stepán. Está de acuerdo en su adhesión a la Asociación de la abstinencia; también consintió un comprador de heno. Le expliqué a Stepán lo de la fábrica. El calicó sale muy barato porque no se toma en cuenta a las personas, cuántas dejan en ello su salud y mueren antes de tiempo. Si en las estaciones de posta no se tuviera en cuenta el número de caballos que perecen, también los viajes serían baratos. Pero pon un precio a los hombres, aunque sea el que valen los caballos, y verás a cómo sale la arshina de calicó. Lo que pasa es que la gente vende su vida a un precio muy bajo, no en lo que vale. Trabajan quince horas; y cuando salen de la cuadra tienen los ojos opacos, como perdidos; y eso día tras día. ...

28 DE MARZO. SPÁSSKOIE. Me desperté a las 8. Voy a tomar un café. Estuve trabajando, escribí la comedia (¡mal!). Después de comer fui a la fábrica nueva, con 3.000 mujeres obreras, a diez verstas.[30] ... Gente salvajemente ebria, reunida en una taberna. 3.000 mujeres que se levantan a las 4 y terminan de trabajar a las 8, y se arruinan y acortan su vida, y mutilan su progenie, y viven miserablemente (entre tentaciones) en esta fábrica para que el calicó, que no le hace falta a nadie, salga barato y Knop tenga cada vez más dinero, a pesar de que ya ahora está preocupado porque no sabe qué hacer con el dinero que tiene. Organizan una administración, la mejoran. ¿Para qué? Para que esta destrucción de la gente, y también la destrucción en otros aspectos, pueda continuar felizmente y sin obstáculos. ¡Sorprendente! ...

30 DE MARZO. SPÁSSKOIE. Por la noche me despertó Urúsov con un telegrama que anunciaba la llegada de tres norteamericanos. Tardé mucho en volver a dormirme. Me levanté a la hora de costumbre. Escribí el final del tercer acto.[31] Todo es pésimo. Nos sentamos a comer y llegaron los americanos. Dos pastores y un *literary man*. Si desembolsaran un solo dólar para comprar mis libros *What to do* y *Life*, y emplearan dos días en leerlos, me conocerían—quiero decir, conocerían lo que hay en mí—mucho mejor. Estuvieron bebiendo vodka y fumando. Y yo no pude no sentir compasión por ellos. Urúsov se portó muy bien con ellos; se quedaron hasta las 4. Dije algunas cosas de más. Vilipendié a los ingleses sin necesidad. En mi opinión no les dije nada nuevo, ni oí nada nuevo de ellos. ...

Me pasé la tarde revisando el artículo sobre el arte, no me gustó nada cuando se lo leí a Urúsov. No lo envié.

1.º DE ABRIL. SPÁSSKOIE. Igualmente temprano. Escribí el cuarto acto muy mal. ... Por la tarde le leí la comedia a Urúsov, se rió de buena gana y yo la encontré tolerable. Me acosté tarde y dormí mucho.

3 DE ABRIL. SPÁSSKOIE. Quise escribir algo nuevo, pero me puse a releer todo lo que tengo empezado y me detuve en *La sonata a Kreutzer*. No puedo escribir sobre el otro tema.[32] ...

Si sigo con vida el **4 DE ABRIL.**[33] **SPÁSSKOIE.**
4 DE ABRIL. ... Leí a Shedrín.[34] Está bien, pero viejo, nada novedoso. Me da lástima, lamento su fuerza perdida.

Si sigo con vida el **6 DE ABRIL. SPÁSSKOIE.**
6 DE ABRIL. ... Me levanté temprano. Pasé un largo rato sin poder escribir, y después de nuevo estuve escribiendo *La sonata a Kreutzer*. Después de la comida se la leí a Urúsov. Me duele un poco la pierna. A Urúsov le gustó mucho. Y sí, es cierto, es algo nuevo y tiene fuerza. No salí a ningún lado. ...

7 DE ABRIL. SPÁSSKOIE. Todavía más temprano. No es para nada necesario dormir mucho cuando no se come mucho. Desde hace cuatro días no he probado ni el azúcar ni el pan blanco y me siento muy bien. Lo mismo que descubrí a propósito del desenfreno sexual y la licitud y el placer de la abstinencia puede aplicarse a la comida: el ayuno. Y lo uno está conectado con lo otro. ...

8 DE ABRIL. SPÁSSKOIE O MOSCÚ. Si sigo con vida.
8 DE ABRIL. MOSCÚ. Sigo con vida, en Moscú, pero no del todo. Me levanté muy temprano, hice mis maletas, me despedí de Urúsov y salí. En la estación y durante el trayecto hice propaganda a la Asociación de la abstinencia. ...

9 DE ABRIL. MOSCÚ. Me levanté a las 6. Un poco débil de los nervios, puse en orden las cartas y las leí. Leí el episodio sobre la defensa del soldado condenado a muerte.[35]

Está mal escrito, pero el episodio es terrible en la simplicidad de su descripción: el contraste entre el coronel y los oficiales corruptos que condenan y vendan los ojos, y las mujeres campesinas y el pueblo que recita plegarias de muertos y pone el dinero. Señor, ayúdame en Moscú. Soy débil e inmundo. ...

Comí, leí a los *shakers*.[36] Muy bien. Total abstinencia sexual. Qué curioso que justamente hoy que me preocupan estas cuestiones, recibo los folletos. Traje agua. Vino Várenka[37] con su marido. En Moscú hay 8.000 prostitutas conocidas, con documentos. Dormí *muy mal*.

15 DE ABRIL. MOSCÚ. Me levanté a las 7. No podía escribir. Estuve leyendo la novela de Poëy:[38] por poco me quedo dormido, anoté el día de ayer. Voy a desayunar. ...

19 DE ABRIL. MOSCÚ. Me levanté tarde, a las 9. ... Leí *World Advance Thought* y *Universal Republic*. En el mundo está madurando un nuevo movimiento y una nueva concepción del mundo y tal parece que se me pidiera que participara, que lo proclamara. Es como si yo hubiera sido hecho expresamente y sólo para eso, de modo que, con mi reputación, me he vuelto una campana.

22 DE ABRIL. MOSCÚ. Me desperté a las 6, me levanté a las 8. Leí a Noyes[39] sobre las comunas. Cuando lees a los *shakers* te aterran su monotonía mortal y sus supersticiones: danzas y visitantes invisibles y regalos: lentes, frutas, etcétera. Pensé: retirarse a una comuna, formar una comuna, mantenerla en la pureza: todo eso es un pecado, un error. Uno no se puede purificar solo o solos; si se trata de purificación, pues todos juntos; separarse para no ensuciarse es una impureza tan grande como la pureza de las damas, obtenida gracias al trabajo de los otros. Es lo mismo que limpiar o pulir los bordes de lo que ya está limpio. No, el que quiera trabajar, penetrará en el centro mismo, donde está la mugre, y si no penetra, por lo menos no se alejará del centro, si es ahí donde está. ...

23 DE ABRIL. MOSCÚ. Me levanté muy temprano. Cansado. Ni siquiera intenté escribir. Estuve leyendo el saint-simonismo, el fourierismo y las comunas[40] y no salí a ningún lado. Pensé: es terrible pensar en lo abandonado que está el mundo, en lo paralizada que está en él la actividad de los mejores representantes de la humanidad por las organizaciones de la Iglesia, del Estado, de la ciencia pedagógica, del arte, de la prensa, de los monasterios, de las comunas: todas las fuerzas que podrían servir a la humanidad con su ejemplo y su acción directa están colocadas en una situación excepcional, una situación en la que una existencia simple, la abstención de los vicios, de las debilidades, de las tonterías, del lujo, se vuelve facultativa, perdonable, incluso necesaria (un arzobispo, un ministro, un sabio evidentemente no pueden privarse del servicio doméstico, de una comida fácil de digerir, de una copa de vino), y no queda nadie para hacer la obra simple y directa de la vida. Menos mal que la Iglesia, el Estado, la ciencia, la literatura y el arte eligen mal y todavía quedan hombres ordinarios. Pero, con todo, que se retire la obra de la vida de las mejores fuerzas es desastroso. Saint-Simon dice: ¿qué pasaría si se suprimieran los 3.000 mejores científicos? Él piensa que sería el final de todo. Yo pienso que no. Un desastre mayor sería la supresión de las mejores personas moralmente hablando. Y eso es lo que se hace. Y, a pesar de todo, el mundo no se acaba. Pero sería bueno aclarar todo esto. ...

25 DE ABRIL. MOSCÚ. Me levanté tarde. Escribí *Sobre el arte* y no estuvo mal. Vino Posha. Le dije que debía esperar.[41] Se sintió afligido, pero con un cristiano es posible hablar bien y claro. ...

Llegó Masha. Siento una gran ternura por ella. Sólo por ella. Ella rescata, por decirlo de alguna manera, a los otros. ...

26 DE ABRIL. MOSCÚ. ... En casa estaban Posha y Masha. ¿Por qué mi actitud hacia Posha es totalmente carente de alegría? Lo quiero y lo aprecio; pero, ¿no serán celos de padre? Masha me es demasiado querida. Me acosté temprano. Me dormí tarde.

30 DE ABRIL. MOSCÚ. Me levanté a las 8. No escribí nada, sólo miré lo de ayer. Después fui a ver a los soldados.[42] ... Pensé: he aquí siete puntos de un acto de acusación contra el gobierno: 1) la Iglesia, engaño de la superstición, gasto; 2) el ejército, libertinaje, crueldad, gasto; 3) el castigo, corrupción, crueldad, contagio; 4) la propiedad terrena a gran escala, odio de la pobreza urbana; 5) las fábricas, asesinato de la vida; 6) el alcoholismo; 7) la prostitución.

Conforme me acercaba a las tropas, los popes avanzaron hacia mí portando sus iconos. Yo, para no descubrirme, me alejé. Me daba reparo huir pero no osé dirigirme hacia ellos y me avergoncé. Volví a casa, leí y anoté esto. Decidí escribir tesis sobre el arte, es decir, proposiciones breves. ...

5 DE MAYO, EN EL CAMINO.[43] [¿ALDEA DE BOGUCHAROVO?] Por todos lados la calamidad del alcohol: leímos *El destilador*.[44] Una mujer de Vorónezh quería comprar el libelo porque tiene un marido borracho. Hace un frío terrible. Estábamos congelados y llegué a pensar en no seguir adelante. Descansamos frente a la comisaría rural, sin entrar; luego en el mesón. ...

13 DE MAYO. YÁSNAIA POLIANA. Si sigo con vida.
13 DE MAYO. PROTASOVO.[45] Sigo con vida. Me levanté a las 4, me preparé, me despedí de Popov y fui en coche a Kozlovka, donde esperé alrededor de una hora. ... Recorrí el camino a pleno sol y llegué extenuado.[46] Llegué, salió corriendo a recibirme la amable Masha,[47] siempre lista para todas las cosas buenas y, con ella, igualmente lista, Sonia, que es una madre excelente. Ilyá es muy inferior a ella como hombre. Él se pierde entre trivialidades y, además, lujo y falta de vida espiritual. Es un hombre bueno, pero muy débil. Comí, descansé, bebí mucho té. Di un paseo por el bosque y ahora estoy escribiendo. Son las 6. Por la tarde estuvimos juntos, nos acostamos temprano. No me siento bien.

14 DE MAYO. PROTASOVO [Y YÁSNAIA POLIANA]. ... Masha vale mucho, es seria, inteligente, buena. Se le reprocha que no tenga afectos exclusivos. Pero esto es precisamente lo que demuestra su verdadero amor. Ama a todo el mundo y se hace amar por todo el mundo; no de la misma manera, sino más que los que aman exclusivamente a los suyos. Llegamos a las 12. Todos los nuestros ya habían llegado. El viaje fue largo.

16 DE MAYO. YÁSNAIA POLIANA. Dormí *mal*. Me levanté a las 8. Otra vez estoy metido en la rueda de lo del arte. Ha de ser un tema muy importante y misterioso...

Llegaron las cosas, comenzamos a acomodarlas, ajetreo. Estuve leyendo sobre Lamennais, el artículo de Janet.[48] Muchas cosas buenas.

18 DE MAYO. YÁSNAIA POLIANA. Me levanté más tarde. Gorbunov está aquí. Me dio gusto verlo. Después estuve escribiendo *La sonata a Kreutzer* sobre la castidad, no está mal. ... Una atmósfera muy pesada en casa. La decadencia moral de todos es enorme. Lasitud y reconocimiento de no estar en lo correcto. Me acosté tarde.

20 DE MAYO. YÁSNAIA POLIANA. ... Di un paseo con Gorbunov y hablé del arte, y tomé notas, y, creo, algo aclaré para mí. Me siento muy débil. Leí a Lecky[49] sobre la evolución estética del arte... Sí, el arte, para ser respetable, debe generar el bien. Y para saber lo que es el bien, debe haber una concepción del mundo, una fe. El bien es el signo del arte verdadero. Los signos del arte en general son: lo nuevo, lo claro y lo sincero. El signo del arte verdadero: lo nuevo, claro y sinceramente bueno. ...

23 DE MAYO. YÁSNAIA POLIANA. Ayer fue muy penoso oír las quejas de Sonia sobre las preocupaciones relativas a los bienes. Ha comprado más y más; pobre, y ni ella misma sabe para qué ni sabe qué hacer.[50] Me levanté muy tarde y fui a cortar vigas para un campesino de Yásnaia. Fue muy agradable. ...

1889

25 DE MAYO. YÁSNAIA POLIANA. ... Soñé que era reclutado como soldado y que me sometía a las reglas del uniforme, de los despertares, etcétera, pero sentía que iban a exigir el juramento y yo sabía que me negaría, y de golpe pensé que también debía negarme a la instrucción. Siguió una lucha interior. Una lucha en la que la conciencia tomaba la delantera.

Esta mañana me puse a escribir en mi cuaderno un llamamiento. Siento que no me queda mucho tiempo de vida y creo que todavía tengo mucho que decir. Pero no tengo salud. No tengo energía mental. ...

28 DE MAYO. YÁSNAIA POLIANA. Peor de salud. Caminé por la mañana. Leí sobre Jean-Paul Richter.[51] La pureza de sus costumbres y su platonismo son asombrosos. También leí unas sentencias extraordinarias. Es un escritor de buena clase. Junto al egoísta Goethe. Un buen cuento sobre un padre que educaba a sus hijos bajo tierra. Deben morir para salir a la luz. Y ellos deseaban ardientemente morir. Debo profundizar, una vez que haya leído a Jean-Paul. ...

29 DE MAYO. ... Por la mañana estuve hablando con Tolstaia sobre la fe: parece extraño, pero no se puede decir de otro modo, sino que la fe greco-rusa es una de las herejías más supersticiosas y nocivas. Mientras todavía caminaba por el bosque, donde perseguí y maté sin piedad a una liebre herida, pensé en lo inocentes que deben de ser los asesinos. Piensan en otra cosa y matan sin conflicto. Pero recobrar el sentido vale la pena. Qué bella historia se podría escribir sobre un asesino que se arrepiente por una mujer que no se defendió.[52] Cuántas cosas quisiera y necesitaría escribir, pero no tengo fuerzas. ...

30 DE MAYO. YÁSNAIA POLIANA. ... Pensé: ... Las personas que no han resucitado a la vida están siempre ocupadas y únicamente de preparativos para la vida, pero no tienen vida. Están ocupadas en comer, dormir, instruirse, descansar, perpetuar la especie, educar. La única cosa que está ausente es la vida, el crecimiento de su vida. Sí, nuestra tarea, como la de la nodriza, es hacer crecer lo que nos ha sido confiado: nuestra vida. Y que no se diga esa vulgaridad que tanto gusta, que hacer crecer nuestra vida es egoísmo. Hacer crecer nuestra vida es servir a Dios. ...

31 DE MAYO. YÁSNAIA POLIANA. ... Strájov trajo *La red de la fe*[53] y también me estuvo hablando de Gottlieb Arnold [sic].[54] Una historia de la herejía en la que él reconoce un filo de verdad en las herejías. ...

1.° DE JUNIO. YÁSNAIA POLIANA. Me levanté temprano, fui a hablar con Vasili Yákovlevich sobre la hacienda y comenté para los escolares de Masha el Padre Nuestro. Leí *El pueblo de Israel*.[55] ...

6 DE JUNIO. ... Ayer, reflexionando sobre el llamamiento, encontré la forma de dirigirme al prójimo, hermana o hermano. *Quienquiera que seas, hermano mío, esta es nuestra posición y esto es lo que sabemos y podemos saber...* y etcétera.

No hay un hombre que sea mejor que otro, como no hay un lugar en un río que sea más profundo y más limpio que otro en otro río. El hombre fluye como el río. Y un hombre entre los 15 y los 16 años, y otro entre los 25 y los 30, y el tercero entre los 40 y los 50, y el cuarto entre la cuarta y la quinta hora del último año de su vida, etcétera, todos son grandezas inconmensurables. Y no se puede decir: este es mejor y este es peor. ...

11 DE JUNIO. YÁSNAIA POLIANA. ... Una revista alemana antialcohólica y vegetariana con un artículo mío.

Me fue muy agradable. Recibí libros: Whitman,[56] algunos versos sosos, y De Quincey.[57] Me fui a dormir tarde. La vida me pesa mucho.

15 DE JUNIO. YÁSNAIA POLIANA. Siempre lo mismo. Los mismos vanos intentos de escribir. Por lo demás, dejaré de intentarlo. ... Pensé: ¿no dependerá la mala actitud que los hijos tienen hacia los padres del desprecio que los niños sienten por la sensualidad de los padres? De alguna manera lo perciben. ...

Hoy leí una adaptación excelente de *L'Homme qui rit*[58] y pensé: constantemente se describe la manera en que los héroes dan su vida por los demás, pero todo esto no son sino estupideces. Hay que renunciar al puesto que uno tiene, como el portero de Semiónov,[59] o más difícil aún, renunciar a un plato de avena cuando se tiene hambre. ...

20 DE JUNIO. YÁSNAIA POLIANA. ... Leí *Non-résistance* de Adin Ballou.[60] Se lo di a Liova para traducir. Es excelente. Por la noche me acosté temprano.

23 DE JUNIO. YÁSNAIA POLIANA. Me levanté a las siete. Escribí cartas todo el día, salvo un rato de reposo diurno. ... Durante la comida me enojé con Sonia por su insistencia en el comer. Afortunadamente de inmediato fui a disculparme. Un modelo de la manera femenina de razonar:

Yo: Qué maravillosos artículos sobre la *Non-résistance*. *Ella*: Sí, pero sólo son palabras. Todo el mundo lo sabe y nadie hace nada, porque no es ventajoso. *Yo*: Y también porque no lo inculcan. *Ella*: Aunque lo inculcaran, no lo harían. *Yo*: ¿Por qué no lo iban a hacer si lo inculcaran como inculcan la santidad de la comunión? Nadie escupiría en la hostia aun si se lo ordenaran bajo amenaza de ser ejecutado. *Ella: Bah, son tonterías, es fácil, esto cualquiera lo hace pero aquello no. Yo* (perplejo): Pero si te estoy diciendo que a pesar de que son tonterías, no lo harán. No entiendes. *Ella*: ¿Qué hay que entender? Ya me quedó claro esto y lo que sigue. Eres tú que no paras de repetir lo mismo y lo mismo.

25 DE JUNIO. YÁSNAIA POLIANA. ... Después pensé en un cuento sobre un hombre que siempre ha buscado lo bueno de la vida en la ciencia, y en la familia, y en el monasterio, y en el trabajo y en la simpleza de espíritu, y que muere con la conciencia de una vida perdida, vacía, fracasada. Él sí es un santo.[61]

30 DE JUNIO. YÁSNAIA POLIANA. ... Todo el día estuve leyendo todo tipo de tonterías y también *Looking Backward*.[62] Una obra extraordinaria; habría que traducirla.

4 DE JULIO. YÁSNAIA POLIANA. Me levanté a las 6. Estuve segando, ahora son las 11 y 1/2, estoy cansado. Hoy por la mañana y ayer por la tarde pensé mucho y con claridad sobre *La sonata a Kreutzer*. Sonia la está copiando, eso la inquieta y ayer por la noche me habló del desencanto de la mujer joven, de la sensualidad de los hombres en un principio ajena [a las mujeres], de su falta de interés por los niños. Es injusta porque quiere justificarse, pero para comprender y para decir la verdad, es necesario arrepentirse. Todo el drama del relato, que no he logrado hacer salir, lo tengo en la cabeza. Él cultivó la sensualidad de su mujer. Los médicos le prohibieron tener hijos. Ella está bien alimentada, bien vestida, y tiene todas las tentaciones del arte. ¿Cómo puede evitar caer? Él debe sentir que fue él quien la llevó hasta ahí, que ya la había matado antes, al odiarla, y que sólo estaba buscando un pretexto y ahora está contento de haberlo encontrado.

Sí, ayer los campesinos confirmaron que la posesión

diabólica *se ve sólo entre las mujeres casadas*, y no entre las jovencitas. Quiere decir que es cierto que viene de los excesos sexuales. ...

7 DE JULIO. YÁSNAIA POLIANA. ... Pensé: para *La sonata a Kreutzer.* 1) *Diferencia de estados de ánimo de la esposa: dos mujeres.* 2) *El músico seductor considera su deber seducir.* Pero además: *no voy a ir al burdel, podría contagiarme.* También me asombró, no lo recuerdo todo, la delicadeza de Prokofi;[63] pensé: la inteligencia, ciertos dones no son otorgados a cualquiera ni de igual manera, pero la comprensión de los sentimientos de las gentes, de una sonrisa, de una mirada sombría es dada a todos, incluso a los pobres de espíritu, y a los niños, más que a los otros.

8 DE JULIO. YÁSNAIA POLIANA. ... Hay muchas cosas que quiero escribir. Pensé *para la comedia.*[64] *Uno de los campesinos es una persona ocurrente.* ...

12 DE JULIO. YÁSNAIA POLIANA. Me levanté a las 8, acompañé a Diakov. De Faïnerman una carta que Sonia leyó y que la mortificó mucho. Habla de mi cruz, previendo mis sufrimientos porque vivo en unas condiciones que me son odiosas. ... Él no comprende el significado de la cruz. La cruz implica algo desagradable, humillante, doloroso, que se lleva como inevitable e indispensable, como algo enviado por Dios y que por lo tanto deja de ser desagradable y humillante y doloroso, y se vuelve algo cuya ausencia no sería ni agradable, ni cómoda, ni natural. Es lo mismo que recibir en la espalda un peso que no se esperaba ni se creía necesario, digamos de un *pud*[65] (un verdadero suplicio) o acarrear un saco que contiene un *pud* de harina para alimentarse uno mismo y a sus hijos. Son las 12. Quería arar, pero seguramente no iré.

No aré. No recuerdo qué hice durante la tarde.

1889

15 DE JULIO. YÁSNAIA POLIANA. ... Se enzarzaron en la misma discusión eterna sobre la hacienda descorazonándose, desesperándose, culpándose unos a otros y a toda la gente. Intenté decirles que el asunto no está allende los mares, sino aquí, en sus narices, que hay que esforzarse por conocer, experimentar y luego juzgar. Liova se puso a discutir. Todo empezó por el manzanar. Discutieron con terquedad e insolencia, diciendo: contigo es imposible hablar, te enojas de inmediato, etcétera. Me dolió mucho. Naturalmente Sonia no tardó en lanzarse contra mí, desgarrando mi atormentado corazón. Fue muy doloroso. Me quedé de pie hasta la una, me fui a dormir enfermo.

16 DE JULIO. YÁSNAIA POLIANA. ... Pensé: qué cosa tan sorprendente es la falta de respeto de los niños por sus padres y sus mayores en todas las clases sociales, ¡se ha vuelto una epidemia! Es un signo importante de nuestro tiempo; el respeto y la obediencia por miedo ya no existen, se acabaron sus días, y brotó la libertad. Y en esa libertad deben crecer las relaciones de cariño, incluyendo en ella todo lo que el miedo procuraba, pero sin miedo. Eso me pasa sólo con Masha. Me da miedo decirlo y escribirlo. Para no tentar la suerte, es decir, para no sufrir una desilusión. ...

18 DE JULIO. YÁSNAIA POLIANA. ... Recibí algunas cartas y un recorte de periódico: *The World has of Tolstoi, as much as it can digest.* Es halagador. Pero lo que es detestable es prestar atención a eso. ...

20 DE JULIO. YÁSNAIA POLIANA. ... En Estados Unidos las ejecuciones se hacen sin público y sin dolor (con electricidad). Si no es para la intimidación ni para el sufrimiento, entonces, ¿para qué es? Para excluir de la vida.

Pero, ¿quién ha tomado a su cargo la decisión de quién puede ser excluido de la vida? Voy a desayunar. ...

24 DE JULIO. YÁSNAIA POLIANA. Me levanté a las 9. Recibí de Strájov los libros de Arnold de 1720, *Historia verdadera de la Iglesia*. Cuánto, cuánto trabajo de erudición intelectual. Lo que hace falta es una compilación de lo verdaderamente verdadero, pero nadie la hace. ...

Pensé: 1) Estoy escribiendo *La sonata a Kreutzer* e incluso *Sobre el arte*, y ambos son negativos, malos, cuando lo que quiero es escribir algo bueno; y 2) En la antigüedad, para los griegos, el único ideal era la belleza. El Cristianismo, al proclamar el ideal del bien, apartó este ideal e hizo de él una condición del bien. ¿La verdad? Siento que en la confrontación, en el reemplazo de uno de estos ideales por el otro, reside toda la historia de la estética, pero, ¿cómo? No consigo concretar la idea. Nuestra forma de vida y mi mala salud me impiden pensar. ... Estuve trabajando en *La sonata a Kreutzer*. La terminé en borrador. Entendí que hay que modificarla entera, introduciendo el amor y la compasión por ella. ...

27 DE JULIO. YÁSNAIA POLIANA. Me levanté a las 8, fui a darme un baño, pensé bien, es decir: para Masha fue una suerte que su madre no la haya querido. Tania no sólo no tuvo estos motivos de estímulo para buscar el bien en el camino que yo le señalo, sino que directamente se ha dejado seducir por el amor y el mimo. ...

El hombre que cumple la voluntad de Dios siempre ignora, no puede saber lo que sucederá con consecuencias visibles. Siempre está con los ojos vendados. Y mientras más ciego es, mejor cumple la voluntad de Dios. Igual que un caballo ciego que gira mejor en redondo. No sé lo que sucederá, pero sé (creo) que ni un solo esfuerzo de los que yo haga en aras de Dios se perderá. «¿Es esto fe?», me pregunto. Sí, es fe, si se quiere ver así. Sólo que esta fe no es para mí la fe de la que hablan los ortodoxos, una fe que dirige la vida; esta fe es la consecuencia de una concepción del mundo. Esto deja clara la diferencia entre fe y concepción del mundo. La concepción del mundo es aquello en cuyo nombre se vive, por lo que se actúa de esta manera y no de otra porque es ella la que define el bien y el mal, la que traza una raya entre ambos. Y por eso se puede vivir según una concepción del mundo y no según una fe. Si los hombres piensan que viven de acuerdo con una fe, una confianza, se equivocan, viven según una determinada concepción del mundo, de la que se deriva que no pueden saber nada y que sólo podrán encontrar la definición del bien y del mal si obedecen a aquel o a aquellos en los que creen. ...

Después de la comida leí los periódicos. Los socialistas exigen la injerencia del Estado en lo relativo a las horas de trabajo con un aumento de salario, el trabajo de las mujeres y de los niños, etcétera; es decir, que exigen privilegios para la clase obrera y algo como mayorazgos de la restricción. Pero no piensan en que el poder no puede impedir a la gente que se venda. Es necesario que los hombres comprendan que no se puede vender ni comprar a las personas. Y para eso se necesita la libertad contra la injerencia del gobierno y, sobre todo, la libertad que da la abstinencia. De eso no habla nadie. Urúsov come de una manera espantosa. Un ejemplo espeluznante. Me acosté tarde, dormí mal.

28 DE JULIO. YÁSNAIA POLIANA. Me levanté antes de las 8, fui a darme un baño, escribí *La sonata a Kreutzer* hasta la hora del desayuno; ahora me siento soñoliento, tengo ganas de escribir bien. Fui a recoger setas. Un placer apacible. Es muy agradable. Un sentimiento de felicidad. Sólo falta un poco de no sé qué. Por la tarde estuve jugando ajedrez con Tania. Dormí mal toda la noche, soñé, sentí, pensé en sueños que hay que conservar una actitud de amor hacia los hombres: todo el tiempo estuve viendo distintas situaciones en las que no tenía una actitud amorosa y me corregía. Me da mucho gusto, quiere decir que estoy sintiendo esto con precisión y que comienzo a introducirlo en mi vida. Así he estado viviendo.

30 DE JULIO. YÁSNAIA POLIANA. Me levanté más tarde. Fui a darme un baño. ...
Liova dijo mientras me miraba: las setas son lo mismo que la caza. Uno siente compasión por los hongos pequeñitos, igual que por las perdices, la diferencia es mínima. Yo guardé silencio, pero luego pensé: sí, es una diferencia mínima; pero igual que Briúlov[66] comentaba que cuando hacía un retoque o cambiaba algo «mínimamente» de pronto todo parecía ser otra cosa, y que el arte sólo es arte cuando tiene que ver con ese «mínimamente»; de la misma manera y con mayor razón se puede decir que una vida buena comienza en el «mínimamente». ...

31 DE JULIO. ... En casa leí a Keats, el poeta inglés.[67] ...
Durante el desayuno Liova se puso a decir que una señorita que trabaja en la aldea lo hace por vanidad y, en general, estuvo hablando de manera hostil en relación conmigo. Pobre, únicamente porque cada vez es más débil. Sale a bailar, fuma, no hace nada por nadie. Yo estaba muy disgustado y le dije a Tania, pero pensando en él, que no me sorprendía que una señorita viviera así, que lo que me sorprende es que los nuestros vivan como viven, y que los seres humanos, todos, se dividen según el grado de sensibilidad de su conciencia, desde la más sensible hasta la más vacía de sensibilidad. Estaba muy disgustado, casi furioso. ... Otra cosa: todo me confirma que sólo se puede amar a los enemigos, a la gente por la que uno no siente ninguna atracción. Sólo puedes amar si pones la

otra mejilla cuando te pegan, y, por consiguiente, para poder experimentar la felicidad de amar, es necesario que te peguen. ...

1 DE AGOSTO. YÁSNAIA POLIANA. ... También recibí carta de Aliojin[68] con la noticia de que hubo un registro en su casa y les requisaron todos mis escritos y sus cartas.

2 DE AGOSTO. YÁSNAIA POLIANA. ... Durante el desayuno me enfurecí contra Liova. La hostilidad recíproca salta como un animal salvaje que se suelta de sus cadenas. Me sentí muy triste y avergonzado. ¿Por qué no recordé que deseo ser humillado por él? Me consolé pensando en el hecho de que es justamente esa humillación la que me hace falta. ...

5 DE AGOSTO. YÁSNAIA POLIANA. ... Sonia estaba de mal humor. Comienzo a acordarme en el momento oportuno de que todas las penas, los disgustos, las humillaciones son pruebas. Me acosté tarde.

6 DE AGOSTO. YÁSNAIA POLIANA. ... También pensé: ¿y si naciera otro niño? Sería una vergüenza, sobre todo delante de los hijos. Harían la cuenta de las fechas y leerán lo que estoy escribiendo. Y me sentí avergonzado, triste. Y pensé: no debes tener miedo frente a los hombres, sino frente a Dios. ...

9 DE AGOSTO. YÁSNAIA POLIANA. Acompañé a Urúsov y a Liova. Me he relajado mucho. Una incontinencia vergonzosa en la comida. Leí a Platón sobre el arte y medité sobre el arte. Platón une la belleza y la bondad, es incorrecto. En *La República* habla de la amoralidad o inmoralidad de los poetas y por esta razón los niega. En aquel tiempo, como también ahora, los poetas estaban por debajo del nivel de Platón y eran un entretenimiento. Siento que algo falta en mis ideas sobre el arte y que voy a encontrarlo. ...

14 DE AGOSTO. YÁSNAIA POLIANA. Me levanté más temprano, fui a darme un baño. Pensé: 1) Así como en el organismo el dolor indica la violación de una ley, es decir, advierte, de igual manera en la sociedad humana el sufrimiento causado por una hostilidad indica la violación de la ley de la unión, advierte. Si al hacer algo que tú consideras bueno, sientes el sufrimiento de una hostilidad o provocas que los otros sientan hostilidad hacia ti, detente de inmediato: significa que todavía no sabes hacer lo que te has propuesto. ...

16 DE AGOSTO. YÁSNAIA POLIANA. No hice nada en todo el día, a menos que tome en cuenta la lectura de Schopenhauer sobre el arte. ¡Qué frivolidad y cuántas paparruchadas! Pero es cierto lo que alguien me dijo: la teoría estética reinante es la suya. ...

19 DE AGOSTO. ... Pensé en *La sonata a Kreutzer*. «Lascivo» no es una injuria, sino un estado (pienso lo mismo para «prostituta»), un estado de inquietud, de curiosidad y de necesidad de novedad, que se desprende de relaciones que tienen como fin el placer no con una persona, sino con muchas. Como el alcohólico. Uno puede intentar contenerse, pero un alcóholico es un alcóholico y un lascivo es un lascivo: en cuanto bajan la guardia, recaen. Yo soy un lascivo.

27 DE AGOSTO. YÁSNAIA POLIANA. Dormí mal. La culpa es mía. Ayer leí *Dawn*, el periódico que me enviaron de Estados Unidos, y *Nationalist*, ambos periódicos del socialismo cristiano. El programa: la nacionalización de la industria y el establecimiento de la fraternidad del género humano. El programa del *Nationalist*. El cambio del principio de la lucha, de la competencia y del individualismo por la cooperación y el establecimiento de la filiación a Dios y de la fraternidad de los hombres, el programa (en breve) de *Dawn*. Todo esto es magnífico. Pero los medios que proponen para llevarlo a cabo no están definidos, son poco claros y no pueden ser otros. Proponen la propagación de todas las especies y la aplicación del principio de fraternidad a los asuntos comerciales y a la vida, en lugar de la lucha de competencia. Pero, ¿cómo aplicar estos principios en un mundo de lucha? Si la vida de cada uno está fundada actualmente en la lucha contra los otros, entonces esta lucha es llevada hasta sus últimas consecuencias con todo el mundo, como, por otro lado, lo vemos en la lucha contra el niño, contra la mujer, haciéndolos trabajar más allá de los límites de sus fuerzas. En cuanto esto deje de existir, dejará de existir la seguridad. Si el otro me vence, estaré perdido. Entonces, ¿cómo aplicar estos principios en este mundo? El único modo es entregarse, y entregar íntegra la propia vida. No oponerse al mal y perecer en nombre de la verdad. Eso es lo que no se dice hasta el final. Me gustaría escribirles al respecto. La tarde transcurrió igual que el resto de los días.

28 DE AGOSTO. YÁSNAIA POLIANA. Me levanté temprano e inmediatamente me puse a trabajar y estuve casi cuatro horas escribiendo *La sonata a Kreutzer*. Terminé.[69] Me pareció que estaba bien, pero salí a recoger setas y de nuevo no estoy satisfecho, algo no funciona. ... Ayer Sonia me conmovió. Cuando contaba cuánto quería a Vániechka por su parecido conmigo, dijo: «Sí, te amé mucho, sólo que de todo eso no resultó nada.» ...

29 DE AGOSTO. YÁSNAIA POLIANA. Me levanté temprano, sin haber dormido suficiente. Corregí un poco hasta antes de desayunar. ... 3) Pensé en el hecho de que me debato en la escritura de *La sonata a Kreutzer* por vanidad: no quiero presentarme ante el público con una obra que no esté completamente lista, que sea incoherente o incluso mala. Y eso es horrible. Si hay algo útil y necesario a la gente, la gente sabrá extraerlo aun de lo malo. Un relato perfectamente pulido no hará mis argumentos más convincentes. Debo ser un *yuródivy*[70] también en la escritura. ...

31 DE AGOSTO. YÁSNAIA POLIANA. Me levanté muy tarde, pereza de pensar; leí a Ertiel.[71] No es malo. Pero es anticuado y superfluo. Después de comer me dediqué a las botas. Fui a caballo a Kozlovka. Por la noche les leí a todos *La sonata a Kreutzer*. Les entusiasmó. Eso es muy necesario. Decidí publicarla en *La Semana*. ...

HOY ES 1.º DE SEPTIEMBRE. YÁSNAIA POLIANA. Me levanté temprano a pesar de haberme acostado tarde. Me levanté temprano y pensé en Liova, en que he hecho mal en no decirle que mi desgracia, o más bien, la de ellos, consiste en que todos son de brida dura y a mí me pasa lo contrario, y ellos no sienten mis movimientos y yo no puedo forzar la mano.

Pensé: la situación más desventajosa para los seres humanos (desde el punto de vista económico y desde todos los puntos de vista) es la de un hombre que trabaja sólo para sí mismo, se defiende, se provee sólo a sí mismo. Pienso que si fueran así las cosas, si no hubiera grupos o al menos familias en las que los hombres trabajan unos para los otros, la gente no podría seguir viviendo. La organización más ventajosa para los seres humanos (desde el punto de vista económico y desde todos los puntos de vista) sería aquella donde cada uno pensara en el bien de los demás y se dedicara con verdadera devoción al servicio de ese bienestar. Si todo el mundo estuviera así dispuesto, cada uno recibiría el máximo de bienestar. Pero esa aspiración al bienestar común no existe entre los seres humanos; por el contrario, cada uno aspira a su propio bienestar en detrimento de los demás, y esta disposición de ánimo es tan poco ventajosa que en la lucha muchos se debilitan enseguida. ...

La organización más ventajosa de todas se obtendrá cuando el objetivo de cada uno no sea el provecho, el bienestar material; y eso se conseguirá sólo cuando el objetivo de cada uno sea el bien independientemente del bien material, cuando cada uno diga desde el fondo de su corazón: bienaventurados los pobres, bienaventurados los que sufren y son perseguidos. Sólo entonces, cuando las personas no busquen la felicidad terrenal porque estarán en la búsqueda de la felicidad espiritual—que siempre coincide con el sacrificio, que se verifica por medio del sacrificio—, sólo entonces se alcanzará la felicidad suprema. ...

No recuerdo qué hice durante el día. Por la tarde les leí a Nikolái Nikoláievich[72] y a Liova, que se va mañana, *La sonata a Kreutzer*. En todos, pero sobre todo en mí, causó una honda impresión: todo eso es muy importante y muy necesario. ...

7 DE SEPTIEMBRE. YÁSNAIA POLIANA. ... Ayer Sonia leyó en voz alta *La sonata a Kreutzer* y Tania hizo algunas observaciones pertinentes: 1) que no es digna de compasión; 2) que no se arrepentirá ni pedirá perdón. Su pecado es muy pequeño en comparación con el castigo. ...

11 DE SEPTIEMBRE. YÁSNAIA POLIANA. Sigo mal todavía. Por la mañana escribí la introducción sobre el arte[73]: no salió bien. Durante la noche hubo una tempestad terrible. Fui a ver los árboles desgajados por el viento. No me acuerdo de la tarde. Sólo recuerdo una cosa regocijante, que la conciencia de que la vida consiste en devolver el talento⁷⁴ se ha hecho mía. Es algo que evoco incesantemente. Y las dificultades se resuelven con alegría. Es como si algo se hubiera ensanchado y se quedara atorado, pero de inmediato recuperara su tamaño verdadero y pasara por todos lados sin atorarse. Sonia sigue hablando de mudarse a Moscú, de lo que tiene unas ganas terribles, y necesidad. De nuevo me sentiré mal, lamentaré haber perdido mi aislamiento; me apena por los niños: se me atraganta, pero me acuerdo de que lo mío es mi alma y todo se vuelve claro, y entonces todo se desatasca y pasa. Ocuparme de mi alma no significa que estaré de acuerdo en irme, en absoluto; por el contrario, es muy posible que sea eso lo que me obligue a no partir; pero el interés se transfiere de lo que no está en mi poder (siguiendo a Epicteto) y no me resulta ni necesario ni importante (según la enseñanza cristiana) a lo que es necesario e importante y por lo tanto está en mi poder.

15 DE SEPTIEMBRE. YÁSNAIA POLIANA. Me levanté tarde. De nuevo sobre el arte. De nuevo poco y mal. Fui a caminar. Leí sobre los calmucos, ¡cuán poco necesitan!, y no se torturan con el trabajo, como los europeos que se han acostumbrado a miles de caprichos y, por lo tanto, sacrifican su vida entera para satisfacerlos. Pensé: ¡Alegrarse! ¡Alegrarse! Lo propio de la vida, su designación, es la alegría. Alégrate del cielo, del sol, de las estrellas, de la hierba, de los árboles, de los animales, de los hombres. Y vela por que esta alegría no sea turbada por nada. Si esta alegría se ve turbada es que te has equivocado en algún lado, busca el error y corrígelo. Lo que turba esta alegría la mayor parte de las veces es la codicia y la ambición, y tanto la una como la otra se satisfacen con trabajo. Evita el trabajo para ti mismo, el trabajo doloroso y difícil. La actividad que se realiza para otro no es trabajo. Sé como los niños: alégrate siempre. ¡Qué terrible error de nuestro mundo considerar el trabajo, la labor, como una virtud! En nada se parece a una virtud, más bien es un vicio. Cristo no trabajó. Esto hay que dejarlo claro. ...

21 DE SEPTIEMBRE. Sí, tengo ganas de morir, me declaro culpable. Estuve muy decaído, sobre todo porque parecía haber olvidado en qué consiste mi vida: salvar mi alma, velar por ella.

Hoy, 21, pensé: la eslavofilia es el amor por la gente, el reconocimiento de la verdad en sus formas de vida. Entre nosotros eso se produjo porque, gracias a Pedro, las clases rusas más altas asimilaron todo lo que hacía Occidente y siguieron un camino por el que, evidentemente, era imposible ir más lejos, y adoptaron este punto de vista en el momento en que la gente todavía no había abandonado su antigua forma de vida republicana. Y ahora estas clases altas se dan cuenta de que no hay necesidad de seguirlas, pero que uno debería preservar estas formas antiguas y correctas de manera consciente.

23 DE SEPTIEMBRE. También el 22 estuve vivo. Me levanté fresco y contento. Tanto que por la noche, solo, me sonreí a mí mismo. ... Me puse a trabajar en *La sonata a Kreutzer* que ya no es *La sonata a Kreutzer*. Todo parece indicar que el asesinato fue causado por una disputa. Leí la historia del marido que se mató después de que su mujer matara a sus hijos, y esto me ha corroborado la idea todavía más. Después estuve serrando con la gente joven, comí y fui a despedirlos porque se iban a Tula. ...

24 DE SEPTIEMBRE. YÁSNAIA POLIANA. ... Durante la comida Sonia dijo que, al mirar el tren que se acercaba, tuvo ganas de lanzarse a las vías. Sentí mucha pena por ella. Lo principal es que me doy cuenta de hasta dónde soy culpable. Recuerdo, por ejemplo, el sentimiento de abyecta concupiscencia después del nacimiento de Sasha.[75] Sí, debo acordarme de mis pecados.

¿Hacer las paces con el prójimo, perdonar sus ofensas? Es muy difícil, incluso imposible decirse a sí mismo: perdono, y perdonar. Sólo una cosa es posible. Evocar las propias faltas, los propios pecados, y de ser posible, los cometidos con la persona que hay que perdonar; pero si eso no es posible, entonces por lo menos las propias faltas y pecados iguales o mayores que aquellos que debes perdonar. ...

28 DE SEPTIEMBRE. YÁSNAIA POLIANA. ... Ahora son las 8 de la noche. Escribo con placer; Sonia se molestó porque escondo mi diario[76] de ella, pero al final todo se resolvió con suavidad. ... Me acosté tarde, me entretuve leyendo *Los Gardienin*. Excelente, amplio, verdadero, noble. Llegó Liova.

29 DE SEPTIEMBRE. YÁSNAIA POLIANA. ... Me llegó un pensamiento que luego olvidé. Bueno, no importa, no es más que un pensamiento. Si fuera, ya no digamos un millón de rublos, sino una piedra preciosa, una joya, un brillante, lo habría revuelto todo hasta encontrarlo, pero aquí, ¿qué?, no era más que un pensamiento. ¡Sólo un poco de vapor, sólo una pequeña semilla, sólo un pensamiento! Y, sin embargo, de la semilla brota un roble, del pensamiento nace la actividad exclusiva del más fuerte de los seres, el hombre, y nos parece que no es nada. ...

3 DE OCTUBRE. ... Estoy leyendo a Ballou por primera vez de cerca; definitivamente hay que traducirlo; pero las excepciones que hace del empleo eventual de la fuerza contra un niño que no quiere tomar la medicina, o contra un loco, o contra un hombre violento son una debilidad, una concesión que lo destruye todo. ...

1889

6 DE OCTUBRE. YÁSNAIA POLIANA. Por la mañana estuve escribiendo una nueva variante de *La sonata a Kreutzer*. Bien, pero cuesta trabajo. Lo hago para los hombres, y por eso es tan difícil. ...

9 DE OCTUBRE. YÁSNAIA POLIANA. ... Fui a serrar un poco con Rajmanov y Danila, luego cosí y después leímos *Oblómov*.[77] Su ideal es bueno.

10 DE OCTUBRE. YÁSNAIA POLIANA. Me levanté más tarde. Estoy un poco mejor. Volví a revisar y a corregir todo desde el principio.[78] Esta obra me produce repugnancia en su totalidad. Un gran decaimiento. Trabajé hasta las 4 y dormí. Después de comer cosí y de nuevo *Oblómov*. La historia de amor y la descripción de los encantos de Olga es banal hasta lo indecible. Me acosté tarde.

11 DE OCTUBRE. YÁSNAIA POLIANA. Pensé en sueños: no sé si es necesario llevar un diario, me parece que no, pero vi de manera apremiante que uno no debe proponerse metas globales de perfeccionamiento, como por ejemplo, amar a todo el mundo, ser trabajador, es decir, trabajar sin cesar, mantener la abstinencia, etcétera, sino que debe proponerse las metas más próximas, parciales, concretas; por ejemplo: pasar un día sin permitirse ni una sola vez mostrar un sentimiento malintencionado hacia X, o más sencillamente, ponerse de acuerdo con X, o bien terminar de escribir ese mismo día o terminar de coser las botas o, más sencillamente: estar atento a uno mismo durante todo el día. La ventaja de esto es que al hacerlo uno no se forma una opinión alta de sí mismo. Así viven los mejores de los hombres, los mejores: viven sin pensar en absoluto en la virtud. ...

16 DE OCTUBRE. YÁSNAIA POLIANA. Abatimiento, tristeza, arrepentimiento, si pudiera no hacerme daño ni hacer daño a los demás. Escribí mucho, corrigiendo *La sonata a Kreutzer.* Hace mucho tiempo que no experimentaba un estado de depresión tan hondo.

17 DE OCTUBRE. YÁSNAIA POLIANA. Lo mismo. Aunque empecé a salir. Sonia se fue.[79] Estoy en términos amistosos con ella, soy bueno de manera natural. ...

20 DE OCTUBRE. YÁSNAIA POLIANA. Sigue mi mala salud y mi abatimiento. ... En vano le escribí en una carta a Sonia que los visitantes me abruman. Una conversación con Zhebuniov. Comencé provocándolo, pero él no se dejaba provocar, incluso lo reté a una discusión, comencé a ser «irónico», según dijo él, y le hice daño. Por la tarde, cuando nuevamente hablé con él, me enteré de que había sido deportado y había estado en prisión, que moralmente está hasta tal punto extenuado que en el exilio perdió el hábito de la lectura y ahora no lee y sufre de apatía. Además, habló con un gran cariño de Boulanger, mostrando así que él mismo es bueno. Es bueno, está enfermo, sufre, está extenuado, mutilado; y yo, por jactarme, le salto encima con arrogancia y, de cara a la galería, trato de mostrar lo gallardo que soy. Sentí tanta vergüenza y tanta compasión que me eché a llorar cuando me despedí.

21 DE OCTUBRE. YÁSNAIA POLIANA. Conversación con Chistiakov[80] sobre su matrimonio. Hay algo artificial en ese papel de maestro y consejero que me obligan a representar. Una conversación contradictoria y al mismo tiempo irónica con Nóvikov.[81] Acababa de degradarme, de cubrirme de vergüenza y volví a hacer lo mismo. ¿No habría podido decir las mismas cosas con amor? Qué lejos estoy de eso. ...

24 DE OCTUBRE. YÁSNAIA POLIANA. ... Pensé: Lo que me ha conducido a una conciencia religiosa verdadera, inquebrantable, es haber reconocido lo que la vida tiene de absurdo y de miserable, y haberlo reconocido no a través de la razón, sino a través de un sentimiento de todo el ser. Hay una diferencia entre reconocer con la inteligencia y ser llevado al borde del abismo, y horrorizarse al verlo. Me parece que sólo esto puede llevar a una fe inquebrantable: sólo cuando uno ha comprobado que *todos* los caminos, salvo el único verdadero, tienen algo de pernicioso, se coloca imperturbablemente en el camino correcto. Así me sucedió a mí y así, me parece, debe sucederle a todo el mundo. Pero quizá haya otro camino: el conocimiento del único camino verdadero a través de la revelación, la doble vista a través de eso que tiene de atractivo el único camino verdadero. Quizá sea así para los otros, naturalezas más delicadas y más puras. Y esta fe es más clara, más luminosa, más alegre que la mía que se origina menos en el amor por la verdad y en el bien que en el conocimiento de aquello que tienen de pernicioso todos los otros caminos. ...

27 DE OCTUBRE. YÁSNAIA POLIANA. Me levanté más temprano, quería dormir mal. ¡Qué asco![82] ... 2) Volví a leer el Walt Whitman que me enviaron. Mucho de pomposo y vacío, pero encontré algunas cosas buenas aquí y allá, por ejemplo *La biografía de un escritor.* ¡El biógrafo conoce al escritor y lo describe! Pero yo no me conozco a mí mismo, no tengo ni idea. Durante toda mi larga vida sólo en muy raras ocasiones, muy raras, he podido vislumbrar algo de mí. 3) Recordé que cuando era joven vivía en aras de ideales del pasado, ser parecido a mi padre, a mi abuelo, vivir como ellos habían vivido. Mis hijos, mi hijo Misha vive de mis instintos de los años 40. No imita al yo que soy ahora, al que ve, sino al que fui en el pasado, en los años 40. ¿Qué pasa? ¿No se deberá a que recientemente yo pensaba que un niño no vive del todo aquí, que una parte suya todavía está allá, en el lugar de dónde vino, en un grado inferior de desarrollo? Mientras yo ya vivo allá, en el lugar adonde estoy yendo, en un nivel superior de desarrollo. Pero allá, ahora llevo retraso, soy un niño. Esto es muy ingenuo. Pero no puedo hacer nada para no reconocerlo. ...

28 DE OCTUBRE. YÁSNAIA POLIANA. ... Pensé: para una novela o un drama: *El nacimiento espiritual.* Alguien descubrió la mentira de su vida y la verdad de la vida verdadera y eligió el primer camino que se le presentó: dar a los pobres, asistir a los enfermos, organizar una comunidad, predicar, y se equivocó. Y todo el mundo, entusiasmado, se ensaña contra él y su verdad.[83] ...

31 DE OCTUBRE. YÁSNAIA POLIANA. Me levanté temprano. Triste. Sí, ayer no escribí que me enfurecí con Fomich porque se tomó un café que a mí se me antojó, y lo lastimé, y, todavía peor, deseaba que Aliojin no fuera a oírme. ¡Cuánta mezquindad y porquería! Debo recordarla. Sí, ayer recibí una larga carta de Chertkov. Critica *La sonata a Kreutzer* de manera muy correcta, me gustaría seguir sus consejos, pero no tengo ganas. Apatía, tristeza, abatimiento. Aunque no me siento mal. En adelante está la muerte, es decir, la vida, ¿cómo no alegrarme? Por el hecho mismo que siento una disminución del interés, no digo ya por mi persona o por mis alegrías (esto, gracias a Dios, está muerto y enterrado), sino por el bien de los seres humanos: por el bien del pueblo, para que se instruya, no beba, no viva en la miseria, siento que mi interés se ha enfriado incluso por el bienestar universal, por la instauración del reino de Dios en la tierra. A propósito de este enfriamiento pensé:

Durante su vida el hombre atraviesa por tres fases, y ahora yo estoy en la tercera. La primera fase: el hombre vive sólo para sus pasiones, la comida, la bebida, la diversión, la caza, las mujeres, la vanidad, el orgullo, y su vida está llena. Así sucedió conmigo hasta los treinta años, hasta que me salieron canas (a muchos les sucede mucho antes). Después comenzó el interés por el bien de los hombres, de todos los hombres, de la humanidad (esto comenzó de una manera abrupta con la actividad para las escuelas, aunque esta aspiración se haya manifestado anteriormente también, mezclándose por momentos con mi vida personal). Este interés se debilitó durante el primer tiempo de mi vida conyugal, pero luego se despertó con una fuerza nueva y terrible, con la conciencia de la vanidad de mi vida personal. Toda mi conciencia religiosa se concentró en la aspiración por el bienestar de los hombres, en la actividad para la realización del Reino de Dios. Y esta aspiración era tan fuerte, llenaba tanto mi vida entera como la aspiración por el bienestar personal. Ahora siento que esta aspiración sufre un debilitamiento: no llena mi vida, no me atrae de forma directa; debo razonar, decirme que es una buena actividad, una actividad de ayuda material para los seres humanos, de lucha contra el alcoholismo, contra las supersticiones del gobierno y de la iglesia. Siento que en mí está creciendo un nuevo fundamento de la vida (no es que crezca, sino que se está definiendo, se está liberando de sus velos), un nuevo fundamento que reemplazará, incluyéndola en él, la aspiración por el bienestar de los hombres, así como la aspiración por el bienestar de los hombres incluía en ella la aspiración por el bienestar personal. Este fundamento es servir a Dios, es cumplir su voluntad en relación con la sustancia divina que me ha sido confiada. ...

1.º DE NOVIEMBRE. YÁSNAIA POLIANA. ... Leí *Le Disciple*.[84] ¡Qué porquería! ...

2 DE NOVIEMBRE. YÁSNAIA POLIANA. ... Leí la revista de Grot.[85] Y pequé, me enfurecí contra Trubetskói.[86]

Una filosofía que tiene como objetivo demostrar la virgen Ibérica.[87] ... ¡Cuánto trabajo! Toda la revista no es sino un surtido de artículos sin sentido ni claridad de expresión. ...

3 DE NOVIEMBRE. ... Pensé: es un gran error creer que el Reino de los cielos está más allá de la tumba, y también es un gran error creer que está aquí. Está en el interior, y puesto que está en el interior, está aquí y está allá inseparablemente. ...

5 DE NOVIEMBRE. YÁSNAIA POLIANA. ... Toda la mañana estuve leyendo la novela de la *Revue des Deux Mondes*[88] e hice solitarios sobre el arte. Sí, lo más importante ayer fue la idea a propósito de que la ciencia y el arte, sin una base religiosa, son una tontería y un mal. Debo mostrar que la ciencia y el arte son un mal: la ciencia es la teoría de los contagios, la teoría de la herencia y del hipnotismo; el arte es la incitación a la lujuria. Quiero empezar a escribir artículos sin correcciones en un cuaderno nuevo. Un cuaderno sin cigarros. Quería escribir para el día de Santa Tatiana[89] un artículo recomendando que quienes celebren su fiesta lo hagan fundando sociedades de abstinencia, tomando en sus manos las tabernas y los albergues, como en Suecia. Ahora son las 3. ...

7 DE NOVIEMBRE. YÁSNAIA POLIANA. ... Terminé de leer *Oblómov*. ¡Qué pobre es! Me han llegado noticias de que *La sonata a Kreutzer* produce efecto, y eso me alegra. No está bien.
    Hoy en Tula, mientras miraba la agitación y la tontería y la ignominia de la vida, pensé: no debo, como me sucedía antes, indignarme por la tontería de la vida, no debo desesperar. Todo esto es signo de falta de fe. Ahora tengo más fe. Sé que todo esto bulle en una marmita y o se cue-

ce o se agria, y se va a cocer o se va a agriar. Entonces, ¿qué quiero? ¿Que nada se mueva? ¿Que los hombres no se equivoquen y no sufran? Pero, ¿no es la única forma de conocer las propias faltas y de enderezar el camino? Unos se corrigen a sí mismos, otros corrigen a otros, los terceros... Todos ejecutan la obra de Dios, lo quieran o no. Y qué bueno quererlo. Escribo de esta manera y me asalta una duda: ¿no hay exageración, sentimentalismo, no hay *cant*[90] filosóficamente cristiano? Me temo que lo haya. No hay nada más terrible que salar un buen guiso o dejarlo demasiado tiempo en la lumbre. ...

Arriba estuve hablando con Alexéi Mitrofánovich.[91] Me objeta que la ciencia pueda mostrar la ley moral, que la electricidad muestra no se sabe bien cómo la necesidad de la solidaridad. Todo este tiempo ha estado leyendo *De la vida*. Lo lee y no ve que dice exactamente lo mismo (pero mal) que yo expresé bien y que con esmero refuté en ese libro, es decir, la idea de dar la espalda a un objeto para estudiarlo según la sombra que proyecta. Sí, es imposible demostrarle algo a los hombres, es decir, es imposible refutar los errores de los hombres: cada persona que se equivoca tiene sus propios errores. Y cuando uno quiere refutarlos, reúne en un solo error típico todos los errores, pero cada uno tiene el suyo, y como cada uno tiene su error particular, considera que no ha sido refutado. Le parece que se habla de otra cosa. Sí, y en realidad, ¡es imposible abarcarlos todos! Y por lo tanto nunca hay que refutar ni polemizar. Sólo a través del arte uno puede actuar sobre los que se equivocan, hacer lo que quiere hacer a través de la polémica. A través del arte uno puede adueñarse de quien se equivoca, íntegramente, con todas sus vísceras, y llevarlo adónde hay que ir. Es posible exponer nuevas deducciones del pensamiento razonando lógicamente, pero es imposible discutir, refutar, hay que seducir.

1889

8 DE NOVIEMBRE. YÁSNAIA POLIANA. Me levanté tarde. Intenté escribir sobre arte, pero no va bien. Hago solitarios: una especie de locura. Leí. Pensé a propósito de la conversación con los niños sobre la servidumbre, y de la carta de Liova, y de nuestra vida en general: nos parece natural vivir con trabajadores sojuzgados para nuestra comodidad, con servidumbre... Incluso nos parece, como dijeron los niños, que nadie los obliga, que fue su elección ser lacayo, o, como dijo el preceptor: si una persona no se siente humillada por vaciar mi orinal, entonces no la estoy humillando; nos parece que somos absolutamente liberales y justos. Y sin embargo, toda esta situación es una cosa hasta tal punto contraria a la naturaleza humana que sería imposible no sólo crear, sino imaginar una situación similar si no fuera la consecuencia de un cierto mal bien determinado que todos conocemos y que, nos persuadimos, hace mucho tiempo que ha quedado atrás. Si no hubiera habido esclavitud, no se podría haber inventado nada semejante. Todo esto no sólo es la consecuencia de la esclavitud, sino la esclavitud misma, sólo que de otra forma. El origen de esto es el asesinato. ...

9 DE NOVIEMBRE. YÁSNAIA POLIANA. ... Pensé entre otras cosas para el postfacio:[92] el matrimonio fue, en otro tiempo, la adquisición de una mujer para poseerla. De nuevo las relaciones con la mujer fueron establecidas por la guerra, por el cautiverio. El hombre se aseguró la posibilidad de satisfacer sus deseos sin pensar en la mujer: el harén. La monogamia modificó el número de mujeres, pero no las relaciones con ellas. Porque las verdaderas relaciones son lo completamente opuesto. El hombre siempre puede tener una mujer y siempre puede abstenerse; la mujer, ella (sobre todo cuando ha tenido un marido), con mucha mayor dificultad puede abstenerse en el momento en el que le es dado tener relaciones, lo que le sucede una vez cada dos años. Por eso, si hay alguien que pueda exigir satisfacción, no es el hombre, sino la mujer. La mujer puede exigir porque para ella no es *pflichtloser Genuss*[93] como para el hombre, sino al contrario, ella se entrega en el dolor y, sufriendo, espera dolores, sufrimientos y preocupaciones. Me parece que el matrimonio se debería formular así: un hombre y una mujer se unen amándose el uno al otro en espíritu; y ambos se prometen mutuamente que si tienen hijos, será sólo el uno del otro. En cuanto a la demanda de comercio carnal, debe venir de ella, no de él.

También pensé en mi artículo sobre la ciencia y el arte: ... Es necesario que el conocimiento esté al servicio del bien, de la unión de los hombres, para que sea válido. Lo que sirve a la unión de los hombres es, además del amor, la verdad. Cuando los hombres tratan de alcanzar una verdad única para todos, se unen entre ellos. (Por eso las supersticiones son nocivas: dividen a los hombres.) Por eso la verdadera ciencia lleva a la unión; pero para que sea tal, debe realmente llevar a los hombres a la verdad. Las expresiones de la verdad deben ser claras, comprensibles y verdaderas, indubitables. ¿Es eso lo que hace la mayor parte de la ciencia? Al contrario, sus expresiones no son ni claras ni comprensibles y sus verdades no sólo son dudosas, sino que provocan controversias y no producen la unión, sino la división. Eso se deriva de que aquellos que se hacen llamar pontífices de la ciencia han perdido la base religiosa (esto no es del todo exacto) y que no tienen como objetivo la unión de todos, sino sus propios intereses de aficionados, su gloria y su *divertissement*. ...

10 DE NOVIEMBRE. ... Después de comer comencé, inesperadamente, a escribir la *Historia de Friedrichs*.[94] ...

11 DE NOVIEMBRE. YÁSNAIA POLIANA. Por la mañana di un paseo a pie. Recé y pensé: mi descontento con la vida se origina en que olvido que no soy el amo, sino un obrero. Para sentirme bien necesito ejecutar la voluntad del amo. Sólo entonces los demás también se sentirán bien. Sobre todo, sólo entonces no sufriré yo la aflicción de los deseos no realizados y las dudas respecto a si debo actuar así o de otra manera. Las instrucciones del amo son claras: verdad y amor. Es necesario sentirse únicamente un embajador: 1) comportarse con dignidad recordando siempre a quién se representa; 2) ser un diplomático amable y cortés, sabio como una serpiente; y 3) no tener en perspectiva más que un objetivo, la ejecución de la propia embajada. Dormí una siesta, después comí alguna cosa, luego escribí un poco de *Friedrichs.* Ahora voy a cortar leña.

Corté la leña, cené. ... Me acosté tarde. Dormí mal. Gran abatimiento. Siguen los deseos. Recibí una carta de Chertkov. Ella no está bien, se prepara para la muerte.[95] Una buena cosa.

14 DE NOVIEMBRE. YÁSNAIA POLIANA. ... No deja de rondarme y de atormentarme la idea de que la esclavitud, en la que nos apoyamos, arruina nuestra vida, pervierte nuestra conciencia de la vida. Escribí bastante. Fui a trabajar y me hice daño en un ojo. Fui a ver a Domashka que está enferma. Pensé: ¿buscas la mejor manera de comportarte con un hombre, (yo añadiría) de evitar las dificultades? Lo intentas de una manera y de otra, y no funciona. Pero hay una forma: estar preparado para la humillación por el amor de Dios y por el amor de ese hombre o, en general, de los hombres... También pensé: a las personas les resulta indispensable sentirse justificadas ante sus propios ojos; sin eso no pueden vivir, y por eso, si su vida es mala, no pueden pensar correctamente (es ahí donde la inercia de la esclavitud mata nuestro pensamiento), y de allí la confusión en las cabezas. La principal regla para la vida: tensar igualmente por ambos lados la cuerda del perfeccionamiento (movimiento hacia adelante), del perfeccionamiento de la mente y de la vida, para que uno no se quede rezagado del otro, ni lo adelante. Como sucede entre nosotros donde los ideales por venir son sublimes y la vida ruin, y entre el pueblo donde la vida es sublime y los ideales ruines.

19 DE NOVIEMBRE. Estoy vivo e incluso muy vivo. Toda la mañana escribí, más o menos terminé *Friedrichs*. Por la tarde leí *La comedia del amor*, de Ibsen. ¡Qué mal! Sofisticación alemana—detestable.

No apunté que ayer Sonia se enojó porque no la esperamos para la lectura. En realidad lo que pasaba era que estaba ofendida porque Tania se había ido de su música. Dice: estoy completamente sola en la familia. Quizá sea mía la culpa. Me dio mucha pena, me dio pena cariñosamente. Por suerte yo no me ofendí, le dije que era verdad que me dolía el corazón. Y se suavizó y me compadeció. Di un paseo a pie esta mañana y pensé en ella, en escribirle una carta que lea después de mi muerte. Quiero decirle que necesita *buscar*, *buscar* una fe, una base de vida espiritual, y que no se puede vivir como lo hace ella, de sus instintos (que en ella todos son malos; no, no todos, los maternales son buenos), y de lo que los demás hacen. ...

20 DE NOVIEMBRE. YÁSNAIA POLIANA. ... Esta mañana leí en el periódico que el emperador de Alemania celebró a Moltke[96] *pour le mérite*, y yo me representé vivamente: contrastar la negativa a hacer el servicio militar del desaliñado Jojlov, al que toman por un loco, y la fiesta de la artillería,[97] el discurso del emperador, las maniobras, etcétera. Cuando me siento seguro de mí mismo, tengo la impresión de que los argumentos de mi escritura son como botellas de *kefir*, una se bebe, es decir, se escribe, y las otras fermentan. Dios quiera que estos dos argumentos, la servidumbre y la esclavitud, y la guerra y su rechazo maduren, y que yo los escriba. Parece que estuvieran fermentando.

26 DE NOVIEMBRE. YÁSNAIA POLIANA. ... Leí a Leskov. Falso. Malo.[98]

28 DE NOVIEMBRE. YÁSNAIA POLIANA. Esta mañana, después del trabajo y del café, estuve pensando mientras hacía un solitario: hoy vino un peregrino y le di 15 kopeks, me pidió un pantalón y se lo negué aunque lo tenía. Pensé en que ayer, en el libro de Evans,[99] leí que la vida es amor, y que cuando la vida es amor, es gozo, bienestar. Sí, al parecer todo lo que se necesita, lo único que se necesita es amar, saber amar, acostumbrarse a amar a todo el mundo siempre, desacostumbrarse a no amar a quienquiera que sea en su presencia o en su ausencia. Pensé: pero si esto es algo que yo sé, he escrito al respecto, se supone que creo en eso. ¿Por qué no lo hago? ¿Por qué no vivo sólo de eso? La vida que llevo, toda, no es sino un *tâtonnement*, y lo que hay que hacer es basar firmemente toda la vida en esto: buscar, desear, hacer una sola cosa—el bien a los hombres—, amar e incrementar en ellos el amor, y disminuir en ellos la falta de amor.

¿El bien para los hombres? ¿Qué es el bien? Uno: el amor. Lo sé por mí mismo y por eso es lo único que deseo a los hombres, es por lo único que trabajo. Vivir sólo de esto, no tanteando sino valientemente, significa olvidar que eres ruso, que eres un gran señor, que eres un campesino, que estás casado, que eres padre, etcétera, y recordar una sola cosa: que tienes frente a ti a un hombre vivo, y mientras tú vivas puedes hacer lo que te dará bienestar a ti y a él y que se cumplirá la voluntad de Dios, de Aquel que te envió al mundo, y que puedes unirte a él a través del amor. Es lo mismo que escribí en un pequeño cuento, pero mejor.

1889

Estaba pensando así, con enorme claridad, y subí con la idea de aplicar mis pensamientos. Me quedé un momento en el comedor: los niños estaban ahí, no hubo oportunidad. Entré en la sala: Tania estaba recostada y Nóvikov le leía algo en voz alta, me sentí incómodo, no me pareció bien, y en vez de aplicar mis ideas, me di la vuelta y me fui. Pero no me desespero, aquí abajo estoy trabajando en mí mismo para comprenderlos, compadecerlos y amarlos a todos. Sí, esto, esto es lo único necesario. Son más de las 12. Creo que ya no escribiré.

1.º DE DICIEMBRE. Pues no escribí. No recuerdo exactamente qué fue lo que hice, pero no sólo el 28, tampoco el 29 ni el 30. Hoy es **1.º DE DICIEMBRE DE 1889. YÁSNAIA POLIANA.** Sí, anteayer, al día siguiente después de escribir, el diablo me atacó, me atacó sobre todo bajo el aspecto de un ímpetu presuntuoso, del deseo de que todo el mundo comparta mis puntos de vista, y el 29 por la tarde me puse otra vez a discutir con Nóvikov sobre la ciencia, la servidumbre, y discutí con malicia. Al día siguiente, por la mañana, el 30, dormí *mal*. Fue tan desagradable como cometer un crimen. ... Y todo esto después de lo que había escrito el 28. Veo, con la razón veo que es así, que no existe una vida fuera del amor, pero no puedo provocarlo en mí. No puedo provocarlo, pero en cambio sí puedo arrancar del corazón el odio, la falta de amor, ni siquiera arrancarlo, sino barrerlo de mi corazón en la medida en que vaya llegando y pretenda ensuciarlo. Por lo pronto aunque sea eso está bien, ayúdame, Señor.

Recibí una buena carta de Biriukov. Leí una novela de Maupassant, extraordinariamente bien escrita, a pesar de que el argumento es sórdido.[100] Esta mañana pensé en Domashka: ¿por qué curamos su cuerpo y no pensamos en su alma, sencillamente por qué no la consolamos todo lo que podemos? Y me puse a reflexionar. Es aquí cuando aparecen los consuelos del Ejército de Salvación, consuelos que consisten en levantar el ánimo e infundir una esperanza de ultratumba, actuando sobre los nervios a través del canto, de los discursos solemnes y de la entonación. Entiendo cómo lo logran y que a ellos mismos les parezca muy importante que una persona agonizante se sienta reconfortada y alcance el éxtasis durante sus últimos momentos. Pero, ¿está bien? Siento que no. Yo no podría hacerlo. Si lo hiciera, me moriría de vergüenza. Pero es porque no creo. Y ellos sí creen. Yo no puedo hacerlo; pero lo que sí puedo y debo hacer es lo que me gustaría que hicieran conmigo; me gustaría que no me dejaran morir como un perro, solo, con la aflicción de dejar el mundo, y que participaran de mi dolor, que me dijeran que comprenden mi situación. Y así es como debo actuar. Y fui a verla. Estaba sentada, hinchada y hablando de manera lastimosa y sencilla. La madre tejía, el padre estaba ocupado con la niña, la estaba vistiendo. Estuve mucho rato sin saber cómo comenzar y finalmente le pregunté si tenía miedo a la muerte, si no quería morir. Ella dijo simplemente: sí. La madre, riendo, se puso a decir que la niña tenía doce años; la hermana dijo que encendería una velita barata cuando Domasha muriera. ¿Por qué? Porque se me quedarán sus vestidos. Y yo le dije, te haré trabajar duro, trabajarás por ella. Yo, dijo, haré el trabajo que tú quieras con tal de que pueda quedarme sus vestidos. Yo me puse a decirle: estarás bien allá, no hay que tener miedo a la muerte, Dios no nos hace nada malo ni en la vida ni en la muerte. Hablé mal, con frialdad, pero no era posible mentir ni dar rienda suelta al énfasis. Ahí estaba la madre sentada, tejiendo, y el padre escuchando. Y yo, para mis adentros, sé que hace un momento me enojé porque han arruinado la vista de un jardín que yo considero mío. ...

Después de la comida jugué al ajedrez, vergonzoso y aburrido; más tarde fui a coser botas. Llegaron los niños.

Con ellos estuvo bien, luego llegó Masha. Con ella todavía mejor. Seria, inteligente, tranquila, buena. Después subí a tomar el té. Todo habría estado bien, pero Sonia recibió una carta de Mengden con la petición de Vogüé de traducir *La sonata a Kreutzer*. Dije que no hacía falta. Ella se puso a decir que la gente sospecha de su codicia, cuando en realidad es todo lo contrario. Algo le dije. Ella soltó cosas hirientes, y de nuevo me enojé, olvidé que tiene razón a su manera, que necesita tener razón, y le dije que iría a dormir abajo. Ella ya estaba totalmente preparada para una escena terrible, con veneno y todo. Yo volví en mí, regresé, le pedí que se tranquilizara, pero ella no se tranquilizaba, y yo me fui a dar una vuelta al jardín.

Mientras estuve caminando pensé: qué terrible es que yo *olvide*, precisamente olvide lo más importante, que si uno no ve su vida como una misión, no hay vida, es un infierno. Lo sé desde hace mucho, hace mucho lo escribí en mi diario y en mis cartas (hoy lo leí en las cartas que tiene Masha), y sin embargo lo olvido, y, cuando lo olvido sufro y peco como hoy. Sí, una misión, y hay que cumplirla por Aquel que nos ha enviado. Es la 1, voy a dormir. ...

6 DE DICIEMBRE. YÁSNAIA POLIANA. ... Revisé, taché, corregí, completé *La sonata a Kreutzer* íntegra. Me tiene absolutamente harto. Sobre todo porque es artísticamente equívoca, falsa. Las ideas a propósito del relato de Koni[101] me llegan cada vez más nítidas a la cabeza. Desde hace dos días me encuentro en estado de inspiración. No sé qué saldrá de esto. ...

10 DE DICIEMBRE. YÁSNAIA POLIANA. Ayer recibí carta de Ertel y de Gaidebúrov diciéndome que no dejarán pasar *La sonata a Kreutzer*. Me sentí complacido. También las traducciones de Hansen[102] y el *Paris illustré* con el artículo de Bóndarev.[103] Me obligó a pensar: me interpretan a tontas y a locas. Tendría que exponer breve y claramente lo que pienso, es decir: 1) no participación en la violencia gubernamental, militar o judicial; 2) abstinencia sexual; 3) abstinencia de drogas, alcohol, tabaco; 4) trabajo. Todo sin elocuencia, breve y claramente. ...

11 DE DICIEMBRE. YÁSNAIA POLIANA. ... Si el amor es nuestra propiedad fundamental, de nosotros, seres vivientes, es porque expresa la unidad de la fuerza que pasa a través de nosotros. El amor es *la conciencia de la unidad y la aspiración a ella.* Yo mismo, eso por descontado, no puedo ser lo que quiero; todo lo que puedo hacer es no poner obstáculos para que la fuerza divina se manifieste en mi forma limitada. ...

13, 14, 15, 16, 17 DE DICIEMBRE. YÁSNAIA POLIANA. Durante cinco días no he escrito nada ni he hecho nada. Sólo leí y soporté los dolores.[104] Intenté corregir la comedia, pero me detuve en la mitad del primer acto. Leí la *Revue des Deux Mondes* y a Sleptsov.[105] En la *Revue* hay una novela notable, *Chante-Pleure*,[106] notable por la descripción de la pobreza y de la humillación de la pobreza en las aldeas. La Torre Eiffel y eso. ... Recibí una carta agradable de Suvorin a propósito de *La sonata a Kreutzer* y una áspera de Jojlov padre, reprochándome la perdición de sus hijos por culpa mía.[107] ...

22 DE DICIEMBRE. ... Durante los últimos tres días he estado corrigiendo la comedia. Ya terminé. Mal. Vino mucha gente, la están poniendo en escena.[108] Esto a veces me resulta pesado y vergonzoso, pero la idea de no obstruir la manifestación de lo divino en mí, me ayuda. ...

27 DE DICIEMBRE. ... Escribí un poco de la historia de Koni. Me aflige la mentira de la vida que me rodea, y que no pueda encontrar la manera de mostrarles, sin ofenderles, sus errores. Están representando mi obra y, verdaderamente, me parece que les hace efecto y que en el fondo de su alma todos se avergüenzan y por eso se aburren. En lo que se refiere a mí, siento vergüenza constantemente, vergüenza de este gasto insensato en medio de tanta miseria.

Hoy, mientras daba un paseo, pensé: los que afirman que este mundo es un valle de lágrimas, un lugar de pruebas y cosas así, y que el otro mundo es un mundo de beatitud, parecen afirmar que el mundo infinito de Dios es magnífico o que en todo el universo divino la vida es magnífica, salvo en un lugar y en un tiempo únicos, es decir, donde nosotros vivimos.

¡Sería una extraña coincidencia!

Ayer **26**. Por la mañana, inesperadamente, me puse a escribir el relato de Koni, y me parece que no fue mal. Ayer hubo un ensayo, un montón de gente, para todos fue difícil. Vera[109] se puso a llorar, fui a consolarla y, mientras la consolaba, le dije: me gustó porque es muy simple y comprensible. Es decir: no se puede vivir para uno mismo. Eso es la muerte. La vida existe únicamente cuando vives para los demás o por lo menos te preparas para ser capaz de vivir para los otros. Pero, ¿cómo? A los otros no les soy necesario, tú no les eres necesaria. Lo que pasa es que, cuando uno vive para sí mismo, busca relacionarse con la gente que le puede ser útil: todos son ricos, poderosos, todos están satisfechos; y por eso, cuando uno vive para sí mismo, de repente mira a su alrededor, buscando a quién podría serle útil y le parece que no puede serle útil a nadie. Pero si uno ha entendido que la vida consiste en servir a los demás, entonces buscará el contacto con los pobres, los enfermos, los insatisfechos, y no alcanzará a servir a todos los que le gustaría servir.

1889

Anteayer, el **25**. Escribí cartas a Chertkov, Bulanger, Ánnenkova, Semiónov, Máshenka, Alexéiev y a alguien más. De pronto sentí vergüenza y asco de haber adoptado un tono de sermón en mis cartas. Debo acabar con eso. ...

Esto es lo que pensé todavía el 23 y que me pareció muy importante: es un tremendo error filosófico admitir tres principios espirituales: 1) la verdad; 2) el bien; 3) la belleza. Esos principios no existen. Pero existe un hecho: si la actividad de una persona está santificada por la verdad, las consecuencias de esa actividad serán el bien (el bien para uno mismo y para los demás); y la manifestación del bien es siempre bella. De manera que el bien es la consecuencia de la verdad y la belleza la consecuencia del bien. Una verdad que no tiene como consecuencia el bien —como por ejemplo la teoría de los números, la geometría imaginaria, las nebulosas en el descubrimiento del Universo, etcétera—, así como un bien que no tiene como base la verdad—como por ejemplo, la limosna con dinero recogido, acumulado, etcétera—, así como la belleza que no tiene como base el bien—como por ejemplo la belleza de las flores, de las formas, de una mujer—no son ni la verdad, ni el bien, ni la belleza, sino sólo su simulacro.

Sí, la vida monacal tiene mucho de bueno: lo principal es que son apartadas las tentaciones y que el tiempo se emplea en plegarias inocentes. Esto es estupendo, pero ¿por qué no emplear el tiempo en trabajar para alimentarse a sí mismo y a los otros, que es lo propio del hombre? ...

1890

HOY ES 3 DE ENERO. YÁSNAIA POLIANA. ... El profeta, el verdadero profeta, o, mejor aún, el poeta ποητα [sic] (el hacedor), es un hombre que por adelantado piensa y comprende lo que la gente y él mismo sentirá. Yo soy para mí mismo un profeta así. Siempre pienso en lo que no he sentido todavía, por ejemplo, la injusticia de la vida de los ricos, la necesidad del trabajo, etcétera, y luego, muy pronto, comienzo a sentirlo.

Leí: Le dijeron a Emerson que el mundo se acabaría pronto. Respondió: *Well, I think I can get along without it*.[1] Muy importante. ...

10, 11, 12, 13, 14, 15 DE ENERO. YÁSNAIA POLIANA. ... Pensé: 1) Que el acto sexual sea tan atractivo se debe a que lo despoja a uno de la responsabilidad propia, es como si lo liberara del cumplimiento de la ley y la transfiriera—la responsabilidad—a otros. No seré yo quien alcance el Reino de Dios, sino mis hijos. Por eso las mujeres están tan absortas en sus hijos. ...

No me encuentro sexualmente sereno. En relación con la actitud de algunas personas respecto a *La sonata a Kreutzer*,[2] pensé: ... les parece que se trata de una persona especial, pero en mí, dicen, no hay nada por el estilo. ¿Será posible que no encuentren nada? No hay arrepentimiento porque no hay movimiento hacia adelante, o no hay movimiento hacia adelante porque no hay arrepentimiento. El arrepentimiento es como el rompimiento de un cascarón o de una semilla que tiene como consecuencia que la semilla comience a crecer y a someterse a la acción del aire y de la luz, o bien es a consecuencia del crecimiento por lo que se rompe el cascarón del huevo. Sí, también una división importante y esencial de los seres humanos: los que se arrepienten y los que no.

18 DE ENERO. YÁSNAIA POLIANA. Dormí mal. Ayer estuve copiando la comedia[3] y hoy he comenzado a revisarla nuevamente. Es mala. Me interrumpió el trabajo Butkevich que llegó de la aldea. Me contó que a mucha gente le resulta insoportable *La sonata a Kreutzer*, y dicen que es la descripción de un maníaco sexual. En un primer momento me afligió, pero después me resultó agradable que, en todo caso, haya removido lo que tenía que remover. Por supuesto que podría ser mejor; hice lo que pude. ...

21 DE ENERO. YÁSNAIA POLIANA. Revisé la comedia y leí. Me deslicé en la nieve sobre una tablita con los niños. Sonia está muy inquieta, agitada.

Qué cosa extraña esta de la inquietud por la perfección de la forma. No es en vano. Pero no es en vano cuando el contenido es bueno. Si Gógol hubiera escrito su comedia[4] de manera burda o débil, no la leería ni una millonésima parte de la gente que la lee hoy en día. Es necesario afilar la obra literaria para que penetre. Y afilarla significa hacerla literariamente perfecta; sólo entonces pasará a través de la indiferencia y hará su efecto a través de la repetición. ...

22 DE ENERO. YÁSNAIA POLIANA. ... Antes estuve leyendo el libro de sentencias de la sabiduría india.[5] Muchas cosas buenas y generales. He sucumbido demasiado—debido a la comedia y a las representaciones de *El poder de las tinieblas* en Petersburgo y en Berlín[6]—al placer de las lisonjas. ...

27 DE ENERO. Me levanté tarde. Conversé con Chertkov muy bien sobre el arte y sobre la muerte y fui a dar un paseo. Sobre el arte lo siguiente: todo lo que poseemos en espíritu es la consecuencia de una transmisión; pero de toda la masa que nos es transmitida se destaca lo que llamamos ciencia y arte. ¿Qué es? No es lo que a uno le resulta imposible no saber, lo que se transmite por sí mismo—el arte de caminar, de hablar, de vestirse, etcétera—, ni es lo que uno puede no saber, una especialidad—el arte del herrero, del zapatero—, sino lo que debe saber todo hombre. ...

2 DE FEBRERO. YÁSNAIA POLIANA. ... Vino Dolgov, sobre la tocología, escribí el prefacio.[7] ...

4 DE FEBRERO. ... Volvimos a casa. Llegamos bien. Amo a los niños, pero ya estoy solo.

5 DE FEBRERO. YÁSNAIA POLIANA. Quería dormir mal; toda la mañana estuve luchando con el postfacio. Comencé por cortar leña y fui a buscar a Tania a la escuela. Después del café, dormité. Debo tratar de escribir por la mañana, en ayunas. Después de la comida, leí y pensé; me gustaría escribir, pero no tengo energía. Estuve pensando para un drama sobre la vida:[8] la desesperación de un hombre que ha visto la luz, que ha llevado esta luz a las tinieblas de la vida con la esperanza, la seguridad de poder iluminar esas tinieblas y de pronto las tinieblas son todavía más profundas. ...

11 DE FEBRERO. YÁSNAIA POLIANA. Es extraño: un sueño voluptuoso. Duermo poco. Debilidad. Y tengo ganas de escribir, pero no tengo fuerzas. Hoy pensé: en relación con la carta que comencé a escribir a Kólichka[9] a propósito del hecho de que la tentación principal, en mi situación, es que una vida en condiciones anormales de lujo, aceptada desde el principio para no quebrantar el amor, más tarde se apodera de ti por medio de la seducción, y ya no sabes si vives así por miedo a quebrantar el amor o porque has sucumbido a la tentación. El signo de que se trata de lo primero, es decir, de que permites la seducción sólo por miedo a quebrantar el amor, es que no sólo no se debilitan las exigencias anteriores de la conciencia, sino que aparecen nuevas.

También pensé en que no es necesario escribir un postfacio a *La sonata a Kreutzer*. No es necesario porque convencer por medio de razonamientos a la gente que piensa de otra manera es imposible. Lo primero que hay que hacer es poner en movimiento sus sentimientos, permitiéndoles argüir que tienen razón. Intuirán que están equivocados, y sin embargo argüirán que están en lo correcto. No es que esto les haga falta a los hombres, es que sin esto no pueden vivir. El razonamiento es una linterna próxima al pecho de cada persona. El hombre no puede caminar, no puede vivir más que a la luz de esta linterna. La linterna le ilumina siempre el camino que tiene delante, el camino por el que va. Y los razonamientos concernientes a lo que a mí me aclara mi linterna en mi camino, si mi camino es otro (a pesar de que mi camino fuera el verdadero y el suyo el falso), no pueden de ninguna manera obligarlo a ver otra cosa o no ver aquello que él ve en el camino por el que va. Hay que hacerlo cambiar de camino. Y esto no es una cuestión de razonamiento, sino de sentimiento. Aun después de haber abandonado el camino falso y estando ya en la dirección correcta, durante mucho tiempo seguirá viendo lo que su linterna ilumina en el camino falso.

Durante mi paseo pensé mucho en el relato de Koni. Todo es claro y hermoso. 1) Él no quería poseerla, pero lo hizo porque así debía ser: eso creía. Ella es encantadora en su imaginación. Él sonríe y tiene ganas de llorar. 2) El camino en coche a la iglesia, la oscuridad, el vestido blanco, el beso. 3) La vieja sirvienta acepta el dinero, pero tiene una mirada triste. 4) La vieja sirvienta es fatalista, Katiusha está sola. 5) Ella, después de haberlo visto durante el paseo, quiere lanzarse bajo el tren, pero se detiene y oye al bebé que lleva en las entrañas. 6) Él le pregunta a la tía dónde está ella. En casa de un terrateniente como sirvienta. Vive mal, amancebada con un lacayo. Y no puede actuar de otra manera: se ha avivado su sensualidad. 7) Él está inquieto y pregunta: ¿usted la echó?, ¿ella lloró?, ¿es culpa mía?, etcétera. 8) Él probó la *ambition*, mal, no va con su carácter, el extranjero—París—el libertinaje—mal. Sólo le queda la lectura, la elegancia, la caza, las cartas, las primicias. El cabello encanece, aflicción.

16 DE FEBRERO. YÁSNAIA POLIANA. ... Estoy contento de no caer, en los momentos más difíciles, en la irritación contra la gente y en la duda sobre la vida verdadera. Sólo una tendencia a ello. ... Escribí el relato de Koni, no está mal. Recibí la extraordinaria revista inglesa *Rising Star*. El artículo de Elder Evans sobre los cien años de la República americana, notable.[10]

25 DE FEBRERO. YÁSNAIA POLIANA. Me levanté temprano y, después de la tormenta y la tempestad de nieve de ayer, hoy hacía un tiempo maravilloso. Desperté a las niñas: Tania, Vera, Masha.[11] Nos preparamos para el viaje y salimos a las 10.[12] El viaje fue bueno, alegre y agradable. Alimentamos a los caballos en Krapivna y a las 7 llegamos a Odoiev. Dormimos en un albergue magnífico. Anoto esto. No hay trabajo del pensamiento. Recibí carta de Ghe.

26 DE FEBRERO. BÉLIEV. Salimos a las 8. Muy bien el viaje hasta Béliev. Máshenka no está. Está en Óptina. ...

27 DE FEBRERO. ÓPTINA. Llegamos temprano. ... En Óptina, Máshenka no hizo otra cosa que hablar de Ambrosio,¹³ y todo lo que dice es terrible. Se confirma lo que vi en Kíev: las jóvenes novicias son santas, Dios está con ellas, los *starets* son diferentes, con ellos está el diablo. Ayer estuve con Ambrosio, hablé de distintas creencias. Yo digo: ahí donde estamos en Dios, es decir, en la verdad, estamos todos unidos; ahí donde estamos en el diablo, es decir, en la mentira, estamos todos separados. Borís me conmovió.¹⁴ Ambrosio, por el contrario, es lamentable, lamentable hasta lo indecible con sus tentaciones. Pega en la nuca, dice en tono de sentencia que no debemos afligirnos porque ella¹⁵ sea mala con sus sirvientes, y no ve lo que necesita. Por ella se puede ver que la vida monástica es una especie de sibaritismo espiritual. Borís dijo que el objetivo del mundo y de la humanidad es aumentar el número de ángeles.

28 DE FEBRERO. ÓPTINA. Soñé que hablaba con un sacerdote sobre el alcoholismo, la tolerancia y algo más que no recuerdo. Sobre la tolerancia: no despreciar ni a un judío ni a un tártaro, amarlos. Y para mí: ni a un ortodoxo. Creo que he llegado a esto durante esta tercera estancia en Óptina. Que Dios me ayude. Su desgracia es que viven del trabajo ajeno. Son santos educados en la esclavitud. Voy a ver a Leóntiev.¹⁶

Estuve en casa de Leóntiev. Conversamos estupendamente. Él dijo: usted es inseguro. Yo le dije: y usted es seguro. Esto expresa plenamente nuestra actitud frente a la fe. Después nos fuimos. Un viaje alegre hasta Mishnevo, a 40 verstas de Óptina. Dormimos en una isba. Ella parece tener sífilis, pero es bonita.

1.º DE MARZO. Me levanté temprano, viajamos todo el día. Los caballos quedaron agotados. Llegamos a las 2. Sonia salió a recibirnos con alegría, feliz.

9 DE MARZO. YÁSNAIA POLIANA. ... Sigo leyendo a Leskov. No es bueno porque no es verídico. Estos tres días he seguido pensando. El **4 DE MARZO.** Seriozha[17] dijo: hay que estar ocupado. Eso no significa nada. Hay que saber en qué ocuparse. Y para saberlo hay un medio: hacer lo que es necesario para ti o aquello a lo que tu vocación te arrastra irresistiblemente. ...

Las Iglesias han hecho de Cristo un Dios salvador, en el que hay que creer y al que hay que rezar. Es evidente que su ejemplo se ha vuelto superfluo. El trabajo de los verdaderos cristianos consiste en propagar lo que hay en él de divino (el cuadro de Ghe).[18] Si es un hombre, es importante por el ejemplo: salva sólo como se salvó a sí mismo, es decir, si hago lo mismo que hizo él.

Los positivistas, los liberales, los revolucionarios y todas las otras sectas que se consideran no cristianas creen en la misma verdad de Cristo que nosotros, pero no en su totalidad y con otro nombre, y por eso no sólo no debemos discutir y pelear con ellas, sino que debemos entablar amistad con ellas. ...

Hoy pensé: el peor de los tormentos es saber que sufro y soy víctima no del derrumbamiento de una montaña, ni de una bacteria, sino de los hombres, de mis hermanos, que deberían amarme y que me odian, puesto que me hacen sufrir. Eso sucedió cuando ordenaron la horca para los decembristas, y sucede con los reos, los desdichados de Kara[19] y otros. ¡Terrible!

15 DE MARZO. ... Montones de cartas a propósito de *La sonata a Kreutzer*. Continúa la perplejidad y las preguntas.

17 DE MARZO. ... Hoy dormí bien, pero de todas formas me siento débil intelectualmente. En este tiempo no he anotado lo siguiente:

Dos tipos: uno tiene una actitud crítica no sólo respecto a sus actos, sino también respecto a su situación; por ejemplo, no puede aceptar una plaza de funcionario del gobierno, no puede juntar y guardar dinero, recibir intereses y demás, y como consecuencia de esto siempre está necesitado, siempre en la pobreza, no puede alimentar a su familia, ni siquiera a sí mismo y, a causa de su debilidad, cae en una situación humillante para él y molesta para los otros: la de tener que pedir; el otro tiene una actitud crítica sólo en relación con sus actos, pero acepta su situación sin juzgarla y, una vez asentado como funcionario, como hombre rico, se alimenta holgadamente a sí mismo y a su familia, ayuda a los demás y no es una carga para nadie (al menos de manera visible). ¿Cuál es mejor? Ambos. Pero de ninguna manera el último. ...

Gaston Boissier escribió[20] que los primeros cristianos sólo en el origen fueron rigurosamente hostiles a Roma, al Estado, pero que más tarde se acomodaron al Estado y el cristianismo no hizo daño al Estado. Haría falta decir que aparecieron hombres que se decían cristianos y que vivían en armonía con el Estado: los obispos, los hombres de Iglesia. Los cristianos eran y siguen siendo, no enemigos, sino confesores de una doctrina incompatible con el Estado. Uno de los errores graves y más nocivos es considerar que los hombres bautizados por Constantino, por Carlomagno y por Vladímir[21] eran cristianos. Jamás ha habido ni hay pueblos cristianos, hay hombres cristianos, y los hay entre los turcos, los chinos, los indios. ...

18 DE MARZO. YÁSNAIA POLIANA. ... No hice nada. Me sigue doliendo el hígado. Debe tratarse de una enfermedad mortal. No me da miedo, ni me resulta desagradable. Sólo que no estoy acostumbrado. Quisiera poder trabajar como antes. Fui a caballo a Yásenki. Me sentí mal por el camino. Intenté escribir. No lo consigo. Por la tarde leí a Sienkiewicz.[22] Muy brillante. Sonia vino y se puso a hablar de la venta de las obras recientes y me sentó muy mal. Me avergüenza.

19 DE MARZO. YÁSNAIA POLIANA. ... Ilyá está aquí,[23] y sigo sin poder hablar con él. Tenía muchas ganas, pero no supe cómo abordarlo, sobre todo porque él se aleja cada vez más. Todo él, sus conversaciones, sus bromas, son como la salsa de una comida inexistente. Eso pasa con frecuencia, que la vida, la actividad, las conversaciones, en particular la alegría y las bromas son la salsa de algo esencial que no existe.

HOY ES 25 DE MARZO. ... Llegó Liova.[24] Muy bien. Quiere seguir en la facultad de filología. Estuve hablando con él. ...

8 DE ABRIL. Dormí mal. No estoy bien. No pude escribir. Y hay mucho por hacer. Carta de Chertkov. Escribí algunas malas cartas. Mientras leía el relato de Liova[25] se me ocurrió: la educación de los niños, es decir, su perdición, el egoísmo y la hipocresía de los padres. Un relato como *Iván Ilych*. Sí, pensé: no está bien llegar a un lugar, ponerse a fumar y envolver de humo a las gentes. Pero, ¿acaso es mejor llegar con cara lúgubre adonde hay gente contenta y feliz y echarle a perder su diversión?

10 DE ABRIL. Ayer y hoy he caminado y he pensado mucho; a saber:
1) Una de las formas más audaces de desobediencia a Cristo es la misa, las oraciones comunes en las iglesias y llamar al clérigo «padres», cuando están Mateo III, 5-15, Juan IV, 20-21 y Mateo XXIII, 8.
2) Expresar con palabras lo que tú sabes de tal manera que el otro te comprenda, como lo haces tú mismo, es lo más difícil que existe; y uno siempre siente que está le-

jos, muy lejos de alcanzar lo que debe y puede alcanzar. Y encima imponerse la tarea de colocar las palabras siguiendo un cierto sistema de metros y rimas ¡es la locura! Pero ellos están dispuestos a asegurar que las palabras se ordenan por sí mismas en «se calienta la sangre... y el amor». *À d'autres!*

3) Los socialistas dicen: no somos nosotros, quienes gozamos de los bienes de la civilización y de la cultura, los que debemos privarnos de estos bienes y descender hasta la burda chusma, sino que es a los desheredados de los bienes terrenales a quienes debemos elevar hasta nosotros y hacerlos partícipes de los bienes de la civilización y la cultura. El medio para hacerlo es la ciencia. Ella nos enseña a vencer a la naturaleza, ella puede aumentar hasta el infinito la productividad, ella puede hacer trabajar por medio de la electricidad a las cataratas del Niágara, los ríos y los vientos. Hasta el sol trabajará. Y habrá de todo para todos.

Ahora sólo una pequeña parte, la parte de los hombres que tiene el poder, goza de los bienes de la civilización; la mayoría está privada de esos bienes. Si se aumentan los bienes alcanzará para todo el mundo. Pero lo que pasa es que los hombres que tienen el poder gozan desde hace mucho tiempo no sólo de lo que necesitan, sino también de lo que no necesitan, de todo lo que pueden. Y por eso no importa cuánto se aumenten los bienes, los que están arriba siempre los utilizarán para sí mismos. Utilizar lo necesario no es posible más allá de un cierto límite, pero para el lujo no hay límites. ... De modo que ningún aumento de la productividad y de las riquezas aumentará ni un pelo el bienestar de las clases inferiores mientras los que están arriba tengan el poder y el deseo de utilizar para su propio lujo el excedente de las riquezas. Incluso al contrario, el aumento de la producción y el dominio cada vez mayor de las fuerzas de la naturaleza dan una fuerza muy grande a las clases superiores—aquellas que están en el poder—, una fuerza que utilizarán para conservar todos los bienes y para mantener el poder sobre las clases trabajadoras inferiores. Y cualquier intento por parte de las clases inferiores de obligar a los ricos a compartir con ellas (revoluciones, huelgas) provoca una lucha; y la lucha es una pérdida inútil de riqueza. «Que a nadie le toque, si no me toca a mí», dicen los que luchan.

La conquista de la naturaleza y el aumento de la producción de los bienes terrestres con el fin de llenar el mundo de bienes para que todos tengan suficiente es una manera de actuar tan poco racional como aumentar la cantidad de leña para la estufa con el fin de aumentar el calor en una casa donde la estufa no cierra. Se puede poner toda la leña que se quiera en la estufa y el viento frío se calentará pero se elevará, y el nuevo aire frío reemplazará de inmediato al que se ha elevado, y no habrá una repartición equitativa del calor, y por lo tanto tampoco habrá calor. Así será mientras se permita el acceso del aire frío y la salida del aire caliente, cuya propiedad es elevarse en el aire. Y así será mientras el tiro sea de abajo arriba.

Hasta el día de hoy, para evitar esto se han inventado tres medios, de entre los cuales es difícil señalar el más absurdo: los tres son muy estúpidos. Uno, el primero, el de los revolucionarios, consiste en destruir a la clase superior, a través de la cual se escapa toda la riqueza. Esto es algo así como lo que haría un hombre si destruyera una chimenea a través de la cual se escapa el calor, suponiendo que cuando deje de existir la chimenea, el calor no se irá. Pero el calor se irá por el hueco igual que por la chimenea, si el tiro es el mismo, de igual manera que las riquezas todas volverán a la gente que tenga el poder, mientras tenga poder.

Otro medio consiste en hacer lo que hace actualmente Guillermo II.[26] Sin alterar el orden existente de las cosas, quitar a las clases superiores, que tienen la riqueza y el poder, una pequeña parte de sus riquezas y lanzarla al abismo sin fondo de la miseria. Es como instalar en lo alto de la chimenea que aspira el calor, ahí por donde pasa el calor, unos abanicos y con esos abanicos agitar el aire caliente enviándolo hacia abajo, hacia las capas frías. Ocupación evidentemente vana e inútil, porque, cuando el tiro va de abajo arriba, no importa cuánto fuerces el calor para ir hacia abajo (y no puedes forzarlo mucho), de inmediato se escapará de nuevo y todo el trabajo será inútil.

Y finalmente está el tercer medio, que en este momento se predica con especial énfasis en América. El medio consiste en cambiar la concurrencia, el principio individualista de la vida económica, por el principio comunitario, el del *artiel*,[27] el de la cooperativa. Este medio, como se ha dicho en el *Dawn* y en el *Nationalist*, es predicar la cooperación con la palabra y con los actos; persuadir, explicar a la gente que en la concurrencia, el individualismo y la lucha se pierden muchas fuerzas y por lo tanto riquezas, y que es mucho más ventajoso el principio cooperativo, es decir, que cada uno trabaje para el beneficio común, recibiendo después su parte de la riqueza colectiva. Que eso será más ventajoso para todo el mundo. Todo esto es magnífico, pero la desgracia consiste, sobre todo, en que nadie sabe qué parte le tocará a cada uno si todo el mundo recibe por igual. Lo que importa es que, cualquiera que sea esta porción, parecerá insuficiente a las personas que viven, como viven hoy en día, para su propio bienestar. «Todo el mundo vivirá bien, y tú vivirás como todo el mundo.» Sí, pero yo no quiero vivir como todo el mundo, quiero vivir mejor. Siempre viví mejor de lo que todo el mundo puede vivir y a eso estoy acostumbrado. Y yo durante mucho tiempo viví peor de lo que vive todo el mundo y quiero vivir como vivían los otros. Este medio es el más estúpido de todos, porque da por sentado que con el tiro actual de abajo arriba, es decir, con el móvil de la aspiración hacia lo mejor, se puede convencer a las partículas de aire de no elevarse hacia lo alto a medida que se van calentando.

Sólo existe un medio: mostrar a la gente su verdadero bienestar y que la riqueza no sólo no es el bienestar, sino que es una distracción que les oculta su verdadero bienestar.

Un medio: taponar el hoyo de los deseos mundanos. Sólo esto procurará un calor uniforme. Y esto es lo más opuesto que existe a lo que dicen y hacen los socialistas, que se esfuerzan en aumentar la productividad y con ello la masa general de las riquezas. ...

11, 12, 13 DE ABRIL. YÁSNAIA POLIANA. Anteayer volví a escribir sobre los narcóticos.[28] No estuvo mal. Ayer: por la mañana tuve excelentes pensamientos y los anoté en mi cuaderno, pero no consigo escribir. Después de comer fui a Tula al ensayo.[29] Muy aburrido, la comedia es mala: paparruchas. Anteayer, cuando hablaba con Stajóvich, despotriqué contra el zar por haber reinstaurado la pena de muerte. Hoy me levanté tarde, no pude escribir, terminé de coser unas botas. Por la tarde di un paseo. Liova está triste. Tania es dulce. Es la 1. Pensé:

... 2) Dicen: gracias al lujo de la vida de las clases altas, a su ocio derivado de la desigualdad de las condiciones, aparecen personas eminentes, indiferentes a los bienes del mundo, con intereses puramente espirituales. Es lo mismo que decir que en un campo pisoteado por el ganado, las espigas que quedaron son especialmente buenas. No es sino la inevitable compensación que hay en todo mal, pero no por eso se puede justificar la acción del mal. ...

18 DE ABRIL. ... Estuve pensando en la respuesta a la carta de Kudriávtsev,[30] en la que escribe que la unión sexual es un acto sagrado, porque prolonga la especie; pensé que el hombre, como todos los animales, se somete a la ley de la lucha por la existencia y también se somete, como animal, a la ley de la multiplicación sexual, pero el hombre como hombre encuentra en sí mismo otra ley contraria a esa lucha: la ley del amor, y contraria al comercio sexual por la perpetuación de la especie: la ley de la castidad. ...

25, 26, 27, 28, 29, 30 DE ABRIL. YÁSNAIA POLIANA. ... En este tiempo he pensado: 1) para el relato *Friedrichs. Antes del suicidio, el desgarramiento: ¿quiero o no quiero? No quiero, percibo todo lo que hay de terrible, pero de pronto ella aparece con una falda roja, y todo se olvida. ¿Quién quiere, quién no quiere? ¿Dónde estoy? Dolor a causa del desgarramiento, y de ahí la desesperación y el suicidio.*

... *Para el postfacio.* Si él ha caído o ella ha caído, que sepa que no hay otra expiación para ese pecado que 1) librarse juntos de la tentación de la concupiscencia y 2) educar a los niños como siervos de Dios. ...

9 DE MAYO. PIROGOVO. Sigo enfermo. No hay mejoría. Hoy pensé:

1) Muchos de los pensamientos que he expresado en los últimos tiempos no me pertenecen a mí, sino a la gente que se siente afín a mí y se ha dirigido a mí con sus preguntas, sus titubeos, sus pensamientos, sus planes. Así la idea fundamental, o mejor dicho el sentimiento fundamental de *La sonata a Kreutzer* pertenece a una mujer eslava que me escribió una carta, cómica por el lenguaje pero notable por el contenido, sobre la opresión de las mujeres por las exigencias sexuales. Después vino a verme y me produjo una fuerte impresión. La idea de que el versículo de Mateo: todo el que mira a una mujer deseándola y etcétera, se refiere no sólo a las mujeres de los otros, sino a la propia, me la comunicó un inglés que me escribió al respecto. Y así, muchas otras cosas. ...

1890

11 DE MAYO. PIROGOVO. Si sigo con vida. Hubo un momento en que pensé: ¿me estaré muriendo? Y ningún terror, gracias a Dios. Sólo el temor: no tener una mala muerte. Todo el mundo necesita una dieta rigurosa. Es necesario un libro sobre la alimentación.[31]

18 DE MAYO. YÁSNAIA POLIANA. ... Durante todo este tiempo pensé:
... 2) El arte de la vida consiste en distinguir en uno mismo lo divino y lo humano. En lo primero ser inquebrantable, en lo segundo ceder. ... 10) Escribimos nuestras novelas, quizá no tan toscamente como antes: el villano es sólo el villano y Bienhechor es un bienhechor, pero de todas formas aún es terriblemente tosco, monocromo. Ya que los hombres, todos, son exactamente como soy yo, es decir, roanos, malos y buenos a la vez, ni tan buenos como yo quiera que me crean, ni tan malos como creo que son los hombres contra los que me enojo o que me han ofendido. ...

20 DE MAYO. Pensé una cosa: comemos salsas, carne, azúcar, bombones, comemos hasta hartarnos y nos parece que no pasa nada. Ni siquiera se nos ocurre que esté mal. Y sin embargo el catarro de estómago es una enfermedad endémica de nuestra forma de vida. ¿No es lo mismo la alimentación estética refinada: poemas, novelas, sonatas, óperas, romances, cuadros, estatuas? El mismo catarro del cerebro. La imposibilidad de digerirlo e incluso de tomar una alimentación sana, y la muerte. ...

25 DE MAYO. ... El **22 DE MAYO:** la misma debilidad. El prólogo. Llegó Chistiakov. Siempre a propósito de los diarios.[32] Chertkov tiene miedo de que me muera y que los diarios se pierdan. No se puede perder nada. Y yo no puedo enviarlos, sería ofender. Masha copió lo que yo señalé. Hay cosas que valen la pena. ...

1890

1 DE JUNIO. ... Leí a M. Arnold. *Método* y *Secreto*.[33] El *Secreto* está bien. Quería leérselo a las niñas.

2, 3, 4, 5, 6, 7, 8 DE JUNIO. YÁSNAIA POLIANA. Ha pasado toda una semana. Estado de ánimo malo, sombrío. ... Comencé *El padre Sergui* y estuve meditando al respecto. Todo el interés radica en los estados psicológicos por los que atraviesa. ... Pensé:

1) Evito a la gente, la gente me molesta. Pero, a ver, se vive sólo por la gente y sólo para la gente. Si la gente molesta, no hay razón de vivir. Alejarse de la gente es un suicidio. ...

9, 10, 11, 12 DE JUNIO. YÁSNAIA POLIANA. ... Masha le escribió a Biriukov y aprobó la carta que le escribí yo.[34] Lo que dijo Andriusha[35] hoy fue terriblemente triste. Yo le dije que era malo beber café fuerte. Él me volvió la espalda con ese desprecio por mí que tan bien conozco en mis hijos. Ghe le señaló que era por su bien. Él dijo: no es por el café, es por todo, ¿acaso es posible hacer todo lo que dice papá? Dijo lo que piensan todos mis hijos. Me dan una lástima tremenda. Yo debilito para ellos lo que dice su madre. Su madre debilita lo que digo yo. ¿Quién tiene la culpa? Yo. Ahora son las 11 de la mañana, quiero escribir la historia de Koni. ...

17 DE JUNIO. YÁSNAIA POLIANA. Estuve escribiendo un poco.[36] Me hacían falta materiales y reflexionar. Bebí *kumys*[37] sin moderación. Hablé con Stajóvich. Casi siempre está borracho. Estos días he reflexionado mucho y muy seguido, y he rezado por algo que he pensado cientos, miles de veces, pero de manera diferente, a saber: que quiero servir a Dios justamente así, con la propagación de Su verdad no a través de las palabras sino de los actos, con el sacrificio, con el ejemplo del sacrificio, y que no puedo.

Él no me lo permite. En vez de eso vivo pegado a las faldas de mi mujer, sometiéndome a ella y llevando yo mismo y con todos mis hijos una vida inmunda, vil, que justifico de manera falsa pretendiendo que no puedo atentar contra el amor. En vez del sacrificio, del ejemplo que triunfa, una vida innoble, vil, farisea, que me aleja de las enseñanzas de Cristo. ...

18 DE JUNIO. YÁSNAIA POLIANA. ... Carta de Seriozha pidiendo dinero. Sonia está desbordada con las peticiones de dinero de los hijos. Y será aún peor. ¿Acaso no sería mejor que renunciara al menos a la propiedad literaria? ¡Qué tranquila estaría ella y qué moralmente sano sería para los hijos y qué reconfortante para mí y qué útil para los hombres y qué satisfactorio para Dios! ...

22 DE JUNIO. YÁSNAIA POLIANA. Han pasado muchos días, cinco, creo. Me parece que no he escrito nada en todo este tiempo. Trataré de recordar. ...

El **18**. También segué. Strájov me resultó pesado. Me he abandonado mucho. No en el sentido intelectual—eso no es nada—, eso no es abandonarse, sino en el sentido del corazón, del amor. No estoy de humor y me enojo. Me enojo con los presentes y con los ausentes. Cualquier palabra, cualquier pensamiento me incita no a comprender mejor y a simpatizar con quien la pronuncia, sino a querer manifestar mi verdad frente a él. Eso es malo. Muy malo. ...

De nuevo trabajé mucho, segué. Recibí una carta muy hermosa de Wilson a Chertkov y una carta de Chertkov. También otras cartas menos interesantes. Por la tarde llegó a caballo el americano Stevens,[38] que ha dado la vuelta al mundo en bicicleta y estuvo en África buscando a Stanley. Me acordé de observar la regla del amor y pasé muy bien el día.

1890

24 DE JUNIO. YÁSNAIA POLIANA. ... Ayer leí *Sin dogma*.[39] El amor por una mujer está descrito con mucha delicadeza, con ternura, con mucha mayor finura de lo que lo hacen los franceses, donde es sensual, o los ingleses, donde es fariseo, o los alemanes, donde es ampuloso, y pensé: escribir una novela de amor casto, enamorado, como mi amor por Sóniechka Kalóshina, un amor para el que sea imposible el paso a la sensualidad, que sirva como el mejor protector contra la sensualidad. ¿No es la única forma de salvarse de la sensualidad? Sí, sí, eso es. Para eso fue creado el ser humano, hombre y mujer. Sólo con la mujer se puede perder la castidad, sólo con ella es posible mantenerla. La ausencia de castidad comienza con el cambio. Estaría bien escribir al respecto. ...

25 DE JUNIO. YÁSNAIA POLIANA. También pensé: tendría que escribir el libro *La gula*. El festín de Baltazar, los obispos, los zares, las tabernas. Encuentros, adioses, celebraciones. La gente piensa que se ocupa de diversas cuestiones importantes, cuando en realidad se ocupa únicamente de tragar. ¿Y qué pasa entre bastidores? ¿Cómo se preparan para ello?

Ayer se fue Goldsanfeld.[40] Los niños se levantaron antes de lo acostumbrado y Andriusha iba a la aldea; le pregunté a qué. A comprar huevos. ¿Para qué? Mamá me lo pidió. Y pensé: ¿quién se encarga de su educación? Una mujer sin convicciones, débil, buena, pero *journalière*, inconstante y atormentada por las preocupaciones innecesarias que ha asumido voluntariamente. Ella se atormenta y ellos se dañan ante mis ojos, asumen sufrimientos, ruedas de molino al cuello. ¿Actúo correctamente al permitir que esto suceda, al no entrar en lucha? Rezo y veo que es lo único que puedo hacer. No es mi voluntad, sino la Tuya. Por un lado la ruina de los niños, sufrimientos vanos y, por el otro, la batalla, la irritación. Mucho peor, vale más lo primero. Lo segundo es seguro, lo primero no. No nací ni debo vivir por mi familia sino por Dios. ...

26 DE JUNIO. ... También pensé, acostado en el bosque mientras miraba a lo lejos el bosque y el cielo. No necesito la belleza de la naturaleza, me resulta inútil, lo mismo que la belleza del arte, que es muy inferior. Lo que necesito y lo que me hace feliz es otra cosa. Esto sólo me distrae, me divierte. Pero, ¿para qué está esto? ¿Para qué? Sí, la abeja debe amar todo esto para que exista la miel, la cera, los propóleos; la abeja, el tilo deben amar la tierra, el aire, la humedad, para que exista el tilo; todos los animales, todo necesita de esto para proliferar, como yo tuve necesidad de ello para mi vida inferior, animal. En este momento tengo necesidad de otra cosa, algo que no encuentra expresión en el mundo material y que busca esta expresión fuera de él, allá, más allá de la tumba. Puedo imaginarme seres para quienes las manifestaciones del bien que ejercen una atracción sobre mí se vuelvan tan poco necesarias como lo son para mí las manifestaciones de la belleza.

Segué y trabajé mucho. ... Sufrí un mareo y me asusté. Me puse a pensar en la muerte. Y me di cuenta de hasta qué punto me he echado a perder y cuánto he retrocedido hacia la mezquindad carnal y me he alejado del estado en el que me encontraba durante mi enfermedad. Dormí muy mal.

1.º DE JULIO. YÁSNAIA POLIANA. ... También pensé: Katerina muere en el momento de la siega del heno. Un acontecimiento insignificante desde el punto de vista de los segadores. Realizaron una espléndida siega. Qué importante es este acontecimiento desde el punto de vista de Katerina que agoniza y muere.

También pensé: estaría bien escribir la historia de un hombre bueno, tierno, dulce, amable, instruido, inteligente pero que vive como un señor, es decir, tragando y for-

Lev Tosltói en la siega. Foto de Adamson. Yásnaia Poliana, 1890.

nicando, y por lo tanto exige que se degüellen pollos para él, que los cocheros no duerman, que los obreros limpien incluso los excusados. No puede ser bueno un hombre que vive de manera incorrecta.

3 DE JULIO. YÁSNAIA POLIANA. Fui a dormir abajo. Me levanté tarde. Pesadez, hastío, inacción, grasa, vaciedad de conversaciones. Es como si hubieran llenado de grasa, como si hubieran atascado los ejes de las ruedas y no pudieran engancharse. A veces las ruedas no van por falta de lubricante, y a veces no van por la cantidad de grasa que se les ha embutido. ¿Escribir para esta gente? ¿Con qué fin? Una extraña desgana de escribir. Ayer pensé vivamente en las mujeres. Una veraneante vino a interrogarme cuando estaba segando. Su rasgo principal era el no respeto por el pensamiento, la desconfianza hacia todo aquello a lo que conduce el pensamiento. De ahí la mentira, la distorsión de la verdad, el juego con las ideas y, en general, con los dones espirituales. Si los hombres no estuvieran ligados a las mujeres por un sentimiento sexual y por la indulgencia que de ahí se deriva, verían claramente que las mujeres (en su mayoría) no los entienden y no hablarían con ellas. Con excepción de las vírgenes. Uno comienza a conocer a las mujeres a través de la propia esposa y acaba de conocerlas a través de sus hijas. Estas son las mujeres que uno mira con entera libertad. Segué mucho. Siempre la misma aflicción.

4 DE JULIO. YÁSNAIA POLIANA. ... Sufro por estar rodeado de personas con el cerebro deformado, tan seguras de sí mismas, con unas teorías tan hechas, que escribir para ellas cualquier cosa es en vano: no hay forma de llegar hasta ellas. ...

5 DE JULIO. YÁSNAIA POLIANA. ... Pensé: Los *Räuber* de Schiller me han gustado tanto porque son profunda-

1890

mente verdaderos y justos. Un hombre que, como un ladrón o un bandido, se apodera del trabajo de los otros, sabe que está haciendo mal; pero el que se apodera de ese trabajo por medios que la sociedad reconoce como legales, no reconoce que su vida sea mala, y por lo tanto este ciudadano honorable es, desde el punto de vista moral, incomparablemente peor, mucho más ruin que un bandido. Ahora son las 2. No puedo escribir. Voy a segar. ...

6 DE JULIO. YÁSNAIA POLIANA. Fui a ver la cosecha del centeno. Por la tarde iré a segar el trigo. Esta mañana de nuevo discutí con Helbig[41] sobre el arte. Algo saqué en claro para mí mismo de esta discusión.

1) El arte es uno de los medios para distinguir el bien del mal, uno de los medios para reconocer el bien.

2) Es una de las funciones espirituales de la humanidad, del mismo modo que la alimentación, las vías de comunicación, etcétera, son funciones físicas.

3) ¿Cómo es posible que haya que ir a buscar esta función cinco mil o quinientos años atrás y que no exista entre nosotros?

4) Evidentemente esto proviene de la estupidez de aquellos que juzgan y que no pueden ver cerca de ellos una manifestación nueva, y ven únicamente los cadáveres de lo viejo.

Me tomé un descanso, pasé por la habitación de Masha. Sonia había leído algo sobre una carta de Posha en el diario de su hija y estaba fuera de sí. No pude calmarla. Está permanentemente enferma y con temor de estar embarazada. Yo también pienso en eso con miedo y me avergüenzo de mí mismo. Es aquí donde hay que estar frente a Dios, y no frente a los hombres. Sí, así como la enfermedad es necesaria para acabar con el deseo sexual, la humillación y la vergüenza son necesarias para acabar con la vanidad. ...

15 DE JULIO. YÁSNAIA POLIANA. Me levanté tarde. Después del café me puse de inmediato a trabajar en las botas; terminé y fui a darme un baño. Después de comer hice una siesta. Sonia vino a anunciarme que no está embarazada. Le dije que debíamos dormir separados y que yo no me siento muy bien. ... No me enojo con Sonia. Además, no tengo por qué. Por la tarde caminé mucho. Vino un cocinero que me envió un médico de Moscú para que le diera mi consejo sobre la infidelidad de su mujer. Está, visiblemente, al borde de la enfermedad mental. Oye ruidos detrás de la pared y cree que son señales que hacen el amante y la mujer. Dice: «Yo, dejando esto de lado, quería ser un verdadero señor.» Escribe versos de iletrado y llora con cada palabra. Sufre de alucinaciones. Un tipo extraño y significativo. Ahora son más de las 10.

20 DE JULIO. YÁSNAIA POLIANA. ... Hablé con Sonia. Dice que está contenta. Pero no quiere que durmamos separados. ...

Hoy es **24 DE JULIO.** Llegó Löwenfeld,[42] está escribiendo mi biografía. Un cosquilleo desagradable. Caminé, paseé, pensé y recé.

EL 21. ... Pensé en mis diarios viejos, en lo repugnante que en ellos me presento, en cuán poco quisiera que se conocieran,[43] es decir, que me estoy preocupando de la gloria humana aun después de la muerte. Qué terriblemente difícil es renunciar a la gloria humana y no preocuparse por ella. No sufrir ante la idea de pasar por un cretino. ¡Qué difícil, pero qué bueno! Qué alegría cuando haces a un lado la preocupación por la gloria humana y caes de inmediato en las manos de Dios, ¡qué ligero y qué firme te sientes! Un poco como aquel muchachito que había caído en un pozo y estaba suspendido de las manos, sufriendo, cuando habría bastado con que se soltara para que se encontrara en la tierra firme que estaba ahí, bajo sus pies, y cayera en las manos de Dios. ...

3 DE AGOSTO. YÁSNAIA POLIANA. ... También pensé: qué gran error cometo al conversar del cristianismo con los ortodoxos, o al hablar de cristianismo a propósito de la actividad de los sacerdotes, los monjes, el Sínodo, etcétera. Lo único que tienen en común la ortodoxia y el cristianismo es el nombre. Si los hombres de Iglesia son cristianos, yo no soy cristiano y viceversa. ...

Casas de campesinos de Yásnaia Poliana

5 DE AGOSTO. Por la mañana me sentía enfermo, me quedé en cama y leí una novela danesa, *Sin*.[44] Es mala. Fui a darme un baño, durante la comida vimos un incendio en Yásnaia. Se quemaron cinco casas. Lograron trabajar bien. Duró hasta muy tarde, entrada ya la noche.

6 DE AGOSTO. YÁSNAIA POLIANA. Fui a darme un baño y de ahí al incendio: vino gente del molino. Me puse a consolar a Andrián y me acerqué a Morózov y mientras lo consolaba yo mismo me desplomé. Sonia estaba allí con dinero. Me dio mucha alegría. ...

7 DE AGOSTO. YÁSNAIA POLIANA. ... Todo el día me he sentido abatido y triste a causa de la vida mala y ociosa que llevo yo y todos los que me rodean. Rezo muchas veces al día. ...

Hay una historia excelente en la carta de Vasili Ivánovich,[45] el relato de un buen campesino que, a la pregunta del sacerdote durante la confesión: «¿Crees en Dios?» Respondió: «No, no creo: bebo, fumo, blasfemo.» Es espléndido. ...

10 DE AGOSTO. YÁSNAIA POLIANA. ... Para *El padre Sergui*. Describir el nuevo estado de felicidad, de libertad, de firmeza del hombre que lo ha perdido todo y no puede apoyarse en nada, salvo en Dios. El hombre que reconoce por primera vez la solidez de este apoyo.

11 DE AGOSTO. ... Para *El padre Sergui*. Se ha abandonado al orgullo de la santidad en el monasterio y ha sucumbido a él con el general y el abad. En su celda se arrepiente y es grande cuando llega la pecadora. ...

14 DE AGOSTO. YÁSNAIA POLIANA. ... Para *El padre Sergui*. Cuando sucumbe ve caras horribles. Horribles caras abotargadas y piensa que son demonios. ...

15 DE AGOSTO. Sigo con vida y ayer anoté una fecha de más. Lo que escribí el 14 pasó el 13. El 14 transcurrió como sigue: me levanté muy tarde. Fui a darme un baño. Recé y pensé. Tomé café y hablé con Sonia, probablemente por primera vez después de muchos años, abiertamente. Ella dijo de la plegaria cosas sinceras e inteligentes. Dijo que la oración debe estar en los actos y que no consiste en repetir:

Señor, Señor. Y recordó a Ruguin. Eso me dio mucha alegría. Por la mañana, a la hora del paseo, tuve una alegría mayor cuando sentí la posibilidad de olvidarme de mí mismo hasta el punto de no pensar en mi vida futura, sino llevar a cabo la obra divina y participar en ella. ...

15 DE AGOSTO. YÁSNAIA POLIANA. Sí, ayer los artículos sobre *La sonata a Kreutzer*. Escándalo en América[46] y los improperios de Nikanor.[47] No me resultó desagradable. ...

17 DE AGOSTO. Pensé: ¿por qué nos da tanto gusto acusar a los otros y los acusamos con tanta maldad y tan injustamente? Porque acusar a los otros nos descarga a nosotros de la responsabilidad. Nos parece que nuestro mal no viene de que nosotros seamos malos, sino de que ellos son culpables. ...

20 DE AGOSTO. PIROGOVO. Me levanté tarde, débil, leí *Wilde Ente* de Ibsen.[48] No es bueno. Seriozha está preocupado por sus pérdidas. Salí a caballo a las 6. Fue un paseo espléndido. Recé con alegría. Pienso que esto me da fuerzas. ...

21 DE AGOSTO. YÁSNAIA POLIANA. Me levanté temprano, arreglé mi cuarto, me di un baño, corregí la conclusión. Leí *Rosmerholm*.[49] Por lo pronto no está mal. Ya son más de las dos, voy a descansar.

Después de la comida corté leña solo. Me siento deprimido ante lo absurdo de la vida.

26 DE AGOSTO. YÁSNAIA POLIANA. ... 2) Amar es transportarse al alma del otro, vivir de sus deseos. Yo no puedo. Aprende. Antes no podías ni siquiera tocar una melodía infantil y ahora lees una partitura *presto*. Cómo quieres hacerlo sin ejercitarte. Hay dones innatos, como la música: hay quien, en cuestión de amor, es delicado, intuye por el otro naturalmente, y en cuestión de música oye, se acuerda, encuentra, mientras que hay otro que ni intuye ni oye. Pero el uno y el otro deben aprender. Deben aprender, ejercitarse a amar, es decir, a sentir por el otro, y nosotros no solamente no aprendemos, sino que con frecuencia aprendemos lo contrario; no aprendemos a sentir por el otro, sino a asfixiar en nosotros esta sensibilidad: en los negocios, en el juego, en la caza, en la guerra. ...

28 DE AGOSTO. YÁSNAIA POLIANA. Hoy cumplo 63 años. Y me avergüenza que $1890 : 63 = 30$, y que hace 28 años que me casé, y que estas cifras me parecían algo significativo y esperaba este año como algo importante. Me levanté tarde. La primera impresión fue dolorosa: una campesina que había venido a buscar la yegua que de nuevo le habían quitado para el *kumys*. Pero fui injusto, malo. Ayer dijeron que se había quemado la casa de Bulyguin. Fui a verlo. Durante el camino oré y en parte me resigné. La oración me da fuerza y siempre tiene una importancia que no se debilita. No se quemó la casa de Bulyguin, pero ardieron catorce casas en Jatunka. Volví. No puedo quitarme de encima un sentimiento de hostilidad hacia mis hijos. Todo el tiempo está en mí. Es como si entre ellos y yo hubiera pasado algo. Leí a Björnson,[50] bien, muy trágico. Dormí un rato. Ahora son las 5, voy a comer.

Pensé: Masha me contó que Liova y Stajóvich estuvieron hablando de que no hay que mezclar la beneficencia con la economía doméstica: en «la economía doméstica es necesaria la justicia; la beneficencia es una cosa totalmente distinta». La gente habla así, convencida de que lo que dice es inteligente y gentil, mientras que en realidad no es otra cosa que la delimitación para uno mismo de un terreno arbitrario en el que uno se libera de todo sentimiento humano y se permite ser cruel. Así hablan de la servidumbre, de la disciplina, del Estado. ¡Qué excelente obra de arte se podría escribir con este tema! ¡Y cuánta falta hace! ¡Y cómo me gustaría hacerlo!

También pensé: la mayoría de los buenos sentimientos y pensamientos no son sentimientos ni son pensamientos, sino algo bueno que te inquieta: quizá la compasión, quizá la conciencia de una no-verdad y el deseo de ayudar a esclarecerla, y esta buena aspiración se transforma en indignación, o en cólera, o en condena, o en un razonamiento vano que se coloca frente a las personas: en palabrería; y su fuerza se esfuma sin haber hecho nada. Hay que evitar que escape, encerrar este sentimiento como si fuera vapor, como agua, y dejarlo pasar únicamente al émbolo para hacer girar la rueda.

Alguien viene, ¡ayúdame, Señor!

Era el coche de Tula con las cartas. Una carta insultante de América. ¿Por qué escribí esto insultando a los médicos? ...

3 DE SEPTIEMBRE. ... Hoy pensé: me enojo por la obtusidad moral de mis hijos, con excepción de Masha. ¿Pero, quiénes son? Son mis hijos, mi obra desde cualquier punto de vista, carnal y espiritual. Yo los he hecho tal y como son. Son mis pecados: siempre están frente a mí. Y no tengo adonde huir de ellos, ni puedo. Debo iluminarlos y no sé cómo, yo mismo soy malo.

Con frecuencia me he dicho: si no estuvieran mi mujer y mis hijos llevaría una vida santa y les he reprochado que me lo impidieran, cuando en realidad son ellos mi objetivo, como dicen los campesinos. Muchas veces actuamos así: hacemos algo mal y eso que hemos hecho mal se yergue frente a nosotros, nos molesta, pero nosotros nos decimos: soy bueno, podría hacerlo todo bien pero tengo frente a mí un impedimento. Y resulta que el impedimento soy yo mismo. ...

1890

6 DE SEPTIEMBRE. YÁSNAIA POLIANA. ... Ayer leí el *Émile* de Rousseau. Sí, he llevado muy mal mi vida familiar. Y este pecado pesa sobre mí y a mi alrededor. ...

13 DE SEPTIEMBRE. YÁSNAIA POLIANA. Me levanté temprano, fui a serrar y a cortar leña con Masha. Estoy muy cansado. En casa me senté e inmediatamente me di cuenta de nuevo de mi falta de fuerzas. Es triste, triste, muy triste. Si recordara: humildad, sumisión y amor, no estaría tan triste. Por la mañana me dolió la boca del estómago. Leí a Coleridge.[51] Me parece un escritor muy agradable: preciso, claro, pero desgraciadamente demasiado tímido—inglés—; la iglesia anglicana y la redención. No puede. ...

Ayer pensé que la guerra (todo el mundo habla de enviar tropas a la frontera prusiana y de la guerra) no es tan terrible si pensamos que aquellos que van a combatir son o fieras sanguinarias o ganado gregario y que si se exterminan mutuamente quedarán menos. Y lo dije. ¡Cómo me atacaron! Pero es así. Para expresarlo exactamente habría que decir lo siguiente: los hombres, por desgracia, sólo aprenden de la experiencia, y por eso necesitan la experiencia de la calamidad de la guerra. Ahí está la cuestión. Y otra es que los hombres que han llegado a poder matarse los unos a los otros bajo las órdenes de no se sabe quién, son menos dignos de compasión que los hombres razonables. Es un consuelo. ...

Ayer pensé: voy por la aldea y veo a unos campesinos que están cavando la tierra. Cada uno cava para sí mismo una fosa para patatas, y cada uno la cubre, y cosas por el estilo. ¡Cuánto trabajo innecesario! Qué pasaría si lo hicieran juntos y lo compartieran. Parecería que no es difícil: las abejas y las hormigas lo hacen, los castores también. Pero es muy difícil. El hombre está muy lejos de esto, precisamente porque es un ser razonable, consciente. El hombre está obligado a hacer conscientemente aquello que los animales hacen de forma inconsciente. Antes de que el hombre alcance la organización de las hormigas y de las abejas, debe llegar de manera consciente al estado del ganado, del que todavía está muy lejos: no pelear (combatir) por tonterías, no comer sin hambre, no fornicar, y sólo entonces podrá llegar conscientemente al estado de las abejas y de las hormigas, como la gente comienza a hacerlo en las comunidades. Primero la familia, luego la comunidad, luego el Estado, luego la humanidad, luego todo lo vivo, luego el universo, como Dios. ...

19 DE SEPTIEMBRE. ... Leí a Precensé[52] [sic]. ¡Qué insignificancia! ...

Ahora son las 12. Me gustaría por las tardes escribir una novela de *longue haleine*.

4 DE OCTUBRE. YÁSNAIA POLIANA. ... Durante este tiempo he leído el artículo de Mámonov padre sobre los eslavófilos,[53] excelente. Después el libro que trajo Liova de Broglie sobre Constantino,[54] muy útil, ahora mismo voy a copiar algunos pasajes; después el libro de Ivantsov sobre las herejías y los cismas.[55] Palabrería *científica*. Después el libro que me enviaron de Björnson *In God's Way*. Serio, *with a purpose*, con mucho talento en algunos pasajes pero también incoherente, muchas cosas superfluas y sin armar. No sé cómo decirlo. ...

6 DE OCTUBRE. YÁSNAIA POLIANA. Me desperté temprano y pensé con alegría en la necesidad de escribir toda la verdad, sobria, sobre lo que se considera la fe, sobre esa locura reconocida y repetida: la redención, la creación, los misterios, la Iglesia y todo lo demás. El contenido lo imagino muy claramente, pero no la forma. Por supuesto que una forma artística sería lo más fuerte. Leí la *Revue*, quería escribir, no pude. Estoy un poco mejor. ...

1890

7, 8 DE OCTUBRE. YÁSNAIA POLIANA. ... Pensé: 1) El razonamiento habitual según el cual las clases trabajadoras son libres de trabajar o no, de instruirse y de llegar hasta las capas superiores de la sociedad, me recuerda la pregunta de aquella dama que decía que si los campesinos no tienen pan, ¿por qué no comen empanadas? La misma incomprensión no sólo de la realidad, sino de qué y sobre qué se está hablando. ...

14 DE OCTUBRE. YÁSNAIA POLIANA. ... Anteayer estuvo aquí el doctor Bogomolets, y traduje con él un muy buen artículo de *Diana*[56] sobre la cuestión sexual. Ayer lo desarrollé y hoy lo corregí durante la sesión con Ghe.[57] ...

Terrible decirlo: es **23 DE OCTUBRE**. Ocho días. Mis ocupaciones durante estos días han sido únicamente la traducción de *Diana*, la corrección del artículo sobre la caza[58] y un cuento de Guy de Maupassant[59] prodigioso, que tradujo Alexéi Mitrofánovich. Ayer escribí *Sergui*. Algo avancé. Atonía de pensamiento. Hoy sólo tomé apuntes para no olvidar. Ghe sigue esculpiendo. Sonia se ha ido a ver a sus hijos. Moralmente bajo. ... La salud apenas se mantiene a costa de mucha atención. Moriré pronto. ...

24 DE OCTUBRE. ... Por la mañana corregí y anoté los cuentos de Guy de Maupassant,[60] mientras posaba para Ghe. Después no pude escribir. Por la tarde leí con las niñas la historia de la iglesia. No recuerdo si anoté:

No podemos conocer nada de lo que existe, pero podemos conocer con certeza lo que debería existir. Hay muchos tipos de conocimiento, pero hay uno que es más importante y más auténtico que los demás: el conocimiento de cómo hay que vivir. Y este conocimiento se menosprecia y se considera insignificante e incierto.

Son las 12. Voy a dormir. Me siento triste. Sólo una

cosa me da alegría: que siento por Sonia el mejor de los amores. Sólo ahora veo su carácter con claridad.

26 DE OCTUBRE. YÁSNAIA POLIANA. Me levanté temprano. De nuevo estuve corrigiendo Maupassant, y ya no pude escribir nada más. En vano lo alabé hace dos días. Hay tanta inquietud, alarma, agitación, que acaba siendo muy difícil. En general me siento abatido. ... Por la tarde leí el drama de Písemski *Destino amargo*.[61] No es bueno. ...

Durante tres días no he escrito. Hoy es **31 DE OCTUBRE. YÁSNAIA POLIANA.** Hoy me levanté temprano, antes de las 7, y como todos los días fui a dar un paseo. ... Le dicté una carta a Tania, leí *Trinksitten*,[62] y ahora son las 8.

7 DE NOVIEMBRE. YÁSNAIA POLIANA. Me levanté temprano, di un paseo. Un frío intenso. Escribí mal, como de costumbre.[63] A veces pienso que he perdido la fuerza y la capacidad de expresar mis pensamientos como los expresaba antes y por eso me siento descontento por la debilidad de mi expresión actual. Y hay que terminar. Está bien. No lo lamento. Está muy bien así como está. (La plegaria me fortifica y me purifica, me da felicidad.) Pero una duda me inquieta: quizá mi *deber* sea escribir. Y por eso intento e intentaré servir de esta manera, ya que no puedo servir tan útilmente de ninguna otra manera. ...

12 DE NOVIEMBRE. De nuevo han pasado tres días, hoy es **12**. Hoy me levanté, como todos los días, a buena hora, mejor de salud que los días anteriores, caminé por la nieve profunda, recé con alegría. En casa escribí: primero corregí, luego revisé: avanzo muy lentamente, si es que avanzo, pero en la cabeza todo lo tengo claro. ...

1890

EL 9. ... Tania me trajo las cartas y una de Gaidebúrov con los artículos injuriosos[64] que hicieron su efecto en mí. Qué lejos estoy de sentir alegría, como dice el Evangelio, cuando me insultan. ...

16 DE NOVIEMBRE. Han pasado tres días. ... Ayer, **15 DE NOVIEMBRE.** ... Pensé: *Para mi artículo sobre la no-resistencia.* Las clases inferiores trabajadoras están siempre llenas de odio y solo esperan la oportunidad de vengar todo lo que bulle en ellas, pero son las clases dirigentes las que ahora están arriba. Están encima de los trabajadores y no los sueltan: si los soltaran, se acabarían. Todo el resto es un juego y una comedia; la esencia del asunto es una lucha a vida o muerte. Son como los bandidos que vigilan su botín y lo defienden de los otros. ...

18 DE NOVIEMBRE. Esto fue ayer. Escribí primero sobre la no-resistencia al mal. Parece que ya he encontrado la forma. Aunque no es muy buena, es una forma en la que pueden caber muchas cosas buenas. Voy a intentar no modificarla y no alejarme de ella. Escribí bastante; me dolía la cabeza. Dormí muy mal. Y me sentía terriblemente abatido. Caminé hasta Kozlovka. ... Por la tarde leí a Homero con las niñas.

... Pensé en la corrupción de los periódicos: leo en *La Semana* una nota sobre mi relato en la *Fortnightly Revue*[65] [sic], en el que se afirma que el joven se fue con ella y que ahí termina la historia, y que todo el relato está escrito alrededor del tema de la vida conyugal. Por supuesto que sé que es falso, pero el 0,99 de las noticias, de las informaciones, también son falsas y nadie las rectifica: no hay tiempo: mañana habrá otras noticias y hay que cumplir los plazos: mensual, semanal o cotidiano. Pensar en función de los plazos. Resulta verdaderamente sorprendente lo poderoso que es el diablo, es decir, la fuerza retrógrada. El pensamiento sólo es pensamiento y es fecundo cuando no está atado a nada: en esto consiste su fuerza en comparación con las otras cuestiones de la carne. Pero no. Lo aprehendieron y lo encadenaron a las condiciones temporales para privarlo de su fuerza y de su individualidad. Y justamente esta forma privada de su fuerza es la que está ansiosa por devorarlo todo. Los filósofos, los sabios, enuncian sus pensamientos el primer día del mes, y los profetas también. ...

22 DE NOVIEMBRE. YÁSNAIA POLIANA. Si sigo con vida.

Sí, para el artículo: los críticos laicos son castrados morales, seres a quienes les ha sido extirpado el nervio moral, la conciencia de la posibilidad de crear la vida con sus propias fuerzas.

Y también que la Iglesia es una cortina que cubre la puerta de la salvación abierta por Cristo. Los hombres, al no verla, se agitan desesperados.

Hoy es **15 DE DICIEMBRE.** Hace once días que no he escrito. He vivido aproximadamente de la misma manera: he caminado y rezado de la misma manera, he avanzado con la misma lentitud en la escritura de mi artículo.[66] ...

Esta mañana salí y vino a mi encuentro Ilyá Voljin pidiéndome que los perdonara: los han condenado a seis semanas de prisión.[67] Me sentí muy afligido y todo el día tuve el corazón oprimido. Recé y rezaré y rezo para que Dios me ayude a no quebrantar el amor. ... Durante este tiempo pensé:

2) Gracias a la censura toda nuestra actividad literaria es una ocupación vana. La única cosa que es necesaria, lo que justifica esta actividad (la literatura), es cortada y apartada por la censura. Es como si se le permitiera a un carpintero cepillar sólo de manera que no queden virutas. Y en vano piensan los escritores que engañan a la censura gubernamental. Es imposible engañarla, como es imposible en-

gañar a un hombre a quien subrepticiamente, sin que lo note, queremos aplicarle una cataplasma. En cuanto esta empiece a actuar, se la arrancará.

... Hoy escribí poco, pero al parecer avancé. Ayer retomé la historia de Koni desde el principio. Disfruté mucho escribiéndola.[68] ...

16 DE DICIEMBRE. ... Anoche me acosté y no podía dormir. Sentía opresión en el pecho y, sobre todo, una piedad execrable por mí y rabia contra ella. ¡Un estado asombroso! Y en medio de la exaltación nerviosa, claridad de pensamiento. Con estos esfuerzos físicos y morales habría podido escribir algo muy bello. Me levanté de la cama a las 2, fui a la sala a caminar. Salió ella y estuvimos hablando hasta después de las 4.[69] Lo mismo que antes. Fui un poco menos duro. Pero le dije lo que le tenía que decir. Pienso que debo notificar al gobierno que no reconozco ni la propiedad ni los derechos [de autor], y que hagan lo que quieran. ...

21 DE DICIEMBRE. Me levanté muy temprano. Me despertó un telegrama. Sonia tuvo un hijo.[70] ...

25 DE DICIEMBRE. Hoy es **25**. Son las 8 de la noche. Acaban de poner el árbol de Navidad. Yo estuve sentado abajo leyendo a Renan.[71] Extraordinariamente inteligente. ...

Todos estos días he estado recibiendo cartas injuriosas. El tartufo de Yásnaia Poliana. Primero me dolió, pero luego me sentí bien. Las cartas de los *shakers* son buenas. ...

26 DE DICIEMBRE. ... Por la mañana anoté: la Iglesia, en su intento por enseñar a los hombres a conocer la verdad y no practicarla, ha atrofiado en ellos el nervio moral.

Leí el artículo de S. Prudhomme sobre la apuesta de Pascal.[72] Son las 12, me voy a acostar. Me gustaría escribir algo literario. ...

1890

31 DE DICIEMBRE. Hoy es **31**. La noche. Las 11. Por la mañana me levanté temprano. Escribí mucho. Revisé lo que ya había hecho, tres capítulos están casi listos, y todo el asunto está tomando forma.[73] Di un largo paseo a pie. Por la tarde leímos un bello artículo de Leskov.[74] Una carta de Chertkov y el artículo sobre el arte.[75] Escribí cartas a él y a Leskov. ...

VAYA. 1891. 1.º DE ENERO. Si sigo con vida. Esperaba que sucediera algo en el período de mis 63 años, cifra contenida treinta veces en 1890. No ha pasado nada. Como si no supiera que cualquier cosa que pueda venir del exterior no es nada en comparación con lo que puede suceder en el interior.

1891

Hoy es **15 DE ENERO. YÁSNAIA POLIANA.** Todos estos días, con excepción de uno, he escrito. He avanzado un poco. ... He pensado mucho a propósito del arte. Avancé en el pensamiento, pero no en el papel. Pensé: imaginar que a través de las condiciones exteriores puedes cambiar tu vida es lo mismo que imaginar, como hacía yo cuando era pequeño, que bastaba con sentarme en un bastón y tomarlo por los extremos para elevarme. ...

Hoy es **25 DE ENERO. YÁSNAIA POLIANA.** No he escrito en nueve días. Durante todo este tiempo he ido escribiendo poco a poco mi artículo. Avancé. Seis capítulos, puedo decir, están terminados.[1] ...

El último tiempo me he sentido moralmente atontado. Pensé:

El hijo de la cocinera, Kuzka, un niño de la edad de Vánechka,[2] vino a verlo. Vánechka estaba tan contento que se puso a besarle las manitas. Esa es la forma natural que tiene un hombre para demostrar su alegría cuando ve a otro; al ver al conserje que ha abierto la puerta, es natural sentirse contento y besarle la mano.

Hoy, mientras paseaba y pensaba en los ladrones, imaginé claramente una situación en la que un ladrón, en espera de la persona a la que quiere atracar, de pronto se entera de que ese día no salió o tomó otro camino y se pone furioso, se considera ultrajado y, sabiéndose en su derecho, prepara la venganza. Me representé tan vivamente esto que me puse a pensar cómo lo escribiría, y luego pensé en lo bueno que sería escribir una novela de *longue haleine*, iluminándola con mi visión actual de las cosas. ...

26 DE ENERO. YÁSNAIA POLIANA. Si sigo con vida. Qué feliz sería si mañana escribiera que he comenzado un gran trabajo literario. Sí, comenzar ahora y escribir una novela tendría ese sentido. Las primeras novelas, las de antes, fueron una creación inconsciente. Con *Anna Karénina* me parece que durante más de diez años desarticulé, fraccioné, analicé: en este momento sé qué es qué y puedo mezclarlo todo de nuevo y trabajar con esa mezcla. Ayúdame, Padre.

11 DE FEBRERO. De nuevo han pasado 5 días. Hoy es 11. Ayer estuve escribiendo sobre la ciencia y el arte. Avancé poco; pero todo está claro. No tengo energía. En estos días no han dejado de publicarse artículos injuriosos en los periódicos. De Suvorin sobre el «Postfacio».[3] Sobre *Los frutos de la Instrucción* en Berlín, diciendo que soy enemigo de la ciencia.[4] Lo mismo Bekétov.[5] Y ayer el *coup de grâce*, más aún que estaba de mal humor (¡y cómo me alegré!): en el *Open Court*[6] un artículo sobre Booth[7] y sobre mí como modelos del fariseísmo—decir una cosa y hacer otra—, decir que hay que dar todo a los pobres y al mismo tiempo aumentar el propio patrimonio con la venta de esa misma prédica. Y citar a mi mujer. Como Adán, mi mujer me dio y yo comí. Fue muy doloroso, y todavía ahora que escribo estoy dolido. No debería permitir que me afectara y puedo colocarme en una posición en la que no me afecte; pero es muy difícil.

Soy un fariseo, pero no en el sentido que ellos me reprochan. En eso soy puro. Y eso me enseña. Pero sí lo soy en que yo, pensando y afirmando que vivo ante Dios, para el bien, porque el bien es el bien, vivo de la gloria humana, y hasta tal punto he embarrado mi alma de gloria humana que no puedo llegar hasta Dios. Leo las revistas y los periódicos buscando mi nombre, oigo una conversación y estoy esperando que se hable de mí. Hasta tal punto se ha embarrado mi alma que no puedo abrirme paso hasta Dios, hasta una vida del bien por el bien. Y debo. Todos los días me digo: no quiero vivir para mi propia lujuria ahora, para la gloria humana aquí, quiero vivir para el amor siempre y en todos lados; y vivo para la lujuria ahora y para la gloria aquí.

Voy a limpiar mi alma. La limpié y hurgué hasta encontrar el meollo: intuyo la posibilidad de vivir para el bien, sin gloria humana. Ayúdame, Padre. Padre, ayúdame. Sé que el Padre no existe como persona. Pero esta forma es natural para expresar un deseo ardiente. ...

De nuevo una semana. Hoy es **14 DE FEBRERO. YÁSNAIA POLIANA.** Creo que el mismo día en que escribí la última entrada del diario, comencé a leer de nuevo el diario que está copiando Sonia.[8] Y me dolió. Y comencé a hablar con irritación y le contagié mi ira. Y ella se enfureció y dijo cosas crueles. No duró más de una hora. Dejé el arreglo de cuentas y me puse a pensar en ella y me reconcilié afectuosamente. «Hemos pecado mucho.»

... He estado pensando a propósito de los críticos:

La tarea de la crítica es comentar las obras de los grandes escritores, sobre todo destacar de entre la gran cantidad de estupideces escritas por todos nosotros, lo mejor. Y en lugar de eso, ¿qué hacen los críticos? Arrancan de sí mismos con enorme esfuerzo y pescan la mayor parte de las veces en las obras de un escritor malo pero popular un pensamiento plano, y comienzan, basándose en este pensamiento vacío, a desfigurar y a distorsionar a los escritores y a enhebrar sus propias ideas. De manera que los grandes escritores en sus manos se vuelven pequeños, los profundos superficiales, y los sabios estúpidos. Eso se llama crítica. Y en parte esto responde a las exigencias de la masa—de la masa corta de entendederas—que está contenta de que al menos haya algo, aunque sea una estupidez, que aprese a un gran escritor, algo que haga que ella lo note y se acuerde de él; pero esto no es la crítica, es decir, el esclarecimiento de un escritor, sino su oscurecimiento. ...

Estoy leyendo *Our Destiny*, de Gronlund.[9] Muchas cosas buenas; por ejemplo, dice que la mayor de las calamidades sería que los hombres tuvieran libre albedrío absoluto. El hombre no puede robar de la misma manera que no puede volar. Está bien lo que dice a propósito de que debería haber igualdad económica en el consumo y desigualdad en la producción. Ya que en el orden actual sucede lo contrario: la igualdad se establece en la producción: un músico o un poeta genial trabaja en una fábrica de tejidos; mientras que económicamente hablando dos nulidades equivalentes están separadas por un abismo: el uno en la cima del lujo, el otro en el fondo de la miseria. ...

16 DE FEBRERO. El mismo cansancio e indiferencia. Comencé a coser unas botas. La conversación con Pável[10] me recordó la vida real: su aprendiz y el patrón que fabrican seis pares de botas a la semana y trabajan para eso seis días de dieciocho horas, desde las 6 de la mañana hasta las 12 de la noche. Y es cierto. Y nosotros usamos esas botas.

... Ayer pensé:

...2) Leí la *Review of Reviews* (repugnante), pero hay un artículo contra las huelgas; se demuestra que en Australia los capitalistas obtuvieron el triunfo haciendo huelga.[11] Y en efecto, está claro que en contra de la huelga no hay más que la huelga, y los capitalistas, es decir, aquellos a los que defiende el poder, la fuerza, serán cada vez más fuertes. ...

17 DE FEBRERO. YÁSNAIA POLIANA. Ayer quería ir a Pirogovo, pero cambié de opinión. Leí a Montaigne y a Ertel.¹² El primero ha envejecido, el segundo es malo. No estoy de humor, pero conversé bien con los niños y con Sonia, a pesar de que está muy inquieta. ...

26 DE FEBRERO. YÁSNAIA POLIANA. Son las 10 de la mañana. Durante la noche estuve pensando y ahora acabo de hablar con Gorbunov¹³ *sobre la ciencia y el arte.*

... Ayer leí un pasaje de Diderot a propósito de que los hombres serán felices sólo cuando no tengan reyes, ni jefes, ni leyes, ni tuyo, ni mío. Ahora son las 11.

1.º DE MARZO. ... Hoy, desde la mañana, después de una mala noche, escribí mucho y claramente sobre la no-resistencia al mal. Voy avanzando. Por la tarde dormí y leí a Ibsen y a Heine.

5 DE MARZO. YÁSNAIA POLIANA. ... Hoy me sentí muy afligido. Sonia habla de la publicación¹⁴ sin entender cuánto me aflige el tema. Sí, me resulta particularmente doloroso porque tengo el alma entristecida. Me duele la vil vida de grandeza de la que participo. No escribí nada. Ni lo intenté. Estoy leyendo a Gronlund. No es malo, pero es viejo y trivial.

Pensé: leí el artículo de Kozlov contra mí¹⁵ y no me sentí afligido en absoluto. Pienso que esto se debe a que en los últimos tiempos he recibido muchas lecciones, muchos pinchazos en el mismo lugar: se ha insensibilizado, se ha endurecido o, quizá, más bien yo me haya corregido un poco, me haya vuelto menos vanidoso. Y pienso, ¡qué beneficioso es el dolor no sólo físico, sino moral! Sólo él enseña. Cualquier dolor—el arrepentimiento de una mala acción—, qué necesario es; si no para mí mismo, sí para las personas a las que se lo cuente. Así me sucede a mí. Todos mis sufrimientos morales quiero y puedo decírselos a la gente. Pensé en mí, en que para salir de la penosa situación de participación en una vida ruin, lo mejor y lo más natural es escribir lo que escribo y lo que quiero y publicarlo. Quiero sufrir. Ayúdame, Padre. Son las 11. Voy a subir a acostarme.

Hoy es **9 DE MARZO. YÁSNAIA POLIANA.** He escrito durante tres días enteros, poco, es cierto, pero con sensatez y voy avanzando. Creo que estoy por terminar el cuarto capítulo.[16] Liova estuvo aquí, se fue ayer. La víspera de su partida tuvimos una conversación sobre la herencia. Él insistía en que es un hecho. Para mí, reconocer que los hombres no son iguales en *leur valeur intrinsèque*, es igual que para un matemático reconocer que las unidades no son iguales. Es destruir toda la ciencia de la vida. No me abandona un sentimiento de tristeza, abatimiento, vergüenza. ...

3) Leí una maravillosa definición de Henry James (senior) sobre lo que es el verdadero progreso.[17] El progreso es un proceso parecido al modelaje, al tallado de una estatua en el mármol, es la *élimination* de todo lo superfluo. El mármol es el material: nada. Lo importante es el cincelaje, la eliminación de lo superfluo. ...

6) Hoy pensé que todas nuestras obras literarias son por lo menos paganas (hablo de la poesía): todos los héroes y las heroínas son hermosos, físicamente atractivos. La belleza está por delante de todo. Esto podría servir de base para una gran obra literaria.

Hoy por la mañana le dije a Sonia con dificultad, con emoción, que pienso anunciar que todo el mundo tiene derecho a publicar mis escritos. Vi que se afligió. Luego, cuando llegué, ella, toda roja, irritada, se puso a decir que ella publicará... Dijo cosas sólo para contrariarme. Intenté tranquilizarla, aunque mal, yo mismo estaba nervioso y me fui. Después de la comida se me acercó, se puso a besarme diciendo que no hará nada que me perjudique, y se echó a llorar. Me dio una gran, gran alegría. Ayúdame, Padre. Olvidé algo importante. Ahora son las 9 de la noche. Subo.

13 DE MARZO. ... Con Sonia bien. Hoy la vi mientras ordenaba las fotos de todos los niños, salvo Vániechka, estaba orgullosa y enternecida. Fue conmovedor. ... Recibí Diderot.[18] Muchas cosas buenas. Algo publicaron en la *Review of Reviews*. «*Come to your senses, oh men!*»[19] No sé qué es.

Hoy es **17 DE MARZO. YÁSNAIA POLIANA.** ... Recibí una carta y *Arena* con mi correspondencia con Ballou.[20] Muy bien. ...

18 DE MARZO. Me levanté muy temprano. Me volví a dormir. No puedo decir que escribí, sólo releí y corregí. Pasmosa debilidad de pensamiento, apatía. Tentación, cómo dicen los monjes. Debo resignarme a la idea de que mi carrera de escritor se acabó y debo encontrar la felicidad aun sin ella. Sólo que sin ella mi vida en el lujo me resulta hasta tal punto odiosa que no ceso de atormentarme. Leí la *Autobiography of a Shaker*.[21] Muchas cosas excelentes. Después, en *Arena*, «What is Christianity», de Abbot,[22] espléndido. En este momento pensaba ponerme a escribir, pero no tengo ganas, apatía. ¡Y cuántas buenas tareas artísticas hay! ...

Hoy es **24 DE MARZO. YÁSNAIA POLIANA.** Durante este tiempo he trabajado, aclaré los capítulos 3, 4 y 5 y los di a copiar. Comencé el 6, que también tengo claro en la cabeza, pero que todavía no he escrito. En este tiempo pensé:

... 6) Ayer, cuando iba a Tula a caballo pensé y no sé yo mismo si lo que pensé es un pecado; pensé que soporto una vida muy difícil. Vivo en las condiciones, en el ambiente de una vida sensual—de lujuria, de vanidad—, y viviendo esta vida, todo me pesa: no como, no bebo, rechazo el lujo y la vanidad—o por lo menos odio todo eso—y este ambiente superfluo me es ajeno y me priva de aquello que constituye el sentido y la belleza de la vida: la comunión con los pobres, el intercambio espiritual con ellos. No sé, no sé si hago bien sometiéndome a esto y echando a perder a los niños. No puedo, me da miedo el mal. Ayúdame, Padre.

7) Con cuánta facilidad decimos que perdonamos nuestras ofensas. Anteayer Vánechka le pegó a Kuzka. Le dije que era un niño malo. Se ofendió y estuvo de mal humor y se dedicó a rehuirme y a decirme que no pasearía conmigo, que no me dejaría entrar en su cuarto. ¿Y qué pasó? Me ofendí, un sentimiento desagradable hacia él se apoderó de mí, tenía ganas de romperlo. Con aire de ignorarlo entré a propósito en su cuarto, en el que no quería dejarme entrar. Sí, qué difícil nos resulta a nosotros, orgullosos y corruptos, perdonar nuestras ofensas, olvidar, amar a nuestros enemigos, incluso así, cuando se trata de Vánechka, mi tierno hijo que tiene tres años.

... 10) Los viajes, las lecturas, las relaciones, la adquisición de impresiones son necesarios en tanto que estas impresiones son elaboradas por la vida, se imprimen sobre una superficie más o menos pura; pero en el momento en que hay tantas que no da tiempo de digerir unas cuando ya se reciben las otras, se vuelven nocivas: se crea un estado desesperado de diarrea espiritual: todo, todas las impresiones atraviesan el ser de parte a parte sin dejar ninguna huella. Lo he visto en turistas ingleses, y no sólo, en otros también. Así hay varios duques, reyes y gente rica. ...

25 DE MARZO. YÁSNAIA POLIANA. Dormí mal. Debo terminar. Me levanté muy temprano. Fui a dar un paseo y, como muy pocas veces, me imaginé alguna cosa literaria sobre la educación. Lopújina. Una madre. La cuestión de la madre. *Memorias de una madre*.[23] Muchas cosas artísticamente valiosas se me ocurrieron y se me siguen ocurriendo. Después escribí el 6.º capítulo y más o menos terminé; aplacé la definición de una concepción de la vida al 7.º Lo imagino todo muy claramente. Ahora son las 12. Voy a desayunar. Todos los nuestros se van a Tula. ...

26 DE MARZO. YÁSNAIA POLIANA. ... Concebí la conclusión del artículo: sólo pueden negar la guerra, es decir, reconocer la ley de no matar, quienes reconozcan la ley de la pureza sexual.

Volvieron los niños.[24] Son más de las 12. Voy a desayunar. Llegó Sonia con Ilyá. Estuvieron discutiendo por dinero. Me dio mucha tristeza. Conversaciones a propósito de los caballos, las calesas, el dinero y la venta de mis obras, del volumen XIII y otras cosas desagradables. Me sentí abatido y tuve compasión de mí mismo: horroroso. Por lo menos no juzgué a los otros y vi mi propia culpa.

Hoy, **9 DE ABRIL. YÁSNAIA POLIANA.** Nada especial. Sonia sigue en Petersburgo, a veces me aflige su viaje,[25] pero anoche cuando me desperté y me puse a pensar y a sentirme contrariado, me dije: es correcto, yo estoy bien, es una prueba. Y ahora me siento más ligero, desapareció la persona pero queda el hecho: la prueba. Y me sentí completamente ligero, tan ligero que me quedé dormido.

... Hubo, una tras otra, dos cuestiones enfadosas y extenuantes: los artículos de Rod[26] y de Strájov.[27] Más insultos de los alemanes.[28] Esto me está bien, muy bien. Leí a Diderot y terminé. Comencé Guiyot[29] [sic]. Malo, falta de claridad sobre la juventud. No tomé ninguna nota, salvo lo que escribí para mi artículo.

Ayer comencé a escribir las *Memorias de una madre*. Escribí mucho, aunque para lo único que sirve es para que me convenza de que así no hay que escribir. Demasiado pobre; uno debe escribir desde uno mismo.[30] ...

1891

Creo que es **18 DE ABRIL. YÁSNAIA POLIANA**. Sonia llegó hace unos tres días. Me resultó desagradable su servilismo con el Soberano y el relato que le hizo a propósito de que me roban mis manuscritos.[31] Estuve a punto de perder el control, le hablé con hostilidad, pero después terminaron bien las cosas, sobre todo porque por un mal sentimiento estaba contento de verla de regreso. Ella es impulsiva pero es buena conmigo, y ojalá pudiera acordarme siempre de que el obstáculo es ese y no ella, y que no debo enojarme ni desear que las cosas sean de otra manera. Continué escribiendo las *Memorias de una madre* al día siguiente, pero desde entonces no lo he retomado. Estoy muy ocupado con mi artículo,[32] pero, por desgracia, otra vez lo estoy reescribiendo, otra vez estoy en los capítulos 3 y 4. Llegó Ilyá con Tsurikov y Naryshkin,[33] llegaron Seriozha y Liova e hicieron la repartición.[34] Me veré obligado a renunciar a mi intención anterior de no reconocer mi derecho a la propiedad y tendré que dar una donación. Masha se niega, naturalmente, y le resulta desagradable que no tomen en serio su negativa. Yo le digo que son ellos quienes deben decidir: ¿está bien o está mal tener propiedades, poseer una tierra que les viene de mí? ¿Está bien o está mal renunciar a ella? Y ellos saben que está bien renunciar. Y si está bien, deben actuar en conformidad. Pero ellos no se hacen esa reflexión y a la pregunta: ¿está bien o está mal renunciar a ella? no responden, dicen: «Ella renuncia de palabra, porque es joven y no entiende.» ¡Cómo siento el peso de la vida cuando tengo a Masha conmigo! Liova y Tania también son amables, pero están moralmente desprovistos de la palanca religiosa que hace que todo gire. Alexéi Mitrofánovich[35] me ha mostrado el cálculo diferencial. Lo entendí muy bien. ...

No he escrito en diez días. Hoy es **2 DE MAYO. YÁSNAIA POLIANA**. Todo el tiempo escribí. Creo que todos los días salvo hoy. ... Estoy leyendo *Ethics of Diet*, estupendo,[36] y leí *Les lois*, de Platón. ...

Anoté:

1) Un tipo satisfecho de sí mismo que se considera sinceramente como un ser moral es un depravado porque observa los rituales familiares y el decoro.

... 4) Ayer estuve hablando sobre educación. ¿Por qué se separan los padres de sus hijos para mandarlos al liceo? De pronto me quedó claro. Si los tuvieran en casa, verían en sus hijos las consecuencias de la vida inmoral que llevan. Se verían en sus hijos como en un espejo. El padre bebe vino con sus amigos durante la comida, el hijo lo hace en una taberna. El padre asiste a un baile, el hijo a una velada. El padre no hace nada, el hijo tampoco. Pero si lo mandan al liceo, el espejo en el que se ven los padres se empaña.

5) Voy por un camino de piedra, al lado van las campesinas vestidas de vivos colores que vuelven del trabajo cantando una canción animada. En un intervalo entre las canciones escucho el golpeteo cadencioso de mis pies sobre el camino, y de nuevo comienza la canción y desaparece el ruido de mis pasos. Es agradable. Cuando era joven, sin las canciones de las campesinas, siempre o con mucha frecuencia había algo en mí que cantaba. Y todo, el sonido de los pasos, la luz del sol, el balanceo de las ramas de los abedules, todo ello parecía realizarse al son de una canción. ...

Hoy es **10 DE MAYO. YÁSNAIA POLIANA.** ... Pensé:

1) Cuando el hombre muere, la conciencia se separa de él y, como una semilla madura que cae, busca asirse a algo, aclimatarse a algo, a la tierra de la que tiene necesidad para comenzar nuevamente a vivir. Si la semilla después de secarse y caer pudiera sentir, sentiría la interrupción de la vida. ¿Acaso no es lo mismo que siente el hombre al morir?

2) Creer que al hombre —y por consiguiente a la humanidad entera en tanto que un conjunto de hombres— le basta con querer arrancar el mal de raíz para poder hacerlo.

3) La principal preocupación de los hombres y su principal ocupación no es su alimentación —alimentarse no exige demasiado trabajo—, sino la glotonería. La gente habla de sus intereses, de sus objetivos sublimes, las mujeres de sus sentimientos elevados, y no hablan de comer; pero su principal actividad está dirigida hacia la comida. Entre los ricos las cosas están estructuradas de modo que parezca que es algo por lo que no nos preocupamos, que se da por sí mismo. En general, pienso que todo el mundo come, en cantidad, tres veces más de lo que necesita, y en valor, de acuerdo con el trabajo que cuesta ganarla, diez veces más de lo necesario. Ese es uno de los principales cambios que esperan a los seres humanos. ...

Hoy es **22 DE MAYO. YÁSNAIA POLIANA.** Hace once días que no escribo. Desde entonces volvió Sonia de Moscú con los niños, el día 13, creo. Después tuve una inflamación en el párpado. Durante tres días no salí. Le estuve dictando a Tania el principio de las *Memorias de una madre*. ... Pensé: 1) Un postfacio al *Postfacio*.[37] Si he explicado bien o mal por qué es indispensable una gran continencia sexual, no lo sé. Pero lo que sí sé con certeza es que la copulación es un horror que no se puede ver, en el que no se puede pensar sin asco, aun bajo la influencia del deseo. Incluso para tener hijos uno no le haría eso a la mujer que ama. Escribo esto en un momento en el que yo mismo estoy poseído por un deseo sexual contra el que no puedo luchar. ...

8) Un joven confundido estaba viviendo con un amigo: no tenía dinero, no tenía trabajo, le apenaba incomodar a su amigo. «¡Qué desdichado soy!» ¿Para qué vivir? Vendió su abrigo, fue a los baños de vapor, tomó una cabina con bañera y se cortó las venas con su navaja de afei-

tar. Llegaron, había perdido el conocimiento. Le envolvieron las heridas y se pusieron a curarlo. No murió, pero quedó ciego y privado de movimiento en brazos y piernas. Ahora tiembla por su vida y todas sus fuerzas están dedicadas a conservar su salud. Pienso que si un hombre se matara no de golpe, sino por pasos, en diez pasos, y a cada paso, tras quitarse una porción de vida, pudiera preguntarse: ¿insistes en querer morir?, conforme más vida se quitara más apreciaría lo que le queda, incluso en grados superlativos de manera que nunca llegaría a matarse. (Esto no está claro.)

9) Para un texto literario: No sólo como o bebo, me dedico al arte, toco el piano, dibujo, escribo, leo, me instruyo y de pronto llegan unos pobres, harapientos, que lo han perdido todo en un incendio, viudas, huérfanos, y no puedo continuar trabajando en su presencia, me siento avergonzado. ¿Por qué demonios habrán venido? Si se hubieran quedado donde estaban no me habrían molestado.

Una aparición así en medio de la comilona, el *lawn tennis* y las ocupaciones del arte y de la ciencia, *demuestra más que cualquier razonamiento*.[38]

Olvidé anotar que uno de estos últimos días estuve escribiendo *El padre Sergui*. He decidido terminar todo lo que he empezado. ...

2 DE JUNIO. YÁSNAIA POLIANA. He trabajado poco estos días, aunque algo he avanzado. Comienzo a dudar de la importancia de lo que escribo. Ha habido muchos huéspedes durante este tiempo. ... Fui caminando a Tula, estuve en el matadero, pero no vi la matanza.[39] En Tula vi a una mujer: los ojos cercanos y las cejas rectas, como si estuviera a punto de soltarse a llorar, pero era regordeta, graciosa, digna de lástima y aun así despertaba la sensualidad. Como ella debe ser la mujer del mercader que seduce al padre Sergui. ...

Sonia me hace sentir muy mal. Todas sus preocupaciones sobre el dinero, las propiedades y su total incomprensión. Hoy conversamos a propósito de si un hombre puede sacrificar su vida más que cometer una acción que no le haga daño a nadie pero que le resulte ofensiva a Dios. Ella objetó, [*palabras ilegibles*] insultos. Me llegaron malos pensamientos de irme. No debo. Debo aguantar. ...

6 DE JUNIO. YÁSNAIA POLIANA. Todo el tiempo he estado de mal humor y he escrito poco. No he hecho casi nada, debilidad. Mañana quiero ir a Tula al matadero y a ver a Simonson a la prisión.[40] ...

Pensé:

1) La mujer no cree en la razón, no comprende que se debe renunciar a uno mismo, que en eso consiste la vida; pero llegado el momento de renunciar a uno mismo, de lanzarse al agua para salvar a un ahogado, es más fácil que lo haga ella que el hombre.

2) Estoy afligido, me siento triste porque no puedo escribir, no produzco nada. Nueva confirmación de que todo lo que aflige, todo, es provechoso. La incapacidad de escribir corrige el error según el cual la vida consiste en escribir. La vida consiste en servir a Dios, en hacer su voluntad en miles de obras distintas que no son la escritura. ...

7 DE JUNIO. Ayer por la noche volvieron Liova y Andriusha. Todos los hijos llegan para la repartición. Es muy doloroso y será desagradable. ...

Me levanté temprano, fui en tren con Petia Raievski a Tula. Estuve en el matadero. Los tiran por los cuernos, les tuercen la lengua de modo que los cartílagos crujan, lo hacen mal la primera vez, y cuando lo hacen bien, el animal se agita, y entonces le cortan la garganta y dejan que la sangre se derrame en vasijas, luego le quitan la piel empezando por la cabeza. La cabeza está despojada de la piel, la lengua mordida se ha levantado hacia arriba y el vientre y las patas de atrás se agitan. Los carniceros se enojan con los animales porque no se mueren pronto. Los tratantes de ganado van y vienen de un lado al otro con el gesto preocupado, ensimismados en sus propios cálculos.

Estuve en la prisión; la casa del vigilante y las oficinas son magníficos edificios con decoraciones esculpidas, mesas magníficas, funcionarios, al encargado principal le huele la boca a alcohol. ...

8 DE JUNIO. YÁSNAIA POLIANA. Si sigo con vida.
8 DE JUNIO. Para el prólogo sobre el vegetarianismo ἐγκράτεια⁴¹ y la observación de Lichtenberg sobre el desarrollo de la moderación en los niños.

Llegaron mis hijos y por la tarde hubo una plática sobre la repartición de los bienes. *El desayuno con el mariscal y la nobleza.*⁴² No se comportaron bien. No pelearon, pero atribuyen demasiada importancia a cosas que no son sino trivialidades. ...

9, 10 DE JUNIO. YÁSNAIA POLIANA. Es pleno verano. El trigo negro, el olor de la miel rancia de la manzanilla, los acianos, y en el bosque el silencio, sólo en las cimas de los árboles zumban sin cesar las abejas, los insectos. Hoy estuve segando. Bien. El trabajo de escritura va mal. No avanzo. Y muchas impresiones artísticas. Hoy una carta de Chertkov con anotaciones de pensamientos; hay algunos muy buenos.

1) Hay dos medios para no sentir necesidad física: uno, moderar las necesidades; otro, aumentar los ingresos. El primero por sí mismo es siempre moral, el segundo por sí mismo es siempre inmoral: con el trabajo honrado no se pueden construir palacios de piedra.

2) *Para el relato de Koni.* Juegan a la roña con Katiusha y detrás de un matorral se besan.⁴³

1891

Y para el mismo relato: la primera parte es la poesía del amor material, la segunda es la poesía, la belleza del verdadero amor. ...

5) *Para el padre Sergui.* Él supo lo que significa confiar en Dios sólo cuando a los ojos de los hombres se perdió definitivamente. Sólo entonces conoció la firmeza, la vida plena. Apareció una total indiferencia por los hombres y sus acciones. Lo arrestan, lo juzgan, lo interrogan, lo salvan: todo le da igual. Dos estados: el primero de gloria humana, de alarma, el segundo de entrega a la voluntad de Dios, de tranquilidad absoluta. ...

HOY ES 18 DE JUNIO. YÁSNAIA POLIANA. ... En casa no es agradable la situación: el reparto. Vera[44] se ha enojado con su madre, Tania y Masha han peleado. Maria Fiódorovna[45] se entromete. No es agradable. ...

15 DE JUNIO. ... Bulyguin estaba leyendo *El sueño de un hombre ridículo* de Dostoievski. Bien pensado, mal realizado.

13 DE JUNIO. YÁSNAIA POLIANA. ... Pensé:

1) Los niños a veces dan pan a los pobres, les dan azúcar, dinero, y se sienten satisfechos de sí mismos, se conmueven a sí mismos pensando que han hecho una buena acción. Los niños no saben y no pueden saber de dónde viene el pan, el dinero. Pero los adultos deberían saberlo y comprender que no puede haber nada bueno en el hecho de quitar a uno para dar a otro. Aun así muchos adultos no lo comprenden, sobre todo las mujeres. ...

3) La moda intelectual de celebrar a las mujeres, de afirmar que no solamente son iguales a los hombres en sus capacidades espirituales, sino que son superiores, es una moda deplorable y dañina.

No hay duda de que las mujeres no deben ser limitadas

de ninguna forma, que la gente debe tratar a la mujer de la misma manera, con el mismo respeto y el mismo amor que al hombre, y que la mujer es igual en derechos al hombre; pero afirmar que la mujer media está dotada de la misma fuerza espiritual que el hombre, esperar encontrar en toda mujer lo que se espera encontrar en todo hombre es engañarse deliberadamente, es engañarse en detrimento de la mujer. Si esperamos de una mujer lo que esperamos de un hombre, también pediremos, y al no encontrar lo que pedimos, montaremos en cólera y atribuiremos a la mala voluntad lo que es resultado de una imposibilidad.

En tanto que admitir que las mujeres son lo que son, seres más débiles espiritualmente, no es crueldad hacia la mujer; lo cruel es admitirlas como iguales. Lo que yo llamo debilidad o menor fuerza espiritual es una menor sumisión de la carne al espíritu, y especialmente—el rasgo característico de la mujer—una menor confianza en los dictados de la razón.

4) Entre las novedades con las que me encontré en casa, está que la jardinera de nuevo dio a luz y de nuevo llegó una anciana y se llevó al niño quién sabe adónde. Todos estaban terriblemente indignados. El empleo de medios para evitar la natalidad les parece bien, pero para esto no encuentran suficientes palabras de reprobación. Hoy se supo que la vieja volvió y trajo al niño. Por el camino la vieja se cruzó con otras, que también llevaban niños. A uno de estos niños le metieron demasiado hondo el biberón en la boca. Lo chupó y se asfixió. En un solo día fueron llevados a Moscú veinticinco niños. De estos veinticinco nueve no fueron admitidos porque eran legítimos o estaban enfermos. Tania Andréievna[46] fue esta mañana a intentar que la jardinera entrara en razón. La jardinera, disculpando ardientemente a su marido, dijo que en sus condiciones de pobreza y con la incertidumbre de su vida no puede tener hijos. Ni siquiera tiene leche. En pocas palabras, le es incómodo. Jus-

to antes de esto, estuve meciendo en los columpios a tres niños abandonados, y me encontré con otro muchachito, el sobrino de Vasia. En general bullen los chiquillos. Nacen y crecen para convertirse en borrachos, sifilíticos, salvajes. Y al mismo tiempo se habla de la salvación de la vida de los hombres y de los niños y de su destrucción. Pero, ¿para qué engendrar salvajes? ¿Qué tiene eso de bueno? Lo que hay que hacer no es matarlos, sino dejar de engendrarlos, y emplear todas las fuerzas para hacer de los salvajes hombres. Sólo esto es una obra buena. Y es una obra que no se hace a través de simples palabras, sino a través del ejemplo de la vida. Son las 2. Todos, muertos de aburrimiento, se fueron a casa de los Zinóviev.

HOY ES 25 DE JUNIO. Me levanté a las 8. Una lluvia torrencial. Tomé mi café solo. Sigue la debilidad, aunque hoy estoy un poco mejor. Todavía por la noche estuve pensando en el prólogo para el libro vegetariano,[47] es decir, en la continencia, y toda la mañana escribí aceptablemente bien. Después fui a dar un paseo, a darme un baño. Ahora son las 5. Continúa la debilidad. Duermo mal. Me resulto repugnante hasta lo indecible. Es el diablo que Dios me ha enviado, como dice Pablo. Durante estos días he estado leyendo a Björson.[48] Incoherente, pero tiene cosas buenas. Está bien el fragmento donde pasa corriendo delante de la joven que había hipnotizado, persiguiéndola, y ella ve su rostro terriblemente fiero. Montaigne. Pensé:

... 3) Todo el mundo habla de la hambruna, todos se preocupan por los hambrientos, quieren ayudarlos, salvarlos.[49] ¡Qué repugnante es eso! La gente que nunca piensa en los otros, en el pueblo, de pronto por alguna razón siente un repentino deseo de ponerse a su servicio. Es o vanidad (ganas de mostrarse) o miedo; en todo caso nada bueno. ...

4) No se puede empezar a hacer el bien hoy, con motivo de alguna ocasión especial, si no se ha hecho ayer. El

Lev Tolstói junto a su retrato esculpido, obra de I. Ye. Repin. Foto de Ye. S. Tomashévich. Yásnaia Poliana, 1891.

bien se hace, pero no porque haya hambre, sino porque está bien hacerlo.

27 DE JUNIO. YÁSNAIA POLIANA. Me levanté tarde. Dormí bien. Estuve conversando mucho y bien con Viázemski.[50] Tania se fue. De la 1 a las 3 estuve escribiendo bien sobre la gula.[51] Se va aclarando. Después de comer me sentí triste, disgustado por nuestra vida, sentí vergüenza. Alrededor hay gente hambrienta, salvaje, y nosotros... me avergüenza, me siento dolorosamente culpable. Padre, ayúdame a hacer Tu voluntad. Después de comer leí una historia antigua. Pensé:

1) El error sobre la posibilidad de la virtud cristiana sin continencia deriva de la idea de la posibilidad del amor sin abnegación. Son más de las 10. Voy a la terraza. Ayúdame a amar.

HOY ES 13 DE JULIO. ... Llegaron Repin y Guinzburg.[52] En los días pasados me han pintado y esculpido mientras yo escribía el artículo sobre la gula. ...

1891

14 DE JULIO. YÁSNAIA POLIANA. Si sigo con vida. Hoy todavía es día 13, conversación con mi mujer, siempre sobre el mismo tema, sobre la cuestión de renunciar al derecho de propiedad de mis obras; la misma incomprensión de mi punto de vista: «Estoy obligada por los niños...» Ella no entiende—y los niños tampoco entienden cuando gastan el dinero—que cada rublo que ellos gastan y que se ha obtenido gracias a mis libros es para mí un sufrimiento, una vergüenza. Que sea una vergüenza pase, pero ¿por qué debilitar el efecto que podría tener la prédica de la verdad? Al parecer eso es lo que hace falta. Aun sin mí la verdad hará su obra.

1) *Cuadro de finales de junio.* Los martines revolotean después del almuerzo, aroma de tila, enjambres de abejas.

... 8) El ladrón no es aquel que ha tomado algo que necesita, sino aquel que retiene, sin darlo a los demás, lo que para él no es necesario y para los otros es indispensable.

HOY 22 DE JULIO. YÁSNAIA POLIANA. Todo este tiempo me ha distraído la presencia de Repin y de Guinzburg. ... Ayer tuve una conversación con mi mujer a propósito de la publicación en los periódicos de una carta que trate mi renuncia al derecho de la propiedad de autor. ...

1) Para *El padre Sergui.* Cuando él cae con la hija del mercader y se atormenta, se le ocurre que, si de todas formas debía caer, mejor hubiera sido con la hermosa A., y no con ese espantajo. Y de nuevo el asco se apodera de él. ...

HOY ES 31 DE JULIO. YÁSNAIA POLIANA. ... En este tiempo he anotado:

1) Un tema: las impresiones de la historia de un hombre, un antiguo vagabundo que se convirtió en el cuidador de un jardín próximo a una mansión señorial, donde ve de cerca la vida de los señores e incluso participa.[53]

2) Hablé con Jojlov: la anarquía y el socialismo, es de-

cir, la negación de la propiedad, son el cristianismo, pero sólo con la retención del orden existente. El cristianismo es en parte el socialismo y la anarquía, pero sin violencia y con disposición al sacrificio.

3) Muy importante: el libre albedrío es la conciencia de la vida propia. Es libre quien se concibe vivo. Concebirse vivo significa tener conciencia de la ley de la propia vida, significa aspirar a la realización de la ley de la propia vida.

Ahora son más de las 9, voy a subir. Tengo miedo de mí mismo por la noche de hoy. Padre, ayúdame.

HOY, 12 DE AGOSTO. YÁSNAIA POLIANA. ... Pensé durante este tiempo:

... 4) La necedad de nuestras vidas proviene del poder de las mujeres; pero el poder de las mujeres proviene de la falta de continencia de los hombres; de modo que la causa de la necedad de la vida es la falta de continencia de los hombres. ...

He estado vivo y sigo con vida hoy, **13 DE SEPTIEMBRE**. ... Sonia se fue a Moscú con los niños,[54] y luego se fue Liova. Creo que ella se fue el día 3. Ayer le escribí una carta pidiéndole que enviara a la redacción la carta de renuncia a mis derechos de autor.[55] No sé lo que pasará. ... Ayer leímos una cosita muy agradable traducida del italiano: *Una belleza*.[56] En este tiempo pensé:

1) Un hombre, y otro, y otro. Y siempre son nuevos y singulares, y siempre te parece que este sí será nuevo y singular, que será el que sabrá lo que no saben los otros que viven mejor que los demás. Pero siempre es lo mismo, siempre las mismas debilidades, siempre el mismo bajo nivel de pensamiento.

2) ¿Será posible que los hombres que actualmente son un peso en la espalda de otros hombres no comprendan

por sí mismos que eso no debe ser, y no desciendan por su propia voluntad y en cambio esperen a ser lanzados y aplastados? ...

5) Existe una enorme ventaja en exponer las ideas fuera de toda obra concluida. En una obra el pensamiento debe, con frecuencia, comprimirse de un lado y expanderse del otro, como una uva que maduró en un racimo compacto; mientras que si se expresa individualmente tiene el centro en su lugar y se desarrolla de manera uniforme hacia todos lados. ...

18 DE SEPTIEMBRE. PIROGOVO. 15, 16, 17, 18. Sonia volvió. ... Volvió bien. Me atormentaba su silencio a propósito de la carta, pero resultó que está de acuerdo. Envié la carta el día 16.

Lvov estuvo aquí, habló de la hambruna. Durante la noche dormí mal y no me quedé dormido hasta las 4, siempre pensando en la hambruna. Parece que será necesario organizar comidas de beneficencia. Con ese fin fui a Pirogovo. ...

Hasta hoy no se ha conseguido nada con las comidas de beneficencia. Temo haberme equivocado. No hay que buscar, sólo responder a las demandas. Pensé en el dinero. Se podría decir así: el uso del dinero es un pecado cuando no hay una necesidad indiscutible para su empleo. ¿Qué define el carácter indiscutible de la necesidad? En primer lugar, que no haya nada arbitrario en su utilización, que no haya elección, el hecho de que el dinero no pueda ser utilizado más que para una cosa única. En segundo lugar (lo he olvidado). Quiero decir que la no utilización del dinero en este caso atormentará la conciencia, pero esto es impreciso. Son más de las 11. Estoy en Pirogovo. Y no me siento bien ni física ni anímicamente.

Leí. Hoy es **24 DE OCTUBRE. YÁSNAIA POLIANA.** Han pasado quince días. He vivido muchas cosas. Ayer,

23, estuve enfermo, algo como influenza. ... Por la mañana escribí el capítulo cuarto. Por la tarde envié a Grot el complemento del artículo «Sobre el hambre».⁵⁷ El **22** se fue Sonia. Yo ya me sentía mal. Antes de irse me habló de un modo tan bello y tan bueno que era imposible creer que se tratara de la misma persona. Todo el día escribí sobre el hambre, vino Grot, y me siento muy cansado de la cabeza. ... Por la tarde terminé de leer *Abajo las armas*.⁵⁸ Está bien ensamblada. Es obvia la convicción ferviente, pero no hay talento. ...

3) Sonia decía que nuestra nuera Sonia no es una buena madre. Mira, me decía, no hace lo que tú condenas en *La sonata a Kreutzer*. No envenena la vida de su marido con los hijos. Pero si amas a tus hijos y los cuidas, serás una mujer desagradable. Y entonces pensé: ¡qué condimento indispensable para todo es la bondad! Las mejores virtudes sin la bondad no valen nada; y los peores vicios con ella son perdonados. Qué espléndido tipo artístico el de un hombre débil, vicioso, pero bueno... Creo que ya los ha habido, pero yo lo siento de una manera nueva. ...

Popov todavía está aquí. Estamos completamente decididos a partir. Aún no hay dinero. Qué vamos a hacer, no lo sé.⁵⁹ Pero parece que el móvil no es malo. Ya comienza a mezclarse la maldita gloria humana. Trataré de hacerlo por Dios. ...

HOY ES 1.º DE NOVIEMBRE. BÉGUICHEVKA,⁶⁰ en casa de Raievski. Hace cinco días que estamos aquí. Se vive bien. Hay cosas por hacer. Escribí un artículo: «¿Habrá pan para todos?»⁶¹ Hay muchas cosas que anotar, pero ahora es tarde. Me voy a acostar. Las apuntaré mañana. Hoy pensé algo muy bueno y lo olvidé.

HOY ES 6 DE NOVIEMBRE, POR LA MAÑANA. BÉGUICHEVKA. Hemos organizado tres comedores. Escribí al periódico sobre la cuestión del pan y comencé el relato: *¿Quién tiene razón?*[62] Las jóvenes trabajan bien. Corregí los capítulos 7 y 8. Estoy sano. Recibí una carta de Inglaterra con la propuesta de ser intermediario de la ayuda.[63] Dos cartas de Sonia. No dejo de sentirme triste por ella y a causa de ella. ...

Hoy pensé para *Sergui*.

Es necesario que luche contra el orgullo, para que caiga en ese círculo vicioso donde la humildad resulta ser orgullo: que sienta el callejón sin salida de su orgullo y sólo después de la caída y de la vergüenza sienta que ha logrado zafarse de ese círculo vicioso y que es capaz de ser verdaderamente humilde. Y la felicidad de haberse zafado de las manos del diablo y de sentirse en los brazos de Dios.

HOY 17 DE NOVIEMBRE. Han pasado doce días llenos de acontecimientos, de vida práctica, pero como vacíos desde el punto de vista de la vida espiritual. No he escrito nada en mi cuaderno, salvo los nombres de los campesinos que piden asistir al comedor y cosas similares. ... Por lo demás, apunté una sola cosa, y es:

1) Todas las ciencias, las artes, todo lo que es cultura es bueno, siempre y cuando para adquirir sus frutos no sea necesario oprimir, no dejar vivir, privar del bienestar, humillar a un solo hombre. Ya que toda nuestra civilización está construida sobre los cadáveres de hombres oprimidos.

Han pasado cinco días. **HOY, 24 DE NOVIEMBRE. BÉGUICHEVKA.** Hoy escribí el octavo capítulo, no mal. Después de la comida fui a caballo a Pashkovo y recorrí los cuatro comedores; una impresión muy alegre. Invitaron a comer a un niño abandonado. Otros niños llegaron corriendo. «Yo también voy a comer. Yo también, aquí está la cuchara.» ...

25 DE NOVIEMBRE. BÉGUICHEVKA. Iván Ivánovich está cada vez peor.⁶⁴ Vino Elena Pávlovna.⁶⁵ Escribí un poco sobre el servicio militar obligatorio.⁶⁶

HOY, 26 DE NOVIEMBRE. BÉGUICHEVKA. Murió a las 3, lo lamento mucho. Lo quise mucho.

HOY 18, O QUIZÁ YA 19 DE DICIEMBRE. BÉGUICHEVKA. Durante casi un mes no he escrito. En este tiempo estuve en Moscú. Alegría por mi relación con Sonia. Jamás hemos estado tan cerca. Te doy las gracias, Padre. Lo había pedido, y todo, todo lo que he pedido me ha sido concedido. Te doy las gracias. Permite que me funda cada vez más con Tu voluntad. No quiero nada que no sea lo que Tú quieres. Aquí se está llevando a cabo un trabajo enorme. Otras regiones se contagian de Rusia. Es mucha la gente buena. Te doy las gracias. ...

HOY 23 DE DICIEMBRE. BÉGUICHEVKA. ... Hay mucho por hacer. ... La vida es como los pasos de un niño que su madre ha dejado de tener en brazos y a quien nuevamente recibe. ...

1892

BÉGUICHEVKA. Estoy vivo. Ha pasado un mes. Hoy es **30 DE ENERO DE 1892.** Recordar día por día es imposible. Estuve en Moscú, donde pasé tres semanas, y ahora hace una semana que estoy de nuevo aquí. Principales características y acontecimientos de este mes: descontento con Liova y un penoso sentimiento de desamor por él. Ajetreo, ocio y lujo, y vanidad, y sensualidad de la vida moscovita. Estuve en el teatro. *Los frutos de la instrucción*.[1] Escribí todo el octavo capítulo.[2] Sigo sin terminar. ... De regreso aquí me encontré con el desorden y la falta de claridad. La distribución de los objetos y de la leña suscitó la codicia. Casi todo el tiempo me he sentido mal: el estómago y una debilidad general. Pienso cada vez con mayor frecuencia en la muerte y cada vez me libero más de la gloria humana. Pero todavía estoy muy lejos de la liberación total. Quería escribir lo que he anotado en mi cuaderno, pero lo perdí, y me siento débil y triste y no tengo ganas ni de pensar ni de actuar. Padre, ayúdame siempre a amar.

3 DE FEBRERO. BÉGUICHEVKA. Hoy se fue Sonia.[3] Me da pena. Sus relaciones con la gente son pésimas. Hoy entendí que justamente todo este mendigar, la envidia, el engaño, el descontento y la miseria que hay detrás de todo esto son los indicios de lo que la situación tiene de particular y del hecho que nosotros nos encontremos en medio. Por la mañana estuve muy débil. Dormí durante el día. Intenté escribir, pero no avanza. ...

Reparto de pan a los campesinos en la provincia de Nizhni Nóvgorod. 1892

HOY ES 24 DE FEBRERO. BÉGUICHEVKA. Tania se fue hoy, enferma, a Moscú.[4] ... También Repin estuvo aquí.[5] Se fue hoy. ...

HOY ES 29 DE FEBRERO. BÉGUICHEVKA. Todos estos días ha habido una terrible tormenta de nieve. Ayer intenté de nuevo ir a Rozhnia, pero otra vez no lo conseguí. ...

Anteayer sucedió una cosa sorprendente: salgo con el orinal por la mañana a la terraza y veo a un campesino grande, sólido, ágil, de unos cincuenta años, con un niño que tendría unos doce, con hermosos cabellos castaño claro, rizados, que se giraban en las puntas. «¿De dónde?» «De Zatvornoie.» Es una aldea donde los campesinos viven de la profesión de la mendicidad. «¿Qué quieres?» Como siempre, el consabido: «Lo que sea su voluntad.» «¿Qué?» «No nos deje morir de hambre. Nos lo hemos comido todo.» «¿Estás mendigando?» «Sí, lo tengo que hacer. No nos queda nada de comer. Ni un pedazo de pan. Hace dos días que no probamos bocado.» Me fastidió. Las mismas frases de siempre aprendidas de memoria. Un momento. Voy a buscar una moneda de cinco kopeks para quitármelo de encima. El campesino sigue hablando, describiendo su situación. Ni calor, ni pan. Piden limosna, no les dan nada. Afuera la tormenta de nieve, el frío. Voy, para quitármelo de encima. Miro al niño de reojo. Sus hermosos ojos están llenos de lágrimas, y de uno ya ruedan gruesas lágrimas luminosas.

Sí, uno se vuelve duro a causa de su maldita posición superior y del maldito dinero.

HOY ES 5 DE JULIO. YÁSNAIA POLIANA. No he escrito nada en casi mes y medio. Durante este tiempo estuve en Béguichevka y de nuevo volví y ahora estoy otra vez desde hace más de dos semanas en Yásnaia. Todavía me quedaré unos días para el reparto.[6] Penoso, terriblemente doloroso. Rezo para que Dios me libre. ¿Cómo? No como yo quiero, sino como Él quiera. Si al menos sofocara en mí la falta de amor. Ayer tuvo lugar una conversación increíble entre los hijos. Tania y Liova intentan convencer a Masha de que está haciendo una *canallada* al renunciar a la propiedad. La forma de actuar de Masha los obliga a sentir lo falso de su comportamiento y ellos necesitan sentirse en lo correcto, de modo que se esfuerzan por inventar una razón para ver en el comportamiento de Masha una vileza y una *canallada.* Terrible. No puedo escribir. He llorado y todavía tengo ganas de llorar. Ellos dicen: «Nos gustaría hacer lo mismo, pero sería malo.» Mi esposa les dice: «Déjenmelo a mí.» Ellos guardan silencio. ¡Terrible! Nunca había visto tal evidencia de la mentira y de sus motivos. Es triste, muy triste, terriblemente doloroso. ...

Cuando salía de Béguichevka me sorprendió la manera en que ahora me impresionan los cuadros de la naturaleza. Eran las 5 de la mañana. Había niebla, en el río estaban lavando. Todo estaba inmerso en la niebla. Las hojas mojadas brillaban de muy cerca.

En este tiempo pensé:

... 2) Cuando se vive mucho, como yo, cuarenta y cinco años de vida consciente, se comprende lo falso e imposible que son todos los intentos por adaptarse a la vida. No hay nada *stable* en la vida. Es como buscar adaptarse al agua corriente. Todo: los individuos, las familias, las sociedades, todo cambia, se funde, se transforma como las nubes. Y no te da tiempo de acostumbrarte a un estado de la sociedad, cuando este ya ha dejado de existir y ha pasado a ser otro. ...

Es pavoroso pensarlo: ha pasado un mes. Hoy es **6 DE AGOSTO**. De nuevo estuve en Béguichevka. Terminé lo que tenía que hacer allá. El resto puedo hacerlo desde aquí. [...] Se acabó el reparto de las propiedades. Mandé llamar a Popov. Está viviendo con nosotros, copia y espera. Strájov está de nuevo aquí. Me he abandonado mucho moralmente. De la obra literaria, del pensamiento es de lo que hago una cosa importante: la escritura, que aunque sin duda no me libera de las obligaciones de la vida, es más importante que las otras. La plegaria se ha convertido en una formalidad. La tristeza ha pasado, pero no tengo energía vital. ...

Pensé:

1) Ahora me acuerdo de una vez que estaba en un baño de vapor y un pastorcito entró al vestíbulo. Pregunté: «¿Quién está ahí?» «Yo.» «¿Quién es yo?» «Pues yo.» «¿Quién eres tú?» «Pues yo soy yo.» Para él, único ser viviente en el mundo, resultaba absolutamente incomprensible que alguien pudiera no saber quién era. Lo mismo pasa con todos. Me acordaré y anotaré el resto más tarde.

1892

HOY ES 9 DE AGOSTO. YÁSNAIA POLIANA. Ayer escribí un poco mejor. De mí sigo igual de descontento: no hay amor por nada. Es verdad que menos que por nada, por mí, pero de todas formas no hay amor. Ayer a la hora de la comida un pequeño episodio a propósito de las setas, la prohibición de recogerlas, me mortificó mucho. Eso debería darme vergüenza. Pensé mucho pero no anoté nada y ya no lo recuerdo. Ayer leí *El cadáver*, de Boborykin,[7] muy bien. Liova llegó. Las cosas van bien con él. Hoy escribí mejor, pero poco. Fui con Sasha a buscar setas. Muy agradable. ...

HOY ES 21 DE AGOSTO. YÁSNAIA POLIANA. Vivo con la misma flacidez, absorto únicamente en mi artículo, que sigo sin terminar.

... En este tiempo pensé:

1) Se habla de la educación. Sonia dice que se da cuenta de que educa mal, que ellos se arruinan física y moralmente. Pero ¿qué hacer? Es como si todos dijeran: después de todo, qué importa que sea para bien o para mal, yo sólo tengo una vida y los hijos sólo tienen una vida. Y bueno, voy a arruinar esa única vida que tengo, no puedo evitarlo.

... 5) Es sólo una idea, pero el día 13 de agosto—no en un momento de ira, sino en un momento de perfecta calma—apunté que me quedó claro que puedo, y quizá debo, irme de casa.

6) Estuve hablando de música. Una vez más digo que es un placer apenas más elevado que la comida. No quiero ofender a la música, pero quiero la claridad. Y no puedo admitir lo que la gente dice de manera tan poco clara y tan poco precisa: que de algún modo la música enaltece el alma. Lo que pasa es que no se trata de una cuestión moral. Tampoco es inmoral, como la comida, es indiferente, pero no moral. Lo sostengo. Y si no es una cuestión moral, la actitud hacia ella es bastante distinta.

1892

HOY ES 15 DE SEPTIEMBRE. YÁSNAIA POLIANA. Hace dos días volví de Béguichevka, donde pasé bien tres días. ... Me causó una impresión muy dolorosa el tren en el que viajaban los funcionarios y el ejército para la represión.[8] Durante todo el tiempo que no he llevado mi diario, he vivido de la misma manera. Cuando he tenido fuerzas, he trabajado en los capítulos 8, 9 y 10 y los dos primeros ya los terminé. ...

Durante este tiempo anoté: ...

3) Las condiciones de vida, el vestido, las costumbres que le quedan a un hombre después de que ha cambiado de vida son como el vestuario de un actor que, en medio de la función, huye de un incendio con la ropa de la obra y el maquillaje. ...

1.º DE OCTUBRE. YÁSNAIA POLIANA. Siempre lo mismo: la misma obstinación en el trabajo, el mismo lento progreso y la misma insatisfacción conmigo mismo. Aunque un poco mejor. Hoy fui a caballo hasta Kozlovka, pensé por primera vez: a pesar de que sea terrible pensarlo y decirlo, el objetivo de la vida no es tanto la reproducción de seres semejantes a uno, la continuación de la especie, cuanto servir al hombre, y también un poco servir a Dios. ¿Reproducir seres como nosotros? ¿Para qué? Servir a los hombres. Pero aquellos a los que servimos, ¿qué van a hacer? ¿Servir a Dios? ¿Acaso Él no puede hacer sin nosotros lo que necesita? Y, además, no puede necesitar nada. Si nos ha ordenado servirlo, es sólo por nuestro bien. La vida no puede tener otro objetivo que el bienestar, que la alegría. Sólo este objetivo—la alegría—es plenamente digno de la vida. La abnegación, la cruz, dar la vida, todo esto es para la alegría. Y la alegría del hombre es y puede ser no alterada por nada y constante. Y la muerte es la transición a una alegría diferente, desconocida, completamente nueva, distinta, más grande. Y hay fuentes de alegría que no se agotan jamás: la belleza de la naturaleza, de los animales, de los hombres, que nunca está ausente. En la prisión: la belleza de un rayo de luz, de una mosca, de los sonidos. Pero la fuente más importante: el amor, el mío por los hombres y el de los hombres por mí. Qué bello sería si esto fuera verdad. ¿Será que se me está revelando algo nuevo? La belleza, la alegría sólo como alegría, independientemente del bien, es repugnante. Yo conocí esto y lo abandoné. El bien sin belleza es un suplicio. Sólo la unión de los dos, y ni siquiera la unión, sino la belleza como aureola del bien. Parece que esto se acerca a la verdad. Estoy leyendo a Amiel,[9] no está mal.

HOY ES 7 DE OCTUBRE. YÁSNAIA POLIANA. Siempre lo mismo. La misma obstinación en el trabajo y la misma lentitud para avanzar. En este tiempo vinieron mis hijos mayores. Estuvo bien y fue bueno estar con ellos. Pero son muy débiles. Con Liova tuve una conversación. Me es más cercano que los otros. Pero lo principal es que es bueno y ama el bien (a Dios). Amiel es muy bueno.

... 2) Me gustaría escribir un prólogo para Amiel[10] en el que diría lo que él menciona en distintas partes, que debe constituirse un nuevo cristianismo, que en el futuro debe haber una sola religión. Y mientras tanto él mismo vive en parte del estoicismo, en parte del budismo, en parte, sobre todo, del cristianismo tal y como lo entiende, y así se prepara para morir. Como el *bourgeois gentilhomme*, él *fait de la religion sans le savoir.* Y es muy probable que eso sea lo mejor. No tiene la tentación de contemplarse en ella.

3) Si me dieran a escoger: sembrar la tierra de todos los santos imaginables, pero que no hubiera niños, o de gente, como ahora, pero con el constante aumento de niños frescos que Dios envía, elegiría lo último.

4) El *Basta* de Turguéniev y *Hamlet y Don Quijote* son la

negación de una vida mundana y la afirmación de una vida cristiana. Se podría escribir un buen artículo sobre el tema.

Recibí una carta de Chertkov y me dio mucho gusto. Recibí carta de Mitrofán Aliojin y de Bodianski. Les escribo. Están presos.[11]

Hace casi un mes que no escribo. Hoy es **6 DE NOVIEMBRE**. Siempre lo mismo. ... En este tiempo anoté lo siguiente:

1) Vérochka[12] se acercó al ropero, olió y dijo: ¡cómo huele a infancia! Masha se acercó: Sí, definitivamente huele a infancia y sonrió contenta. Yo me acerqué, olí—y tengo un olfato muy fino—pero no me olió a nada. Ellas sienten un olor apenas perceptible, porque este olor está unido a una fuerte conciencia de la alegría de vivir. Si este olor fuera más débil, si se redujera a la mínima expresión pero coincidiera con un fuerte sentimiento de vida, seguiría siendo perceptible. Lo que nos cautiva en la vida de este mundo, la belleza, es lo que se ha unido a una fuerte conciencia de la vida antes del nacimiento. Algunas cosas porque se necesitarán en adelante, otras porque se han necesitado con anterioridad. Por lo demás, en la vida verdadera no existe ni un antes ni un después. Sólo aquello que uno siente fuertemente, un cierto momento de la vida. (No está claro.)

... 5) Recibí una carta de Strájov sobre los decadentes.[13] Otra vez el arte por el arte. Otra vez los zapatos puntiagudos y los pantalones estrechos después de los anchos, pero con un toque de tiempos modernos. Los decadentes actuales, Baudelaire, dicen que para la poesía es necesario ir al extremo en el bien y en el mal. Que sin esto no hay poesía. Que tender sólo al bien suprime los contrastes y por lo tanto la poesía. En vano se preocupan. El mal es tan fuerte—es todo el fondo—que siempre estará ahí para el contraste. Pero si lo admitimos, lo cubrirá todo, y sólo existirá el mal y no habrá contraste. De hecho no habrá ni mal, no habrá nada. Por eso, para que haya contraste y para que exista el

1892

mal, hay que dirigir todas las fuerzas hacia el bien.

En este tiempo estuvo aquí un estudiante de medicina de la academia Sobolevski que vino a corregirme y a inculcarme que la noción de Dios es un residuo de barbarie. Para mi vergüenza me enfureció su estupidez y le dije cosas desagradables y lo lastimé.

1893

5 DE MAYO. YÁSNAIA POLIANA. Es terrible pensar que no he escrito desde el 6 de noviembre de 1892, es decir, hace seis meses menos un día. Todo este tiempo he estado intensamente ocupado con mi libro: con el último capítulo,[1] y todavía no lo he terminado.

Ayer, **4 DE MAYO** llegamos a Yásnaia desde Moscú, donde viví sin interrupción todo el invierno. A causa del trabajo intensivo (creo que no dejé de trabajar un solo día), creo haber descuidado mucho mi vida física: quiero decir el trabajo físico. Pero en muchas cosas, especialmente en lo relativo a mis exigencias de no participar en el mal del mundo, me he afirmado. En este tiempo, a lo largo del desarrollo del trabajo se han aclarado muchas cosas; la cuestión del libre albedrío: el hombre es libre en lo espiritual, es decir, en lo que pone en movimiento lo físico.

... Acontecimientos en este período: el regreso de Liova de Petersburgo y su enfermedad. Mis relaciones con los otros miembros de la familia son las mismas. Los dos pequeños, Andriusha y Misha, sobre todo Andriusha, están en un pésimo estado de ánimo y muy lejos de mí. Masha se enamoró y entró en razón.[2] Bulyguin está aquí. Contra él y contra Raievski hubo un juicio, están luchando.[3]
... Muchos pensamientos que he tenido en este período se han ido perdiendo. Lo que recuerdo:
1) La obra de arte dramático que de manera más evidente que las demás muestra la esencia de todo arte, con-

siste en representar a las personas más diversas a través de su carácter o de su situación y en colocarlas frente a la necesidad de resolver una cuestión vital todavía no resuelta por los hombres, y obligarlas a actuar, a reflexionar para saber cómo se resolverá la cuestión. Es un experimento de laboratorio. Es lo que me gustaría hacer en mi próximo drama.[4] ...

14 DE MAYO. Ha pasado una semana y no me di cuenta de cómo. Ayer lo mandé ya definitivamente.[5] Es malo, muy malo. Estuve enfermo y eso fue lo que me empujó a terminar: ahora soy libre. Estoy releyendo lo que tenía comenzado. No sé todavía a qué me voy a dedicar. No me he encontrado nada bien todo este tiempo. Me siento insatisfecho de mi situación, sufro. Quiero un cambio exterior. Y es algo que no hay que hacer.

15 DE MAYO Y, CREO, 16. YÁSNAIA POLIANA. ... Pensé: es profundamente desalentadora la expoliación de la tierra que tiene lugar ahora entre nosotros en las provincias de Jerson, Samara y otras,[6] y, simultáneamente, la magnificencia de Moscú, los arcos del triunfo para recibir al Soberano y la iluminación.[7] O en Chicago la exposición y al mismo tiempo la deforestación de los bosques y la muerte de la tierra. Y todo esto lo reparará para nosotros la ciencia con una lluvia artificial producida por medio de electricidad. ¡Terrible! Se destruye el 98% y se restaura el 2%. ...

23 DE MAYO. BÉGUICHEVKA.[8] ... En este tiempo pensé: ...

    4) Acaba de brotar el follaje de los abedules y el viento tibio lo recorre produciendo un alegre ensortijado. Por la tarde oscurece después de una tormenta. Los caballos acaban de ser sacados del recinto y arrancan ávidos la hierba, agitando la cola.

5) Traté de recordar: ¿qué me ha dado el matrimonio? Es terrible decirlo. Probablemente lo mismo que a todo el mundo.

6) Dos convenciones igualmente fuertes: para el hombre sufrir una bofetada sin duelo; para la mujer un matrimonio sin la Iglesia. ...

5 DE JUNIO. YÁSNAIA POLIANA. He intentado muchas veces escribir el epílogo,[9] ligándolo a una definición de la vida como movimiento de lo irracional a lo racional; pero no he avanzado, no sé si por razones físicas o intelectuales. ...

Ahora voy a Tula. En este tiempo pensé:

1) Me sorprendió la idea de que una de las causas principales del sentimiento de hostilidad entre los maridos y las esposas es su rivalidad en materia de conducir la familia. Una mujer no debe admitir que el marido es un ser razonable y práctico, porque si lo admitiera tendría que hacer su voluntad, y viceversa. Si ahora estuviera escribiendo *La sonata a Kreutzer* introduciría esta idea.

... 3) La exposición de Chicago, como todas las exposiciones, es una pasmosa exhibición de insolencia e hipocresía: todo se hace para el lucro y la diversión: por aburrimiento, y se le atribuyen fines benéficos y filantrópicos. Valen más las orgías.

... 7) Todo este arte, la música, está bien, pero es evidente que ocupa un lugar que manifiestamente no le corresponde. ...

10 DE JUNIO. YÁSNAIA POLIANA. En todo este tiempo no he hecho nada demasiado preciso. Comencé el epílogo, luego los artículos sobre la ciencia y el arte, y ahora algo sobre la carta de Zola y Dumas.[10] Popov se fue, llegó Posha. Las relaciones con la gente siguen siendo las mismas. Durante este tiempo pensé:

1893

1) Los hombres reconocen que los castigos son crueles, pero dicen: son necesarios para mantener el orden existente. ¿Y el orden existente es bueno? No, es malo. Imposible. Entonces, ¿por qué mantenerlo?

2) Mi amigo de la infancia,[11] un hombre perdido, borracho, tragón, infeliz, holgazán y mentiroso, cada vez que se habla de los niños o de la educación, pone como ejemplo su propia infancia y su propia educación, como dando indiscutiblemente por sentado que los resultados de la educación recibida sirven para demostrar su éxito. Y lo hace involuntariamente y no ve la comicidad. Así de fuerte es el amor, la predilección, que todo hombre siente por sí mismo.

... 4) Resolver la cuestión de si es bueno o malo lo que reconocemos como ciencia y arte, no es una broma. Toda la educación de las generaciones jóvenes se basa en eso que nosotros reconocemos como ciencia y arte.

... 9) La religión no es eso en lo que creen los hombres, y la ciencia no es eso que estudian los hombres, la religión es lo que da sentido a la vida y la ciencia es lo que los hombres necesitan saber.

21 DE JUNIO. YÁSNAIA POLIANA. ... Ayer—y hace mucho tiempo que no pasaba—hubo una conversación desagradable con Sonia. Los pobres sufren. Hay que compadecerlos y tú te exaltas. Por lo demás todo sucedió tan quedo que nadie lo advirtió. Pero a mí me dolió mucho. ...

HOY, 18 DE JULIO. BÉGUICHEVKA. No he llevado mi diario desde hace mucho tiempo. En este período he escrito el artículo sobre las cartas de Zola y de Dumas. Pero todavía no lo he enviado. Fui a Béguichevka el 10. Hemos pasado bien el tiempo aquí. Estuve terminando lo que tenía que hacer.[12] Pensé muchas cosas buenas, pero las he ido olvidando. Anoto algunas:

... 2) El género humano ha vivido siempre de manera que la mujer ha sido dirigida por el hombre; de pronto, ha resultado que las mujeres no deben ser dirigidas, sino que ellas mismas dirigen.

... 4) Si alguien dudaba de la inseparabilidad de la sabiduría y el altruismo, que observe que en el otro extremo siempre se reúnen la tontería y el egoísmo.

5) La forma de la novela no sólo no es eterna, sino que está pasando. Uno se siente avergonzado de escribir no-verdades, de decir que pasó algo que no ha pasado. Si se quiere decir algo, hay que decirlo directamente. ...

19 DE JULIO. Continúo:

7) Hay dos sonrisas: una de alegría, es la buena; otra de burla a) hacia los otros, b) hacia uno mismo, casi de vergüenza; ambas son malas.

... 11) El arte, dicen, no soporta la mediocridad. Tampoco soporta la premeditación. Soy cantante, me unto vaselina en el pelo, me enfundo en un frac y me pongo una corbata y, desde el estrado, voy a cantar para ustedes. Pero soy presa de escalofríos y todo me resulta odioso. Mientras que la nodriza y la nana pasean por el jardín y una canturrea una canción popular en voz baja y la otra hace la segunda voz. Además de todo, cantar bien en voz alta es terriblemente difícil.

HOY ES 16 DE AGOSTO. YÁSNAIA POLIANA. Casi un mes. Han pasado muchas cosas. En primer lugar, terminé la cuestión de las víctimas del hambre. En segundo, estuvieron aquí Chertkov y Posha. Terminé y envié el artículo sobre la «No-acción», en francés y en ruso, y, en tercer lugar, lo más importante, aparecieron en el extranjero fragmentos de mi libro a propósito del asunto de Oriol y comenzó el revuelo y el malestar y las falsas interpretaciones y las calumnias.[13] Ayer Sonia y Kuzminski lo leyeron y me señalaron algunas inexactitudes: 1) que la gente es colgada en las aldeas; 2) que la gente es azotada constantemente; 3) las ofensas a Zinóviev (Zinóviev lo leyó en Estocolmo y está ofendido, molesto, furioso).[14] Hoy hemos enviado telegramas pidiendo a todos los traductores que interrumpan la publicación.[15] Demasiado tarde, parece. Anoche me desperté y tuve pensamientos muy dolorosos. Había tenido los mismos dolorosos pensamientos por la tarde. Me sentía cada vez peor y estuve al borde de una crisis nerviosa.

... Pensé:

4) No sólo toda locura es el egoísmo llevado al último extremo, la autosatisfacción, la autoexaltación (manía de grandeza), sino que todo debilitamiento de la fuerza espiritual se expresa mediante un egoísmo exacerbado, mediante la autosatisfacción y la autoexaltación, mediante la exclusiva preocupación por uno mismo.

5) Una conversación con los socialdemócratas (hombres y mujeres jóvenes). Dicen: «La organización capitalista pasará a las manos de los obreros y entonces ya no habrá opresión de los obreros ni distribución injusta de los frutos del trabajo». «Pero ¿quién organizará el trabajo, quién lo dirigirá?», pregunto yo. «Eso se dará por sí solo, los obreros se administrarán ellos mismos.» «Pero, a ver, el sistema capitalista se instauró sólo porque era necesario que toda actividad práctica fuera dispuesta por gente con poder. Si hay una actividad, habrá una dirección, habrá hombres que dispongan de poder. Y si hay un poder, habrá abuso de ese poder, justamente aquello contra lo que ustedes están luchando en este momento.» ...

11 DE AGOSTO, POR LA MAÑANA. Neblina azul, el rocío como cosido a la hierba, a los matorrales y a los árboles de dos metros de altura. Las ramas de los manzanos se inclinan hacia la tierra de tanto peso. De la cabaña sale un humo que huele a ramas secas. Y allá en el campo amarillo brillante se evapora el rocío sobre las menudas gavillas de avena y la gente trabaja: tejen, transportan, siegan y aran en un campo de color lila. Por todos lados en el sendero y sobre las ramas de los árboles hay espigas enganchadas, arrancadas, rotas. En el parterre cubierto de rocío, niñas vestidas de muchos colores cantan en voz baja y riegan, mientras los lacayos con delantal, solícitos, dan vueltas. Un perro de salón se calienta al sol. Los señores todavía no se han levantado. ...

23 DE AGOSTO. YÁSNAIA POLIANA. ... Mi inquietud se ha sosegado. Pero continúan mis ganas de no hacer nada. Intento escribir sobre la religión,[16] pero no va bien. ... Una conversación desagradable con Strájov. Dice que no ve una conexión *necesaria* entre la riqueza de los ricos y la miseria de los pobres. Es sorprendente. ... En este tiempo pensé:

... 3) Me imaginé que un procurador o un gendarme me exigía que firmara un compromiso de no escribir más o algo por el estilo, diciendo que para mí se trataba de una orden suprema. No puede ser suprema porque para mí sólo hay una cosa suprema: defender a mis hermanos y denunciar a sus perseguidores. Solamente hay dos medios de hacerme callar: o bien dejar de hacer lo que denuncio, o bien matarme o encerrarme de por vida; en realidad sólo el primero es eficaz, de modo que dígale a quien lo mandó que dejen de hacer lo que hacen.

... 5) Los adversarios del cristianismo en la vida dicen: ustedes quieren una monstruosidad, la destrucción de todo. Miren qué hermoso y qué correcto es nuestro modo de vivir. Si les hacemos caso, sería un caos. Es lo mismo que esa gente que quiere estucar y pintar una casa que amenaza con venirse abajo y, mostrando la fosa excavada para los cimientos de una casa nueva dice: esto es lo que ustedes quieren. ...

1893

Es terrible mirar la última fecha anotada en mi diario, tanto tiempo ha pasado desde que escribí por última vez: exactamente un mes. Hoy es **5 DE OCTUBRE. YÁSNAIA POLIANA.** ¿Qué ha pasado durante todo este tiempo? Liova sigue sin recuperarse.[17] Batalla con Masha. Le escribí a Zander, él me respondió. Masha le envió una carta que no estaba bien. Esto me afligió mucho. No debemos impedirles vivir, no debemos impedir que se equivoquen, no debemos impedir que sufran y se arrepientan y de ese modo avancen.[18] Tania se fue a Moscú a relevar a Sonia. Ahora Sonia viene de camino. E. I. Popov está aquí. Tradujimos juntos a Lao-tse del alemán de Strauss.[19] ¡Qué hermoso es! Habría que hacer un librito. Todo el tiempo he escrito el artículo sobre la religión.[20] Parece ser que ya acabé. Además escribí en borrador un artículo sobre Maupassant.[21] Eso es todo. Pensé poco y anoté poco. Aquí está:

1) La ciencia es *prisionología*.[22]

2) Hay dos tipos de inteligencia: una inteligencia lógica, egoísta, estrecha, larga, y otra sensible, copartícipe, amplia, breve.

3) Hay dos medios para conocer el mundo exterior: uno es el medio más rudo e inevitable de conocimiento a través de los cinco sentidos. Con este medio de conocimiento no se formaría en nosotros el mundo que conocemos, sino que habría un caos que nos produciría sensaciones diversas. El otro medio consiste en conocerse a uno mismo a través del amor por uno mismo, y luego conocer a los demás a través del amor por ellos: volverse con el pensamiento otro hombre, un animal, una planta, o incluso una piedra. Con este medio se conoce desde adentro y se crea el mundo entero, tal y como lo conocemos. A este medio lo llamamos don poético y no es otra cosa que el amor. Es la restauración de la unidad aparentemente destruida entre los seres. Sales de ti mismo y entras en otro. Y uno puede entrar en todo. *Todo*, fundirse con Dios, con *Todo*.

... 8) Dicen que una golondrina no hace primavera; pero ¿acaso el hecho de que una golondrina no haga primavera es motivo suficiente para que la golondrina que ya siente la primavera no vuele y espere? Si cada botón y cada brote de hierba esperara, no habría primavera.

9) Sí, el bien sólo existe cuando uno no sabe que lo está haciendo. En cuanto miras atrás, como en el cuento de la búsqueda del agua viva y del árbol que canta,[23] se pierde lo encontrado. Que la izquierda ignore lo que hace la derecha no es una orden, es la constatación de que si la izquierda lo sabe, ya no hay bien.

... 15) El marido detesta precisamente a su mujer; como dijo Lessing: sólo había una mujer mala, y era la mía. De esto son culpables las propias mujeres por su inclinación a la mentira y a la comedia. Todas representan una comedia frente a los otros, pero no pueden seguir la representación cuando están entre bastidores a solas frente a su marido, y por eso el marido conoce a las demás mujeres como razonables y buenas, y únicamente a la suya la conoce de otro modo.

Eso es todo. Entre los acontecimientos está que la *Revue des Revues* publicó una traducción pésima de *No actuar*, y eso me mortificó, y también que hace unas tres semanas dejé de tomar té, café, azúcar y, lo más importante, leche, y que me siento más en forma. Son las 10 de la noche.

No he escrito en casi un mes. Hoy es **3 DE NOVIEMBRE. YÁSNAIA POLIANA.** Estamos viviendo solos Masha y yo desde hace dos o tres semanas. Muy bien. Ella ya está totalmente tranquila. Liova se va al extranjero. No mejora. Salió *La salut est en vous*.[24] Terminé sobre la religión. Escribí «Toulon»[25] y *no* lo envío. En este tiempo he pensado poco y, si pensé, no lo anoté. Sólo anoté lo siguiente:

...4) Vivir hasta la noche o hasta un siglo. Vivir como si estuvieras viviendo tu última hora y como si sólo tuvieras tiempo de hacer lo más importante. Y al mismo tiempo como si lo que estás haciendo pudieras seguir haciéndolo hasta el infinito. ...

HOY ES 22 DE DICIEMBRE. Hace más de un mes que estoy en Moscú[26] y no he escrito ni una sola vez. Me aflige, me desagrada. No consigo dominarme. Tengo ganas de heroísmo. Ganas de consagrar el resto de mi vida a servir a Dios. Pero Él no me quiere. O no quiere que vaya donde yo quiero ir. Y yo murmuro. El lujo. La venta de mis libros.[27] La suciedad moral. La vana agitación de la gente. No consigo vencer la amargura. Pero lo principal es que quiero sufrir, quiero gritar la verdad que me abrasa.

Han sucedido muchas cosas en este tiempo. La primera es que me hicieron venir. Sonia sufría tanto, se atormentaba tanto y esto era tan evidente en sus cartas, que al final vine. Otra cosa es que escribí el prólogo para Amiel. La tercera es un trabajo pesado, que parece no tener fin, sobre «Toulon», y que no puedo abandonar. También escribí algunas parábolas, no terminé.[28] De Liova cartas alentadoras. Una alegría nueva. Las niñas ni bien ni mal. Masha medicina, Tania pintura.[29] Hace unos días estuvo por aquí el músico Schor.[30] Estuvimos hablando de música y por primera vez vi claramente el verdadero significado del arte, incluso dramático. Eso es lo primero que recuerdo de todo lo que pensé en este tiempo.

También hubo otros acontecimientos: el libro de Sabatier sobre Francisco.[31] Esto despertó en mí recuerdos de mi antiguo fervor por el bien, íntegro, en acción, por una vida en que se cumpla la verdad, después Amiel, que releí y ahora el nuevo libro de Williams, *A True Son of Liberty*.[32] Bellísimo. Me dieron ganas de escribir un drama. A veces pienso que ya estoy acabado y que soy incapaz de escribir. Y me da tristeza, como si aún mientras agonizo fuera a escribir y también después de la muerte. No en

1893

vano anoté en mi cuaderno, cuando acababa de llegar a Moscú, que había olvidado a Dios. Qué terrible es olvidar a Dios. Y sucede de manera imperceptible. Las cosas que se hacen para Dios son reemplazadas por cosas hechas para los hombres, para la gloria, y luego para uno mismo, para el inmundo uno mismo. Y cuando uno se tropieza con esa inmundicia, quiere levantarse de nuevo.

1) La falta de claridad de la definición de las artes, de la música, por ejemplo, se origina en nuestro deseo de atribuirles una significación correspondiente a la alta situación en la que nosotros las hemos colocado y que no es apropiada para ellas. Su significación es: 1) una ayuda para transmitir los sentimientos y los pensamientos a través de la palabra; la incitación a un estado anímico correspondiente al que de esa manera se transmite; y 2) un placer inocente y hasta útil en comparación con todos los otros, por lo tanto el más útil entre todos los placeres.

... 8) Miro a las mujeres estudiantes, corriendo con los libros y los cuadernos de una clase a otra. Mujeres pintoras, mujeres músicas. Pueden hacerlo todo. Y, como monos, se lo han copiado todo a los hombres. Hay una sola cosa que las mujeres no pueden hacer (las jovencitas todavía pueden), y es tener un motor moral. ...

1894

GRINIOVKA. Otra vez hace un mes y dos días que no escribo. Hoy es **24 DE ENERO DE 1894.** Estoy en casa de Ilyusha. Él está en el extranjero. Ha sido un mes difícil. Sólo escribí «Toulon». Avancé un poco. Pero en general es malo. Acontecimientos durante este tiempo: 1) Que hace unas tres semanas le escribí una carta al Soberano a propósito de Jilkov y sus hijos.[1] Esperaba una respuesta cualquiera y disfrutaba de mi libertad. La carta no era buena. Más conciencia de la propia independencia que amor. 2) Que trabajando—acarreando agua—hice más esfuerzos de la cuenta en pleno frío y algo me pasó en el pecho. Desde ese momento siento mucho más la debilidad y la cercanía de la muerte. 3) Lo estúpido de mi posición en el congreso de los naturalistas, que me hizo sentir muy incómodo.[2] 4) He sentido de manera particularmente dolorosa el peso de la vacía, lujosa y falsa vida moscovita, así como el de las relaciones difíciles o, más bien, de la falta de relaciones con mi mujer, sean las que sean. Ella no pudo y luego no quiso comprender, y ese pecado la tortura, la tortura a ella y a mí también, pero sobre todo a ella. Las niñas son buenas. Ellas y Liova me dan alegría. La última carta de Liova. Está enojado conmigo porque permito esta vida insensata que corrompe a los niños en pleno crecimiento. Siento que soy culpable. Pero también antes fui culpable. Ahora ya no puedo hacer nada. Mi nuera Sonia[3] se ha quedado sola, y hemos decidido ir a visitarla. Otra vez las mismas fricciones y el mismo suplicio.

1894

Señor, ayúdame. Enséñame a llevar esta cruz. Continuamente me preparo para la cruz que conozco: la prisión, el cadalso, pero aquí se trata de otra muy distinta, una nueva que no sé cómo llevar. Su característica principal y su novedad consisten en que he sido colocado forzosa e involuntariamente en una situación disparatada, y que con la vida que llevo destruyo la que es mi única razón de vivir, con la vida que llevo alejo a la gente de la verdad, cuyo esclarecimiento me es más preciado que la vida misma. Seguramente soy un canalla. No puedo romper todas estas inmundas telarañas que me tienen inmovilizado. Y no es porque carezca de fuerza, sino porque moralmente no puedo, siento compasión por las arañas que han tejido sus hilos. No, lo principal es que soy malo: no hay una verdadera fe ni amor por Dios, por la verdad. Y entre tanto, ¿qué amo si no es a Dios, a la verdad? ...

En este tiempo pensé:

... 5) Fuimos a casa de Ilyusha. Desde la mañana veo a los campesinos, bajo la tormenta de nieve, circular calzados con sus *lapti*,[4] a pie o en carros, llevando el forraje para los caballos de Ilyusha, para las vacas, transportando la leña a la casa. En la casa el viejo cocinero, un niño y una muchachita trabajan para él y su familia. Y vi clara y terriblemente la reducción generalizada a la esclavitud de este desdichado pueblo. Incluso aquí, en casa de Ilyusha—hace poco todavía un niño, un jovencito—incluso en su casa hay hombres transformados en esclavos trabajando para él. ¡Cómo romper estas cadenas! ¡Señor! Ayúdame, ya que Tú me has revelado esto tan claramente y me hostigas. ...

HOY, 9 DE FEBRERO. YÁSNAIA POLIANA. Durante todo este tiempo la misma debilidad física y mental. El trabajo en «Toulon» sigue yendo mal. Tiene muchos finales mediocres, pero ni uno verdaderamente sólido. Quizá porque el principio está poco meditado. Para mí continúa siendo serio e importante. Drozhin murió, atormentado por el gobierno.⁵ No hay respuesta del Soberano, e ignoro si la leyó. ... Durante este tiempo he pensado con terrible intensidad en el significado de mi vida, pero no soy capaz de expresar ni una centésima parte de lo que he sentido.

Pensé:

... 3) Me ha llegado claramente la idea de un relato sobre dos hombres: uno disoluto, perdido, que ha caído en el desprecio sólo por bondad, el otro exteriormente puro, honorable, estimado por su frialdad, no por su amor.⁶ ...

23 DE MARZO. MOSCÚ. Sigo con vida. Casi un mes y medio que no escribo en este cuaderno. ...

Un acontecimiento importante y penoso: la relación que se creó entre Tania y—.⁷ Es una relación que no puede ser más pura, buena, amistosa, pero con rasgos de exclusividad. Era un enamoramiento enmascarado. Ella me lo dijo y yo hablé con él. Decidieron renunciar a todo lo superfluo, a lo exclusivo. Él se fue. Esto despierta en mí un sentimiento doloroso y detestable: humillación por ella. Tania fue a ver a Liova a París y hace una semana que volvieron. Él es un ser bueno, moral, pero la enfermedad sigue oprimiéndolo. Con Sonia la relación es buena, pero ... Estoy pensando en ir a visitar a Chertkov. De nuevo estoy ocupado con la teoría del arte, a propósito del prólogo para Maupassant. El prólogo tampoco sale. Hay muchas cosas que quiero escribir, pero no tengo fuerzas. Tendría que probar algo estrictamente literario. Durante este tiempo pensé:

... 2) Obra de arte es aquella que contagia a los hombres, que los lleva a todos al mismo estado de ánimo. No hay nada (por capacidad de acción y de sumisión de todos los hombres al mismo estado de ánimo) semejante al ejemplo de la vida y, finalmente, a la vida del hombre en su totalidad. ¡Si suficiente gente comprendiera el significado y la fuerza de esta obra de arte que es su vida! ¡Si la mimaran con los cuidados que amerita y dedicaran todas sus fuerzas a no echarla a perder de ningún modo, sino a recrearla en todo lo que puede tener de hermoso! Pero en lugar de eso, mimamos el reflejo de la vida, y a la vida misma la desdeñamos. Y nos guste o no, la vida es una obra de arte porque actúa sobre otros seres humanos que la contemplan.

3) ¿Perder a los seres humanos? Decimos: he perdido a mi mujer, a mi marido, a mi padre cuando están muertos. Pero con frecuencia, con mucha frecuencia sucede que perdemos a seres humanos que no han muerto: nos separamos de ellos de una manera peor que si hubieran muerto. Y, al contrario, con frecuencia cuando las personas mueren, las encontramos, nos acercamos a ellas.

... 5) Hoy llamamos belleza sólo a lo que nos gusta. Para los griegos era algo misterioso, divino, que acababa de revelarse.

7) Con frecuencia en este último tiempo, andando por la ciudad, he oído conversaciones a veces terribles, crueles y absurdas que me han dejado perplejo; no comprendo lo que la gente quiere, lo que hace, y me pregunto: *¿Dónde estoy?* Evidentemente mi casa no está aquí. ...

21 DE ABRIL. MOSCÚ. Hace casi un mes que no escribo. Durante este tiempo Masha y yo estuvimos en casa de Chertkov. Un viaje bellísimo. Estuvimos en casa de los Chertkov y también de Rusánov.[8] Lo que amargó el viaje fue tratar de desenmarañar el penoso asunto de Tania.[9] ¡Pobres, qué débiles son! (Tanto como nosotros.) Leí sus diarios. Fue doloroso pero bueno. Esto me acercó a Tania todavía más. Me impresionó con su encanto y su gracia. Y es una niña tan pequeña, tan frágil, tan débil y tan encantadora. Últimamente los dos se han abandonado mucho. Como todos nosotros, por lo demás. Tengo la impresión de que cada uno de nosotros aclaró para sí mismo su propia posición, su propia vocación, y que nos preparamos para la acción, para la lucha, para el sacrificio; pero no hubo ni lucha ni sacrificio ni esfuerzos y ahora nos aburrimos. Es cierto que nosotros mismos somos culpables de no haber sabido liberarnos de las tentaciones sin arruinar el amor, y por eso no sabemos qué hacer con nosotros mismos. ...

Liova está mejor. Él también me es cercano, pero no sé por qué no de la misma manera que las niñas. Estuvo aquí Seriozha. Con él tuve una conversación lamentable. Está enojado conmigo también por las niñas, porque ellas están haciendo progresos y él no. Es presuntuoso, con un denominador inconmensurable.[10] Pero, en cambio, ¡qué alegría que recapacitara! Ilyusha es un niño que con esmero busca mantener en él—por desgracia hasta el momento ha contado con los medios—el infantilismo. Con Sonia bien. Ayer, cuando observaba su actitud hacia Andriusha y Misha, pensé: qué maravillosa madre y mujer es en cierto sentido. Es posible que Fet tenga razón, que cada quien tiene la mujer que necesita. Andriusha es alegre y bueno, pero tonto, imitador y vanidoso. Misha me era muy desagradable por su egoísmo, ahora está mejor.

En este tiempo escribí el prólogo a Maupassant:[11] creo que ahora lo tengo totalmente claro, y también escribí el catecismo,[12] que hice mal en proyectar sin haber terminado lo que tenía empezado. Y además el artículo sobre el arte que me dio Chertkov y que yo aprobé y ahora estoy corrigiendo de nuevo. Decidí enviar «Toulon» a los traductores. Todos lo aprueban. ...

3 DE MAYO. YÁSNAIA POLIANA. Ayer leí un artículo sorprendente por su ingenuidad, escrito por el profesor Kapustin de la Universidad de Kazán, sobre las sustancias gustativas.[13] Pretende demostrar que todo lo que la gente consume: azúcar, alcohol, tabaco, incluso opio, es necesario desde el punto de vista fisiológico. Este artículo estúpido e ingenuo me resultó de gran utilidad; me mostró claramente en qué consiste la tarea de la ciencia según las suposiciones de los hipócritas de la ciencia. No en lo que debe ser—una definición de lo que debe ser—sino en la descripción *de lo que es*. La perversión total de la ciencia se ha realizado precisamente desde los tiempos de la *ciencia experimental*, es decir, de la ciencia que describe lo que es, y que, por lo tanto *no es ciencia*, porque todos sabemos de una manera o de otra lo que es, y nadie necesita la descripción. Las personas beben alcohol, fuman tabaco y la ciencia se pone como objetivo justificar fisiológicamente el uso del tabaco y del alcohol. Las personas se matan unas a otras y la ciencia se pone como objetivo justificarlo históricamente. Las personas se engañan unas a otras, confiscan a otras gentes la tierra o los instrumentos de trabajo y la ciencia justifica eso económicamente. Las personas creen en absurdos y la ciencia teológica los justifica.

La tarea de la ciencia debe ser el conocimiento de lo que debería ser y no de lo que es. La ciencia de hoy, por el contrario, se pone como tarea principal distraer la atención de la gente de lo que debería ser y atraerla hacia lo que es y por lo tanto nadie tiene necesidad de conocer.

HOY, 15 DE MAYO. YÁSNAIA POLIANA. Una semana y más; no he estado bien de salud. Todo empezó, creo, el día en que me consternó la triste salida de Sonia a propósito de Chertkov.[14] Puedo comprenderlo todo, pero me resulta muy doloroso. Más aún porque me había desacostumbrado y estaba feliz de haber restablecido—de haber incluso renovado—un sentimiento bueno, firme, afectuoso hacia ella. Tuve miedo de que se destruyera. Pero no, todo pasó y el mismo sentimiento se restableció. No está. Llegará pasado mañana. ... El americano Crosby estuvo aquí.¹⁵ No sé cómo definirlo. Los libros de Kenworthy son buenos.¹⁶ Le escribí una carta estúpida, y otras muchas cartas. Un bello artículo de Adler¹⁷ sobre los cuatro sufrimientos, que son todos instructivos y pueden ser recibidos como una bendición: la miseria, la enfermedad, la aflicción y el pecado.

No he escrito nada. Estoy débil. El *Catecismo* ha avanzado poco, pero creo que saldrá. Empecé a corregir a Laotse. Hoy pensé poéticamente una cosa literaria. Durante este tiempo anoté una sola cosa:

1) El bienestar material para uno mismo se adquiere en detrimento de los otros. El bienestar espiritual siempre se adquiere a través del bienestar de los otros.

HOY ES 2 DE JUNIO DE 1894. YÁSNAIA POLIANA. Acabo de recibir un telegrama con la noticia de la muerte de Ghe. No logro escribir las palabras: la muerte de Ghe. Qué ciegos somos. Sólo vemos lo que nos parece. Así, nos parece que era necesario con sus proyectos y sus planes. Pero no. No quiero decir: lo quería mucho; lo quiero mucho, pero a pesar de eso me parecía que aunque estaba muy lejos de terminar su trabajo artístico, también estaba lejos de terminarlo en el sentido de su evolución cristiana. Es terrible escribir esto. Pero es lo que me parecía. Me apena terriblemente. Era un ser encantador, un genial niño viejo. ...

Sigo escribiendo el *Catecismo*. Sigo débil. Chertkov llegó. Nos sentimos bien, él y yo. ...

14 DE JUNIO. YÁSNAIA POLIANA. ... 2) Vi, cuando me acercaba a Ovsiánikovo, un maravilloso atardecer. A través de densos cúmulos de nubes irrumpían los rayos de luz y en el centro, como un rojo tizón ardiente, el sol. Todo esto por encima del campo de centeno y el bosque. Impresión de alegría. Y pensé: no, este mundo no es una broma, no es un simple valle de lágrimas y de transición hacia un mundo mejor, eterno, es uno de los mundos eternos, bello, alegre, y que nosotros no sólo podemos, sino que debemos hacer todavía más bello y más alegre para los que viven con nosotros y los que vivirán en él después de nosotros.

HOY ES 25 DE JUNIO. YÁSNAIA POLIANA. Durante once días no he escrito nada. En este tiempo lo único nuevo e inesperado fue la noticia de las requisas en casa de Popov y Posha en Kostromá. Temo que estemos tomando demasiado a la ligera este inicio de lo que parecen ser persecuciones, incluso parece que las deseemos. Los dos se comportaron muy sencilla y muy firmemente. Pero están contentos. Tengo miedo por ellos. Ojalá que no sufran cuando los encierren y los torturen. Me da vergüenza y rabia estar en libertad. Me esfuerzo por no desear y por no buscar. ...

Una cosa penosa en este tiempo: lo echados a perder que están los pequeños, Andriusha y Misha, pero sobre todo Andriusha. Misha todavía está intacto para su edad, pero con tanto mimo y ausencia de autoridad moral, acabará siendo lo mismo. Hace una semana desapareció (Andriusha) hasta la 1 de la madrugada en los bailes,[18] le dije que acabaría como Bibikov[19] y que lo mejor sería que se fuera de casa y viviera en la aldea; ayer, sin que hubiera baile, sucedió lo mismo: se fue a la aldea y no volvió a casa sino hasta después de la una. Yo estaba muy inquieto por él, pero logré dominar el malestar personal y cuando regresó, salí y le dije que no creyera que estábamos durmiendo, que supiera que lo estábamos esperando y que estábamos angustiados. Tengo ganas de hablar un poco con él, con dulzura. La situación de nuestros hijos es muy mala: ninguna autoridad moral. Sonia destruye con esmero la mía y en su lugar pone sus ridículas exigencias de urbanidad por encima de las cuales ellos se sitúan con toda facilidad. Me dan pena, ella y los niños. Este último tiempo sobre todo ella. Ve bien que todo aquello que ha hecho estaba equivocado y que no ha llevado a nada bueno. Pero le es casi imposible reconocerse culpable por no haberme escuchado. El arrepentimiento sería demasiado terrible. ...

En este tiempo pensé:

... 2) Se dice: El arte es natural, los pájaros cantan. Por eso son pájaros. Pero un hombre es un hombre, tiene exigencias mayores. Y si canta como un pájaro, hace muy bien, pero si reúne a centenares de músicos, seres mutilados en los conservatorios, que tocan con corbatas blancas una sinfonía incomprensible, entonces ya no puede excusarse con el pájaro: pierde la razón que le ha sido dada para fines más elevados, en una imitación—y además fallida—del pájaro. ...

HOY ES 27 DE JUNIO. YÁSNAIA POLIANA. Hoy me levanté con *malos* pensamientos, no escribí nada. Leí a Schopenhauer.[20] ... Tuve una conversación con Vladímir Fiódorovich[21] sobre la crítica. Me acordé de la famosa sentencia de Kólechka, que dice que la crítica es cuando los tontos hablan de los inteligentes. ...

6 DE JULIO. YÁSNAIA POLIANA. Todos estos días he trabajado en la siega del heno. Estoy bien de salud. Sólo ayer me dolió el hígado debido al calor. Llegó Piotr Ghe. Estuvo hablando de su padre y de su hermano. ... Escribí una carta a Kenworthy. Ayer le hice un añadido. Miss Walsh la está traduciendo.[22] «Toulon» salió publicado en inglés.[23]

Pensé:

... 2) El 3 de julio. Antes de la comida. Un día claro, caluroso. Cerca de casa, a la sombra de la valla, las moscas zumban sin interrupción por encima del estiércol, y allá en la estepa, al sol, vacila y resplandece el aire candente.

3) Recordé mi corrupción y mi depravación. Fui corrompido precozmente por el libertinaje y el lujo, la glotonería y el ocio. Si nada de esto hubiera existido, ahora, a mis sesenta y cinco años, estaría fresco y joven. Pero quizá esta depravación no haya sido en vano. Todas mis exigencias morales tienen su origen en esa depravación. Ahora es de mañana. Tengo ganas de dormir. No puedo escribir. Anoche estuve en casa de Chertkov, está enfermo.

11 DE JULIO. YÁSNAIA POLIANA. Estuve cuatro días enfermo. Voy a recordar los días pasados. Ayer, **EL 10,** me sentí un poco mejor. Por la mañana vino Chertkov. Le dije muchas cosas que había pensado durante la mañana. Todo el día leí un libro estúpido y abyecto de Prévost[24] y todo tipo de tonterías. ...

EL 8 DE JULIO. ... Estuve en la siega del heno, di órdenes. Por la mañana conversaciones con Strájov y Lazurski. Por la tarde llegó un judío americano. Es difícil amar a un judío. Debo hacer un esfuerzo. ...

En estos días he pensado mucho, pero no lo he anotado y he olvidado muchas cosas. Me acuerdo de lo siguiente:

... 2) A propósito del abyecto libro de Prévost, que en su prólogo también razona sobre la moralidad, pensé: (se sabe desde hace mucho tiempo) que el artista no enseña lo que quiere, sino lo que puede. Lo que ha vencido en sí mismo, lo que se ha convertido en *überwundener Standpunkt*,[25] lo que puede denunciar; lo que no solamente considera bueno, sino que ama con pasión, sólo eso puede hacer que sea amado. Y no cualquier cosa que se le ocurra. Esto es la mejor demostración de que el artista tiene influencia no por deducción, sino por mimetismo, al estimular el deseo de imitación.

3) Los objetivos del arte son dos: uno, el juego animal, danzar como una ternera joven, cantar como canta el pá-

Lev Tolstói en la siega, en Yásnaia Poliana. Esbozos del natural del pintor L. O. Pasternak. Cartón. 1893.

jaro, distraer con cuentos como lo hacen los contadores de cuentos; y otro, humano, avanzar y contribuir así al progreso de los hombres hacia el establecimiento del Reino de Dios. Y por lo tanto hay dos puntos de vista sobre el arte que generalmente se confunden: el animal y el humano, pero desde el punto de vista animal se puede juzgar sólo el arte animal, mientras que desde el punto de vista humano se puede juzgar el uno y el otro. Y desde el punto de vista humano el arte animal sólo es bueno si contribuye a las exigencias del hombre. Cuando no contribuye a ellas, pero no las contradice, es indiferente, pero cuando les opone resistencia es malo.

De esta confusión proceden todos los malentendidos sobre el arte; el hombre juzga desde el punto de vista animal el arte humano, o el arte que está en contraposición a los objetivos humanos, etcétera, en distintas permutaciones. ...

13 DE JULIO. YÁSNAIA POLIANA. ... Por la tarde fui a casa de Chertkov. Hablaba febrilmente con Strájov. Me devolvió los extractos de mi diario[26] diciendo que eran muy buenos. Me resultó desagradable que me alabara tanto. Estoy mejor de salud, pero todavía me siento débil. Anoche dormí mal, pero estoy mejor de salud. Por la mañana no pude trabajar, ni siquiera escribir cartas. Strájov me leyó su artículo.[27] El defecto de este artículo es que a nadie le hace falta. ...

15 DE JULIO. Por la tarde le dicté a Masha el drama *Pedro el Publicano*.[28] ...

19 DE JULIO. Ayer, 18, no escribí. La misma debilidad. Hoy aún peor. Y además tengo dolor de espalda. ... Anoche Andriusha volvió a quedarse hasta muy tarde en la aldea. Una conversación penosa con Sonia. Él, Andriusha, le contó que los campesinos en la siega del heno dijeron que Timoféi es hijo mío.[29] Me dan pena los niños. No tienen una autoridad bajo el abrigo de la cual crecer y hacerse fuertes. Ayer escribí bastante. Pero mal.

Jamás me habría imaginado que no escribiría en dos semanas. Hoy es **9 DE AGOSTO DE 1894. YÁSNAIA POLIANA.** Es de noche, son más de las 9. No ha pasado nada en este tiempo. Liova se fue a Moscú con Tania. Lo compadezco mucho, lo compadezco por su precariedad espiritual. ...

En este tiempo estuvo aquí MacGahan[30] con su hijo y trajo dos libros de parte de Henry George. Leí *A Perplexed Philosopher*.[31] Espléndido. Volví a adquirir vívidamente conciencia del pecado de poseer tierra. Es sorprendente que no lo vean. Qué necesario sería escribir al respecto, escribir una nueva *Uncle Tom's Cabin*. ...

En este tiempo pensé:

1) Algo de poca importancia: que para que haya concordia entre los esposos es necesario que si no coinciden en la visión que tienen de la vida, el que ha pensado menos se someta al que ha pensado más. ¡Qué feliz habría sido yo de someterme a Sonia!, pero eso es algo tan absolutamente imposible como que un ganso vuelva a su cascarón. Es ella quien debería, pero no quiere: falta de entendimiento, de humildad y de amor.

HOY, 18 DE AGOSTO. YÁSNAIA POLIANA. ... A propósito de los anarquistas: gracias a un exhaustivo trabajo múltiple del pensamiento y de la palabra, la razón se abre paso entre los hombres y es asimilada por ellos de las maneras más diversas: utilizando los medios más extraños comienza a conquistar a los hombres: a uno por moda, a otro por fanfarronería, a otro bajo el aspecto de liberalismo, de ciencia, de filosofía, de religión, y poco a poco se convierte en propia de los seres humanos. Los hombres creen que son hermanos, que no hay que oprimir a sus hermanos, que hay que apoyar el progreso, la instrucción y luchar contra las supersticiones; se convierte en opinión pública y luego, de pronto... el terror, la revolución francesa, el 1.º de marzo, el asesinato de Carnot, y todos los esfuerzos se pierden. Como el agua que se ha ido juntando gota a gota en un dique y con un solo golpe de pala se va y sin ninguna utilidad anega campos y praderas. ¿Cómo pueden los anarquistas no ver el daño que causa la violencia? Me gustaría mucho escribir sobre este tema.[32] Todo está bien, tienen razón en lo que dicen y hacen al difundir que la violencia estatal es inútil y nociva. Una sola cosa debe cambiar: la violencia y el asesinato *por la no participación en la violencia y en los asesinatos*.

HOY ES 27 DE AGOSTO. YÁSNAIA POLIANA. ... Ayer Tania fue a Ovsiánikovo para establecer las condiciones con los campesinos.[33] Me hizo mucho daño. No dije nada. Ella estaba triste. Le pregunté, me dijo que era por Ovsiánikovo y se echó a llorar. Dice: hacer porquerías que no le sirven a nadie. Una verdadera alegría. Un regalo de cumpleaños.

28 DE AGOSTO. YÁSNAIA POLIANA. Ya llegué a los sesenta y seis años. Ya llegué a esta fecha que me parecía tan remota; y el trabajo en el catecismo está lejos de haber sido terminado, y no he comenzado nada nuevo. Ambos días, ayer y hoy, me he sentido profundamente triste por las tardes. ...

Hablé con Tania. Lo único que quiere es deshacerse de su propiedad. Trataré de arreglarlo para ella de la mejor manera posible. Por la noche leí *Labour Prophet*.[34] ...

HOY ES 30 DE AGOSTO. YÁSNAIA POLIANA. Ayer no anoté nada. Por la mañana reprendí a los chicos por su falta de disciplina. He escrito poco, casi nada. Sigo dando vueltas alrededor de lo mismo. Corté leña con un campesino de Kolpna. Por la tarde fui a caballo a Ovsiánikovo, pero no pude hablar de nada con los campesinos. Estaban borrachos. Esta mañana pensé:

... Las novelas terminan cuando el héroe y la heroína se casan. Habría que comenzar ahí, y terminar cuando se separan, es decir, se liberan. De otra manera, si se describe la vida de las personas y se interrumpe en la descripción del matrimonio es lo mismo que describir el viaje de una persona e interrumpir la descripción justo en el momento en que el viajero cae en manos de los bandidos.

HOY ES 6 DE SEPTIEMBRE. YÁSNAIA POLIANA. Ahora son más de las 4 de la tarde. Por la mañana estuve trabajando en el catecismo. Me da miedo decir que avanzo porque es casi imperceptible y sin embargo no estoy descontento y cada día hay algo nuevo y todo se aclara. Esta mañana en la cama, después de una mala noche, pensé muy vivamente en un relato sobre un amo y su criado.[35] Después del desayuno corté el roble con Andrián.

Ayer, **EL 5**, fui a Ovsiánikovo y concluí muy bien las cosas con los campesinos. Cada uno pagará 425 rublos para las necesidades de la comunidad. Les expliqué el sentido de todo esto. ...

He dejado pasar algunos días. **HOY ES 10 DE SEPTIEMBRE. YÁSNAIA POLIANA.** Ayer escribí bastante bien. Después fui a Tula a ver al notario[36] y a Rudakov.[37] Cuando estaba con el notario sentí el deseo de hacer pública la acción de Tania. Es horrible. Me encontré con Evdokímov.[38] Vive con una prostituta. Intenté persuadirlo de que tiene una tarea y muy grande: hacerla renacer. ... Ayer por la mañana, cuando me desperté, pensé en la respuesta para el

Inglés sobre el anarquismo, qué hacer sin un gobierno.[39]

Leí un libro excelente de Guyard.[40] Dice: la finalidad de la vida es el bienestar; el medio de perfeccionamiento, el instrumento es el amor. Pensé: a la pregunta: «¿cómo vivir sin Estado, sin tribunales, sin ejército, etcétera?», no puede haber una respuesta porque la pregunta está mal formulada. La cuestión no es construir un Estado a la manera actual o de una manera nueva. Ni yo ni nadie de nosotros puede proponer una solución a esto. Pero lo que sí puedo resolver—y no es una cuestión arbitraria sino inevitable—es la cuestión de saber cómo debo actuar frente al dilema que se me presenta constantemente: ¿someter mi conciencia a los actos que se perpetran a mi alrededor, confesarme solidario de un gobierno que cuelga a hombres descarriados, que empuja a los soldados al asesinato, que corrompe al pueblo con el opio y el vodka, etcétera, o someter mis actos a mi conciencia, es decir, no colaborar con un gobierno cuyos actos son contrarios a mi conciencia? ¿Qué consecuencias acarreará? ¿Qué naturaleza tendrá el Estado? No lo sé, y no es que no quiera, no puedo saberlo. Lo único que sé es que si actúo conforme a las cualidades supremas de la razón y del amor, o del amor razonable, que me son innatas, no puede tener malas consecuencias. Como no puede tener malas consecuencias que una abeja siga su instinto superior innato y salga de su colmena volando con el enjambre, aparentemente, en busca de la muerte. Pero, repito, no quiero juzgar al respecto, ni puedo. ...

23 DE SEPTIEMBRE. Aniversario de matrimonio. 32 años.

24 DE SEPTIEMBRE. YÁSNAIA POLIANA. Esta mañana también trabajé bien. Tania copió todo lo mío. Es curioso, cada vez que me acuerdo de Ovsiánikovo, de que Tania se lo dio a los campesinos, tengo una sensación desagradable, incómoda.[41] Entre la 1 y las 2 fui a Kozlovka con una pala y reparé el camino. Estoy muy cansado. Regresé y estuvimos esperando a Sonia, pero no llegó, vendrá mañana. Yo la estoy esperando con particular impaciencia. ¡Ojalá pudiera conservar en su presencia el mismo buen sentimiento que tengo por ella cuando no está!

He pensado mucho sobre lo que le escribí a Cecilia Vladímirovna.[42] Anoche estuve hablando de esto con Maria Alexándrovna. La verdadera emancipación de la mujer radica en no considerar ningún asunto como asunto de mujeres, de esos que uno se avergüenza de hacer, y con todas nuestras fuerzas, justamente porque las mujeres son físicamente más débiles que nosotros, ayudarlas, echarnos encima todo trabajo del que podamos hacernos cargo. Lo mismo vale para la instrucción, justamente en vista de que ellas deberán probablemente parir y por lo tanto tendrán menos tiempo libre, justamente en previsión de esto, instituir para ellas escuelas no menos buenas, sino mejores que para los hombres, de modo que puedan acumular por adelantado fuerzas y conocimientos. Y ellas son capaces de hacerlo. Me acordé de la actitud ruda y egoísta que he tenido con mi mujer al respecto. Actué como todos, es decir, actué de manera ruin y cruel. Le dejaba todo el trabajo que se considera femenino y me iba de cacería. Me dio alegría reconocer mi culpa.

También pensé: vi al perro Vaska, desfigurado, sin una pata, y quise echarlo, pero después sentí vergüenza. Está enfermo, feo, deforme y por eso lo echo. La belleza atrae, la fealdad repele. ¿Qué quiere decir eso? ¿Significa que hay que buscar la belleza y evitar la deformidad? No. Significa que hay que buscar lo que tiene como consecuencia la belleza y evitar lo que tiene como consecuencia la deformidad: buscar ser buenos, ayudar, servir a las criaturas y a los hombres y evitar aquello que hace mal a las criaturas y a los hombres. La consecuencia será la belleza. Si todos son buenos, todo será bello. La fealdad es un signo de pecado, la belleza un signo de pureza: la naturaleza, los niños. Por eso es falso hacer de la belleza el objetivo del arte.

Masha se fue de mal humor. Es posible que esté celosa de Tania por la historia de Ovsiánikovo, Dios no lo quiera. Debo escribirle.

HOY ES 4 DE OCTUBRE. YÁSNAIA POLIANA. Voy hacia atrás. Ahora van a dar las 12 de la noche. Estuve arriba con Seriozha, mi hijo, y ¡qué alegría!, ni rastros del mal sentimiento que tenía yo por él, sino, al contrario, una llama de amor. Te doy las gracias, Padre de amor, amor. Hoy es el cumpleaños de Tania. Cumple 30 años. Es triste, silenciosa y, al parecer, inquieta de corazón. Ayúdala, Señor. ...

HOY ES 8 DE OCTUBRE. YÁSNAIA POLIANA. Hoy llegaron Posha y Strájov. En casa de Strájov tuvo lugar una requisa y le explicaron que ahora Tolstói es otro y peligroso. No me gustaría ser perseguido. Sentí vergüenza de mí mismo por este pensamiento. En casa las cosas con Sonia han ido muy bien. Hoy todo el día y toda la tarde se dedicó a hacer de la persecución un motivo de júbilo. Todo el día: o a propósito de las manzanas robadas y la prisión que se merece la mujer, o condenando lo que me es querido, o con la satisfacción por el hecho de que Novosiólov se haya convertido a la ortodoxia, o con los comentarios a propósito del dinero por *Los frutos de la instrucción*.[43] Me he debilitado y la pequeña luz de amor que iluminaba tan alegremente mi vida ha comenzado a extinguirse. No debo olvidar que la vida no está en las cosas de este mundo, sino sólo en esta luz. Creo que lo he recordado. ...

9 DE OCTUBRE. La enfermedad y la seguramente próxima muerte del Soberano me conmueven. Me producen una honda tristeza.[44] ...

1894

HOY ES 13 DE OCTUBRE. YÁSNAIA POLIANA. ... Ayer por la mañana llegaron Masha y Vera Severtseva.[45] Masha está bien, tranquila. Liova despierta piedad, él y el Soberano. Estuve cortando leña con Posha. Por la tarde terminé de leer sobre la amistad entre Goethe y Schiller.[46] Mientras lo leía pensé mucho en la estética y en mi drama.[47] Tengo ganas de escribir. Quizá también sea la voluntad de Dios. ...

En este tiempo pensé:

1) Actualmente la gente profesa una teoría del arte a la que unos adjudican la belleza como ideal, otros la utilidad, y otros el juego. Toda la confusión proviene de que las personas quieren continuar considerando como ideal lo que ya ha pasado y ha dejado de existir. Tal es el caso de la utilidad y de la belleza. El arte es la habilidad de representar lo que debe ser, aquello a lo que deben aspirar todos los seres humanos, lo que les procura la mayor felicidad. Eso sólo puede conseguirse con imágenes. La humanidad ha vivido dos de estos ideales y ahora vive para un tercero. Sobre todo para la utilidad: y todo lo que era útil era una obra de arte, esa idea se tenía; después le tocó a lo bello y ahora a lo bueno, al bien, a lo que es moral. La confusión se origina en el deseo de instaurar de nuevo como ideal lo que ya ha pasado, como si se quisiera obligar a los adultos a jugar con muñecas o con caballitos. Habría que decir esto con claridad y concisión. ...

No he escrito en más de una semana. Hoy es **21 DE OCTUBRE. YÁSNAIA POLIANA.** Sonia se fue, Tania llegó. Su estado ha mejorado. Durante este tiempo el mismo trabajo que avanza tan lentamente o más que antes. Hoy decidí volver a escribir en una lengua popular, en un lenguaje comprensible para todos. De salud no estoy muy bien. No tengo energía. Pero mi estado de ánimo es excelente.

Hace unos tres días estuve releyendo mi diario de 1884,

1894

y yo mismo me di asco por mi falta de bondad y la dureza de los juicios sobre Sonia y Seriozha. Que sepan que me retracto de todo lo malo que escribí sobre ellos. A Sonia la quiero y la aprecio cada día más. A Seriozha lo entiendo y no tengo hacia él ningún otro sentimiento que no sea amor. ...

Pensé:

1) Me acordé de mis años de juventud y de mis relaciones con las mujeres. Si un hombre quiere privarse de la posibilidad de tener una actividad intelectual libre y de establecer relaciones libres con la gente, entonces que haga lo que yo hacía: comer carne, beber café, té, alcohol, no trabajar pero hacer gimnasia y leer libros que exciten la pasión. Durante toda mi juventud fui como un potro salvaje, demasiado bien alimentado; es curioso que me acuerde... ...

HOY ES 26, tres días sin escribir. El acontecimiento de estos días es que le escribí a Popov pidiéndole que interrumpiera la correspondencia con Tania. Ella se resignó. Es muy buena. Hoy está en cama, tiene tos y catarro. ...

Estoy leyendo *Morticoles*[48] y se me ocurre que aquí también hay una gota de mi miel. Un libro muy útil e importante. Hoy murió Pável, el zapatero. Preguntaba con insistencia a su mujer si no habían venido a llamarme. Y no dejaba de prestar oído a las ventanas. Y por la noche gritó: «Ya vienen. Ahora.» Y murió. Sólo los ancianos, como yo, pueden darse cuenta de la brevedad, del carácter temporal de la vida. Es muy claro cuando las personas que tienes alrededor desaparecen una tras otra. Sólo te maravillas de quedar tú todavía. ¿Vale la pena (aunque sólo sea desde este punto de vista) si has aparecido por un intervalo tan corto, llenar este breve espacio de tiempo con mentiras, enredos y estupideces? Exactamente como un actor que sólo tiene una pequeña escena y de pronto sale y se equivoca, se cubre de oprobio él y arruina toda la obra.

1894

Durante este tiempo pensé dos cosas que me parecen importantes:

1) Que toda persona, por más viciosa, criminal, ignorante o tonta que sea, por más porquerías y estupideces que cometa, siempre considera que está en lo correcto. Y uno no puede ni debe enojarse con ella por eso, porque no puede dejar de considerar que está en lo correcto. Si no considerara que está en lo correcto, no podría vivir como vive.

Una persona dotada (justa) o bajo el peso (si es pecadora) de la razón, no puede vivir contrariamente al razonamiento. La razón es el freno que detiene la marcha de la vida cuando esta toma un cauce distinto del que debería tomar. Y por eso, si quiere vivir contrariamente a la razón, inventa razonamientos tales que no sólo lo justifiquen, sino que le demuestren que es justamente así y no de otra manera como debe actuar.

Para dejar de considerar que está en lo correcto debe dejar de vivir como estaba viviendo.

El hombre puede juzgarse a sí mismo sólo de dos maneras: considerar que está definitivamente en lo correcto o considerar que es definitivamente culpable. Se considera en lo correcto quien no quiere cambiar de vida y quien emplea su razón para justificar lo que ha pasado, y se considera culpable quien aspira al perfeccionamiento y emplea su razón para conocer lo que debe ser. ...

Dejé pasar un día. Hoy es **30 DE OCTUBRE. YÁSNAIA POLIANA.** Todos estos días me he sentido muy débil intelectualmente. ...

Pensé:

1) A propósito del juramento del que hablábamos ayer con Piotr Tsiganok.[49] Se obliga a prestar juramento a los niños de doce años. ¿Acaso piensan que con eso van a tener atados a los niños? ¿No es evidente que esta sola exigencia prueba su culpabilidad y que son conscientes de

ella? Quieren mantener y salvar la autocracia que se está hundiendo y llaman en su ayuda a la ortodoxia, pero la autocracia hundirá a la ortodoxia, y ella misma se irá a pique incluso antes. ...

He dejado pasar unos cuantos días. Hoy es **2 DE NOVIEMBRE. YÁSNAIA POLIANA**. El tiempo vuela a una velocidad acelerada, particularmente notoria en el estado de ocio en el que vivo. Está por terminar el otoño, la mejor época del año. Y yo todavía no he hecho nada. ...

HOY ES 4 DE NOVIEMBRE. YÁSNAIA POLIANA. ... No tengo ganas ni de escribir ni de pensar. Tengo ganas de trabajar con las manos, de andar a caballo. Hoy llegó Seriozha. Me siento bien con él. Por su parte él siente que de nuevo estoy abierto a él y se acerca a mí. ...

Tania se queja de que su vida ha transcurrido—tiene treinta años—sin ninguna utilidad y de que la ha arruinado. Está bien que piense así. A Masha la envían al extranjero. Mañana.

No he escrito en cinco días. Hoy es **10 DE NOVIEMBRE. MOSCÚ**. Durante este tiempo no ha sucedido nada especial en la vida exterior. Llegamos a Moscú, vino a visitarnos Bulyguin, la misma locura y la misma bajeza con motivo de la muerte del viejo zar y del advenimiento del nuevo. En Moscú me resulta difícil estar por la multitud de gente. En la vida interior el trabajo parece avanzar y aclararse, eso está bien, pero lo que no está bien es que ahora no tengo la frescura de la conciencia de la presencia de Dios ni ese sentimiento amoroso que tenía antes. Lo siento en mis relaciones con Sonia y con Liova.

Durante este tiempo he pensado mucho en mi escritura, y lo que pensé lo anoté o lo anotaré en mi cuaderno. Lo había apuntado en una hoja que perdí. Sólo recuerdo que el cortejo con el féretro que atravesó Moscú era una evidente representación teatral que debían interpretar los zares. Toda su vida ejectuan este tipo de falsedades: así transcurren sus vidas. ¡Y la gente los envidia! ...

HOY ES 20 DE NOVIEMBRE. MOSCÚ. Al parecer Él oyó mi plegaria, y siento—sobre todo hoy, a la hora del paseo—alegría de vivir. ... En este tiempo escribí el prólogo al cuento *Karma*, y lo envié.[50] He pensado mucho en este tiempo. Mucho no lo anoté y lo he olvidado. Esto es lo que recuerdo:

... 2) Camino a lo largo de las murallas del Kremlin y de las aspilleras de la fortaleza y pienso: hubo un tiempo en el que todo esto era necesario; eran necesarios los aparatos de tortura y los instrumentos de castigo, y los censores, pero ha llegado el tiempo en que algunos de estos objetos para algunas personas ya no son sino recuerdos de la antigüedad. Del mismo modo llegará un tiempo en el que de la misma manera se puedan señalar los cañones, los sables, las fortalezas, los uniformes, las condecoraciones. ...

HOY ES 25 DE DICIEMBRE, POR LA NOCHE. No he escrito en más de un mes. Entre los acontecimientos de este período está la visita de los estudiantes y que escribí para ellos una carta destinada a Petersburgo.[51] Otro triste enfrentamiento con Liova. La visita de los Chertkov hace unos días me dio gusto. Escribí la doctrina de la felicidad.[52] Recientemente, debe hacer unos diez días, dejé y volví a empezar a escribir *El sueño del joven zar*,[53] y luego *Amo y criado*. Creo que lo terminaré.[54] ...

Hoy es **31 DE DICIEMBRE.** Han pasado cinco días. Durante todo este tiempo he estado escribiendo el relato *Amo y criado*. No sé si es bueno. Bastante insignificante. Estuvo aquí Chertkov. Hubo un enfrentamiento muy desagradable por el retrato. Como siempre, Sonia actuó con resolución, pero sin pensarlo y mal.[55] Espléndido el libro de Lachman *Weder Dogma, noch Glaubensbekenntnis, sondern Religion*,[56] tengo que escribirle. ...

1) Vi a Vera Velíchkina, a su hermano, a un amigo y a su hermana.[57] Los tuvieron un mes y medio en prisión preventiva y todos, los cuatro sin excepción, se acuerdan con alegría de su permanencia allí. A propósito les pregunté con todo detenimiento si no fue angustiante por lo menos el principio. Al parecer Vera Velíchkina no sólo se repuso, sino que fortaleció sus nervios y descansó. Trato suave, aislamiento y una tranquilidad exenta de preocupaciones.

2) Liova dice que estuvo mucho tiempo conversando con Vania Raievski a propósito de que la gente joven de nuestra época se marchita y enferma de los nervios porque no tiene campo de acción, y también estuvieron hablando de muchas otras cosas. Y todo se reduce a la *religión del orinal*, como decía el abuelo, es decir, a no obligar a los otros a servirte ni en las cosas más rudimentarias y simples. Toda la moral cristiana se reduce en su aplicación práctica a considerar a todos hermanos, a ser iguales con todos. Esta conciencia fue el principal giro en mi vida pero, para llevarlo a cabo, lo primero que hay que hacer es dejar de obligar a los otros a trabajar para uno, y, a pesar de la estructura de nuestro mundo, utilizar lo menos posible el trabajo ajeno, lo que producen los otros y lo que se consigue con dinero, gastar lo menos posible, vivir del modo más sencillo posible. Y ellos—los mejores de entre ellos, los que desean estar de acuerdo conmigo—, eluden esta exigencia calificándola de unilateral, exagerada, y aun violando la regla principal, la primera regla de moralidad, pretenden vivir moralmente. Queda claro que no lo consiguen. Y se deprimen y perecen.

NOTAS

1847

[1] Durante el otoño de 1841 los niños Tolstói se mudaron de Yásnaia Poliana a Kazán, en donde vivía su tutora P. I. Yushkova. En marzo de 1847 Tolstói estaba en el segundo curso de la facultad de Leyes de la Universidad de Kazán.

[2] Las *Instrucciones para la Comisión para la Composición de un proyecto para un nuevo código de leyes*, de Catalina II, conocido simplemente como *Instrucciones*, fue publicado en 1766. Contenía muchas ideas que Montesquieu había formulado en su *De l'esprit des lois* (1748), y el profesor de derecho civil D. Meyer había encargado a Tolstói que hiciera una comparación entre el libro de Catalina la Grande y el de Montesquieu.

[3] El 12 de abril Tolstói pidió autorización para dejar la universidad y el 23 de abril llegó a Yásnaia Poliana.

[4] Como Tolstói escribió estas reglas a lo largo de varios meses, hay pequeños descuidos en su numeración.

1850

[1] Tolstói se encontraba en Moscú desde el 5 de diciembre de 1850.

[2] Vladímir Ogariov, hijo de un propietario vecino de Yásnaia Poliana.

[3] El incendio en la aldea Yásnaia Poliana tuvo lugar en octubre de 1850.

[4] No se conoce el argumento del relato. El manuscrito no se ha conservado.

[5] Tatiana Alexándrovna Ergólskaia, pariente de la familia Tolstói. Ella se encargó en gran parte de la educación de los niños tras la muerte de la madre, a pesar de no ser la tutora legal. Vivió en Yásnaia Poliana hasta su muerte en 1874.

[6] Stepán Perfíliev, amigo de Tolstói.

NOTAS

⁷ El Consejo de tutela moscovita administraba la asistencia pública de Moscú y, desde 1806, las propiedades de los Tolstói.

1851

¹ Nikolái Tolstói, el hermano mayor del escritor, que estaba en Pokróvskoie con un permiso del ejército, en el que sirvió la mayor parte de su vida adulta.
² Primera mención en los diarios del relato *Infancia*.
³ Una idea tomada de Benjamin Franklin, quien todos los días anotaba en su cuaderno en qué se había desviado de su reglas.
⁴ El príncipe Piotr Gorchakov, general de infantería, su mujer y sus cinco hijos.
⁵ Primera referencia a la inconclusa *Historia del día de ayer*, que Tolstói escribió en 1851.
⁶ La hacienda de Serguéi, hermano de Tolstói, a unos 40 kilómetros de Yásnaia Poliana.
⁷ Maria Shíshkina, una gitana de Tula, que vivió con Serguéi Tolstói. Tuvieron once hijos. Finalmente se casó con ella en 1867.
⁸ Esta idea fue desarrollada en varios capítulos de *Infancia*.
⁹ Los meses pasados en Moscú a partir de 1850.
¹⁰ Valerián Tolstói, oficial retirado y primo segundo de Tolstói, se había convertido en su cuñado al casarse con su hermana Maria.
¹¹ Maria Nikoláievna Tolstaia, hermana menor del escritor.
¹² Es decir, retirarse del servicio de la administración provincial de Tula, en donde tenía un puesto oficial menor.
¹³ Vorótinka era una aldea en la provincia de Tula que pertenecía a Tolstói.
¹⁴ El 29 de abril de 1851 Tolstói se fue con su hermano al Cáucaso del norte, en donde este cumplía su servicio militar.
¹⁵ Este fragmento de marzo-mayo está escrito en un cuaderno separado que Tolstói llamó cuaderno «G».
¹⁶ Son palabras de «El testamento» de Nikolái Gógol, en *Pasajes escogidos de la correspondencia con los amigos*.
¹⁷ Relato escrito por D. V. Grigoróvich en 1874.
¹⁸ *Genoveva, historia de una criada*, de Lamartine, escrita en 1851.
¹⁹ Y además esta horrible necesidad de traducir con palabras y alinear en garabatos pensamientos ardientes, vivos, móviles como rayos de sol que tiñen las nubes en el aire. ¡Adónde huir del oficio, Dios mío! (Cita de la novela de George Sand, *Horace*, 1842.)
²⁰ Pequeña aldea chechena fortificada, no lejos de Gróznoie, en el noreste del Cáucaso.

[21] Zinaída Molostvova, a quien Tolstói conoció cuando estudiaba en Kazán y volvió a ver en su camino al Cáucaso en 1851. En una carta de 1903 se refiere a ella como al amor más fuerte de su infancia.
[22] M. S. Vorontsov, gobernador general y comandante en jefe de las tropas del Cáucaso.
[23] Aldea del Cáucaso.
[24] F. G. Knoring, jefe de sección de la 5.ª batería.
[25] Tolstói estaba traduciendo *El viaje sentimental por Francia e Italia*, de L. Sterne.
[26] En la orilla izquierda del Térek, a unos 30 kilómetros de Gróznoie.
[27] A finales de junio de 1851 Tolstói participó como voluntario en distintas acciones militares contra las tribus de las montañas.
[28] Se trata de la novela *Cuatro períodos de crecimiento*. Así debía llamarse la tetralogía que Tolstói tenía en mente, pero que finalmente se convirtió en una trilogía: *Infancia*, *Adolescencia* y *Juventud*.
[29] *Horace*, novela de George Sand (1842).
[30] Romanza de Mijaíl Glinka con versos de S. Golitsyn.
[31] Su nombre verdadero era Luká Sejin, un cosaco, sobrino de Yepishka, que andaba con muletas y cantaba muy bien.
[32] Este joven cosaco sirvió a Tolstói como prototipo para su Lukashka en *Los cosacos*.
[33] Yepishka (o Yapishka, como también lo escribe Tolstói) era un viejo cosaco del poblado de Starogladkóvskaia, que pronto se convirtió en gran amigo del escritor. Es el Yeroshka de *Los cosacos*.
[34] Probablemente Alexéi Petróvich Yermólov, primer conquistador del Cáucaso meridional, que dimitió en 1827.
[35] *Cuatro períodos de crecimiento*.
[36] Balta Isaiev, un gran amigo checheno de Tolstói.
[37] Gróznoie o Gróznaia, fortaleza construida en 1818 por el general Alexéi Yermólov en la orilla izquierda del Sunzha, un afluente del río Térek. Más adelante se convirtió en una importante base militar para la conquista de Chechenia.
[38] Alexandr Ivánovich Bariatinski, comandante en el Cáucaso.
[39] Se trata del hermano de Tolstói, Dmitri, que murió de tisis en 1856. Dmitri fue el prototipo para Levin, en *Anna Karénina*.

1852

[1] Aldea cosaca en la ribera izquierda del río Térek, al norte de Gróznoie.
[2] Aldea en la orilla izquierda del Sunzha, al este de Gróznoie.

[3] Los días 17 y 18 de febrero en el río Michik tuvieron lugar algunos combates con las tribus de las montañas. Tolstói participó en ellos y estuvo a punto de morir por una bomba que explotó junto a la rueda del cañón que él estaba cargando.

[4] Luisa Volkónskaia, esposa del príncipe Alexandr Volkonski. A decir de la condesa Sofia Andréievna, fue el prototipo de Liza, la mujer de Andréi Bolkonski en *Guerra y paz.*

[5] *Histoire de la Révolution française*, de Thiers.

[6] De la tercera redacción de *Infancia.*

[7] Se trata de una atestación que la administración provincial de Tula exigía a Tolstói, referente a su conformidad con el pequeño puesto que tenía.

[8] La segunda redacción de *Infancia.*

[9] Probablemente se trata de algunas reflexiones sobre música oriental en el artículo «Viaje de Alexandre Dumas a Túnez, Marruecos y Argelia», publicado en el número 2 de la revista *Anales patrios*, en 1852.

[10] «El segundo día» en el relato *Infancia.* (La estancia de Nikólenka Irténiev en Moscú.)

[11] En el capítulo XII de *Infancia* hay una descripción de la plegaria nocturna del peregrino Grisha.

[12] Poblado cosaco.

[13] A. Baumgarten, capitán del estado mayor de la 4.ª batería ligera de la 19.ª brigada de artillería.

[14] A. Verzhbitski, subteniente de la misma unidad que Baumgarten.

[15] Joven cosaca de Starogladkóvskaia.

[16] «El primer día» en el relato *Infancia.* (Cuando Nikólenka vivía en la aldea.)

[17] Que posteriormente se convirtió en el relato *La correría.*

[18] Una aldea junto al Térek, no lejos del mar Caspio. Tolstói fue a consultar un médico porque creía tener una enfermedad venérea.

[19] *La historia de Inglaterra*, de David Hume, que Tolstói leyó en traducción al francés.

[20] *Le juif errant*, la novela de Eugène Sue.

[21] Probablemente se trata de un artículo sobre Yermak, el conquistador de la Siberia occidental en el siglo XVI.

[22] Se trata de *La leyenda acerca de cómo un soldado salvó a Pedro el Grande de la muerte*, un libro publicado en Moscú en 1849.

[23] Capítulo XX de la tercera redacción de *Infancia.*

[24] Aldea al noreste de Kizliar, cerca del mar Caspio.

[25] Puerto en el mar Caspio, al norte del delta del Térek.

[26] Uno de los perros de caza.

[27] *Stanitsa* situada entre Kizliar y el mar Caspio.

[28] Primera mención de la *Novela de un terrateniente ruso*.

[29] Pequeña ciudad de aguas termales a la que fue Tolstói con el fin de curarse.

[30] Título original de *La correría*.

[31] El capítulo XXVII de la tercera redacción de *Infancia*.

[32] Se trata de la cuarta redacción de *Infancia*.

[33] Un trabajo en siete volúmenes del poeta e historiador suizo J. H. D. Zschokke.

[34] Revista literaria que se publicaba mensualmente en Petersburgo. De 1846 a 1866 la dirigieron N. Nekrásov e I. Panáiev.

[35] Nombres convencionales de dos enfermedades venéreas.

[36] Estación termal a unos 15 kilómetros al norte de Piatigorsk.

[37] El cuarto libro del *Emilio* de Rousseau.

[38] La novela de J. J. Rousseau.

[39] Se trata de una carta que Tolstói envió a N. Nekrásov, entonces editor de la revista *El Contemporáneo*, junto con el manuscrito de *Infancia*.

[40] La *Novela de un terrateniente ruso*. El objetivo de Tolstói consistía en demostrar que era imposible para un terrateniente educado de su tiempo vivir una vida correcta mientras hubiera esclavitud.

[41] El diálogo de Platón.

[42] *Stanitsa* cosaca a orillas del río Térek, a unos 35 kilómetros al este de Mozdok.

[43] De J. J. Rousseau.

[44] Tolstói leyó en la revista *El Contemporáneo* la novela de Dickens, que se publicó a lo largo de 1851.

[45] Mal augurio.

[46] Joven tártaro aspirante a la 4.ª batería.

[47] En *Descripción de la guerra de 1813*, de A. I. Mijáilovski-Danílievski, en dos volúmenes, San Petersburgo, 1840. Una fuente importante para *Guerra y paz*.

[48] El general Eduard Brimmer comandaba la artillería del cuerpo de ejército del Cáucaso. Era él quien podía proponer a Tolstói para un grado de oficial.

[49] Tolstói utilizó las historias de Yapishka para *Los cosacos*.

[50] El relato «Cacería en el Cáucaso» de Nikolái Tolstói se publicó en la revista *El Contemporáneo*, en 1857.

[51] La novela *Infancia* fue publicada en 1852 en la revista *El Contemporáneo*. El texto fue alterado y recortado por orden de la censura.

[52] La nota era de S. Dudishkin y se publicó en la revista *Anales patrios*. Entre otras cosas, decía: «Si esta es la primera obra del señor Lev Nikoláievich Tolstói, no podemos no felicitar a la literatura rusa por la aparición de un nuevo talento extraordinario.»

NOTAS

⁵³ En *La correría*.
⁵⁴ La primera redacción de *La correría*.
⁵⁵ *La correría*.

1853

¹ Tosltói participó en la campaña contra las tropas de Shamil.
² Cresta en la orilla derecha del río Mitchik.
³ Como resultado de su participación en el combate, Tolstói fue propuesto para un ascenso.
⁴ El relato *La correría* fue muy alterado por la censura.
⁵ El artículo 56 del código militar señalaba las condiciones en las que era posible presentar una renuncia.
⁶ Capítulos VIII-X de *Adolescencia*.
⁷ Su caballo.
⁸ Charles Aubrey, héroe de la novela *Ten Thousand a Year*, de Samuel Warren. En la novela hay una paráfrasis del monólogo de Néstor de la obra de Shakespeare *Troilus and Cressida*.
⁹ Es decir, con los campesinos siervos de Yásnaia Poliana.
¹⁰ Se trata de los colonos ucranianos, en general muy pobres, establecidos cerca de Starogladkóvskaia.
¹¹ Título del relato que más tarde se llamó *La tala del bosque*.
¹² Primer título del relato *Los cosacos*.
¹³ Su hermana.
¹⁴ Seguramente se trata de *Claude Gueux*, la novela de Victor Hugo.
¹⁵ Dos capítulos de *Adolescencia*.
¹⁶ *Las notas de un cazador* se habían publicado de 1847 a 1851 en *El Contemporáneo*, pero en 1852 salieron en Moscú en un solo volumen.
¹⁷ La *Novela de un terrateniente ruso*.
¹⁸ *La tala del bosque* y otros relatos con temas del Cáucaso.
¹⁹ «El fugitivo», de *Los cosacos*.
²⁰ Ninguno de estos dos personajes ha sido identificado.
²¹ Esta novela se publicó en *El Contemporáneo* en enero de 1855.
²² Personaje no identificado.
²³ El marido de Masha, su hermana.
²⁴ Capítulo XXIII de *Adolescencia*.
²⁵ Por Isaac Disraeli, que se publicó en *El Contemporáneo*.
²⁶ Capítulo XVIII de *Adolescencia*.
²⁷ Se trata de las misiones de la Iglesia Ortodoxa en Osetia y en los distritos musulmanes de Georgia.
²⁸ M. S. Zhúkova. Ese cuento fue publicado en *El Contemporáneo* en 1853.

[29] Es decir, Nikólenka Irténiev, el narrador de *Adolescencia*.
[30] Una nota sobre el trabajo de D. Miliutin, «Historia de la guerra entre Rusia y Francia durante el reinado de Pablo I en 1799», publicada en *El Contemporáneo* en 1853.
[31] *Pescadores*, una novela de Grigoróvich que se publicó en *El Contemporáneo* en 1853.
[32] Puerto fortificado a 40 kilómetros al sur de Starogladkóvskaia.
[33] Se trata del libro de Karoline von Wolzogen, *Schillers Leben*, publicado en traducción rusa en *El Contemporáneo*.
[34] San Vladímir, que en 989 hizo bautizar a su pueblo y ordenó que se arrojaran los ídolos paganos al río Dniéper.
[35] *La historia rusa*, de N. Ustriálov.
[36] La revista *Luz de la mañana* fue publicada por N. Nóvikov y el prólogo es suyo.

1854

[1] Aldea cosaca en la ribera izquierda del Térek, a unos 50 kilómetros al noreste de Gróznoie.
[2] Veáse la nota 42 del año 1852.
[3] Tolstói escribió «La tormenta de nieve» en febrero de 1856.
[4] En su carta del 6 de febrero de 1854 Nekrásov le decía a Tolstói que «el relato resultó tosco, y las mejores cosas se perdieron».
[5] El 12 de marzo Tolstói llegó a Bucarest, al estado mayor del ejército del Danubio, para esperar que le designaran su nuevo lugar de servicio.
[6] Tatiana Ergólskaia y Pelaguia Yuchkova.
[7] Su hermano Dmitri.
[8] Silistria era una base turca en la orilla derecha del Danubio. Maia era una aldea al norte de Bucarest.
[9] Probablemente se refiere al cuaderno de Franklin.
[10] *Histoire de la vie politique et privée de Louis Philippe*, de Alexandre Dumas, París, 1852.
[11] Poema de Mijaíl Lérmontov escrito en 1836 y publicado en 1842, después de la muerte del poeta.
[12] La segunda de las *Canciones de los eslavos occidentales* de Pushkin.
[13] Poema de Lérmontov escrito en 1832.
[14] Poema de Alexandr Pushkin publicado en 1827.
[15] Novela de Mijaíl Lérmontov escrita en 1839-1840.
[16] *El baile de máscaras*, drama romántico en verso, escrito en 1835.
[17] *Bleak House* apareció en *El Contemporáneo* de enero a septiembre de 1854.

[18] En los capítulos II, III y IV de *La tala del bosque*.
[19] *La conspiración de Fiesko*, drama de Schiller.
[20] Al noreste de Bucarest.
[21] *El conde de Habsburgo*, balada de Schiller.
[22] Una comedia de Alexandr Ostrovski, publicada en la revista *El Moscovita* en junio de 1850.
[23] En Moldavia, una aldea al norte de Foksany.
[24] Comedia de Alexandr Ostrovski.
[25] Flojo.
[26] Seguramente se trata de Aslui, un pueblo moldavo.
[27] El desembarco de los ejércitos inglés, francés y turco tuvo lugar el 2 de septiembre de 1854 en Crimea, cerca de Eupatoria.
[28] Tolstói salió de Kishiniov a finales de octubre y se dirigió a Sebastópol a través de Odesa, Nikoláiev y Perekop.
[29] Batalla de Balaklava bajo el mando del general Liprandi, en la que fue diezmada la brigada ligera de la caballería inglesa de Lord Cardigan.
[30] Batalla de Inkerman bajo el mando del general P. Danenberg.
[31] Se refiere a una sociedad «para contribuir a la educación y a la instrucción en el ejército». Era un proyecto que Tolstói tenía con otros miembros del ejército, entre los que se encontraba el capitán del estado mayor J. K. Komstadius.
[32] La revista debía llamarse *El Mensajero del Soldado*. Tolstói escribió un artículo para el primer número, pero las autoridades prohibieron su publicación.
[33] Aldea tártara a 6 kilómetros de Simferópol.

1855

[1] Para poder pagar esta deuda de juego el edificio principal de la propiedad de Tolstói en Yásnaia Poliana fue vendido a un propietario vecino en 5.000 rublos-papel. Este lo hizo transportar a sus terrenos a unos 20 kilómetros de donde se encontraba originalmente.
[2] La traducción no se conservó.
[3] La comedia de Alexandr Griboiédov, publicada en 1831, después de la muerte del autor.
[4] Alejandro II, de quien se esperaban grandes reformas, sucedió a Nicolás I.
[5] Es decir, a Valerián Tolstói, marido de su hermana Masha.
[6] Primera redacción de *Sebastópol en diciembre*.
[7] *La feria de las vanidades*, de Thackeray.
[8] *Historia de Pendennis*, de Thackeray.

NOTAS

⁹ El título definitivo del relato fue *Sebastópol en mayo*.
¹⁰ Seguramente se trata de la novela *Le Lys dans la vallée*.
¹¹ Véase la entrada del diario del 19 de octubre de 1852.
¹² Un caballo.
¹³ Se trata del relato *Sebastópol en mayo*. Panáiev le comunicaba en una carta los cortes que la censura había hecho al relato y su decisión de publicarlo sin la firma del autor.
¹⁴ Se refiere a los gendarmes zaristas que llevaban uniformes y gorras azules.
¹⁵ El 19 de noviembre Tolstói llegó a Petersburgo, adonde había sido enviado como correo militar con el informe sobre las acciones de la artillería el día del asalto a Sebastópol. Se quedó en casa de Turguéniev.
¹⁶ En el camino a Petersburgo debió pasar por Yásnaia Poliana.
¹⁷ Es probable que se trate del *Fragmento del diario del capitán A*, un texto inconcluso que se encontró entre sus papeles.

1856

¹ Tolstói obtuvo un permiso para viajar a Moscú a principios de enero, y pasó a Oriol a visitar a su hermano Dmitri que estaba agonizando. La muerte de Dmitri es la muerte del hermano de Levin en *Anna Karénina*.
² Véase la entrada del 3 de julio de 1854.
³ La discusión tuvo lugar el 6 de febrero durante una cena en casa de Nekrásov, por un comentario brusco de Tolstói sobre George Sand, según las cartas de Turguéniev y de Nekrásov del 7 y 8 de febrero.
⁴ El tratado de París que ponía fin a la guerra de Crimea se firmó el (18)30 de marzo de 1856.
⁵ Primera mención del relato *Los dos húsares*.
⁶ Una carta que Longuinov, historiador de la literatura y colaborador de *El Contemporáneo*, envió a Nekrásov, en la que hablaba mal de la literatura de Tolstói. Gracias a la mediación de Nekrásov no tuvo lugar el duelo.
⁷ *Los dos húsares* se publicó en *El Contemporáneo* de mayo de 1856.
⁸ Tolstói había solicitado un permiso para ausentarse once meses (ocho de los cuales pasaría en el extranjero). La respuesta positiva le llegó el 16 de mayo.
⁹ El príncipe Dmitri Obolenski, entonces director del departamento de Intendencia de la Marina, era cercano a los eslavófilos.
¹⁰ Probablemente Iván Aksákov, quien más adelante se convirtió

en el editor de la revista eslavófila *Conversación Rusa*.

[11] El fundador del movimiento eslavófilo.

[12] Dignidad.

[13] El poeta Afanasi Fet, que llegó a ser un buen amigo de Tolstói.

[14] *El diario de un hombre superfluo*, de Iván Turguéniev.

[15] Lugar de devoción y de peregrinaje que cuenta con doce iglesias y se encuentra a unos 70 kilómetros de Moscú.

[16] Donde se guarda una preciosa colección de objetos y adornos sacerdotales, libros, cálices, etcétera.

[17] Spásskoie-Lutovínovo era la hacienda de Turguéniev en la provincia de Oriol. Pokróvskoie era la hacienda del marido de la hermana de Tolstói, a unos 20 kilómetros de Spásskoie.

[18] Porfiri Kundriachov, siervo doméstico de Turguéniev (según algunos, su hijo bastardo), lo acompañó al extranjero, aprendió alemán y comenzó estudios de medicina. Cuando volvió a Rusia fue emancipado y se le autorizó para ejercer como dentista. Es el Jariton del relato «Mumú», de Turguéniev.

[19] Es decir, a Pokróvskoie.

[20] Primera mención del relato *Jolstomier*, que Tolstói escribió en 1863.

[21] El «Don Juan» de Mozart, a cuatro manos.

[22] Es decir, *El convidado de piedra*.

[23] Que se convertiría en *La mañana de un terrateniente*. Es un diario que Tolstói llevó del 28 de mayo al 10 de junio de 1856, en el que contaba los infructuosos intentos que había hecho para aliviar la situación de sus siervos antes de la emancipación oficial.

[24] El título definitivo fue *Los cosacos*.

[25] *Una familia de nobles* o *Un hombre práctico*.

[26] El río que pasa por Yásnaia Poliana.

[27] Ósip Ziabrev, campesino de Yásnaia Poliana, marido de la nodriza de Tolstói, Avdotia Nikíforova.

[28] Es decir, el volumen II y III de las *Obras* editadas por P. Ánnenkov.

[29] *Materiales para una biografía de A. S. Pushkin*, de P. Ánnenkov.

[30] Una de las primeras versiones del comienzo de *Los cosacos* está en verso.

[31] Novela de Thackeray que *El Contemporáneo* publicó de septiembre de 1855 a agosto de 1856.

[32] Mujer de soldado que rendía los servicios de una prostituta.

[33] Nikolái Zavalevski, funcionario que conoció a Pushkin en Odesa en 1823.

[34] Personaje no identificado.

[35] La coronación de Alejandro II que debía llevarse a cabo el 26 de agosto/7 de septiembre.

[36] Se trata de Valeria Arsénieva, con quien Tolstói mantuvo la relación más larga y más seria antes de casarse. En el acto de coronación de Alejandro II Valeria sería presentada en la corte.
[37] Los personajes de *Juventud*.
[38] A la estación de tren, ya que Valeria Arsénieva iba a Moscú a la coronación de Alejandro II.
[39] El 16 de julio del mismo 1856 en su libreta de apuntes Tolstói escribe: «Nunca hablar de religión con nadie.»
[40] El relato quedó inconcluso.
[41] Tolstói recibía la revista *Household Word*, fundada por Dickens, en la que apareció *Little Dorrit*.
[42] De *Juventud*.
[43] P. A. Ofrosímov, propietario vecino y compañero de caza de Tolstói.
[44] Capítulo XXXIX de *Juventud*.
[45] *Juventud* se publicó en *El Contemporáneo*.
[46] Luis Mortier de Fontaine, el profesor de piano de Valeria.
[47] En Sudakovo, la propiedad de los Arséniev.
[48] Posta de correos a unos 25 kilómetros de Yásnaia Poliana.
[49] Olga Arsénieva, la hermana de Valeria.
[50] Al parecer, Nikolái Turguéniev, tío del escritor, descuidaba Spásskoie durante las constantes ausencias de Iván Turguéniev.
[51] Al baile de la Asamblea de la nobleza en Tula.
[52] Turguéniev dedicó esta obra a Masha, la hermana de Tolstói. Apareció en la revista *El Contemporáneo* en octubre de 1856.
[53] La revista que publicaba Alexandr Herzen en Londres, y que llegaba de manera clandestina a Rusia.
[54] Valeria había visto a Mortier en Moscú, durante la coronación de Alejandro II. Tolstói se sentía profundamente celoso. Ambas cartas se han conservado.
[55] Iván Goncharov, autor de *Una historia ordinaria* y *La vida de Oblómov*.
[56] Un restaurante de San Petersburgo. Hoy el Hotel Europa.
[57] La tragedia de W. Shakespeare.
[58] P. Ánnenkov, crítico literario y colaborador de *El Contemporáneo* desde 1847, amigo de Gógol y de Bielinski y editor de las obras de Pushkin.
[59] Apolón Máikov, poeta que creía en «el arte por el arte».
[60] Se refiere a la competencia entre las distintas revistas literarias.
[61] Probablemente Pável Kámenski, autor de unos cuentos caucasianos.
[62] Stepán Dudyshkin, crítico literario, redactor en jefe de la revista *Anales Patrios*.

⁶³ Primera novela de Iván Goncharov.
⁶⁴ Comedia de Alexandr Ostrovski.
⁶⁵ *Crítica del período gogoliano de la literatura rusa*, una réplica a las teorías literarias de Chernyshevski.
⁶⁶ Uno de los *Cuentos rústicos de la selva Negra*, de Berthold Auerbach.
⁶⁷ Ópera de Rossini.
⁶⁸ «Des Schlossbauers Befehle», otro de los *Cuentos rústicos de la selva Negra* de B. Auerbach.
⁶⁹ Tolstói leyó la obra de Shakespeare en la traducción de Druzhinin que se publicó en *El Contemporáneo*, 1856.
⁷⁰ De Mozart, en la Ópera Italiana.
⁷¹ El archimandrita Ioan Sokolov.
⁷² Nikolái Chernyshevski (1828-1889), escritor y periodista. A partir de 1855 fue el jefe de redacción de la revista *El Contemporáneo*.
⁷³ Ópera de Rossini.
⁷⁴ La notificación oficial de su retiro.
⁷⁵ P. Viázemski, que se encargaba de la censura, prohibió la segunda mitad del penúltimo capítulo de *Juventud*. El fragmento censurado se publicó mucho más tarde, en 1911.
⁷⁶ Poema sinfónico de Mendelssohn.

1857

¹ «El nuevo traje del emperador.»
² El Fondo literario que se fundó para apoyar a los hombres de letras que necesitaran ayuda. La idea fue de Druzhinin y se asociaron alrededor de treinta escritores. El estatuto se aprobó en 1859 y el Fondo duró hasta 1917.
³ Sus artículos sobre Pushkin, publicados en *Anales Patrios* de 1843 a 1846.
⁴ El *ukaz* o edicto del zar de Rusia que se esperaba sobre la emancipación de los siervos.
⁵ El violinista alemán cuya vida sirvió a Tolstói como base para su relato «Albert».
⁶ Hacer un viaje a Occidente.
⁷ Es decir, según el calendario gregoriano.
⁸ En una nota que le escribe a su tía Tatiana Ergólskaia, dice: «Me ha tomado once días realizar este viaje de Moscú a París, casi sin detenerme.»
⁹ Nekrásov estaba enfermo de tuberculosis y se encontraba en

París para consultar a los médicos franceses. Turguéniev había llegado a París en agosto de 1856.

[10] En el 206 de la rue de Rivoli, en una pensión que Turguéniev conocía porque había vivido allí algún tiempo.

[11] El príncipe Nikolái Orlov (1827-1885), hijo del jefe de la Tercera Sección (de la policía política) de Nicolás I, pero de tendencia liberal.

[12] El discurso de Napoleón III en el que cantaba su propia gloria y los éxitos que había alcanzado durante su reinado.

[13] La descripción de su viaje a Francia desde Rusia a través de Polonia. No se ha conservado nada de este proyecto.

[14] Tolstói vio las obras de Molière en el Teatro Francés.

[15] Una comedia en dos actos de un autor apellidado Melville, que formaba parte del repertorio del Teatro Francés.

[16] Jeanne Arnould-Plessy, actriz de la compañía del Teatro Francés, que antes de 1855 había trabajado en el teatro en Petersburgo.

[17] Tolstói tomaba clases de inglés e italiano.

[18] De Balzac.

[19] La cantante Pauline Viardot, de quien Turguéniev estaba profundamente enamorado.

[20] El cantante de ópera François Delsarte.

[21] Turguéniev atravesaba en esos momentos por una crisis física y moral.

[22] El título definitivo del relato fue «Albert».

[23] Ópera cómica de Donizetti.

[24] La ópera de Rossini.

[25] *La Cousine Bette.*

[26] Tragedia del poeta italiano Alfieri a la manera de Racine.

[27] Adélaïde Ristori, actriz célebre que había trabajado en Moscú y en San Petersburgo.

[28] La ejecución de François Richeux, condenado a muerte por doble asesinato.

[29] Es decir, el asiento junto al cochero.

[30] Sus familiares Alexandrine y Elizabeth.

[31] Villa Bocage, cerca de Ginebra, residencia de Maria Alexéievna, gran duquesa de Leichtenberg.

[32] De obras en las que Tolstói pensaba trabajar: *El terreno de caza, Juventud, El fugitivo, El degradado, La felicidad familiar.*

[33] Se trata del prefacio del propio Balzac a la edición de 1842, en diecisiete volúmenes.

[34] Probablemente la obra de Tocqueville.

[35] *De la liberté de la presse et du journalisme.*

[36] De Alexandre Dumas hijo.

[37] Se trata de la intervención inglesa en China, de la que habla Tolstói en su relato «Lucerna».
[38] También había intentado escribir *El fugitivo* en verso. (Véase 1856, nota 30)
[39] Germain-Marie Sarrut, diputado republicano que escribió una *Biographie des hommes du jour*.
[40] Obra publicada en 1839 en Londres por Luis Napoleón Bonaparte.
[41] Sasha Polivánov, un muchachito ruso de unos once años, con quien Tolstói realizó una larga excursión.
[42] Una empleada del hotel donde pasaron la noche en Montbovon.
[43] Extractos del diario de 1857, un texto en el que Tolstói cuenta las anécdotas de los dos primeros días de su viaje por Suiza.
[44] Una novela de la escritora sueca Frederika Bremer.
[45] En Turín estaban Druzhinin, Botkin y su hermano Vladímir.
[46] Virginia y Carolina Ferni, violinistas.
[47] *Willkommen und Abschied*, poesía escrita en 1770.
[48] Artículo de Thackeray sobre la pena capital, publicado en *Fraser*, en agosto de 1840.
[49] Monumento a la memoria de los ochocientos suizos que murieron en París en 1792 defendiendo las Tullerías.
[50] El hotel más grande de Lucerna.
[51] Esta historia dio origen al relato «Lucerna».
[52] *Soll und Haben*, novela de Gustav Freytag.
[53] Es decir, a su prima Alexandrine Tolstaia.
[54] La novela de Goethe.
[55] *Life of Charlotte Brontë*, de E. Gaskell.
[56] Anhelo, nostalgia, añoranza.
[57] Se dice que eso presagia algo favorable.
[58] Turguéniev recibió una carta de Tolstói y decidió ir a Baden-Baden a ayudarlo.
[59] Es decir, Iván Turguéniev.
[60] *La madonna sixtina*, pintura de Rafael.
[61] Después de Dresden Tolstói estuvo en Berlín y en Stettin y el 27 de julio se embarcó rumbo a Petersburgo, adonde llegó el día 30.
[62] A. N. Nekrásov, I. Panáiev y A. Panáieva.
[63] Mijaíl Saltykov-Shedrín, escritor satírico. Tolstói estaba leyendo los *Apuntes provincianos* que se acababan de publicar en *El Mensajero Ruso*.
[64] Primeras palabras de la poesía de Pushkin «La aldea» (1819).
[65] Un campesino de Yásnaia Poliana.
[66] Es decir, *Los cosacos*.

⁶⁷ A los campesinos de Yásnaia Poliana que aceptaron pasar al régimen de tributo.
⁶⁸ De cacería a Pirogovo.
⁶⁹ La propiedad de los Gorchakov.
⁷⁰ Iván Kozlov (1779-1840), poeta.
⁷¹ La novela *Europäisches Sklavenleben*, de Friedrich-Wilhelm Hackländer (1816-1877).
⁷² Título provisional del relato «Albert».
⁷³ Seguramente en relación con las cartas en las que N. Gógol alecciona a los terratenientes para que mantengan una relación «severa» con sus campesinos.
⁷⁴ El 16 de octubre Tolstói viajó a Moscú con su hermana.
⁷⁵ El club inglés.
⁷⁶ Véase 1856, nota 13.
⁷⁷ Andréi Evstáfievich Bers (1808-1868), médico militar en Palacio. Futuro suegro de Tolstói.
⁷⁸ Liubov Alexándrovna Bers (1826-1886), su mujer.
⁷⁹ Anatoli Alexándrovich Talyzin (1820-1894) tres meses después se casó con Valeria Arsénieva.
⁸⁰ Su proyecto de reforestación de la provincia de Tula.
⁸¹ La historia de V. A. Pierovski que fue hecho prisionero por los franceses. Esta historia inspirará el episodio del cautiverio de Pierre Bezújov en *Guerra y paz*.
⁸² Comedia de Saltykov-Shedrín.
⁸³ *Escenas desde el otro lado del Volga*, del conde Nikolái Serguéievich Tolstói, primo segundo de Tolstói.
⁸⁴ *Recuerdos de Sebastópol de un oficial de artillería*, de A. I. Ershov, publicado en San Petersburgo en 1857. Tolstói escribió un prólogo para una reedición que debía publicarse en 1889 y finalmente apareció en Inglaterra en 1902.
⁸⁵ Palabras del poema de Pushkin «Al poeta» (1830).
⁸⁶ Fet le leyó a Tolstói la traducción que había hecho de la obra de Shakespeare; se publicó en *El Mensajero Ruso* en 1859.
⁸⁷ A los dos héroes: al joven cosaco y al oficial.
⁸⁸ Amigo de infancia de Tolstói.
⁸⁹ La princesa Alexandra Alexéievna Obolénskaia, de soltera Diákova, hermana del amigo de Tolstói.
⁹⁰ M. M. Sujotin.
⁹¹ Es decir, «Albert».
⁹² Un banquete «por la reconciliación de todos los partidos literarios» y para celebrar el rescripto imperial del 20 de noviembre en relación con las primeras medidas de emancipación de los siervos en las provincias occidentales.

[93] Basándose en un sueño que le relató su hermano Nikolái, Tolstói escribió un fragmento que tituló «El sueño».

1858

[1] Katerina Tiútcheva, hija del poeta F. I. Tiútchev, que vivía en casa de su tía Daria Sushkova, hermana del poeta.
[2] Residencia de la princesa Varvara Volkónskaia, tía abuela de Tolstói.
[3] El relato *Tres muertes*.
[4] Ópera de M. Glinka que hoy se llama *Iván Sussanin*.
[5] El cuento de Iván Turguéniev que acababa de publicarse en *El Contemporáneo*.
[6] Es decir, la muerte del árbol.
[7] Borís Nikoláievich Chicherin, jurista y filósofo, entonces colaborador de *El Mensajero Ruso*; más tarde fue profesor de derecho público en la Universidad de Moscú. Tolstói lo conoció en Petersburgo en 1856 y entre ellos hubo una estrecha relación de amistad sobre todo en 1858.
[8] La revista que publicaba E. Korsh.
[9] Director de la revista.
[10] *Confidencias de un hipocondríaco*, ensayo de E. Montégut publicado en la revista en el número de enero de 1858.
[11] En traducción de A. Grigóriev.
[12] Seguramente se trata de los adversarios y los partidarios de la emancipación de los siervos.
[13] Un relato de Saltykov-Shedrín que apareció en *El Mensajero Ruso*.
[14] «La industria y el Estado en Inglaterra», publicado en el *Athenaeum*.
[15] Textos de ciencias naturales de Jules Michelet.
[16] Tolstói leyó en *El Mensajero Ruso* la historia del proceso de Simon Bernard, acusado de complicidad en el atentado del conde Orsini contra Napoleón III.
[17] En el semanario alemán se hablaba de un artículo de Gustav von Meyern sobre la unificación alemana, y de las traducciones al alemán de dos artículos de Ralph Emerson sobre Shakespeare y Goethe.
[18] El discurso de Dickens en el que hablaba de las irregularidades en el Fondo Literario inglés.
[19] En la revista *Athenaeum* se publicaron varias reseñas de los libros consagrados al cerco de Luknov por las tropas inglesas (julio-octubre de 1857) y a la represión de la revuelta de los Cipayos.

[20] Es decir, el *Voyage en Provence et Languedoc*, de Chapelle y Bachaumont.
[21] El libro del mariscal francés Blaise de Montluc.
[22] *L'Asino, un sogno*, panfleto político de Francesco Guerrazzi.
[23] «La mirada de un ruso sobre el comercio europeo», aparecido en *El Mensajero Ruso*.
[24] Un artículo del historiador Serguéi Soloviov en el que llamaba a la doctrina eslavófila «budismo político».
[25] Pável Pikulin, médico, amigo de Herzen.
[26] Nikolái Satin, poeta y traductor, amigo de Herzen y de Ogariov.
[27] Tolstói leyó en la revista *Journal des Débats* un artículo de Hippolyte Rigault sobre los diferentes tipos de predicaciones religiosas.
[28] Un texto escrito por el cardenal Nicholas Wiseman y publicado en el *Athenaeum*.
[29] De A. Assolant, publicada en la *Revue des Deux Mondes*.
[30] Chicherin le hacía saber a Tolstói su deseo de estar aún más cerca de él.
[31] Un episodio inicial de *Los cosacos*.
[32] Thomas Macaulay, el primer volumen de *La historia de Inglaterra*.
[33] Campesino de Yásnaia Poliana.
[34] Aksinia Bazykina, campesina de Yásnaia Poliana, con quien Tolstói, antes de casarse, tuvo un hijo.
[35] Después de las infructuosas conversaciones con sus campesinos en 1856, en las que Tolstói ofrecía a sus siervos la emancipación, en el verano de 1858 el escritor intentó organizar un régimen de tributo, pero de nuevo topó con la incredulidad por parte de los campesinos.
[36] Sofia Bers, la segunda de las tres hijas de los Bers y futura esposa de Tolstói, en ese momento tenía 14 años.
[37] Campesino de Yásnaia Poliana, personaje de varios relatos de Tolstói (*La mañana de un terrateniente*, *Polikushka*, *Los decembristas*).
[38] Uno de los episodios de *Los cosacos*.
[39] Durante la cacería de osos en la región de Vyshni Volochok una osa mordió a Tolstói en la cara.

1859

[1] A consecuencia de la mordedura de la osa.
[2] Tolstói estaba escribiendo *La felicidad conyugal*.
[3] El príncipe G. Lvov, un liberal noble, amigo de Tolstói.
[4] Es decir, Alexandra Lvova, sobrina del príncipe, y su hermana, Ekaterina Vladímirovna, esposa del príncipe Gagarin. Tolstói se había enamorado de Alexandra Lvova durante su estancia en París.

NOTAS

⁵ Un bosquecillo junto a la casa de Yásnaia Poliana.
⁶ Las pruebas de la segunda parte de la novela.
⁷ *Le roman d'un jeune homme pauvre*, de Octave Feuillet.
⁸ Con Alexandra Lvova.
⁹ La novela de George Eliot.

1860

¹ La novela *Neues Leben*, de B. Auerbach.
² El poema de Goethe.
³ Un memorándum oficial que contenía la crítica al nuevo proyecto de escuelas primarias y secundarias dependientes del Ministerio de Instrucción Pública.
⁴ Tensión.
⁵ Se refiere a Aksinia.
⁶ Es un error de Tolstói: el 2 de agosto del «nuevo estilo» (calendario gregoriano) corresponde al 21 de julio del calendario ortodoxo. El error de un día repercute en toda la revisión retrospectiva de su viaje.
⁷ El 27 de julio Tolstói emprendió un viaje al extranjero con su hermana Masha y los niños. El objetivo era conocer el sistema educativo y los métodos de enseñanza en Europa. Fueron de Moscú a Petersburgo y de allí por barco hasta Stettin. Pasaron una semana en Berlín de donde se dirigieron a Leipzig y luego a Kissingen, un balneario en Baviera.
⁸ *Geschichte der Paedagogik*, de Karl Georg von Raumer.
⁹ G. A. Auerbach, dueño de una fábrica de azúcar cerca de Tula. Su mujer era profesora en la escuela de Tula.
¹⁰ Método fonético.
¹¹ Wilhelm Heinrich Riehl, profesor de sociología en la Universidad de Munich.
¹² Julius Fröbel, sobrino de Federico Fröbel, el creador de los jardines de infancia.
¹³ Probablemente *En cinco años*, una colección de artículos que Herzen publicó en Londres.
¹⁴ Etnografía.
¹⁵ Nikolái Tolstói murió el 20 de septiembre de 1860.

1861

¹ El relato «Un idilio» o su segunda redacción «Tijon y Malania».
² Tolstói había conocido a la princesa Golitsyna y a su sobrina

Kátienka el año anterior en Hyères. Durante un tiempo se sintió muy atraído por Kátienka e incluso llegó a pensar en casarse con ella.

[3] Querida niña, se equivoca.

[4] Director del Realgymnasium en Weimar, autor de libros infantiles.

[5] El duque de Saxe-Weimar, Karl-Alexandre, fundador de un museo y una escuela de arte.

[6] Gustav Zenker, pedagogo, autor del libro *Sobre la esencia de la educación* (1859).

[7] Karl Volkmar Stoy, pedagogo, profesor de la Universidad de Iena.

[8] No impartir el conocimiento, sino aportar el gusto por él y la idea del saber.

[9] Friedrich Karl Bidermann, historiador y publicista, autor del libro *Geschichtsunterricht nach kulturgeschichtlicher Methode* (Enseñanza de la historia siguiendo el método cultural-histórico).

[10] Primer encuentro con el escritor B. Auerbach.

[11] Un rayo de luz surgió frente a mí.

[12] Tarde de expiación.

[13] Rudolf Klauser, escritor amigo de B. Auerbach.

[14] Placer exento de obligaciones.

[15] Colección de relatos populares de B. Auerbach.

[16] El 10 de abril Tolstói volvió a Rusia.

[17] Elizabeta Andréievna, la mayor de las tres hermanas Bers. En la familia de los Bers se creía que Tolstói debía casarse con ella.

[18] El acta de emancipación de los siervos, publicada en febrero de 1861.

[19] Tolstói solicitaba que la escuela de Yásnaia Poliana fuera reconocida por el Ministerio de Instrucción Pública.

[20] La disputa tuvo lugar en Stepánovka, la propiedad de A. Fet, y estuvo a punto de terminar en un duelo. El motivo fue una apreciación descortés por parte de Tolstói sobre la educación de la hija de Turguéniev en Francia.

[21] La carta no se ha conservado, pero según Sofia Andréievna, Tolstói escribió: «Si lo ofendí, perdóneme, me resulta insoportablemente triste pensar que tengo un enemigo.»

[22] Turguéniev no recibió a tiempo la carta de excusas de Tolstói, y le envió una carta brusca en la que le decía que a su regreso a Rusia exigiría un duelo.

[23] Es decir, el artículo «La escuela de Yásnaia Poliana en noviembre y diciembre», que se publicó en la revista *Yásnaia Poliana* en enero, marzo y abril de 1862.

1862

[1] En mayo de 1862, Tolstói fue a la estepa de Samara para una cura de *kumys* (leche de yegua ligeramente fermentada). Llegó en barco desde Tvier.

[2] El artículo «Educación e instrucción».

[3] Aquí y en adelante se trata de sus relaciones con Sofia Bers, su futura esposa.

[4] Para protestar por el registro policial que se llevó a cabo en Yásnaia Poliana el 6 y 7 de julio, en ausencia de Tolstói.

[5] Diminutivo de Sofia.

[6] «Natasha», en el que Sonia Bers había dotado al príncipe Dublitski de algunos de los rasgos de Tolstói.

[7] Con las iniciales de las palabras dibujadas con el dedo sobre una mesa, ella tenía que adivinar lo que él quería decirle. Este episodio lo reproduce Tolstói en *Anna Karénina*, entre Levin y Kitty.

[8] Cerca de Moscú, donde la familia Bers tenía su dacha.

[9] Cita de *El diario de un loco*, de N. Gógol, que Tolstói utiliza con frecuencia en su diario.

[10] Nil Popov, profesor de historia en la Universidad de Moscú, pariente lejano de los Bers y pretendiente de Sonia.

[11] Juez de instrucción, más tarde padrino en la boda de Tolstói.

[12] Podría ser Nil Popov, o podría ser Mitrofán Polivánov, amigo de infancia de Sonia y también pretendiente.

[13] Sofia Koloshina, a quien Tolstói llama su primer amor y que en *Infancia* es Sóniechka Valajina. Y Alexandra Obolénskaia o bien Aksinia, la madre de su hijo ilegítimo.

[14] Vasili Perfíliev, su amigo y confidente.

[15] En la que le declara su amor.

[16] La semana entre los esponsales y la boda.

[17] El artículo «Educación e instrucción» finalmente autorizado por la censura.

[18] Se refiere a las negociaciones con el editor Stelovski para la publicación de sus obras.

[19] La víspera de la boda le había dado a leer sus diarios.

[20] Es la primera parada entre Moscú y Tula. Ahí pasaron la noche de bodas.

[21] Después de su boda Tolstói dejó de enseñar en su escuela de Yásnaia Poliana, y también suspendió la publicación de la revista. La escuela continuó hasta finales de 1862.

[22] En el original solo está la letra «n».

1863

[1] «El progreso y la definición de la instrucción», publicado en el último número de la revista *Yásnaia Poliana*.
[2] Probablemente *Jolstomier*.
[3] Un maestro de la escuela de Babúrino.
[4] El 28 de junio nació Serguéi, el primer hijo de Tolstói.
[5] Aksinia Maxímovna, la lavandera de Yásnaia Poliana.
[6] Tolstói no estaba de acuerdo con la decisión de su mujer de no amamantar al bebé a causa de una mastitis.
[7] El padre de Sofia Andréievna era médico y apoyaba a su hija.
[8] Escrito en una hoja suelta.

1864

[1] Es la única entrada del diario en 1864.
[2] *El año 1805* (la primera parte se publicó en *El Mensajero Ruso*, n.° 1 - 2, 1865). Más tarde esos mismos capítulos serían los primeros de *Guerra y paz*.
[3] Ambas notas se refieren a las características del viejo príncipe Bolkonski en la novela *El año 1805*.

1865

[1] Los capítulos I-III la segunda parte de la novela *El año 1805*.
[2] El entierro del hijo menor de Serguéi Tolstói, hermano del escritor.
[3] Las *Memorias* del mariscal Marmont, duque de Raguse, sobre la guerra de 1805-1812, en las que el mariscal se justificaba de haber traicionado a Napoleón en 1815.
[4] Del zar Alejandro I.
[5] Pablo I, asesinado por los oficiales de la Guardia, probablemente cómplices de su hijo Alejandro I.
[6] Amante de Alejandro I.
[7] Sus proyectos de reformas durante el reinado de Alejandro I tendían a la abolición progresiva del régimen de servidumbre.
[8] Un artículo publicado en *Archivos Rusos*, en el que el conde Vasili Perovski hablaba de su cautiverio en Francia después de la batalla de Borodinó.
[9] Se refiere al episodio que describe Perovski en que el mariscal Davout había decidido condenarlo a la pena de muerte y luego lo in-

dultó. Tolstói utiliza este episodio en *Guerra y paz*, en la escena del interrogatorio a Pierre Bezújov.

[10] La escena del puente sobre el Ens.

[11] El 26 de junio los Tolstói se trasladaron temporalmente a la casa que había dejado Nikolái Tolstói.

[12] De George Sand.

[13] La hija de los Diakov.

[14] Novelista inglesa.

[15] La batalla de Schöngraben, capítulos XVII-XXI de la segunda parte del primer libro de *Guerra y paz*.

[16] La novela *The Bertrams*.

[17] Mary-Elisabeth Braddon (1837-1915), autora de novelas de aventuras.

[18] De su segundo hijo, Ilyá, que nació el 22 de mayo de 1866.

[19] Henriette de Witt-Guizot (1829-1908), autora de libros para niños y de obras sobre la religión protestante.

[20] Un fragmento de «Sobre la religión».

[21] Bella es la heroína de la novela de *Our Mutual Friend*, de Dickens.

[22] La *Correspondance diplomatique 1811-1817*, de Joseph de Maistre, publicada en París en 1861.

[23] Las escenas previas a la batalla de Schöngraben, capítulos XV-XVI de la segunda parte del primer libro.

1870

[1] Esta y las siguientes anotaciones fueron hechas en hojas sueltas.

[2] Probablemente se refiere a un artículo de N. V. Shelgunov en el que el crítico atacaba con saña las digresiones filosóficas de *Guerra y paz*.

[3] En sus *Máximas en prosa*.

1873

[1] En los *Ensayos*.

[2] Tolstói les leía a sus hijos las novelas de Julio Verne.

[3] En *Fedón* el cuerpo se compara con una lira y el alma es su armonía.

1874

[1] Esta entrada está en una hoja aparte. Se refiere al *Novum organum* de Francis Bacon y a la traducción rusa de P. Babikov.

NOTAS

1878

¹ Tolstói retoma el cuaderno en el que había llevado su diario. La última entrada en ese cuaderno era del 10 de abril de 1865. No considera como parte de su diario las anotaciones hechas en 1873 en hojas sueltas ni sus reflexiones filosóficas de 1870.
² M. A. Venevitínov, un coleccionista de manuscritos que le había enviado a Tolstói documentos y materiales sobre los decembristas. Tolstói estaba escribiendo la novela *Los decembristas*.
³ Las *Memorias* de A. T. Bólotov, agrónomo y escritor.
⁴ Uno de los campesinos de Yásnaia Poliana a los que Tolstói había pedido que escribieran su autobiografía. Ese material le serviría a Tolstói para la novela que estaba pensando escribir.
⁵ N. D. Fonvízina, mujer del decembrista Mijaíl Fonvizin, a quien acompañó en el exilio.
⁶ El hijo mayor de Tolstói, que entonces tenía quince años.
⁷ Parfeni, monje, antiguo cismático que se convirtió a la ortodoxia en el monte Athos, autor de *Historia de la peregrinación a través de Rusia, Moldavia, Turquía y Tierra Santa*, Moscú, 1855.
⁸ Cisma religioso en Rusia en el siglo XVII.
⁹ Plegarias por el zar.
¹⁰ Sus hijos Ilyá de doce años y Tania de catorce.
¹¹ *Mi vida (Los primeros recuerdos)* quedó inconclusa.
¹² Tolstói se mandó hacer una isba buscando la tranquilidad y la soledad para trabajar.

1881

¹ Su hijo mayor, entonces de dieciocho años.
² El 12 de mayo Tolstói visitó la cárcel de Tula. A partir de aquí, a lo largo de varios días Tolstói registra en el diario sus impresiones de la prisión.
³ A. Sujotin era un viejo amigo de Tolstói que había luchado en la defensa de Sebastópol; F. Svechin, un autor menor, mariscal de la nobleza en la provincia de Tula.
⁴ I. Shatílov, presidente de la Sociedad de Agricultura de Moscú y del Comité para la Instrucción Elemental de Moscú.
⁵ Antigua medida rusa de superficie equivalente a 109 hectáreas.
⁶ Es decir, por las asociaciones campesinas, el *mir*.
⁷ R. A. Písarev, propietario en la provincia de Tula.
⁸ P. F. Samarin, liberal, viejo amigo de Tolstói. Sus relaciones se habían enfriado porque Samarin se pronunció en favor de colgar a los te-

rroristas juzgados por el asesinato de Alejandro II el 1.º de marzo de 1881, arguyendo «intereses de Estado». Tolstói, por el contrario, había escrito una carta a Alejandro III pidiendo clemencia para los asesinos.
[9] V. I. Alexéiev, el preceptor de los hijos de Tolstói.
[10] A. K. Málikov, antiguo miembro del círculo revolucionario de Necháiev.
[11] N. D. Sokolov, médico, también implicado en el caso Necháiev.
[12] Los trozos de pan recibidos como limosna.
[13] El poeta Yákov Polonski, también de visita en casa de Turguéniev.
[14] Turguéniev acababa de volver de París y le enseñó a Tolstói cómo se bailaba el can-can.
[15] El 15 de septiembre la familia de los Tolstói se mudó a Moscú a la callejuela Dénezhnyi número 3.
[16] Tolstói desarrolló su visión de la vida moscovita en el libro *¿Y ahora qué hacer?*
[17] N. F. Fiódorov, filósofo, bibliotecario de museo Rumiántsev. Llevaba una vida casi de asceta.
[18] Vladímir Soloviov, poeta y filósofo, gran amigo de Dostoievski.

1882

[1] Es la única entrada del diario en el año 1882.
[2] En julio de 1882 la familia Tolstói compró en Moscú en la callejuela Dolgo-Jamóvnicheski una casa y el 8 de octubre se trasladaron a vivir allí definitivamente.
[3] Esta nota forma parte del ensayo *Cuál es mi fe*.

1883

[1] Es la única entrada del diario en 1883.

1884

[1] Tolstói traducía extractos de la edición francesa de Stanislav Julien de *Le livre de la voie et de la vertu* de Lao-tse (París, 1841).
[2] Tolstói estaba aprendiendo el oficio de zapatero.
[3] Sus hijos Andréi y Mijaíl.
[4] *El elogio de la locura.*
[5] Tolstói había aprendido hebreo en 1882-1883, con el rabino S. A. Minor.

[6] Tolstói leyó a Confucio en la edición inglesa de James Legge (Londres, 1875-1876).

[7] *Great Learning of the Doctrine of the Mean*, presentación de la doctrina de Confucio por el sinólogo inglés James Legge, profesor en Oxford.

[8] El libro *Cartas desde la aldea*, de D. Golojvastov estaba dirigido contra el libro del mismo título del escritor populista A. Engelhardt.

[9] Se trata de *Cuál es mi fe*.

[10] Primera mención de un proyecto que se realizará en 1903, cuando Tolstói compiló una serie de dichos y aforismos de los grandes escritores y pensadores para leer diariamente. El *Círculo de lectura* se publicó en 1906.

[11] Como en los diarios de juventud, Tolstói enumera los «pecados» cometidos durante el día.

[12] A. P. Ivánov, el copista.

[13] *El judío errante*, probablemente de Eugène Sue, pero quizá de otro autor (Edgar Quinet, Béranger, Goethe, Hamerling...).

[14] «Vivo me sentí morir/conozco ese sentimiento», en *Luces vespertinas*.

[15] La traducción al francés del último libro de Tolstói *Cuál es mi fe*.

[16] Vladímir Makovski, pintor del grupo de los *peredvézhniki* (itinerantes).

[17] Sofía Behr tradujo al alemán el libro *Cuál es mi fe*.

[18] Con su mujer.

[19] Sofia Andréievna estaba embarazada de su tercera hija, Alexandra.

[20] N. Storozhenko, profesor de historia de la literatura en la Universidad de Moscú, entonces encargado de la biblioteca del Museo Rumiántsev.

[21] Ilyá Repin, pintor amigo de Tolstói desde 1880.

[22] Se trata del cuadro *No lo esperaban*, que Tolstói quería ver en la exposición del grupo de los *peredvézhniki*.

[23] *Suerte de mujeres*, de Maria Siévernaia, autora de obras de teatro popular.

[24] A la XII exposición de los pintores *peredvézhniki*.

[25] El cuadro *La pena inconsolable*.

[26] El cuadro *No lo esperaban*.

[27] Pável Mijáilovich Tretiakov, coleccionista de arte y mecenas de la pintura rusa. En 1892 legó su galería a la ciudad de Moscú.

[28] Tolstói estaba leyendo el libro de James Legge *Vida y obra de Meng-tseu*, Londres, 1875.

[29] Anna Vasílievna Armfeldt, madre de la revolucionaria Natalia Armfeldt, condenada en 1879 a 14 años de trabajos forzados. Tolstói

participó en las gestiones de Anna Armfeldt para que le permitieran establecerse cerca del lugar donde su hija cumplía condena.
[30] Las cartas de Natalia Armfeldt sobre el proceso que se le había abierto y sobre la vida en los campos de trabajos forzados.
[31] C. D. Alchévskaia, *¿Qué debe leer el pueblo?*, 1884.
[32] A Alexandrine Tolstaia, a Petersburgo, pidiéndole su ayuda para el caso Armfeldt.
[33] El tratado *¿Y ahora qué hacemos?*
[34] Mateo, xxv, 36.
[35] Nikolái Lvov organizaba en su casa sesiones de espiritismo.
[36] Elena Blavátskaia, fundadora de la Sociedad Teosófica en Nueva York.
[37] *¿Y ahora qué hacemos?*
[38] Primera mención de lo que fue después *La muerte de Iván Ilich*.
[39] P. S. Polivánov, estudiante de medicina en Petersburgo y miembro de la organización Naródnaia Volia, fue detenido en 1882 y pasó veinte años en la fortaleza de San Pedro y San Pablo y en Schlüsselbourg, donde fue condenado a vivir en el fondo de un pozo de piedra.
[40] El artículo de N. Mijailovski se llamaba «Apuntes de un profano».
[41] *Experiencias*, de Ralph Emerson.
[42] La novela de Charles Kingsley.
[43] La idea de N. Bugáiev a propósito de que «la ley moral es comparable a la ley física, sólo que "in Werden" (en el futuro)».
[44] En la que Seriozha (el hijo mayor de Tolstói) había sostenido que no se podía hacer nada respecto a la situación degradada del pueblo y Kuzminski se había limitado a contestar: «Escepticismo.»
[45] Alexandr Kuzminski.
[46] Pável Arbúzov le enseñaba a Tolstói el oficio de zapatero.
[47] Tolstói propuso que el dinero de la hacienda de Samara se destinara a los campesinos necesitados. Sofia Andréievna se opuso.
[48] En 1877 Tolstói tenía el proyecto de escribir una novela sobre los campesinos-transmigrantes.
[49] Nació su última hija, Alexandra.
[50] En *Essays on Representative Men*, Leipzig, 1856.
[51] Negociante, dueño de casas de campo en los alrededores de Tula, alquilaba tierras.
[52] Anna Seuron, gobernanta en casa de Tolstói.
[53] Thomas Meadows, autor de *Notes of the Government and Peoples of China*, Londres, 1847, y *The Chinese and Their Rebellions*, Londres, 1856.
[54] De *Cuál es mi fe*.
[55] *The Ground Ash*, de H. W. Pulley.

[56] Un juego dominical familiar que consistía en abrir y leer en voz alta las notas, poemas, bromas y recados de todo tipo que la familia había ido depositando en el buzón durante la semana.

[57] Tolstói escribió *La triste lista de los enfermos mentales del Hospital de Yásnaia Poliana* para el juego dominical del buzón. La lista que incluía síntomas y tratamientos recomendados, la encabezaba él mismo.

[58] Dmitri Ivánovich Shajovskói.

[59] Tía de la condesa Sofia Andréievna.

[60] Que iba a Moscú a una consulta médica.

[61] «Yákov Pasynkov» y «Viaje a Polesie», relatos de Turguéniev.

1885

[1] Única entrada del diario en el año 1885.

[2] Serguéi Usov, amigo de Tolstói, profesor de zoología en la Universidad de Moscú.

[3] Sofia Andréievna estaba preparando la publicación de las obras de Tolstói en doce volúmenes y quería que figurara el retrato que le había hecho Kramskói en 1873. Tolstói finalmente consintió, pero lo hizo en contra de su voluntad.

1886

[1] Estas reflexiones de Tolstói sirvieron como base para *Sobre la vida*, el tratado que comenzó a escribir en 1886 y publicó en 1888.

1887

[1] Única entrada del diario en 1887.

1888

[1] Evgueni Popov, autor de artículos sobre agricultura. Con el tiempo se volvió un ferviente seguidor de las ideas de Tolstói.

[2] Este proyecto se llevó a cabo en 1909.

[3] Isabelle Hapgood, traductora al inglés de algunas obras de Tolstói.

[4] *En el fin del mundo. Recuerdos de un prelado*, de Nikolái Leskov.

[5] A. A. Stajóvich, conocido de Tolstói.

⁶ G. Fliórov, el pediatra de los hijos de Tolstói cuando vivían en Moscú.

⁷ Tolstói había pensado escribir un artículo que titularía «Sobre el daño que hace el biberón».

⁸ B. O. Portugálov, médico y autor de textos sobre medicina, publicaba en la revista *Nedelia*.

⁹ Un médico amigo.

¹⁰ El artículo de N. Chernyshevski, «El origen de la teoría del "bienhacer" de la lucha por la vida», fue publicado en la revista *El Pensamiento Ruso* en septiembre de 1888.

¹¹ Un relato anónimo que apareció en el mismo número de la revista *La Semana* en el que se publicó el relato de Leskov.

¹² A la idea del posible matrimonio entre Masha Tolstaia y P. Biriukov.

1889

¹ La novela de la antisufragista inglesa Humphry Ward publicada en la colección «Los Libros de *La Semana*», 1889.

² El matrimonio entre la hija de Tolstói y Biriukov debía aplazarse un año a petición de la esposa de Tolstói.

³ I. I. Yanzhul, profesor de leyes financieras en la Universidad de Moscú y amigo cercano de Tolstói.

⁴ Una librería que se encontraba en el centro de Moscú, en Kuznetski Most.

⁵ N. Grot, profesor de filosofía en la Universidad de Moscú, editor de la revista *Cuestiones de Filosofía y Psicología*, en la que más tarde Tolstói publicó su ensayo *¿Qué es el arte?*

⁶ N. Zvériev, profesor de filosofía del derecho en la Universidad de Moscú. Más tarde funcionario del Ministerio de Educación.

⁷ L. Lopatin, profesor de filosofía en la Universidad de Moscú.

⁸ Vania, diminutivo de Iván. El más pequeño de sus hijos, nacido en 1888.

⁹ Una biografía del fundador de la secta de los mormones D. Smith.

¹⁰ Vania murió en 1895.

¹¹ De Voltaire.

¹² El prólogo al libro de A. Ershov *Recuerdos de Sebastópol*.

¹³ De Lewis Wallace, que se había publicado en ruso con el título de *En aquellos tiempos*.

¹⁴ Édouard Rod envió un ejemplar de su novela a Tolstói, quien más tarde citó algunos pasajes en *El Reino de Dios está en vosotros*.

¹⁵ El manifiesto quedó inconcluso. Probablemente esta sea la pri-

mera mención de lo que más tarde fue *Resurrección*.

[16] *Literatura y dogma*, publicado en Londres en 1889.

[17] Tolstói leyó en la *Revue des Deux Mondes* del 15 de febrero de 1889, las *Memorias de una princesa árabe*, de Arvède Barine.

[18] Su sobrina Varvara Nagornova.

[19] Del duque Emmanuel de Noailles, «Centenario de una constitución. I. Los fracasos y los éxitos de la política estadounidense», en la *Revue des Deux Mondes*.

[20] «El estado moderno y sus funciones», de Paul Leroy-Beaulieu, que se publicó en la *Revue des Deux Mondes*.

[21] Un texto sobre la «teoría del arte» que más adelante se publicó en *El Pensamiento Ruso*.

[22] Shidlóvskaia.

[23] Konstantín Klodt hizo una escultura de Tolstói arando.

[24] Introducción de Vladímir Soloviov, filósofo y poeta, a la traducción de su padre M. S. Soloviov.

[25] Probablemente *Los principios de la vida en China*, de S. M. Gueórguievski, San Petersburgo, 1888.

[26] Los poemas del portugués Anthero de Quental.

[27] Tres trabajos preparados para su publicación en *El Intermediario*.

[28] Se trata de la cuarta edición de sus obras que estaba al cuidado de su mujer.

[29] Serguéi Urúsov había sido compañero de Tolstói en Sebastópol. Spásskoie queda a unos 70 kilómetros de Moscú.

[30] La fábrica de estampado de L. Knop, cerca de Spásskoie.

[31] De *Los frutos de la instrucción*.

[32] Tolstói había comenzado a escribir *La sonata a Kreutzer*, en 1887. El «tema» podría ser lo que más tarde se convirtió en *Resurrección*.

[33] Una fórmula que Tolstói escribía con frecuencia la noche anterior a la entrada del día siguiente.

[34] *La Poshejonie de antaño*, de Saltykov-Shedrín.

[35] En el juicio militar que se celebró en 1866, Tolstói asumió la defensa del soldado Vasili Shabunin, que había golpeado a un oficial. Shabunin fue declarado culpable y condenado a muerte. El testigo de la defensa N. P. Ovsiánnikov escribió este episodio en 1889 y envió a Tolstói el manuscrito. En 1908 el propio Tolstói escribió sus *Recuerdos del juicio a un soldado*.

[36] Folletos enviados desde New Hampshire por una adepta de la secta de los *shakers*.

[37] La sobrina de Tolstói, hija de su hermana Masha.

[38] *La Folie amoureuse contemporaine*, París, 1889.

[39] John Henry Noyes, *History of American Socialism*, Filadelfia, 1870.

[40] Además del libro de Noyes, Tolstói estaba leyendo a Gustave-Adolphe Hubbard.

[41] Se trata del matrimonio entre Pável Biriukov y Maria Lvovna Tolstaia.

[42] Tolstói solía ir al cuartel de Jamóvniki a ver la ceremonia de iniciación de los conscriptos.

[43] El 2 de mayo Tolstói emprendió el camino a pie de Moscú a Yásnaia Poliana, acompañado de E. I. Popov. Llegaron el 7 de mayo.

[44] Una comedia del propio Tolstói.

[45] La propiedad de los Tolstói en Nikólskoie-Viázemskoie, en el distrito de Chern, donde entonces estaban viviendo Ilyá Tolstói y su mujer Sonia.

[46] De la estación de ferrocarril a la casa de Ilyá Tolstói recorrió casi 20 kilómetros a pie.

[47] La hija menor de Tolstói.

[48] Un artículo de Paul Janet sobre el escritor Robert Lamennais.

[49] W. E. Lecky, filósofo inglés, cuyo libro *History of the Rise and Influence of the Spirit of Rationalism in Europe* había sido traducido al ruso.

[50] En 1888 la condesa Sofia Andréievna Tolstaia compró las propiedades de Ovsiánnikovo y Griniovka en la provincia de Tula. Además, ella se encargaba de las propiedades de la familia en Yásnaia Poliana, Nikólskoie-Viázemskoie y Samara.

[51] Jean-Paul Richter, novelista romántico alemán.

[52] Tolstói desarrolló este tema en *El cupón falso*.

[53] Obra del filósofo checo del siglo xv P. Chelčický.

[54] Gottfried Arnold, teólogo, historiador de la Iglesia protestante.

[55] *L'Histoire du peuple d'Israël*, de Ernest Renan.

[56] *Leaves of Grass.*

[57] *Confessions of an English Opium Eater.*

[58] Una versión abreviada de la novela de Victor Hugo.

[59] Alusión a un cuento de S. Semiónov.

[60] Adin Ballou, ideólogo norteamericano de la no-resistencia al mal, autor del libro *Christian Non-résistance*, Filadelfia, 1846.

[61] Tolstói desarrolla esta idea en *El padre Sergui*.

[62] La novela *Looking Backward 2000-1887*, de Edward Bellamy.

[63] Prokofi Vlásov, un campesino de Yásnaia Poliana que mantuvo una conversación con el escritor francés Paul Déroulède, que se encontraba en Rusia y propagaba sus ideas a propósito de una alianza militar franco-rusa.

[64] Para lo que se convertiría en *Los frutos de la instrucción*.

[65] Medida de peso equivalente a 16,38 kilogramos.

[66] Karl Briúlov, pintor.

[67] Probablemente el artículo de Joseph Texte, «Un poeta inglés: John Keats», publicado en la *Revue des Deux Mondes*.
[68] A. V. Aliojin, hijo de un comerciante rico, había fundado junto con sus dos hermanos una comuna tolstoiana.
[69] La séptima redacción de *La sonata a Kreutzer*.
[70] Los *yuródivye* eran personas inocentes, simples, a los que el pueblo consideraba como visionarios, santos, profetas.
[71] La novela de A. I. Ertiel *Los Gardienin, sus sirvientes, sus partidarios y sus enemigos*.
[72] Ghe.
[73] Se trata del artículo *La ciencia y el arte*.
[74] Parábola de los talentos, Mateo, XXV, 14-30.
[75] Su última hija, Alexandra, que nació en junio de 1884.
[76] En su diario, la condesa Sofía Andréievna reconoce que a veces leía el diario de su marido a escondidas.
[77] La novela de Iván Goncharov.
[78] Se trata de la octava redacción de *La sonata a Kreutzer*.
[79] A Moscú.
[80] N. M. Chistiakov, encargado hasta 1894 de los asuntos económicos y financieros de Tolstói.
[81] A. M. Nóvikov, maestro de los hijos de Tolstói entre 1889 y 1890.
[82] En la interpretación de R. F. Christian, editor y traductor de Tolstói al inglés, en algunos pasajes del diario, la expresión *durno spat'* (dormir mal) tiene el significado de masturbarse. Según la interpretación de Gustave Aucouturier, editor en francés de los diarios, es la forma de referirse a las noches pasadas con su mujer.
[83] Esta idea tomó forma literaria en *El padre Sergui*.
[84] Novela de Paul Bourget.
[85] La revista *Cuestiones de Filosofía y Psicología*, cuyo primer número apareció en noviembre de 1889.
[86] Tolstói se refiere al artículo de S. N. Trubetskói, «Sobre la naturaleza del conocimiento humano».
[87] Es decir, la religión ortodoxa en sus aspectos más primitivos.
[88] *Idylle et drame de salon*, de Henri Rabusson.
[89] El día de Santa Tatiana es el 12 de enero, fecha en que también se celebra el Día de la Educación. Es el aniversario de la fundación de la Universidad Estatal de Moscú.
[90] Hipocresía.
[91] A. M. Nóvikov.
[92] De *La sonata a Kreutzer*.
[93] Un gozo no derivado de un deber.
[94] Título provisional de lo que después sería *El diablo*.
[95] La mujer de Chertkov.

NOTAS

⁹⁶ El mariscal Von Moltke iba a cumplir noventa años en 1890.

⁹⁷ El 8 de noviembre de 1889 se celebró el quinto centenario de la artillería rusa.

⁹⁸ Probablemente se trate del relato de N. Leskov, «Una figura».

⁹⁹ F. W. Evans, *The Divine Law of Cure*, Boston, 1884.

¹⁰⁰ *Fort comme la mort.*

¹⁰¹ Es decir, la novela *Resurrección*, basada en una historia que le relató a Tolstói el abogado A. F. Koni.

¹⁰² P. Hansen, el traductor al danés de algunas obras de Tolstói.

¹⁰³ T. Bóndarev, autor de *Trabajo arduo y parasitismo o el triunfo del agricultor*, para el que Tolstói había escrito un prefacio.

¹⁰⁴ En esa época Tolstói sufría de dolores de estómago y de hígado.

¹⁰⁵ La novela *Tiempos difíciles* publicada en *El Contemporáneo*.

¹⁰⁶ De Émile Pouvillon.

¹⁰⁷ Uno de los hijos de Jojlov, un rico corredor de bolsa, estaba trabajando en una comuna agrícola tolstoiana.

¹⁰⁸ La obra *Los frutos de la instrucción* se representó por primera vez en un espectáculo de aficionados en Yásnaia Poliana el 30 de diciembre de 1889.

¹⁰⁹ Vera Kuzmínskaia, que había viajado desde Petersburgo para hacer el papel de Maria Konstantínovna.

1890

¹ Bueno, creo que puedo prescindir de él.

² *La sonata a Kreutzer* no se había publicado todavía, pero había circulado en múltiples copias manuscritas.

³ *Los frutos de la instrucción.*

⁴ *El inspector.*

⁵ El *Djammapada* (en traducción al inglés).

⁶ La obra de teatro *El poder de las tinieblas* se montó en escena por primera vez el 10 de enero de 1889 en Petersburgo y al mismo tiempo se representó en Berlín.

⁷ Un prefacio a la traducción rusa de Serguéi Dolgov del libro de Alice B. Stockham, *Tocology. A Book for Every Woman*.

⁸ Es probable que se trate de *Y la luz alumbra en las tinieblas*.

⁹ A Ghe hijo.

¹⁰ Frederic Williams Evans, decano de la principal comunidad de *shakers* en Nueva York.

¹¹ Tania y Masha son las hijas de Tolstói, y Vera su sobrina.

¹² A visitar a Maria Tolstaia, la hermana del escritor, que se encontraba en Béliev en el convento de la Exaltación de la Cruz.

[13] Ambrosio, el principal *starets* del monasterio de Óptina.
[14] Borís Shidlovski, primo de la condesa Sofia Andréievna, entonces monje en el monasterio de Óptina.
[15] Al parecer el párrafo se refiere a Maria Tolstaia, la hermana del escritor.
[16] Se trata del escritor Konstantín Leóntiev, que se había retirado al monasterio de Óptina y se hizo monje en 1891.
[17] El hijo mayor de Tolstói, que en ese momento trabajaba en el Ministerio del Interior en Petersburgo.
[18] Se trata del cuadro *¿Qué es la verdad?*, de Nikolái Ghe.
[19] La prisión en Siberia.
[20] En su artículo «Études d'histoire religieuse», que apareció en la *Revue des Deux Mondes*.
[21] Príncipe de Kíev, introductor de la religión cristiana en Rusia en el año 989. Véase 1853, nota 34.
[22] *Sin dogma*, del novelista polaco Henri Sienkiewicz.
[23] Ilyá Lvóvich, hijo de Tolstói.
[24] Lev Lvóvich, hijo del escritor.
[25] Su hijo Lev Lvóvich escribió en 1890 dos relatos: «El amor» y «Monte Cristo».
[26] Alusión a ciertas reformas de carácter social llevadas a cabo por el emperador alemán en el campo de la legislación.
[27] Especie de cooperativa de artesanos.
[28] El artículo «¿Por qué se droga la gente?»
[29] De la obra *Los frutos de la instrucción*, que estaba montando en Tula N. Davydov. La presentación del espectáculo fue el 14 de abril.
[30] Dmitri Kudriávtsev, terrateniente en la región de Jerson, desde 1884 se había dado a la tarea de propagar los escritos prohibidos y las ideas de Tolstói, motivo por el que fue encarcelado en 1894. Más tarde se exilió en Suiza.
[31] Tolstói escribió el artículo «El primer grado», prefacio a la traducción del libro de Howard Williams *La ética de la dieta*.
[32] Chertkov había pedido a Tolstói que le diera sus diarios a guardar. En un principio accedió, pero luego se negó a hacerlo por miedo de ofender a Sofia Andréievna. Chistiakov fue a Yásnaia Poliana a recoger los diarios.
[33] Se refiere al capítulo VII de *Literatura y dogma*, de Matthew Arnold.
[34] A propósito de la relación amorosa entre la hija de Tolstói y Pável Biriukov. Sofia Andréievna se oponía a ese matrimonio. Tolstói no se oponía directamente, pero consideraba que el matrimonio era una caída para las personas que deseaban llevar una buena vida cristiana.
[35] El cuarto hijo de Tolstói.

[36] El relato de Koni (*Resurrección*).
[37] Bebida fermentada, preparada con leche de yegua.
[38] El periodista Thomas Stevens, corresponsal del *New York World*.
[39] La novela de Sienkiewicz.
[40] El tutor de los hijos menores de Tolstói.
[41] Nadezhda Helbig (princesa Shajovskaia), pianista, discípula de Liszt. Visitó Yásnaia Poliana por primera vez en 1887 y a partir de entonces volvió en distintas ocasiones.
[42] Raphael Löwenfeld, eslavista alemán, traductor y autor de numerosos artículos sobre Tolstói. En esta ocasión había ido a Yásnaia Poliana en busca de material para el libro que estaba escribiendo: *El conde L. N. Tolstói, su vida, sus obras y su concepción del mundo*, que se publicó en Berlín en 1892 y en traducción al ruso en Moscú, en 1904.
[43] En una nota posterior de su diario, el 27 de marzo de 1895, Tolstói da su consentimiento para publicar los diarios en su totalidad.
[44] En realidad se trata de la novela *The Sin of Joost Avelingh*, del escritor holandés Maarten Maartens, que Tolstói leyó en traducción al inglés.
[45] V. I. Alexéiev.
[46] Las autoridades estadounidenses impidieron la difusión de *La sonata a Kreutzer*. El director del correo prohibió que se difundiera por vía postal la traducción al inglés de la novela.
[47] Se trata del virulento artículo «Plática del reverendísimo Nikanor, arzobispo de Jerson y de Odesa, sobre el matrimonio cristiano, en contra del conde Lev Tolstói», publicado en varios periódicos.
[48] *El pato salvaje*, que le había enviado Löwenfeld en traducción al alemán.
[49] De Ibsen.
[50] La obra de Björnson *El guante*, en traducción al alemán.
[51] *Aids to Reflection in the Formation of a Manly Character*, que le había enviado Strájov.
[52] Edmonde de Pressensé, *Histoire des trois premiers siècles de l'Église chrétienne*, en cinco volúmenes que aparecieron en París, entre 1859 y 1869.
[53] «Los eslavófilos. Ensayo histórico-crítico», de E. A. Dmitriev-Mámonov, publicado en *Archivos Rusos*.
[54] Albert de Broglie, *L'Église et l'Empire romain au IV siècle*.
[55] *Las herejías y los cismas de los tres primeros siglos del cristianismo*, por el arcipreste Alexandr M. Ivantsov-Platónov, Moscú, 1877.
[56] *Diana*, «A psychological essay on sexual relations for married men and women», New York, 1887.
[57] N. Ghe estaba esculpiendo el busto de Tolstói que hoy se encuentra en el Museo Tolstói de Moscú.

⁵⁸ La introducción a un artículo de Chertkov en contra de la caza.
⁵⁹ «El puerto», que Nóvikov tradujo y que Tolstói revisó y al que cambió el final.
⁶⁰ Tolstói estaba trabajando un fragmento de «*Sur l'eau*», al que tituló «Es caro».
⁶¹ Se trata de una relectura de la novela de A. F. Písemski, *Destino amargo*, que se publicó en 1859.
⁶² Un folleto del doctor August Forel sobre «los usos alcohólicos, su significación higiénica y social», publicado en Stuttgart.
⁶³ Aquí y en las siguientes entradas Tolstói se refiere a su trabajo en *El reino de Dios está en vosotros*, del que con frecuencia habla como un artículo sobre la no-violencia.
⁶⁴ El director de *La Semana*, P. Gaidebúrov, envió a Tolstói recortes de los periódicos que hacían escarnio del artículo sobre la relación entre los sexos.
⁶⁵ La revista inglesa *Fortnightly Review* había publicado el relato de Tolstói *Caminad en la luz mientras haya luz*, alterando el contenido de la historia.
⁶⁶ De *El Reino de Dios está en vosotros*.
⁶⁷ A instancias de Sofia Andréievna varios campesinos de Yásnaia Poliana fueron condenados a seis semanas de cárcel por haber cortado abedules de un bosque propiedad de los Tolstói.
⁶⁸ A esta nueva redacción de la historia de Koni, Tolstói la tituló ya *Resurrección*.
⁶⁹ A propósito de los campesinos condenados.
⁷⁰ Sonia, la mujer de su hijo Ilyá.
⁷¹ Ernest Renan, *El futuro de la ciencia*.
⁷² *Le sens et la portée du pari de Pascal*, por Sully Prudhomme, en la *Revue des Deux Mondes*.
⁷³ Se refiere a *El reino de Dios está en vosotros*.
⁷⁴ *Una ofensa antes de Navidad*.
⁷⁵ Chertkov envió a Tolstói el borrador de su artículo «Sobre el arte» para que continuara trabajando en él.

1891

¹ El artículo creció hasta convertirse en el tratado *El reino de Dios está en vosotros*.
² El último hijo de Tolstói, nacido en 1888.
³ A. S. Suvorin criticaba severamente el «Postfacio» de *La sonata a Kreutzer* en la revista *Tiempo Nuevo*.
⁴ Una mala crónica en el periódico *Berliner Tageblatt* sobre la obra

de teatro *Los frutos de la Instrucción*, que se había montado en Berlín.

⁵ En su artículo «Ética y ciencias naturales», publicado en la revista *Cuestiones de Filosofía y Psicología*. A. Bekétov basaba la ética en la evolución.

⁶ Revista mensual publicada en Chicago.

⁷ William Booth, fundador del Ejército de Salvación.

⁸ Sofia Andréievna estaba copiando el diario correspondiente al período de Sebastópol.

⁹ Lawrence Gronlund, *Our Destiny. The Influence of Socialism on Morals and Religion*.

¹⁰ Pável Arbúzov, el zapatero que enseñó a Tolstói el oficio.

¹¹ Referencia a la huelga de los obreros portuarios en Melbourne.

¹² Los *Ensayos* de Montaigne y la novela de A. I. Ertel *El cambio*.

¹³ Iván Gorbunov-Possadov, escritor y poeta.

¹⁴ Del volumen XIII de las *Obras* de Tolstói, que contenía *La sonata a Kreutzer*. La censura prohibió la publicación del volumen.

¹⁵ Un artículo polémico del filósofo idealista A. A. Kozlov, «Cartas a propósito del libro *De la vida*, del conde L. N. Tolstói», publicado en *Cuestiones de Filosofía y Psicología*.

¹⁶ Del artículo «Sobre la no-resistencia al mal».

¹⁷ En el libro de L. Gronlund.

¹⁸ *Obras escogidas*.

¹⁹ Bajo ese título se publicó en la *Review of Reviews* el artículo de Tolstói «Nikolái Palkin», prohibido en Rusia.

²⁰ Una carta de Benjamin Flower, director de la revista *Arena*, en donde se publicó el artículo de L. G. Wilson, «La doctrina cristiana de la no-resistencia por el conde Lev Tolstói y el reverendo Adin Ballou», con la correspondencia inédita entre ambos.

²¹ De Frederic Evans.

²² Un artículo de Lyman Abbot publicado en el número de diciembre de 1890 de la revista *Arena*.

²³ Se refiere al relato inconcluso *La madre*, en el que fueron utilizados algunos elementos de la vida de Alexandra Lopújina, madre de cinco hijos.

²⁴ Mijaíl y Andréi, los hijos pequeños de Tolstói, que habían ido a visitar a su madre a Tula.

²⁵ Sofia Andréievna se había ido a Petersburgo a tramitar la autorización para incluir *La sonata a Kreutzer* en el volumen XIII de las *Obras del conde Lev Tolstói*. Allá consiguió una audiencia con Alejandro III, quien permitió que se publicara la novela, pero no como un libro aparte, sino como parte de las obras escogidas.

²⁶ El artículo de Édouard Rod, «Las ideas morales de nuestro tiempo. El conde Tolstói», en la *Revue Bleue*.

[27] El artículo de N. Strájov, «Comentarios sobre L. N. Tolstói. Estudio psicológico», en la revista *Cuestiones de Filosofía y Psicología*.
[28] Más crónicas desfavorables en la prensa alemana sobre el montaje de *Los frutos de la instrucción* en Berlín.
[29] El libro de Marie-Jean Guyau, *Les Problèmes de l'esthétique contemporaine*, París, 1884.
[30] Tolstói comenzó a escribir las *Memorias de una madre* en forma del diario de la heroína.
[31] Sofia Andréievna le dijo a Alejandro III que Tolstói no era responsable de la divulgación de sus obras prohibidas, que sus simpatizantes las difundían a sus espaldas.
[32] El artículo sobre la no-resistencia.
[33] Alexandr Naryshkin, propietario de la región de Oriol; senador.
[34] Se trata de la repartición de los bienes de la familia debido a la actitud de Tolstói respecto a la propiedad privada.
[35] Nóvikov.
[36] *The Ethics of Diet*, de Howard Williams, Londres 1883.
[37] De *La sonata a Kreutzer*.
[38] Tolstói desarrolló estas reflexiones en su obra de teatro *Y la luz alumbra en las tinieblas*.
[39] Tolstói fue al matadero de Tula en busca del material para su artículo «El primer paso».
[40] Una prisionera política.
[41] Continencia.
[42] Comedia de Turguéniev cuyo argumento es la división de la herencia entre dos hermanos.
[43] Véase *Resurrección*, primera parte, capítulo XII.
[44] V. Kuzmínskaia.
[45] M. F. Kudriávtseva, amiga de M. A. Schmidt, devota de las ideas de Tolstói, pasaba mucho tiempo en Yásnaia Poliana.
[46] T. A. Kuzmínskaia.
[47] Es decir, en el artículo «El primer paso», que sirvió como prólogo al libro de Howard Williams.
[48] La novela *Nuevas tendencias*, en traducción al ruso publicada en *El Mensajero del Norte*.
[49] La hambruna que azotó Rusia en 1891-1892.
[50] El príncipe K. A. Viázemski, matemático y más tarde monje.
[51] El artículo «El primer paso».
[52] El pintor Ilyá Repin y el escultor Ilyá Guinzburg.
[53] Tolstói desarrolló este tema en *El cupón falso*.
[54] Con Andriusha y Misha, los hijos pequeños de Tolstói, para inscribirlos en el liceo Polivánov.
[55] Tolstói envió a los periódicos una carta en la que declaraba

conceder a todo el que quisiera «el derecho a publicar gratuitamente en Rusia y en el extranjero, en ruso o en traducción» todas las obras escritas después del año 1881, así como «las obras que puedan aparecer a partir de hoy». La carta se publicó el 19 de septiembre en *Las Novedades Rusas*, y posteriormente en todos los periódicos y revistas.

⁵⁶ Un relato de Maria Torelli-Torriani (que escribía bajo el pseudónimo de *La marquesa Colomba*) publicado en *El Mensajero de la Literatura Extranjera*.

⁵⁷ Que debía publicarse en la revista *Cuestiones de Filosofía y Psicología* y que fue prohibido por la censura. Tolstói lo hace traducir para los periódicos ingleses y franceses. En enero del año siguiente *El Mensajero de Moscú* publicó un extracto retraducido del inglés.

⁵⁸ La novela de tema pacifista de Bertha von Sutner, en traducción al ruso.

⁵⁹ Se trata del viaje a la provincia Riazán para organizar la ayuda a las víctimas del hambre. La cuestión del dinero la resolvió Sofia Andréievna. Le dio a Tolstói 600 rublos para los primeros comedores de beneficencia.

⁶⁰ Béguichevka, propiedad de Iván Raievski, viejo amigo y compañero de caza de Tolstói.

⁶¹ El artículo «Terrible cuestión».

⁶² El relato quedó inconcluso.

⁶³ El fondo inglés para la ayuda a las víctimas del hambre en Rusia pedía a Tolstói que fuera el apoderado en el reparto de lo reunido.

⁶⁴ Iván Ivánovich Raievski enfermó de pulmonía durante los trabajos de ayuda a las víctimas del hambre. Murió el 26 de noviembre.

⁶⁵ La mujer de Raievski.

⁶⁶ Los capítulos 7 y 8 del relato *El reino de Dios está en vosotros*.

1892

¹ El 7 de enero en el teatro Mali de Moscú.

² De *El reino de Dios está en vosotros*.

³ Sofia Andréievna había estado en Béguichevka desde el día 24 de enero.

⁴ Tatiana Lvovna había estado en Béguichevka desde el 28 de octubre de 1891.

⁵ I. E. Repin estuvo en Béguichevka del 21 al 24 de febrero.

⁶ El 7 de julio de 1892 Tolstói firmó el acta de renuncia a toda propiedad inmobiliaria en favor de su mujer y de sus hijos.

⁷ Un relato de P. D. Boborykin, publicado en *El Mensajero del Norte*.

NOTAS

[8] El 9 de septiembre, cuando se dirigía a Béguichevka, Tolstói vio en una de las estaciones un tren con un destacamento de soldados que llevaban la orden de sofocar el levantamiento de unos campesinos que se oponían a que el príncipe Bobrinski talara un bosque que les pertenecía. El príncipe había llamado al ejército. Tolstói narra este episodio en el capítulo XII de *El reino de Dios está en vosotros*.

[9] Henri-Frédéric Amiel, *Fragmentos de un diario íntimo*, publicado en Ginebra en 1883-84.

[10] En diciembre de 1893, Tolstói escribió el prólogo para el diario de Amiel que se publicó al año siguiente en la traducción de su hija Masha.

[11] M. V. Aliojin y A. M. Bodianski fueron arrestados por propaganda subversiva entre los campesinos.

[12] Vera Kuzmínskaia.

[13] Probablemente a propósito de una conferencia que había dado D. Merezhkovski, «Sobre las causas de la decadencia y las nuevas corrientes en la literatura rusa contemporánea», el 26 de octubre.

1893

[1] Del tratado *El reino de Dios está en vosotros*.

[2] Se refiere a las relaciones entre Maria Tolstaia y Piotr Raievski.

[3] Fueron juzgados por haber abierto, sin autorización oficial, una escuela para los hijos de los campesinos.

[4] *Y la luz alumbra en las tinieblas*.

[5] El último capítulo de *El reino de Dios está en vosotros*.

[6] Tierras que habían sido destinadas para los colonos locales estaban siendo vendidas a precios muy ventajosos a funcionarios del Estado y otros propietarios.

[7] Con motivo de la visita de Alejandro III a Moscú, el 12 de mayo de 1893.

[8] Tolstói viajó a Béguichevka el 21 de mayo. Volvió a Yásnaia Poliana el 26 de mayo.

[9] Para el tratado *El reino de Dios está en vosotros*.

[10] Entre E. Zola y A. Dumas (hijo) había surgido una polémica sobre los ideales que debía seguir la juventud.

[11] K. A. Islavin.

[12] En relación con las víctimas de la hambruna.

[13] En los periódicos franceses e ingleses aparecieron extractos del capítulo XII de *El reino de Dios está en vosotros*, en el que se describe una expedición militar para reprimir a los campesinos. Véase 1892, nota 8.

[14] En el capítulo XII se habla de que N. A. Zinóviev, gobernador de Tula, había encabezado la expedición.

[15] Por insistencia de Sofia Andréievna, que temía que las autoridades tomaran represalias contra su marido, se enviaron telegramas a París, Boston y Berlín solicitando que se suspendiera la publicación de *El reino de Dios está en vosotros*.

[16] El artículo «Religión y moral».

[17] Lev Lvóvich padecía de neurastenia.

[18] Masha se había enamorado de Nikolái Zander, un joven médico que estaba viviendo en la casa de Yásnaia Poliana como preceptor de los hijos menores. Sofia Andréievna se opuso al matrimonio.

[19] Es decir, a partir de la traducción alemana de Victor von Strauss, publicada en Leipzig en 1870.

[20] La última redacción del artículo «Religión y moral».

[21] «Prólogo a las obras de Guy de Maupassant.»

[22] Término acuñado por Tolstói.

[23] Dos cuentos populares rusos recogidos por N. A. Afanásiev.

[24] La traducción francesa de *El reino de Dios está en vosotros*.

[25] Primer título del artículo antimilitarista «Cristianismo y patriotismo». El punto de partida del artículo fue la visita que la escuadra naval rusa hizo a Tolón con motivo del fin del acuerdo militar franco-ruso.

[26] Tolstói llegó a Moscú el 11 de noviembre.

[27] La venta de sus obras le resultaba a Tolstói todavía más inaceptable una vez que hizo la declaración de renuncia a los derechos de autor.

[28] *Tres parábolas*, que terminará en 1895.

[29] Masha quería seguir cursos de medicina pero no pudo debido a su salud frágil y a sus ocupaciones al servicio de su padre; Tania terminó en 1880 la Escuela de Pintura, Escultura y Arquitectura.

[30] David Schor, pianista, profesor en el conservatorio de Moscú.

[31] Paul Sabatier, *Vie de saint François d'Assise*. Por iniciativa de Tolstói el libro se tradujo al ruso y se publicó en *El Intermediario*.

[32] Frank Purdy Williams, *A True Son of Liberty; or the Man who would not be a Patriot*, New York, 1893.

1894

[1] Dmitri Jilkov, noble, ex oficial de la Guardia y seguidor de las ideas de Tolstói, se había casado sólo por lo civil con Cecilia Weimar. Los padres, apoyándose en la autoridad eclesiástica, les quitaron a los hijos, un niño de cinco años y una niña de tres.

[2] El 11 de enero Tolstói asistió al IX Congreso de Naturalistas, en donde fue recibido con una ovación.

[3] La mujer de Ilyá.

[4] Calzado hecho de corteza trenzada.

[5] E. N. Drozhin, un campesino que murió en la cárcel en la que había sido recluido por negarse a hacer el servicio militar.

[6] Cuando Tolstói escribe *El cadáver viviente*, crea a Fiódor Protásov y a Karenin, personajes similares a estos que describe en su diario.

[7] Evgueni Popov.

[8] Chertkov vivía en la provincia de Vorónezh y Rusánov en la ciudad de Vorónezh por donde pasó Tolstói en su viaje de regreso a Moscú.

[9] Mientras estuvo en casa de Chertkov, Tolstói habló en varias ocasiones con Popov.

[10] Una imagen a la que Tolstói vuelve con frecuencia: el hombre como fracción cuyo numerador son las cualidades positivas, y cuyo denominador es la opinión que tiene de sí mismo.

[11] El prólogo a las *Obras escogidas*, de Maupassant.

[12] Un texto que Tolstói comenzó en forma de preguntas y respuestas de su propia doctrina. El título final fue «La enseñanza cristiana».

[13] «Las sustancias gustativas, su valor dietético y moral», por M. Y. Kapustin, profesor de higiene en la Universidad de Kazán. El autor entra en polémica con el artículo de Tolstói, «El primer grado».

[14] Sofia Andréievna, celosa de la relación de Tolstói con Chertkov, se sintió muy molesta cuando supo que Chertkov había alquilado una dacha cerca de Yásnaia Poliana, y le escribió una carta expresando su descontento.

[15] E. H. Crosby, periodista y poeta norteamericano que estaba escribiendo sobre Tolstói y su concepción de la vida.

[16] J. C. Kenworthy, propagandista ferviente de las ideas de Tolstói. Sus libros: *From Bondage to Brotherhood* y *The Christian Revolt* se publicaron en Londres en 1894.

[17] Felix Adler, «Las cuatro formas del sufrimiento», publicado en París en el libro de Pierre Hoffmann *Réligion basée sur la moral*.

[18] Los bailes en corro de los campesinos.

[19] El hijo del propietario de Teliatinki.

[20] Tolstói leyó *Parerga und Paralipomena*, Berlín, 1862.

[21] V. F. Lazurski, historiador de la literatura. Más tarde profesor en la Universidad de Odesa.

[22] Hannah Walsh, una inglesa que impartía clases de inglés y de música a los hijos pequeños de Tolstói.

[23] El artículo «Cristianismo y patriotismo» fue publicado en el *Daily Chronicle* en mayo de 1894.

²⁴ Se trata de *Demi-vierges*, de Marcel Prévost. Tolstói se negó a escribir un prólogo por considerar el libro «pornográfico».
²⁵ Un punto de vista superado.
²⁶ V. G. Chertkov estaba seleccionando algunos extractos de los diarios de Tolstói con vistas a la publicación de un *Resumen de los pensamientos de L. N. Tolstói*.
²⁷ Un artículo sobre las ideas del historiador alemán G. Rückert y del eslavófilo ruso N. Y. Danilevski, publicado en *El Mensajero Ruso*.
²⁸ Una obra que Tolstói estaba escribiendo con la idea de que la representaran sus hijos pequeños y las niñas campesinas, pero quedó inconclusa.
²⁹ Se trata del campesino Timoféi Bazykin, hijo de Aksinia, que fue amante de Tolstói antes de que este se casara.
³⁰ Varvara MacGahan, viuda de un periodista americano e hija de un antiguo amigo de Tolstói, se encontraba en Rusia como corresponsal de un periódico estadounidense.
³¹ Henry George, *A Perplexed Philosopher*, New York, 1894.
³² Estos pensamientos los desarrolló Tolstói más tarde en sus ensayos *La esclavitud de nuestros tiempos* y *No matar*.
³³ Tatiana Tolstaia llegó con los campesinos al acuerdo de arrendarles las 180 hectáreas de tierras que poseía en Ovsiánikovo. En vez de pagarle, debían aportar 425 rublos al año para las necesidades comunales.
³⁴ *Labour Prophet. The Organ of the Labour Church*, publicado en Manchester por John Trevor.
³⁵ Primera mención del relato *Amo y criado*, concluido en 1895.
³⁶ A registrar el acuerdo de Ovsiánikovo.
³⁷ P. D. Rudakov, un cerrajero de Tula que había preguntado a Tolstói cómo educar a sus hijos.
³⁸ Un antiguo estudiante de la universidad de Kíev a quien Tolstói había ayudado a encontrar un trabajo en Tula.
³⁹ Una respuesta a la carta de Charles Foyster del 9 de septiembre. La respuesta se convirtió en un artículo que Tolstói tituló «Sobre las relaciones con el Estado» y que se publicó en el periódico *Daily Chronicle*.
⁴⁰ Auguste Guyard, *Des droits, des devoirs et des institutions au point de vue de la destinée humaine*, 1848.
⁴¹ Tatiana Tolstaia se quedó con la casa y el jardín de Ovsiánikovo para ella.
⁴² Tolstói envió una carta a C. V. Viner en la que condenaba la manera injusta en que se dividía entre el hombre y la mujer el trabajo de la casa.
⁴³ A pesar de que Tolstói había renunciado a los derechos de au-

tor de su obra, había conservado para sí un pequeño pago por las representaciones de *Los frutos de la instrucción* (y más tarde también por *El poder de las tinieblas*), que utilizaba para fines benéficos.

⁴⁴ Alejandro III murió el 20 de octubre de 1894.

⁴⁵ Vera Severtseva, sobrina de la condesa Tolstaia.

⁴⁶ Tolstói leyó el artículo de V. D. Spasovich, «La amistad entre Schiller y Goethe», en *El Mensajero de Europa*.

⁴⁷ *Y la luz alumbra en las tinieblas*.

⁴⁸ *Les Morticoles*, de Léon Daudet.

⁴⁹ Se refiere al juramento al nuevo zar Nicolás II. Habló de él con Piotr Nóvikov, apodado Tsiganok, un carpintero de Yásnaia Poliana.

⁵⁰ Tolstói escribió un prólogo para el cuento de Paul Caurus que él mismo había traducido. Lo envió a la revista *El Mensajero del Norte*.

⁵¹ En una de sus conferencias, el profesor Kliuchevski hizo el elogio del zar Alejandro III, lo que suscitó reacciones hostiles por parte de los estudiantes. Cincuenta y tres estudiantes fueron expulsados de la Universidad de Moscú y se les prohibió vivir en la ciudad. Una delegación acudió a Tolstói para protestar contra la expulsión y el exilio de sus compañeros. Tolstói escribió una carta a su amigo, el abogado A. F. Koni, pidiendo que ayudara a los estudiantes.

⁵² Es decir, el artículo «La doctrina cristiana».

⁵³ Relato inconcluso, concebido en relación con la subida al trono de Nicolás II.

⁵⁴ Tolstói terminó de escribir este relato en enero de 1895.

⁵⁵ A finales de diciembre de 1894 Tolstói había sido fotografiado en compañía de B. Chertkov, P. Biriukov, E. Popov, I. Tregubov e I. Gorbunov-Posadov, sus amigos y seguidores. Esto suscitó la ira de Sofia Andréievna que le confiscó al fotógrafo las fotografías y los negativos y los destruyó.

⁵⁶ *Ni dogma, ni profesión de fe, sino religión*, de F. Lachman.

⁵⁷ Todos arrestados en 1894 por pertenecer al partido revolucionario «El derecho del pueblo».

CRONOLOGÍA

1828 Lev Nikoláievich Tolstói nace el 28 de agosto en Yásnaia Poliana, hacienda familiar cercana a Tula, a unos 200 kilómetros de Moscú. Lev fue el cuarto hijo varón del conde Nikolái Ilich Tolstói y de la princesa Maria Nikoláievna Volkónskaia, ambos pertenecientes a la antigua nobleza rusa. El abuelo materno de Lev mandaba lavar su ropa blanca a Holanda y la abuela paterna tenía un siervo ciego que le recitaba cuentos todas las noches para ayudarle a conciliar el sueño. Los pequeños Tolstói tenían cada uno un sirviente de su misma edad que había de servirles toda la vida.

1830 Dieciocho meses después del nacimiento de Lev, su madre fallece de parto, al dar a luz a Maria, la única hija.

1836 La familia se traslada a Moscú. Los niños pasan al cuidado de una pariente lejana, Tatiana Ergólskaia.

1837 Muere el padre. Los hijos pasan al cuidado de las tías y de la abuela paterna Pelagueia.

1838 Muere la abuela. Los hijos mayores siguen sus estudios en Moscú bajo la tutela de su tía paterna Alexandra, condesa Osten-Sacken. Los tres menores regresan a Yásnaia Poliana, con Tatiana Ergólskaia.

CRONOLOGÍA

1841 Muere la condesa Osten-Sacken y los cinco hermanos se instalan en Kazán—la antigua capital de los tártaros del Volga, famosa por su universidad—, en casa de otra tía paterna, Alexandra.

1844 Lev Tolstói ingresa en la Universidad de Kazán, en la facultad de lenguas orientales. Pretende dedicarse a la carrera diplomática.

1845 Al siguiente curso pasa a la facultad de derecho.

1846 Estudia poco y mal. Lo que le enseñan le parece inútil y lo que le interesa no se explica en las clases.

1847 Tras unos estudios accidentados decide abandonar la universidad y regresa a Yásnaia Poliana, hacienda que ha heredado y en la que se instala. Lleva la vida solitaria de un terrateniente dedicado al estudio y a la lectura: Dickens, Rousseau, Sterne, Pushkin, Schiller, Gógol, Turguéniev, Lérmontov...
Empieza a escribir su diario, que no abandonará hasta el final de sus días.
Intenta mejorar las condiciones de sus siervos: les construye casas mejores, una escuela; procura modernizar sus técnicas agrícolas. De aquellos años en la propiedad surgen relatos como «La mañana del terrateniente».

1551-1852 Viaja para visitar a su hermano mayor Nikolái; oficial de artillería en el Cáucaso, donde los rusos luchan con los pueblos montañeses que se resisten a la invasión. Se enrola como soldado. Recoge material para *Los cosacos*, que empieza a escribir en 1852 —año en que, por su valor, se le nombra oficial—y que no publicará hasta 1863.

Escribe su primer texto autobiográfico: *Infancia*, que aparecerá en *El Contemporáneo* en 1852 con bastante éxito. Es el inicio de su carrera literaria.

1853 Prosiguen sus relatos autobiográficos con *Adolescencia*, aunque no queda satisfecho del resultado. En noviembre comienza la guerra ruso-turca. Publica otros relatos en *El Contemporáneo*.

1854 Vida militar. Es trasladado al frente del Danubio. Enterado de la dramática situación de Crimea—«Para ver la guerra, para escapar del Estado Mayor y también por patriotismo»—, pide ser trasladado a Sebastópol. Publica en la misma revista *Adolescencia*, empieza a escribir la tercera parte: *Juventud*. «Antes que nada debo librarme de mis vicios: la pereza, la falta de carácter, la irascibilidad. Y la sensualidad», escribe en su diario.

1855 Lucha como oficial de artillería en Sebastópol, el epicentro de la guerra de Crimea. Nekrásov, el redactor de *El Contemporáneo*, le pide que escriba sobre la contienda; así nacerá *Sebastópol en diciembre de 1854, mayo y agosto de 1855* (1855). Vida militar, exaltación ante el peligro y la belleza del combate, disgusto ante la sordidez de la realidad cotidiana. Preocupación religiosa y filosófico-moral.

El joven oficial, ya famoso escritor, es enviado a San Petersburgo, donde frecuenta los salones literarios—conoce a Iván Turguéniev—. Lleva una vida disipada y ociosa, que años más tarde someterá a un juicio implacable en *Mi confesión* (1879-1882).

Muerte de Nicolás I y coronación de Alejandro II.

1856 Viaja a Oriol para visitar a su moribundo hermano Dmitri, cuya muerte describirá en *Anna Karénina*, en el fin de Nikolái Levin. En San Petersburgo reparte su tiempo entre los salones y un intenso trabajo literario. Decide casarse, aspira a la felicidad familiar y busca su pareja. Conoce a las hermanas Bers; con una de aquellas niñas—Sonia—se casará seis años más tarde. En mayo vuelve a Yásnaia Poliana. Propone la libertad a sus siervos, que estos—siempre recelosos con su extraño señor—rechazan en su mayoría. Tras un primer noviazgo, finalmente cambia de idea y se marcha a Moscú. En septiembre aparecen editadas en forma de libro algunas de sus obras; entre ellas, *Infancia* y *Adolescencia*.

En noviembre abandona la carrera militar y decide realizar un viaje al extranjero.

1857 Primer viaje por Europa. Varsovia, Berlín, París.

Relación amistosa con Turguéniev. Tolstói conoce Ginebra, Lucerna; un incidente en esta ciudad le inspira *Lucerna* (1857). Irritación y desprecio hacia los europeos. Deudas en el juego. Baden-Baden, Frankfurt. En agosto regresa sin un céntimo a San Petersburgo.

1857-1860 Estancias en verano en Yásnaia Poliana y en invierno en Moscú. Amor apasionado con una sierva, con la que piensa seriamente casarse. Escribe *Tres muertes* (1858), *Albert* (1858) y trabaja sobre *Los cosacos*.

A finales de 1859 se aficiona a la pedagogía y se dedica a ella con su acostumbrada pasión.

1860 Se entrega de lleno a la escuela de Yásnaia Poliana. En junio parte para el extranjero con el propósito de conocer sobre el terreno los métodos pedagógicos europeos, de los cuales sacará muy mala impresión. Viaja por Alemania y el sur de Francia con su hermano Nikolái, gravemente enfermo, que morirá en septiembre. A partir de entonces la muerte será uno de los temas obsesivos del escritor.

Prosigue sus exploraciones pedagógicas: Marsella, Ginebra, Niza, Florencia.

1861 Sigue su viaje por Italia, Francia, donde visita muchas escuelas.

Estancia sosegada en Bélgica, donde se entrevista con Proudhon.

Inicia su novela *Polikúshka*.

Abril: Frankfurt, Weimar, Iena, y a San Petersburgo por Varsovia. A partir de entonces Tolstói ya no abandonará Rusia.

Visita a Turguéniev en su propiedad, riñe con él e incluso le reta a duelo. Ambos escritores se mantendrán distanciados durante dieciocho años.

Abolición de la servidumbre.

En mayo ya está en Yásnaia Poliana. Nombrado «árbitro mediador» entre los terratenientes y los campesinos, las funciones de este cargo «me han valido la total enemistad de todos los propietarios y han quebrado mi salud».

Finalmente dimite y se dedica por entero a su labor pedagógica.

1862 La censura autoriza la edición de la revista *Yásnaia Poliana*, una publicación polémica, heterodoxa, en la que Tolstói muestra en una serie de artículos su credo pedagógico, de inspiración rousseauniana: «lo fundamental es la igualdad y la libertad». Una fuerte pérdida en el juego obliga a Tolstói a volver a la literatura, se decide a terminar *Los cosacos*.

En mayo-junio parte a la estepa de Bashkiria para restablecer su quebrantada salud. Vida salvaje, primitiva, libre. Éxtasis ante el contacto con la naturaleza y rechazo de los oropeles y convenciones de la sociedad «civilizada». Todo ello se reflejará en la obra que está terminando.

En julio la policía realiza un registro en Yásnaia Poliana en busca de una imprenta clandestina, hecho que provoca una reacción airada y brutal de Tolstói contra las autoridades.

Pero la tormenta pasa. En septiembre se promete con Sofia Andréievna Bers.

Como todo en Tolstói, este amor enciende en su alma una pasión inusitada. «Estoy enamorado como no pensé que se podía amar. Estoy loco, acabaré por pegarme un tiro si esto sigue así» (Diario, 12 de septiembre).

Se casan el 23 de septiembre y parten para Yásnaia Poliana.

A instancias de la esposa, Tolstói renuncia a su labor pedagógica y a la escuela.

1863 Empieza la época más fértil y sosegada de Tolstói. Aparecen *Los cosacos*, *Polikúshka*, *Jolstomer (Historia de un caballo)*. Escribe dos comedias.

Nace su primer hijo, Serguéi. Sofia dará a luz trece hijos.

En otoño empieza a escribir la que será su gran novela: *Guerra y paz*.

1864 Nace su primera hija, Tatiana. Recoge materiales, testimonios, lee todo lo relacionado con la invasión napoleónica. Se interesa por la historiografía, intenta descubrir las leyes que mueven la historia y la manera de escribirla.

1865 Aparecen los primeros capítulos de *El año 1805*, que más tarde constituirían, reelaborados, el primer libro de *Guerra y paz*.

1866 Nace su segundo hijo varón, Ilyá. Sale en defensa de un soldado que ha maltratado a un superior y que, a pesar de todo, será condenado a muerte y ejecutado, hecho que conmociona a Tolstói.
Prosigue el trabajo sobre la gran novela épica.

1867 Sigue escribiendo, rehaciendo una y otra vez su novela. Visita el campo de batalla de Borodinó. En diciembre aparecen los tres primeros volúmenes de la obra, que aún se llama *El año 1805*. El éxito es clamoroso, los 4.800 ejemplares de la primera edición se agotan enseguida y se lanza una segunda.

1868 Prosigue el trabajo sobre la obra que, a medida que se publica—en mayo aparece el cuarto volumen—, adquiere mayor éxito. Consulta innumerables fuentes en archivos y bibliotecas.

1869 Nace su tercer hijo varón, Lev.
Concluye extenuado la obra.
En verano lee con entusiasmo a Kant y a Schopenhauer, del cual adquiere un retrato que coloca sobre su escritorio.
El 2 de septiembre se detiene a pasar la noche en el pueblecito de Arzamás; allí sufrirá una extraña crisis mística «de angustia y terror» que describirá en *El diario de un no-loco*. Se inicia uno de sus períodos depresivos, aunque lee y estudia a Shakespeare, Molière, Goethe, Pushkin, Gógol, etcétera.

1870 En un principio, para ayudar a su hijo mayor, empieza a estudiar griego, se sumerge en la lectura y acabará dominando la lengua. Lee a Jenofonte.

1871 Prosigue el estudio de los griegos. «Vivo por entero en Atenas. Por la noche hablo griego», escribe a un amigo.
Nace su segunda hija: Maria.
Se encuentra cansado debido al esfuerzo intelectual, sin embargo inicia la redacción de una cartilla para los escolares—*Alfabeto*—; prosigue su obra pedagógica, a pesar de la desaprobación de su esposa.
Se debate en una de sus periódicas crisis. Decide abandonar la literatura.

1872 Prosigue su actividad pedagógica. Estudia física, ciencias naturales, astronomía. Escribe para su *Alfabeto* artículos de divulgación científica. Se sumerge con su habitual energía en la escuela de Yásnaia Poliana.
En junio nace su cuarto hijo varón, Piotr.
Publica su *Alfabeto*, que es un fracaso, aunque al autor le parece extraordinario.

1873 A pesar de su firme decisión de abandonar la literatura, vuelve con nuevo ímpetu a la actividad literaria. Se inicia un nuevo ciclo en su evolución espiritual, y sus dudas religiosas desencadenarán tres años más tarde una nueva crisis vital y creativa.
Comienza a escribir su segunda gran novela, *Anna Karénina*. El trabajo avanza con gran dificultad y con recurrentes deseos de abandonar la obra.
Muere el pequeño Piotr.

1874 Nace su quinto hijo varón, Nikolái, que morirá sin llegar a cumplir un año.
Termina la primera parte de la novela.

1875 En *El Mensajero Ruso* aparecen los primeros capítulos de *Anna Karénina*. Prosigue el trabajo sobre la obra.

Su esposa, tras varias enfermedades, da a luz una niña que fallece a las pocas horas.

1876 Aparecen nuevos capítulos de la novela. A pesar de la buena acogida, Tolstói, sumido en una profunda crisis, abandona por un tiempo la obra, para reanudarla en otoño.

1877 En otoño aparecen los tres volúmenes de *Anna Karénina*.

En julio visita al *starets* Amvrosi (el prototipo de Zósima en *Los hermanos Karamázov* de Dostoievski) con el fin de resolver—sin éxito—sus dudas espirituales.

En diciembre nace su sexto hijo varón, Andréi.

Cada vez está más sumergido en su búsqueda religiosa, la crisis espiritual lo hunde más y más.

1878 En abril escribe una carta de reconciliación a Turguéniev. Este se «siente muy feliz de reanudar nuestra antigua amistad...», y lo visitará en Yásnaia Poliana.

1879 Empieza a escribir *Mi confesión*, obra en la que intentará mostrar en toda su descarnada desnudez su via crucis moral. El artista cede transitoriamente su lugar al moralista y al profeta.

Nace su séptimo hijo, Mijaíl.

Piensa en hacerse monje, entregar todos sus bienes a los pobres, actitud que la iglesia considera «peligrosa».

1880 De sus investigaciones religiosas surge la *Crítica de la teología dogmática*. Se produce la ruptura con la iglesia ortodoxa. Estudia hebreo.

Empieza a predicar sus ideas morales, basadas en un cristianismo primitivo y alejado de los dogmas.

1881 En marzo el zar Alejandro II es asesinado en un atentado terrorista. A pesar de la conmoción que le produce el hecho, Tolstói pide clemencia para los asesinos (que serán ejecutados en abril). La familia se traslada a Moscú.

Nace su octavo hijo, Alexéi.

Publica la *Concordancia y traducción de los cuatro Evangelios*.

1882 Publica *Mi religión* y *Mi confesión*, dos obras del Tolstói moralista y profeta que conforman los postulados religiosos tolstoianos: sólo uno de ellos es positivo: «Ama a Dios y a tu prójimo como a ti mismo»; los negativos se reducen a cinco: «no te encolerices, no cometas adulterio, no jures en vano, no seas enemigo de nadie y —el más conocido— no te resistas al mal con la violencia». Uno de los tormentos de Tolstói consiste en que su razón no puede aceptar la divinidad de Cristo, no puede creer en lo que no entiende.

1883 Comienzan los problemas conyugales. Sofía está preocupada porque Lev, en lugar de dedicarse a la literatura «malgasta sus fuerzas en tonterías».

Empieza a trabajar en *¿Y ahora qué hacemos?*

Tolstói cede a su mujer la gestión de sus bienes. Turguéniev le escribe desde su lecho de muerte rogándole: «Amigo mío, vuelva usted a su trabajo literario.»

En otoño conoce al que sería su discípulo más influyente: Vladímir Chertkov.

Tolstói está sometido a vigilancia policial.

1884 Publica *Cuál es mi fe*, que la censura retira de la circulación, pero es traducida al francés y al alemán.

Cada vez más aislado de su familia y su ambiente, decide abandonarlos y dejar Yásnaia Poliana. Pero el nacimiento de su tercera hija, Alexandra, cambia sus planes.

Alexandra será su más ferviente seguidora. En 1953 publicará en Nueva York una biografía de Lev Tolstói: *Mi padre*.

La presencia de Chertkov, con su fanatismo y firmeza, influirá poderosamente sobre el propio maestro. Los conflictos familiares se suceden.

1885 Con Chertkov funda una editorial—Posrédnik (El mediador)—con el fin de difundir entre el pueblo pequeñas obras clásicas, vidas de santos y artículos edificantes en los que Tolstói expone su ideario.

En esta época se viste con ropas sencillas de campesino, trabaja en el campo, aprende a hacerse el calzado... Sus dudas religiosas prosiguen.

1886 Muere su hijo Alexéi.

Publica *La muerte de Iván Ilich*, *¿Y ahora qué hacemos?*

Escribe el drama *El poder de las tinieblas*, basado en un hecho real, y lo publicará al año siguiente.

1887 En abril recibe la primera carta de Romain Rolland, que inicia una larga correspondencia entre ambos. Prosigue el trabajo sobre sus obras religiosas y filosóficas que la censura prohíbe.

Trabaja sobre la obra de teatro *Los frutos de la instrucción* y el ensayo *De la vida*.

En julio escucha la sonata a Kreutzer de Beethoven, que le provoca una gran conmoción.

1888 Nueve meses más tarde nace su noveno hijo varón, Iván.

Comienza a escribir *La sonata a Kreutzer*.

1889 Acaba la obra que, por razones de censura, aparecerá al año siguiente en Ginebra. Este alegato contra el amor carnal provoca violentas disputas.

Concluye *Los frutos de la instrucción*, que se estrenará al año siguiente, primero en Tula y después en la residencia de verano del zar y en presencia de la familia real.

Comienza a escribir *Resurrección*. Un caso judicial narrado el año anterior por su amigo A. Koni le inspira la novela.

Trabaja sobre la novela *El padre Sergui*.

1891 Para lograr que se derogue la prohibición de *La sonata a Kreutzer*, Sofia Andréievna viaja a San Petersburgo y pide audiencia al zar Alejandro III; el zar concede el permiso para que la obra se publique.

Tolstói pretende donar sus tierras a los campesinos, pero la familia se opone.

Tolstói autoriza la libre publicación de sus obras posteriores a 1881. Su mujer intenta suicidarse. Se suceden los enfrentamientos con la familia, a excepción de su hijo Iván, el predilecto, que morirá en 1895.

El hambre asola Rusia central. Tolstói viaja a Samara y a Riazán; organiza la distribución de alimentos; escribe llamamientos en los periódicos en demanda de ayuda para los damnificados, artículos que la censura prohibía y que se publicaban en el extranjero.

1892 La aparición de los artículos provoca un gran escándalo en Rusia por su supuesto contenido revolucionario. Los familiares interceden ante el zar y este perdona al escritor.
Tolstói transfiere todos sus bienes a su mujer e hijos.

1893 Escribe su ensayo *El reino de Dios está en vosotros*, en el que se formula su teoría de la no-resistencia al mal con la violencia; la censura prohíbe la obra, que circula clandestinamente y se publica en el extranjero.
Novena edición de sus Obras.
Chertkov se apropia de algunos manuscritos del maestro, lo que provoca la ira de la celosa esposa. La disputa por la propiedad de dichos textos se prolongará más allá de la vida de Tolstói.

1894 Prefacios a las obras de Maupassant y al *Diario* de Amiel.
Empieza a escribir *Amo y criado*.
En octubre muere Alejandro III.

1895 En febrero muere de escarlatina el pequeño Iván. Tolstói apunta en su diario: «Sé que nos amas, Padre, sé que nos amas.» La madre, desesperada, escribe en el suyo: «¡Dios mío, y yo aún sigo viva!»
Tolstói trabaja sobre la novela. Estreno de *El poder de las tinieblas*, que obtiene gran éxito. Primera visita de Chéjov.

1896 Trabaja (hasta 1899) en *Resurrección*.
Vive entre constantes tensiones familiares que serán casi permanentes los últimos años de su vida.

1897 Trabaja en *El padre Sergui* y en su última obra de teatro, *El cadáver viviente*; escribe *¿Qué es el arte?*

Sale en defensa de la secta religiosa de los «dujobory», perseguidos por la autoridad por negarse a hacer el servicio militar y a empuñar las armas. Los discípulos de Tolstói—entre ellos Chertkov—son desterrados.

1898 Aparece con cortes de la censura *¿Qué es el arte?*, editado íntegro en el extranjero; provoca una gran polémica.

En parte gracias a Tolstói, los «dujobory» consiguen el permiso para emigrar a Canadá. Para que puedan realizar su viaje, Tolstói organiza colectas y decide destinar los derechos de *Resurrección* a esta secta, cercana en sus creencias a las del escritor. Se entrega por entero a la obra.

1899 Mientras escribe los últimos capítulos, en la revista *Nivá* aparecen las primeras entregas. A pesar de que al autor le parece «mala, desmañada», *Resurrección* se traduce rápidamente a numerosas lenguas.

Visita de R. M. Rilke, que deja indiferente a Tolstói.

1900 Visita de Gorki, al que Tolstói recibe con simpatía por tratarse de un escritor salido del pueblo.

Se dirige al zar Nicolás II en defensa de los «dujobory» y le insta a que cese la represión contra los reos y detenidos por sus creencias religiosas.

El Santo Sínodo inicia una persecución contra Tolstói. Concluye *El cadáver viviente*.

1901 El Santo Sínodo excomulga al escritor. Los estudiantes salen en manifestación en favor de Tolstói.

Escribe *Respuesta al Santo Sínodo*, prohibida por la censura, en la que declara que, más que a la Iglesia, ama el cristianismo y, sobre todo, la verdad.

Tras una grave crisis de paludismo, marcha a restablecerse a Crimea. Allí le visitan Chéjov y Gorki, quien contará estos encuentros en unos magistrales recuerdos sobre el escritor.

Carta a Nicolás II pidiendo la libertad de conciencia y la abolición de la propiedad privada sobre la tierra. Trabaja sobre *¿Qué es la religión?*

1902 Permanece hasta junio en Crimea. Tras regresar aún enfermo a Yásnaia Poliana, empieza a escribir *Jadzhi Murat*, una de sus obras maestras, que acabará en 1904, pero que no se publicará —al igual que otra de sus obras más logradas: *Aliosha-Gorshok*— hasta después de su muerte, en 1912.

1903 Período de cierta calma en la vida familiar.

Trabaja en un ensayo sobre Shakespeare, en el que intenta mostrar la «villanía e impostura» del autor inglés. A instancias de un discípulo, comienza sus memorias.

1904 Estalla la Guerra ruso-japonesa.

Tolstói redacta un artículo contrario a la guerra, prohibido por la censura.

Van muriendo sus allegados y familiares. Redacta sus *Memorias*.

1905 En enero, fruto del descontento y de la represión, estalla la revuelta; es la primera revolución rusa.

En febrero unos terroristas asesinan al gran duque Serguéi.

En julio, en el puerto de Odesa, se produce un

motín en el acorazado Potiomkin.

En octubre Nicolás II accede a parte de las reivindicaciones: promulga una constitución y da a Rusia un parlamento, la Duma, que será disuelto poco después. Tolstói, horrorizado por los excesos de las masas y la crueldad de las autoridades, lanza diversos llamamientos a la cordura y a la calma.

1906 Muere Maria, la hija predilecta de Tolstói, que escribe en su diario: «Es extraño decirlo, pero no experimenté ni terror, ni miedo, ni tuve conciencia de nada excepcional, ni siquiera sentí pena o aflicción. … La vi morir con una tranquilidad asombrosa. Para mí era un ser que se liberaba ante mis ojos. Y yo asistí a aquel florecimiento y lo observé con gozo...»

1907 Tras diez años de destierro, Chertkov regresa a Yásnaia Poliana. Este «mártir» fanático y autoritario más tolstoísta que Tolstói, vuelve a ejercer una poderosa influencia sobre el maestro. Los últimos años de Tolstói se verán ensombrecidos por la lucha sorda y constante entre dos bandos: los tolstoístas, cuya manera de actuar Tolstói no comparte, y los aliados de su esposa, celosa de sus derechos.

A pesar de la edad y de los contratiempos, Tolstói sigue escribiendo el *Evangelio para niños* y *No matarás*.

1908 Es el ocaso de un anciano amargado, pero poderoso. Presa del horror por la violencia que estremece el país, publica *No puedo quedarme callado*.

Lee y relee a Gógol, Confucio, Lao-tse.

Lenin publica *Lev Tolstói, espejo de la revolución rusa*.

1909 Último viaje a Moscú.
Recibe una carta de Gandhi, al que contesta.
Graba su voz en un gramófono.
Lee *La madre* de Gorki y le parece que «no vale nada».

Chertkov intenta por todos los medios hacer realidad los sueños tolstoístas de ceder las tierras del conde a los campesinos; la familia, con la esposa a la cabeza, lucha por proteger sus bienes.

1910 Enero: «No ceso de avergonzarme de mí mismo», apunta en su diario.

Abril: publica una selección de sus máximas morales favoritas.

La atmósfera familiar cada vez resulta más insoportable. Siente cada vez mayores deseos de irse de casa, de convertirse en un ermitaño.

En septiembre se produce una violentísima discusión.

Envía una carta a Gandhi, documento que se considera como su testamento espiritual.

24 de septiembre. Diario: «Me están destrozando. Quiero huir de todos», lo que hará un mes más tarde, en la noche del 27 al 28 de octubre (9-10 de noviembre según el calendario actual).

Visita a su hermana Maria, monja en un convento. Temeroso de verse alcanzado en su fuga, sigue su camino. Durante el viaje se encuentra mal, tiene fiebre.

Con un discípulo médico y su hija Alexandra, que se ha unido a la fuga, se detiene en la pequeña estación ferroviaria de Astápovo. Lo acuestan en el cuarto del jefe de la estación. Tiene neumonía. Y el 20 de noviembre, a las seis de la mañana, fallece.

Su mujer, a la que sólo se le permitió ver al moribundo cuando este ya estaba inconsciente una hora antes de que falleciera, lo sobrevivió nueve años; falleció el 17 de noviembre de 1919, en plena guerra civil. Su hija Alexandra, que cuidó a Sofia Andréievna, le pidió perdón en su lecho de muerte.

Lev Tolstói fue enterrado el 22 de noviembre, sin ceremonia alguna, en el lugar que él mismo había elegido, entre unos abedules de Yásnaia Poliana.

RICARDO SAN VICENTE

La casa de Lev Tolstói en Yásnaia Poliana.

ESTA REIMPRESIÓN, CUARTA,
DE «DIARIOS (1847-1894)», DE LEV TOLSTÓI,
SE TERMINÓ DE IMPRIMIR EN
CAPELLADES EN EL MES
DE FEBRERO
DEL AÑO
2024

*Otras obras del autor
publicadas en esta editorial*

DIARIOS (1895-1910)
El Acantilado, 81

SONATA A KREUTZER
Cuadernos del Acantilado, 6

CONFESIÓN
Cuadernos del Acantilado, 27

CORRESPONDENCIA
El Acantilado, 173

LA TORMENTA DE NIEVE
Cuadernos del Acantilado, 41

LA FELICIDAD CONYUGAL
Cuadernos del Acantilado, 49

DESPUÉS DEL BAILE
Cuadernos del Acantilado, 74

LA HISTORIA DE UN CABALLO
Cuadernos del Acantilado, 90

EL CAMINO DE LA VIDA
El Acantilado, 395

LA MAÑANA DE UN TERRATENIENTE
Cuadernos del Acantilado, 106

«LUCERNA» Y «ALBERT»
Cuadernos del Acantilado, 119